Olaf Latzel

Schwarzbrot für das Leben

Predigtreihe

Band II

Altes Testament

Richter bis Psalm 31

LICHTZEICHEN VERLAG

Arbeitsgemeinschaft Weltanschauungsfragen e.V.
AG WELT

Olaf Latzel

Schwarzbrot für das Leben

Predigtreihe Band II

Altes Testament Richter bis Psalm 31

1. Auflage 2021

Covergestaltung: Manuela Bähr-Janzen

Titelbild: Alexandra Brietzke

ISBN: 978-3-86954-476-2

Bestell-Nr.: 548476

Inhalt

Vorwort

Seit Jahrzehnten ist zu hören: Wer von Gericht und Hölle spricht, wer nur Bibel und Bekenntnis gelten lässt, predigt die Kirchen leer. Die Praxis spricht eine andere Sprache und an Olaf Latzel's Predigtstätte, der Bremer St. Martinikirche, wurde erneut der Gegenbeweis erbracht. Die Gottesdienste sind voll und der Livestream im Internet brummt. Die Predigthörer sind jedoch keine Fundamentalisten und Faschisten, wie ein netter Pfarrkollege in Bremen sinnierte. Vom Doktor bis zum Schulabbrecher und vom Greis bis zum Teenager sind alle Bevölkerungsschichten unter Latzel's Kanzel versammelt.

Im vorgelegten Schwarzbrot-Predigtband kann nun das, was eigentlich nicht sein darf, nachgelesen werden. Wo Jesus gepredigt wird, der von sich sagt, dass er das Brot des Lebens ist, werden Menschen satt. Wo Latzel drauf steht, steckt Klartext für Jesus drin. Fakt ist, das gefällt nicht allen. Besonders denen, die eine Aussage gerne verdrehen oder nicht verstehen wollen. Selbst dann, wenn der Weser-Pastor eine verkürzte Formulierung gerade rückt und überflüssigerweise auch noch um Entschuldigung bittet, wollen besonders die von der „Kirche der Vergebung" nichts davon gelten lassen.

Auch wenn Latzel von seinen Gegnern immer wieder mit Worten, Drohungen oder Schmierereien eins vor den Latz geknallt bekommt, geht er treu seinen Weg. Er gräbt sich in die Bibel ein, fördert Schätze zu Tage und liefert Schwarzbrot von der Kanzel, auf der schon der Liederdichter Joachim Neander (*1650 – †1680) stand. Eine Zeile aus dem Neander-Lied „Lobe den Herren, den mächtigen König" kann der heutige Martini-Pastor vermutlich aus vollem Herzen singen: „In wieviel Not hat nicht der gnädige Gott über dir Flügel gebreitet!"

Lutz Scheufler

Hinweise zum Buch

Die Predigten von Pastor Olaf Latzel wurden - bis auf wenige stilistische Änderungen - so übernommen und zu Papier gebracht, wie sie von ihm an den jeweiligen Sonntagen im Kirchenjahr gehalten und tontechnisch gespeichert wurden.

Wer schon einmal in der Bremer St. Martini-Gemeinde, über einen Livestream oder eine YouTube-Aufzeichnung im Internet die Wortverkündigung von Pastor Latzel miterleben konnte, der hört ihn ganz sicher beim Lesen der gedruckten Predigten erneut klar und deutlich reden.

Vor Ihnen liegt der zweite Predigtband zu alttestamentlichen Bibelstellen. Weitere Bände zum Alten Testament und zum Neuen Testament folgen.

Wir danken Bruder Latzel für die Freigabe zur gedruckten Veröffentlichung und grüßen unsere Leser mit dem wunderbaren Zuspruch aus 2. Mose 15,18:

Der HERR wird König sein immer und ewig.

Mögen diese Predigten zum wahren und irrtumslosen Wort Gottes für die Menschen heute und für nachfolgende Generationen zum Segen sein. Das Wort Gottes kehrt nie leer zurück. Es bewirkt, was der HERR will. Und ER will nur Gutes!

Michael Bähr
Lichtzeichen Verlag GmbH

Thomas Schneider
Arbeitsgemeinschaft
Weltanschauungsfragen e.V.

Ein Text - Drei Perspektiven

Richter 14,1-4

Gnade sei mit euch und Friede von dem, der da war und der da ist und der da sein wird in alle Ewigkeit, unser HERR, Jesus Christus, Amen.

Liebe Gemeinde, aus dem Wort Gottes habe ich Ihnen heute einen ganz besonders wertvollen Text mitgebracht, der ganz voll ist von tollen Ratschlägen für unser Leben. Ein Text, der, so glaube ich, hier noch nicht gepredigt worden ist in dieser Kirche, in all den 700 oder über 700 Jahren, die wir auf dem Buckel haben. Ein ganz starkes und wunderbares Wort aus Richter 14. Wir wollen hören auf die ersten fünf Verse:

Simson ging hinab nach Timna und sah ein Mädchen in Timna unter den Töchtern der Philister. Und als er heraufkam, sagte er's seinem Vater und seiner Mutter und sprach: Ich habe ein Mädchen gesehen in Timna unter den Töchtern der Philister; nehmt mir nun diese zur Frau. Sein Vater und seine Mutter sprachen zu ihm: Ist denn nun kein Mädchen unter den Töchtern deiner Brüder und in deinem ganzen Volk, dass du hingehst und willst eine Frau nehmen von den Philistern, die unbeschnitten sind? Simson sprach zu seinem Vater: Nimm mir diese, denn sie gefällt meinen Augen. Aber sein Vater und seine Mutter wussten nicht, dass es von dem HERRN kam; denn er suchte einen Anlass gegen die Philister. Die Philister aber herrschten zu der Zeit über Israel. Amen.

Wir wollen beten: Lieber HERR und Heiland, wir wollen dir Dank sagen für diese fünf Verse aus dem Buch der Richter. Wir wollen dir Dank sagen für dieses Wort, mit dem du uns jetzt segnen willst und wirst in dieser Predigt. Und wir wollen dich bitten, für diese Predigt, um deinen guten Geist. Wir wollen dich bitten, dass du sprichst zu uns durch dein heiliges und lebendiges Wort, zu einem jeden Einzelnen der jetzt hier ist und zuhört; auf dass wir das recht verstehen können, was du uns zu sagen hast und dass wir uns dann auch wirklich danach richten, was du uns gibst aus diesem Wort. Das wird alles nur gelingen können, HERR, wenn du selber dieser Predigt deinen Segen schenkst. Und darum wollen wir dich alle miteinander bitten: Segne du selber das Reden und das Hören deines heiligen und lebendigen Wortes an uns allen. Amen.

Liebe Gemeinde, ich bin in meinem Leben etwa so zwanzigmal - plus minus - in Berchtesgaden und Umgebung gewesen. Und wenn man in Berchtesgaden ist oder auch im Salzburger Land, in Bischofshofen und so, da gibt's eines, was man immer wieder sieht: den Watzmann, diesen wunderbaren Berg. Es ist der zweithöchste Berg Deutschlands. Ein ganz tolles Motiv. Sie kennen vielleicht das Bild von Caspar David Friedrich, der diesen Berg gemalt hat. Aber dieser Watzmann sieht ganz unterschiedlich aus, je nachdem wo man steht und aus welcher Perspektive man ihn betrachtet. Also, wenn man so mitten in Berchtesgaden ist, da sieht er anders aus, als wenn man auf der österreichischen Seite so von der Richtung Bischofshofen kommend auf ihn blickt. Der Watzmann sieht anders aus, wenn man in Sankt Bartholomäus dort von dieser kleinen Kirche aus nach oben guckt. Da steht man direkt an seinem Fuß. Oder, wenn man vom Steinernen Meer von einem Gipfel rüber guckt. Also, je nachdem wo man steht, sieht derselbe Berg aus anderer Perspektive unterschiedlich aus. Und doch ist es immer derselbe Berg. So ist es auch mit Ihrem Haus, ob Sie es von der Straße, vom Garten oder vom Dach des Nachbarn aus angucken, Ihr Haus sieht immer anders aus. Also je nachdem, welche Perspektive Sie haben. So ist es auch bei dem Bibeltext, den wir heute betrachten. Je nachdem, aus welcher Perspektive, aus welchem Blickwinkel man diesen Bibeltext beleuchtet, gibt er ganz unterschiedliche Informationen und spricht in ganz unterschiedlicher Gestalt zu uns. Und so wollen wir uns heute diesem Text nähern. Aus drei unterschiedlichen Perspektiven wollen wir ihn betrachten. Drei ganz unterschiedliche

Dinge, die man da herausnehmen kann. Und ich bin gespannt, was er Ihnen und euch zu sagen hat, welche Perspektive euch am meisten anspricht und wo ihr merkt: Da ist aber was dran an dieser Perspektive, da hat der HERR wirklich eine Botschaft für mein Leben. Die Predigt habe ich überschrieben mit den Worten: **Ein Text - Drei Perspektiven.**

1. Eine sozialethische Perspektive
2. Eine prädestinatorische Perspektive
3. Eine christologische Perspektive

Das Erste: Eine sozialethische Perspektive! Die Sozialethik ist ein Teil der Ethik und bezeichnet den Teilbereich, der erklärt, wie gesellschaftliche Bedingungen sein müssen, damit Leben gut gelingt. So ist dieser etwas komplizierte Begriff zu verstehen. Sozialethik versucht die Frage zu beantworten, wie man sein Leben im sozialen Kontext, also im Staat, in der Wirtschaft, aber eben auch in der Familie und in der Ehe führen kann, damit es gelingt. Und da gibt die Sozialethik eben ganz klare Anweisungen, was man zu tun oder was man zu lassen hat.

Ein wichtiges Feld der christlichen Theologie ist die christliche Ethik aus dem Blickwinkel der Bibel. Es geht um die Frage: Was muss man tun, damit Leben gelingt? Hier finden wir etwas ganz Wichtiges für die christliche Sozialethik. Hier wird etwas ganz Entscheidendes für gelingendes Leben eines Christen gesagt, wie du dich in der Gesellschaft zu verhalten hast (die Sache mit Gott in Ordnung zu bringen, sei jetzt mal ausgeklammert). Das Entscheidende für einen Christen und für eine Christin ist, damit ihr Leben in dieser Welt gelingt, dass der Ehepartner ebenfalls Christ ist. Das ist die Botschaft, wenn man diesen Text aus sozialethischer Perspektive betrachtet. Das ist natürlich der Alte Bund, da reden wir auch nicht von Christen; aber das wissen wir ja: Das Volk Israel ist - so sagt Luther - die Kirche im Alten Bund gewesen. Und hier lernen wir ganz Vieles, wie das Leben eines gläubigen Menschen funktioniert bzw. wie es schiefgeht.

Simson kommt zu seinen Eltern mit dem Ansinnen: „Ich habe hier ein Mädchen gefunden in Timna, das gefällt meinen Augen, die will ich zur Frau nehmen." Da sagen die Eltern, fromme Leute (das wird in dem Kapitel zuvor berichtet): „Das gibt's doch nicht. Du kannst doch nicht eine von den Heiden nehmen, von denen sie sagen, das sind die Unbeschnittenen." Man muss dazu wissen: Simson ist ein ganz besonderer Mann gewesen. Schon vor der Geburt kriegen die Mutter und der Vater klare Anweisungen von Gott. Da haben die gesagt: „Das wird ein ganz besonderer Mensch, das ist ein Auserwählter", ein - wie wir Theologen sagen - Nasiräer. Die Nasiräer waren Menschen, die für einen gewissen Zeitpunkt in ihrem Leben sagten: „Ich trinke keinen Alkohol, schere mir die Haare und den Bart nicht mehr, nehme an keiner Beerdigung teil und lege ein Gelübde für Gott ab." Aber es gab besondere Nasiräer, die haben das von Geburt an gemacht und machten es das ganze Leben lang. Und genauso einer war der Simson. Deshalb war er so besonders gesegnet. Er hatte ja eine unglaubliche Kraft, der hat die Philister zerschlagen und zerrissen. In demselben Kapitel gibt es eine Geschichte, wie der Löwe ihn anfällt und ihn umbringen will. Da zerreißt er den Löwen einfach in der Luft. Er war ein ganz besonderer, ein gesegneter und auserwählter Mann, der aber besondere Vorschriften zu halten hatte. Und da war es undenkbar, dass dieser Mann Gottes nun jemanden nahm, für sein Leben, aus dem Volk der Philister, aus dem Volk der Unbeschnittenen. Die Philister stehen in der Bibel immer für die Welt, für diejenigen, die gegen das Volk Gottes stehen. Sie richten sich nach all dem, was weltlich und irdisch ist. Und die Eltern machen das deutlich: „Unmöglich!" Das wird ja ausführlich erzählt in dieser Geschichte, wo man sich fragt, warum steht die in der Bibel? Warum erzählt die Bibel von einer Brautwerbung, die damals vor dreieinhalbtausend Jahren im alten Orient passiert ist? Nun, da wird etwas gezeigt, das nicht sein soll! Das wird deutlich an dem, was die Eltern sagen. Das passt für den Mann Gottes nicht, für einen, der zu Jesus, der zu Gott gehört. Der kann nicht jemanden nehmen aus der Welt. Das haut nicht hin!

Wir erleben das immer wieder in der Bibel: Da, wo die Männer Gottes sich Frauen nehmen, die nicht aus dem Volk Gottes sind, die nicht gläubig sind, geht es immer schief. Der König Salomo, was war das für ein Mann?! Der weiseste Mann! Gott hat ihn gesegnet wie niemand anderen. Gott hat ihm Privilegien gegeben, er durfte den Tempel des HERRN bauen. Aber da macht er zum Ende seines Lebens einen Fehler, er nimmt heidnische Frauen und lässt sich von denen verführen. Er baut für sie die Tempel und deren Götzenbilder und fällt deshalb ab. Er hat die falschen Frauen geheiratet. Und das kann jeder bezeugen, der ein bisschen länger verheiratet ist. Das Entscheidende für unser Leben ist nicht, welchen Beruf du wählst. Das hat zwar eine gewisse Bedeutung, kein Thema! Das Entscheidende aber für dein Leben ist, welchen Menschen du heiratest. Wenn du da an den Falschen oder an die Falsche gerätst, dann nimmt dein Leben unter Umständen so eine richtige Talfahrt. Und wenn du den Richtigen geheiratet hast, dann wirst du sehen, wie Gott dich segnet. Die Bibel warnt davor und sagt Christen: Heiratet ja keinen Nichtchristen! In 2. Korinther 6 heißt es:

> ***Zieht nicht am fremden Joch mit den Ungläubigen. Denn was hat Gerechtigkeit zu schaffen mit der Ungerechtigkeit? Was hat das Licht für eine Gemeinschaft mit der Finsternis?***

Das Joch, das muss man den jungen Leuten erzählen, das war früher so bei den Ochsen. Wenn man früher einen Pflug hatte oder eine Kutsche, dann kriegten die Ochsen oder auch die Pferde ein Gespann angelegt, das die festgehalten hat und wo sie alle in eine Richtung gegangen sind. Und das engste Joch, was man als Menschen in dieser Welt tragen kann, das ist die Ehe. Und das ist ganz wichtig! Das ist ganz wichtig, dass eben ein Christ nur eine Christin oder eine Christin eben nur einen Christen heiratet und sie nicht am fremden Joch ziehen. Es ist ganz wichtig, die richtige Frau, den richtigen Mann zu finden. Findet man sie nicht, gibt's die Katastrophen. Und ich bitte euch, lest immer die ganze Geschichte. Es ist nicht die einzige Frau, die er heiratet. Mit jeder Brautwerbung geht's sofort schief und kostet vielen Menschen das Leben. Dann geht das später weiter. In Richter 16 verliert Simson all seine Kraft, wieder wegen einer Frau, die Delila, auch eine Frau von den Philistern, von der er sich verführen lässt. Immer die falschen Frauen, die ruinieren ihn komplett. Und das ist etwas, was immer wieder geistlich eine Wahrheit ist. Nimmst du dir eine Frau aus der Welt, dann ist der geistliche Verfall vorprogrammiert. Ich sage das immer wieder meinen Konfirmanden, und was man den Konfirmanden sagt, das muss man ab und zu mal der Gemeinde sagen. Nur die Konfirmanden kann man anders prägen. Denen sage ich immer: Wenn ihr eine Ehefrau sucht oder einen Ehemann, dann gelten die 3 G's - und zwar in einer ganz bestimmten Reihenfolge. Erstens: gläubig, das ist das Wichtigste! Das Zweite: gut kochen. (Ich weiß, die lachen dann immer.) Kochen heißt aber nicht, dass das Schnitzel und die Pommes richtig hinhauen, sondern ich sage dann immer: Kann sie eine gute Mutter für deine Kinder sein und passt die wirklich in deine Lebensführung? Und umgekehrt für die Frau: Ist das eines Tages ein guter Vater für eure Kinder? Das meine ich mit „gut kochen". Und wenn diese beiden Dinge stimmen, dann kann man auch das dritte G ansetzen: gut aussehen. Das ist dann auch noch in Ordnung, das darf man auch noch mitnehmen. Aber bitte in dieser Reihenfolge! Und leider, leider, das wissen wir, spielt häufig nur Punkt drei eine Rolle: „Ach, die ist so fantastisch, die ist so bezaubernd...!" Das habe ich ganz häufig erlebt. Dann frage ich nämlich: Ist sie denn beim HERRN?" - „Nee, beim HERRN ist sie nicht. Aber ich kriege das hin Olli...", heißt es dann. So reden die jungen Leute: „Ich kriege das hin, ich bin doch gefestigt..." Und das erlebe ich so häufig, wie sie dann einfach in so einem langsamen Prozess wegkommen vom Wort. Dann tauchen sie nicht mehr auf. Am Anfang kommt sie noch mit, dann kommt er alleine, dann kommen sie nur noch alle 14 Tage und dann sind sie auf einmal weg. Das geht ganz schleichend. Da kann der Widersacher ganz stark arbeiten. Das sind manchmal - und ich sage das jetzt bewusst - nicht die schlechtesten Frauen, die da nicht gläubig sind. Das sind manchmal die ganz lieben und netten halt. Und da lässt man sich dann eben wegziehen, da arbeitet der Widersacher. Ich sage auch nicht, wenn man als Gläubiger eine Gläubige heiratet oder umgekehrt, dass dann automatisch alles hundertprozentig funktioniert. Nicht, dass ich jetzt wieder Briefe bekomme nach dem Motto „Alles falsch!", aber für das geistliche Leben ist das die Katastrophe, wenn ich eine Ungläubige oder umgekehrt als Frau einen Ungläubigen heirate. Es ist etwas anderes, wenn man schon verheiratet ist und man hat als Ungläubige geheiratet, hatte also keine Ahnung von Jesus und einer bekehrt sich in der Ehe, dann darf man den nicht verlassen. Das könnt ihr nachlesen in 1. Korinther 7. Das ist hier nicht angesprochen. Aber wenn ich als Christ oder als Christin einen Partner suche, dann soll ich einen Partner nehmen, der gläubig ist, der wiedergeboren ist.

Die alten Brüder, da wo ich herkomme im Siegerland, die sagten immer: „Wenn du als Gläubiger eine Ungläubige heiratest, dann ist das so, als wenn einer auf einem ganz hohen Tisch steht und der andere steht unten. Derjenige, der von oben den anderen hochheben will auf den Tisch, also der Gläubige, das ist schwer und das schafft man kaum. Mit einer Hand einen hochheben, der dann so 70 Kilo wiegt, das schafft man nicht. Aber derjenige, der unten steht, der kann ganz leicht einen runterziehen. So ist es mit der Welt." Die Welt zieht uns viel schneller runter vom Glauben, als dass wir jemanden aus der Welt durch unseren guten Lebenswandel zum Glauben bringen. Das wissen auch alle, die eine Ehe führen. Auch Christen! Fragen Sie mal meine Frau, was ich ihr in meiner Ehe für ein Zeugnis bin. So nach dem Motto: Wenn ich die für den Glauben über meine Lebensführung überzeugen sollte, da wäre die längst weg.

Das klappt in der Ehe ganz häufig bei uns Christen auch nicht, das müssen wir wirklich kritisch sagen. Deshalb, Ehe ist nicht der Moment, wo man andere Menschen missioniert, sondern wenn man heiratet, dann heiratet man jemanden, der wiedergeboren ist.

Die Eltern von Simson machen das deutlich im weiteren Verlauf der Geschichte und das zeigt eben, wie das komplett schiefgeht, wenn jemand, der nicht wiedergeboren ist und nicht zum Volk Gottes gehört, von jemandem geheiratet wird, der zum Volk Gottes gehört. Das ist so die erste sozialethische Perspektive. Für viele von euch vielleicht gar kein Thema, weil man eine Christin oder einen Christen geheiratet hat. Aber vielleicht gibt's ja Leute unter uns, die vor einer Entscheidung stehen oder aus Erfahrung sagen: „Hütet euch davor, als Wiedergeborene, als Kinder Gottes, Menschen aus der Welt zu heiraten. Das ist die große Gefährdung für euer Glaubensleben!" - Eine sozialethische Perspektive.

Die zweite Perspektive. Wir nehmen einen ganz anderen Blickwinkel an. Da sieht die Geschichte ganz anders aus: **Eine prädestinatorische Perspektive.** Prädestination heißt Vorherbestimmung. Und hier in der Geschichte ist von Vorherbestimmung die Rede. Da macht Simson diesen Blödsinn, dass er da eine Frau aus der Welt wählt, seine Eltern halten dagegen, aber dann kommt hier im Vers 5 etwas ganz Interessantes:

> ***Aber sein Vater und seine Mutter wussten nicht, dass es von dem HERRN kam; denn er suchte einen Anlass gegen die Philister. Die Philister aber herrschten zu der Zeit über Israel.***

Das, was Simson macht, ist falsch. Und trotzdem gebraucht Gott in seiner göttlichen Vorsehung dieses Falsche, was dann auch zur Katastrophe führt, für seinen Heilsplan. Sein Vater und seine Mutter wussten nicht, dass es vom HERRN war. Obwohl es falsch war, trotzdem hat Gott das so geführt. So sind die Vorherbestimmungen Gottes. Gott sitzt im Regiment und steuert auf wundersamste Weise, aber nicht so wie der fromme Pastor Latzel oder wie jemand anderes an seinem Schreibtisch das irgendwie runterrechnen und sagen kann „so muss er doch jetzt funktionieren", sondern ganz anders als wir denken. Anders als der Manoah - so heißt der Vater von Simson - und seine Frau das gedacht haben; ganz anders handelt und wirkt Gott. Ja, die geht in die Hose, diese Beziehung, und kostet vielen Menschen das Leben. Aber Gott wirkt dadurch, weil Gott alles vorherbestimmt hat! Das ist die Botschaft dieses Textes. Gott hat alles vorherbestimmt. Alles! Das ist etwas, was Menschen häufig nicht annehmen wollen. Der Mensch dieser Welt, der ist ja selbstbestimmt, nicht wahr? Er entscheidet ja selbst! Er sitzt ja mit dem lieben Gott auf Augenhöhe, wie mit seiner Ehefrau in der Küche auf der Eckbank. Dieser Gott kann zwar ein bisschen mehr, aber wir sitzen ja - so die Vorstellung - mit Gott auf Augenhöhe. Das könnt ihr vergessen! Die Bibel sagt ganz klar und deutlich: Alles, was in unserem Leben passiert, alles, der Tag unserer Geburt, der Tag unseres Sterbens, der Tag, an dem wir uns bekehrt haben, alles, alles, alles ist von Gott vorherbestimmt! Es ist auch vorherbestimmt, dass wir zum lebendigen Glauben gekommen sind und dass andere Menschen nicht dazu kommen. Das ist alles von Gott vorherbestimmt. Die Bibel sagt auch, das sage ich direkt dazu, dass der Mensch sich trotzdem noch selber entscheiden muss! Da fragen mich die Leute immer: „Ja, wie kann das denn funktionieren? Was denn jetzt? Entweder Prädestination, komplette Vorherbestimmung, oder aber der freie Wille des Menschen. Was denn jetzt? Muss ich mich noch selber entscheiden oder hat Gott alles getan?" Beides, sagt die Bibel! Das kriegen wir als Menschen nicht übereinander. Und wenn ihr glaubt, das irgendwie in euer Hirn reinzukriegen, dann kann ich euch jetzt schon sagen: Das werdet ihr nie schaffen, ich kriege das auch nicht hin! Die Dinge, die mit Gott und mit Gottes Vorhersehung zu tun haben, mit Gottes Heilsplan, die können wir gar nicht verstehen. Und hütet euch vor den Leuten, die meinen „ich habe hier so auf zwei DIN A4 -Zetteln, wie Gott die Welt zu Ende führt oder wie die Dinge laufen." Das verstehen wir nicht! Gott ist der Große und Heilige! Wir sind nichts! Wir verstehen Seine Vorhersehung nicht! Wir können nur das annehmen, was ER uns in Seiner Schrift offenbart. Und die sagt eben beides: sowohl, dass alles vorherbestimmt ist, wie auch, dass wir uns noch mit freiem Willen entscheiden können. Das kriegen wir nicht übereinander, das schaffen wir nicht. So ist Gott! Ich sage das immer wieder bei der Dreieinigkeit. Wie ist denn Gott? Drei: Vater, Sohn und Heiliger Geist? Oder ist ER nur einer? Das verstehen wir auch nicht! Die wesentlichen Dinge des Glaubens können wir letztlich nicht fassen, die können wir im Glauben nur annehmen. Und so auch bei der Vorherbestimmung. Aber das wird deutlich: Hier sitzt Gott am Werk, der das alles vorher schon genau geplant hat. Auch wenn es falsch ist! Gott hat es geplant! In Psalm 139,15 heißt es:

> ***Es war dir mein Gebein nicht verborgen, da ich im Verborgenen gemacht wurde, als ich gebildet wurde unten in der Erde. Deine Augen sahen mich, als ich noch nicht bereitet war, und alle Tage waren in dein Buch geschrieben, die noch werden sollten und von denen keiner da war.***

Das gilt nicht nur für den Psalmenschreiber von Psalm 139, das gilt für uns auch. Alles ist bei Gott schon klar. Der weiß genau, was in deinem Leben passiert. Und bitte, das dürfen wir auch immer wieder für unsere Bekehrung wissen: Nicht ich hab mich bekehrt 1982 auf einer Freizeit des CVJM, sondern der Heiland ist in mein Leben eingebrochen und hat sich mir Verurteiltem offenbart. Da konnte ich gar nicht anders als „Ja" sagen. In Johannes 15,16 heißt es:

> ***Nicht ihr habt mich erwählt, sondern ich habe euch erwählt und bestimmt, dass ihr hingeht und Frucht bringt...***

In Epheser 1,4 heißt es:

> ***Denn in ihm hat er uns erwählt, ehe der Welt Grund gelegt war, dass wir heilig und untadelig vor ihm sein sollten in der Liebe; er hat uns dazu vorherbestimmt, seine Kinder zu sein durch Jesus Christus nach dem Wohlgefallen seines Willens...***

Und ich könnte jetzt hier fünfzig, sechzig Bibelstellen aufführen, die von der Vorherbestimmung künden und eben auch in diesem Text. Und Gott ist, so heißt es im Römerbrief (9,21), der Töpfer, der seine Gefäße macht nach SEINEM Willen, manche zu ehrenvollem Gebrauch, manche zu nicht ehrenvollem Gebrauch. So macht er manche Teile in unserem Leben zu nicht ihrem vollen Gebrauch. Da können wir nicht sagen: „Ja, wenn ich jetzt Sünde gemacht habe, warum hat Gott das so gewollt?" Das geht so nicht. Da sind wir wieder selber verantwortlich. Das ist dann auch die Wahrheit der Bibel. Das ist das Interessante, so ein Spannungsfeld, das wir nie so zusammenkriegen wie ein LEGO-Puzzle, 100 Teile knallen wir zueinander, dann passt das alles. Das kriegen wir nicht zusammen. Wir sind für die Sünde, die wir tun, in dieser Welt verantwortlich. Und trotzdem steuert durch das falsche Verhalten Gott auch. Das ist etwas schwer zu verstehen, aber das ist die Wahrheit der Bibel! Warum sage ich das jetzt in dieser Ausführlichkeit? Nun, weil mir das ein absoluter Trost ist, diese prädestinatorische Perspektive.

Wisst ihr, ich bin in meinem Leben auch jemand wie der Simson. Also ich habe nicht die Vollmacht und die Stärke, schon gar nicht, die dieser Simson hatte, aber ich darf auch für Gott unterwegs sein. Und wisst ihr, ich bin auch ein sündiger und falscher Mensch und lasse mich immer wieder verführen von der Welt, genauso wie der Simson. Eigentlich müsste dieser Gott einbrechen, genauso wie hier bei dem Simson und müsste sagen: „Dieser Simson hat versagt, ich haue da richtig dazwischen. Ich suche mir einen, der perfekt funktioniert. Den kann ich nicht gebrauchen." Obwohl der Simson hier einen großen Fehler macht, arbeitet Gott selbst durch die Fehler hindurch. Gott nimmt uns in unserem Versagen an! Und wisst ihr, wenn ich das bei dem Simson sehe, da stelle ich mich einfach daneben und sage: „Genauso bin ich auch in meinem Versagen, indem wo ich mich von der Welt verführen lasse." Der HERR kommt immer wieder und arbeitet mit mir weiter, auch wenn ich einfach nicht funktioniert habe. Und ER kann, so sagen es die alten Brüder, „auf den krummen Linien meines Lebens gerade schreiben". Das kann Gott tun, und das ist mir ein Trost. Das ist mir ein Trost! Wisst ihr, mir ist vollkommen egal, was morgen und übermorgen wird. Das interessiert mich gar nicht, was der HERR schon vorherbestimmt hat. Er weiß das und ich brauche das gar nicht zu wissen. Ich weiß, was dann passiert am Tag meines Todes, wenn ich die Augen zumache, ob in einem Jahr oder in 40 Jahren, da bin ich in der Ewigkeit, im himmlischen Jerusalem. Halleluja! Aber ich weiß, dass für die Zeit bis dahin, bei all dem Mist, den ich noch verbocken werde, für all das Falsche, der HERR da sein wird und ER wird auf krummen Linien gerade führen.

Wir haben das im letzten Jahr erlebt. Ich habe letztes Jahr diese eine Predigt gehalten, ihr wisst das ja alle, am 18. Januar. Da haben wir alle gesagt, ich inklusive: „Mensch, da waren drei Bemerkungen, die waren scharf, die waren richtig scharf." Da habe ich hinterher auch gesagt: „Tut mir leid, ich wollte niemanden damit verletzen." Aber ich frage mich heute aus einer einjährigen Distanz: „War das vom HERRN oder nicht vom HERRN?" Diese scharfen Formulierungen standen so nicht drin in meinem Manuskript. Aber so kann Gott arbeiten. Nun will ich jetzt nicht meine Fehler rechtfertigen. Für Fehler, die ich gemacht habe, entschuldige ich mich und die bringe ich auch unters Kreuz. Und trotzdem ist es so, dass Gott mich annimmt mit meinen Fehlern. Und falls ER das schon wusste, so kann ER auch Dinge gebrauchen und führen, die ich gar nicht überblicken kann. - Über die Eltern steht hier in unserem Predigttext: Sie wussten nicht, dass es von dem HERRN war. Das ist etwas sehr Tröstliches, diese prädestinatorische Perspektive. Wenn wir uns grämen über unsere Schuld und über unsere Sünde, dann dürfen wir wissen: Der HERR nimmt uns immer wieder an. So wie bei Petrus. Er geht auf dem See Genezareth, dann schaut er nicht mehr auf Jesus, guckt auf die Wellen und das Meer und dann geht er unter, auch so ein Versager, genau wie der Simson. Aber der HERR kommt und hält ihm die Hand entgegen. Der wusste schon, dass Petrus untergeht und zieht ihn raus. Genauso ist der HERR auch zu mir. So wie er Simson annimmt und mit seinem Versagen weiterarbeitet, so arbeitet er auch mit meinem Versagen. Das soll nicht mein Versagen rechtfertigen, da will ich mich nicht dahinter verstecken, aber es ist ein Trost für meinen Dienst und das mag ein Trost für deinen Dienst sein, den du tust als Kind Gottes. In deinem Versagen, wo du sündhaft bist, wo du dich von der Welt verführen lässt, der HERR nimmt dich neu an und das wusste ER schon vor Urzeiten und kann damit weiterarbeiten. In Römer 8,28-29 heißt es:

> ***Wir wissen aber, dass denen, die Gott lieben, alle Dinge zum Besten dienen, denen, die nach seinem Ratschluss berufen sind. Denn die er ausersehen hat, die hat er auch vorherbestimmt, dass sie gleich sein sollten dem Bild seines Sohnes, damit dieser der Erstgeborene sei unter vielen Brüdern.***

Das dürft ihr wissen. Auch für die krummen Dinge eures Lebens, auch wenn ihr sie nicht versteht und wenn ihr sie nicht haben wollt: Gott sitzt im Regiment und ER führt.

Und ein Drittes: Eine christologische Perspektive. Wir nehmen jetzt einen ganz anderen Blickwinkel ein, den christologischen Blick auf die Bibel. Ich habe ja schon mal über das Bekleiden mit Fellen gepredigt (1. Mose 3,21) und da nochmal länger deutlich gemacht, wie wichtig das ist, dass man im Alten Testament Jesus entdeckt. Ich erlebe das immer wieder, auch in der letzten Woche: „Ja, Pastor Latzel, warum predigen Sie denn so häufig über das Alte Testament?" Da weiß ich, dass einer überhaupt gar keine Ahnung hat, der so eine Frage stellt. Der ist noch ganz am Anfang des Glaubens und hat noch die Decke vor den Augen, so nach dem Motto: „Im Alten Testament haben wir doch Jesus nur an so ein paar Stellen, ab und zu mal so eine Verheißung, die hören wir dann in der Adventszeit, aber ansonsten kommt doch Jesus nicht vor." Wisst ihr, im ganzen Alten Testament ist Jesus Christus. Wer das nicht erkannt hat, der hat die Decke vor den Augen. Jesus selber sagt (Johannes 5,39): ***...sucht in den Schriften, ... sie sind's, die von mir zeugen...*** Ich wiederhole dieses Wort immer wieder. Das hat Jesus seinen Jüngern gesagt, die hatten damals nicht Matthäus, Markus, Lukas, Johannes, Apostelgeschichte,

Römer, Korinther, Galater, das ganze Neue Testament. Nein! Die hatten nur das Alte Testament und die erste Gemeinde in Jerusalem, die hat das Alte Testament gelesen. Noch bis zum Ende des ersten Jahrhunderts war kein Neues Testament da. Alles, was sie da im Alten Testament gelesen haben, da haben sie Jesus drin gefunden. Sie haben gesagt: „Ja, es ist ja genau das, was der HERR verheißen hat."

Und so dürfen wir auch jede Geschichte der Bibel lesen. Überall, wo da „HERR" steht in der Bibel, dürft ihr sagen: „Da steht Jesus drin!" Das ist ganz wichtig, dass wir immer wieder im Alten Testament Jesus finden. Und wenn du das noch nicht begonnen hast zu tun, glaub mir, da stehst du ganz am Anfang des Glaubens, da fehlt dir Zweidrittel der Schrift, dann ist das dir verborgen. Das ist eine Perspektive, die müssen wir wieder einnehmen: das Alte Testament durch den Blick Jesu Christi sehen. Perspektive, dieses griechische Wort, heißt ja Durchblick, durchblicken, durch Jesus durchblicken ins Alte Testament. Und da offenbaren sich Welten, das ist gigantisch! Wer das nicht verstanden hat, der ist genauso wie einer, der denkt: „Ich habe Bremen gesehen, Hamburg und Niedersachsen, da weiß ich wie ganz Deutschland ist." Ist ja wunderbar, da hast du drei Bundesländer gesehen, aber 13 hast du noch gar nicht wahrgenommen. Da hast du nur einen kleinen Ausschnitt erkannt. Genauso ist es hier. Im letzten Punkt möchte ich die christologische Perspektive mit euch anschauen und auf diesen Text gucken: Hier ist Jesus drin, hier ist von Jesus die Rede!

Was sieht diese Perspektive? Da liest man als erstes ***Simson***, ein hebräischer Name, übersetzt: Sonnenmann. Wenn ich weiß, dass Jesus gesagt hat: ***Ich bin das Licht der Welt***, wenn Simson hier Sonnenmann heißt, dann sage ich: Das kann ich verstehen, da finde ich Jesus drin wieder, als Abschattung natürlich. In die Stadt Timna, in die Simson da hinabsteigt, heißt übersetzt Sprödigkeit. Da heißt es im Text: ***Simson ging hinab nach Timna.*** Simson, der Sonnenmann, in die Sprödigkeit? Und der HERR Jesus? Wo ist denn ER hinabgestiegen? ER ist hinabgestiegen in diese spröde, verkommene und dreckige Welt. Und was passiert bei dem Hinabsteigen? Da sieht er jemanden, der es nicht wert ist, dass er sich mit ihm verbindet: diese Frau der Philister. Aber seine Augen gewinnen sie lieb. Dann kehrt er zurück, wirbt beim Vater für diese Frau und steigt wieder herab. Leute, ich meine, das springt einen ja an! Da muss man keine Theologie studiert haben. Da musst du nur mal vernünftigen Konfirmandenunterricht besucht haben, dann verstehst du, dass hier von Jesus Christus die Rede ist, dass das eine Vorabschattung dessen ist, was bei Jesus passiert ist. Genau das, was Simson hier getan hat. Der Mann Gottes, der steigt herab, der Sonnenmann kommt runter in die Sprödigkeit, in die verlorene Welt. Und da gewinnt er die Unwürdige, die Sünderin, die Tochter der Unbeschnittenen lieb. Und dann wirbt er beim Vater und er nimmt sie zur Braut. Ja, wen nimmt denn Jesus Christus zur Braut? Uns, seine Gemeinde! Und wisst ihr, wir sind genauso. Wir sind genauso wie diese Frau hier. So wie diese Frau es nicht wert war, von Simson gefreit zu werden, genauso wenig bin ich es wert, dass ich eines Tages im himmlischen Jerusalem bin - und genauso wenig seid ihr es wert. Niemand auf dieser Welt ist es wert! Wisst ihr, warum wir eines Tages dabei sein dürfen im himmlischen Jerusalem? Weil der HERR Jesus Christus uns lieb hat. Weil ER uns lieb hat! Das ist so ein ganz starkes Bild. Er steigt hinab und seine Augen haben Gefallen an dieser Frau. Also diese Geschichte ist vor 3000 Jahren passiert. Aber wenn ich die heute aus christologischer Perspektive sehe, höre ich für mich das Evangelium in lautesten Tönen klingeln. Der Heiland Jesus Christus ist herabgestiegen aus seiner Herrlichkeit in diese Sprödigkeit. Da ist die Welt und ER hat all die Menschen gesehen, die es nicht wert sind, auch diesen Pastor Latzel, der es nicht wert ist, der Sünder ist. Und wisst ihr, die Augen des HERRN hatten Spaß an diesem Pastor Latzel. Nicht weil er es verdient hat, nein! Das war auch im geistlichen Sinn ein Unbeschnittener, ein Sünder. Er hat Spaß und deshalb ist er zum Vater gegangen und hat sich für ihn eingesetzt und hat ihm Wohnstätte bereitet und hat ihn dazu eingeladen, Hochzeit mit ihm zu halten. Und obwohl ich ihn immer wieder enttäusche, genau wie diese Frau, springt mich - wenn ich diese Geschichte aus christologischer Perspektive sehe - die Liebe Gottes an.

Vielleicht waren ja die ersten beiden Punkte nichts für dich. Vielleicht hast du jetzt nicht eine Entscheidung zu treffen, jemanden zu heiraten. Vielleicht ist auch die Frage der Prädestination für dich nicht wichtig, die Vorherbestimmung. Aber vielleicht ist es so, dass du dich momentan ungeliebt fühlst. Nun möchte ich dir das als Evangelium von dieser Stelle aus verkündigen: Der Heiland Jesus Christus hat dich lieb! Das sagt ER dir schon durch diesen alttestamentlichen Text. ER ist aus der Höhe herabgestiegen in diese Welt. Da hat ER dich gesehen, schon von Anbeginn. Und da hatte ER dich lieb gewonnen, so lieb gewonnen, dass ER auf Golgatha sich für dich hat hinrichten lassen, damit du eines Tages in der Ewigkeit im himmlischen Jerusalem sein kannst. Halleluja! Das ist Evangelium pur, was hier passiert! ER hat dich erwählt, weil du Teil der Gemeinde bist. Und obwohl du IHN auch verrätst, wie diese Frau hier, ER hat dich lieb. Du hast Gefallen gefunden in seinen Augen. Vielleicht ist das die Botschaft, die du hören musst, heute, für dein Leben, dass du ein geliebter Mensch bist, vielleicht nicht von deinem Umfeld, in dem du stehst, aber eben von dem lebendigen Gott, der für dich da ist, der dich liebt und ein Ja zu deinem Leben hat. Und dass ER dich erwählt hat zur Hochzeit, dass du eines Tages dabei bist, das werden wir eines Tages feiern, das Hochzeitsmahl des Lammes. ER ist das Lamm, der HERR. Und wir sind die Braut als Gemeinde, wir dürfen dabei sein.

Drei Perspektiven zu einem Text. Ich habe begonnen damit, dass ich gesagt habe, wenn man unten in Oberbayern den Watzmann sieht und je nachdem, welche Perspektive man einnimmt, so sieht dieser Berg ganz unterschiedlich aus. Und wenn man diesen Watzmann sieht, da denkt man „Oh, das ist ein Ding!“ Da hat er schon vor hundert Jahren gestanden, schon vor 300 Jahren. Aber das sagt mir der Watzmann immer: Ich weiß, der wird nicht ewig stehen. Die Perspektive des

Watzmanns, ob von der Ost-, von der Nord- oder von der Westseite, sie wird irgendwann weg sein. Diese Perspektive wird irgendwann verschwinden, weil alles Irdische irgendwann vergeht. Aber die Perspektiven, die wir hier heute eingenommen haben, das sind Ewigkeitsperspektiven, die bleiben! Die Perspektive, die uns das Wort Gottes gibt, die bleibt, weil das Wort Gottes bleibt. Und so haben wir heute gehört auf eine ewige sozialethische Perspektive, die stimmt im Alten Bund und im Neuen Bund und sagt uns: Wir sollen nur Leute aus dem Volk Gottes heiraten, nur Gläubige heiraten. Zweitens eine prädistinatorische Perspektive, die uns gesagt hat: Gott hält alles in seinen Händen. Wir verstehen diese Prädestination, diese Vorherbestimmung nicht, aber wir dürfen vertrauen, dass dieser Gott es gut und richtig führt, auch mit unserer Sündhaftigkeit und mit unseren Katastrophen. Und wir haben eine christologische Perspektive eingenommen, eine ewige Perspektive, die gilt und sagen will: Jesus Christus, der lebendige Gott, hat Gefallen an dir und ER liebt dich, ER ist für dich da. Möge der HERR diese Predigt über diesen Text mit den drei Perspektiven an deinem Leben und Glauben segnen. Amen.

Und der Friede unseres allmächtigen Gottes, der sehr viel höher ist als alle unsere menschliche Vernunft, ER bewahre unsere Herzen und Sinne in Christus Jesus, unserem auferstandenen und lebendigen HERRN. Amen.

Der Mann Gottes, der Christ, im Kampf!

Richter 14,5-9

> Gnade sei mit euch und Friede von dem, der da war und der da ist und der da sein wird in alle Ewigkeit, unser HERR, Jesus Christus, Amen.

Liebe Brüder und Schwestern, es geht heute darum, dass wir gerufen sind als Christen im Kampf zu bestehen. Und so möchten wir heute hören auf Worte aus dem Alten Testament, von einem ganz besonderen Kämpfer und Streiter für unseren HERRN und Gott. Wir wollen gleich ein paar Verse hören aus Richter 14, in denen es um Simson geht.

Simson war ein Auserwählter Gottes. Schon seine Geburt war seinem Vater Manoah und seiner Mutter angekündigt worden durch einen Engel des HERRN, durch Gott, durch Jesus selber. Er durfte keinen Alkohol trinken, die Haare wurden ihm nicht geschnitten. Er war auserwählt, das Volk Gottes zu befreien von der Hand der Philister. Als er groß geworden war, passierte etwas, was zum Entsetzen seines frommen Vaters mit seiner frommen Mutter nicht hätte passieren dürfen. Er verliebte sich in ein Mädchen der Philister. Und die will er jetzt heiraten. Der Vater ist dagegen, weil Gott es verboten hat, dass eben keine Ehe sein soll mit Frauen aus den heidnischen Völkern. Aber, so heißt es in der Bibel: Es war vom HERRN (Richter 14,4). Denn dass Simson eine Tochter der Philister heiratete, sollte nur geschehen, dass er in einen Streit mit ihnen käme, in einen Kampf. Das ist unmittelbar vor unserer Geschichte beschrieben. Gott hat es absichtlich so geschickt, dass Simson sich in diese Frau verliebte und diese Frau dann heiraten wollte und dass es daraus Streit und Kampf geben sollte. Das war vorherbestimmt, weil Gott Simson zum Kampf und zum Streit bestimmt hat. Und da steigen wir nun ein, wie nämlich Simson mit seinen Eltern auf dem Weg hinab ins Philisterland nach Timna ist und eben diese Frau holen will, um diese Frau werben will. Wir hören nun als Predigttext Richter 14,5-9:

So ging Simson hinab mit seinem Vater und seiner Mutter nach Timna. Und als sie kamen an die Weinberge von Timna, siehe, da kam ein junger Löwe brüllend ihm entgegen. Und der Geist des HERRN geriet über ihn, und er zerriss ihn, wie man ein Böcklein zerreißt, und hatte doch gar nichts in seiner Hand. Er sagte aber seinem Vater und seiner Mutter nicht, was er getan hatte. Als er nun hinkam, redete er mit dem Mädchen und Simson hatte Gefallen an ihr. Und nach einigen Tagen kam er wieder, um sie zu holen, und bog vom Wege ab, um nach dem Aas des Löwen zu sehen. Siehe, da war ein Bienenschwarm in dem Leibe des Löwen und Honig. Und er nahm davon in seine Hand und aß unterwegs und ging zu seinem Vater und zu seiner Mutter und gab ihnen, dass sie auch aßen.
Amen.

Wir wollen stille werden und beten: Lieber HERR und Heiland, du schenkst uns heute Morgen dieses Wort aus dem Alten Testament, diese Geschichte von Simson, einem Streiter und einem Kämpfer, der einen Löwen zerrissen hat. Auf den ersten Blick eine seltsame Geschichte, aus der wir so wenig sehen, HERR. Deshalb wollen wir dich bitten, wenn wir uns darüber jetzt Gedanken machen in der Predigt, dass du sie uns öffnen mögest, damit wir verstehen können, was du uns durch dieses heilige und lebendige Wort zu sagen hast für unseren Kampf. Es wird nur dann gelingen können, wenn du uns deinen guten Heiligen Geist schenken wollest für diese Predigt. Und darum wollen wir dich alle miteinander bitten: Segne du selber das Reden und Hören deines heiligen und lebendigen Wortes. Amen.

Liebe Gemeinde, vor einigen Wochen hatte ich ein Gespräch mit einem lieben Menschen, der leider noch nicht so weit im Glauben ist. Dieser Mensch - er kommt auch häufiger zum Gottesdienst - kam und beschwerte sich darüber, bzw. merkte es an, dass so häufig über das Alte Testament gepredigt würde, wo doch im Alten Testament nichts über Jesus stünde und auch so wenig über die Gemeinde Gottes. Da musste ich ihn direkt korrigieren und ihm erzählen, dass das ganze Alte Testament voll davon ist, von Jesus. Überall, wo da „der HERR“ steht, da ist Jesus gemeint und dass da immer wieder vom Volk Gottes die Rede ist. Jesus selber sagt (also das ist nicht meine eigene Auslegung): ***Suchet in der Schrift... sie ist's, die von mir zeuget*** (Johannes 5,39). Das hat Jesus zu seinen Jüngern gesprochen, die hatten ja noch nicht das Neue Testament, das ist erst später gekommen. Wir sollen suchen im Alten Testament! Auch als sich die erste Gemeinde in Jerusalem versammelte, da las man in den Schriften des Alten Testamentes, in den Propheten Jesaja, Jeremia, Hesekiel. Und sie fanden überall den HERRN Jesus und haben überall Dinge über die Gemeinde Jesu gesagt. Und das eben nicht nur bei den Propheten, nicht nur in den fünf Büchern Mose, sondern eben auch hier in den Geschichtsbüchern, hier im Richterbuch.

Und da wollen wir heute auch suchen in dieser Geschichte, in dieser wunderbaren Geschichte von dem Kämpfer Simson, wo er den Löwen zerreißt vor Timna und was das uns zu sagen hat, wo da Christus bezeugt ist und wo von der Gemeinde Jesu die Rede ist. Da kommen wir zum Schluss der Predigt noch dazu. Ich habe uns wie üblich drei Punkte mitgebracht:

1. Der Mann Gottes, der Christ, steht im Kampf
2. Der Mann Gottes, der Christ, muss die Sünde zerreißen
3. Der Mann Gottes, der Christ, stärkt die Seinen

Das Erste: Der Mann Gottes, der Christ, steht im Kampf! Simson, der Mann Gottes, steht im Kampf. Sein Leben war auf Kampf programmiert. Es lohnt sich, die gesamte Simson-Geschichte nachzulesen, Richter 13 bis 16. Eine kampfesschwangere Geschichte gegen die Feinde des Volkes Gottes. Sein ganzes Leben war Kampf, bis zum letzten Atemzug. Als er später vor einem Götzentempel der Philister steht, er ist geblendet, hat keine Augen mehr und betet zum Allmächtigen und seine Hände sind an den Festen dieses Tempelbaus gebunden und er reißt den Tempel ein und durch seinen Tod zerstört er die

Feinde des Volkes Gottes. Eine gewaltige Geschichte! Simson, ein Kämpfer! An einer anderen Stelle wird berichtet, wie er mit einer Eselsbacke eintausend Philister erschlägt und ihre ganzen Ernten niederbrennt. Ein Kämpfer und Streiter für unseren HERRN!

Nicht nur Simson, sondern - wenn Sie die Bibel lesen - auch all die Männer und Frauen sind Kämpfer und Streiter für die Sache Jesu Christi. Das war kein einfacher Weg, der den Männern und Frauen der Bibel geschenkt worden war. Immer wieder Kampf. Da können Sie alle Richter-Geschichten lesen. Da können Sie alles sehen von den gläubigen Königen. Sie können lesen von einem Daniel, Sie können lesen von den Propheten; was hat Jeremia kämpfen müssen, was da im Kampf untergegangen ist! Er wurde deportiert, ins Gefängnis geschmissen, gefoltert und getötet. Was hat ein Jesaja kämpfen müssen?! Was hat ein Paulus kämpfen müssen?! Was hat ein Petrus kämpfen müssen?! Was hat ein Jesus kämpfen müssen?! Die ganze Sache des Glaubens ist Kampf!

Die ganze Sache des Glaubens ist Kampf! Wer meint, wir haben es hier mit einem Wohlfühlevangelium zu tun - wenn ich ab und zu mal meinen Zehnten gebe, fromm sonntags in den Gottesdienst gehe und dann segnet mich dieser Gott, damit es in dieser Welt schön angenehm ist - ja, da bin ich auf einem Weg, aber auf dem breiten Weg des Verderbens und nicht auf dem engen Weg von Jesus Christus, der der Weg in die Ewigkeit ist. Der Weg des Glaubens ist ein Weg des Kämpfens. Und noch einmal: Wer das nicht verstanden hat, der ist noch am Anfang. Der Glaube hat auch viel mit wunderbaren Momenten zu tun, gar keine Frage; aber heute Morgen möchte ich das noch einmal deutlich sagen, dass Glauben mit Kampf zu tun hat. Ich hätte Ihnen dutzende Texte des Alten wie des Neuen Testaments mitbringen können, die das ganz deutlich machen. Paulus schreit einmal dem Timotheus zu, seinem Lieblingsschüler: ***Kämpfe den guten Kampf des Glaubens...*** Und ich möchte Sie bitten: Nehmen Sie sich einfach nächste Woche mal die Zeit, nehmen Sie die Konkordanz und schlagen Sie mal nach, wie häufig das Wort Kampf und kämpfen im Neuen Testament und im Alten Testament vorkommt und was das heißt für die Männer und Frauen Gottes, die gekämpft haben, den guten Kampf; nicht mit Waffen, nicht mit Bomben, sondern wirklich mit den leeren Händen, die vom Gebet getragen waren.

Wir haben zu kämpfen! Glauben ist ein Kampf! Das möchte ich jedem sagen: Je weiter du im Glauben kommst, je tiefer du reinkommst in die Nachfolge Jesu Christi, desto intensiver wirst du das erleben. Das ist tiefe Wahrheit. Je näher du beim HERRN bist, desto stärker wirst du die Kämpfe in dieser Welt erleben, weil der HERR Jesus Christus mit seiner Botschaft vom Widersacher bekämpft wird bis aufs Äußerste. Das geht gar nicht anders.

Als ich mich auf diese Predigt vorbereitet habe, da habe ich von dem wunderbaren Pastor Wilhelm Busch eine Bibelstunde gefunden, genau über dieses Thema. Der hat eine Bibelstunde gehalten, fünfundvierzig Minuten voller Vollmacht, eine grandiose Bibelstunde. Da hat er genau auch darüber gesprochen, über die Bedeutung des Kampfes, damals Ende der 50er Jahre in Essen. Schon ein halbes Jahrhundert her. Da hat er seiner Gemeinde im Weigle-Haus gesagt: „Ihr seid nicht mehr kampfesbereit!“ Die Christen heute sind nicht mehr kampfesbereit, die wollen nur noch die Annehmlichkeiten. Und da ist er hingegangen, hat ein altes Gesangbuch der Herrnhuter Brüdergemeinde mitgebracht. Da hat er etwas gemacht, wo er selber sagt, dass er das noch nie gemacht hat: „Ich lese euch jetzt Lieder vor, Kampfeslieder, die das ausdrücken. Da hat er zehn Minuten nichts anderes gemacht, als den Geschwistern dort Kampfeslieder vorgesungen und vorgelesen, wo das eben thematisiert wurde aus der Bibel, was es wirklich heißt, im Kampf zu stehen.

Und das, was der Pastor Busch damals seiner Gemeinde gesagt hat, das kann und muss ich unserer Gemeinde auch sagen, das muss ich meiner Gemeinde sagen: Ihr müsst kampfesbereiter werden. Wir stehen in einem Kampf gegen die Gewaltigen unter dem Himmel, gegen die Finsternis. Wir stehen im Kampf und du stehst im Kampf. Da kommen wir gleich noch dazu, wie du angegriffen wirst. Es sind zwei Arten von Kämpfen, in denen wir stehen. Wir stehen in äußeren Kämpfen und in inneren Kämpfen. Die äußeren Kämpfe können wir mit unseren bloßen Augen erkennen, die wir erleben in dieser Welt, wo die Christenheit verfolgt wird. Alle Welt regt sich darüber auf, dass ein Schmähvideo gedreht worden ist. Ich würde so ein Video nicht drehen, ich will niemanden anderen verletzen. Aber da regt sich alle Welt darüber auf. Da sollen jetzt Gesetze erlassen werden, aber dass reihenweise in dieser Welt Christen abgeschlachtet werden um ihres Glaubens willen, in Pakistan, in Afghanistan, in Nigeria, da redet kein Mensch drüber, das wird verschwiegen! Diese Kämpfe drückt der Widersacher runter und wir schweigen! Dass sich die Politiker nicht erheben, die mit dem Wort Gottes nichts zu tun haben, das ist eine Sache. Aber die Frage ist, was wir dagegen tun, um gegen diese Kämpfe anzugehen. Und ich möchte das auch sagen: Das 21. Jahrhundert, in das wir hineingehen, das wird das verfolgungsintensivste Jahrhundert werden. In den 20 Jahrhunderten, die schon da waren, war es schon schlimm für uns Christen, aber dieses Jahrhundert wird ganz besonders schlimm. Da muss man kein Prophet sein, das zeichnet sich jetzt schon ab, auch hier bei uns, auch hier bei uns in der Bundesrepublik Deutschland, wo wir momentan noch so frei und unverboten unseren Glauben leben können. Vorletzte Woche hat eine Pfarrerin ein Ehepaar getraut, im Namen Allahs. Ich war letzte Woche mit anderen Pfarrern der BEK zusammen, da hat die Präsidentin des Kirchentages zur Homosexualität gesagt, Gott hat doch alle Menschen so geschaffen, da kann sie nichts Verwerfliches daran finden. Da wissen wir, wo die Kampflinien gezogen sind und die Frage ist, ob wir als Gemeinde Jesu da treu sind, ob wir den Kampf aufnehmen oder sagen: „Bitte nicht reden, besser wir schweigen, ist nur schlecht nach außen fürs Image." Da heißt es dann wieder: „Martini, diese

Hardliner, wollen wir nicht. Ist zwar richtig, wie's in der Bibel steht, aber ist nicht gut in dieser Welt." Ich sehe das ganz deutlich: Mit mir als Pastor wird an diesen Linien der Kampf aufgenommen. Ich bin ein schwacher Mensch, aber ich weiß, wo die Grenzen sind. Da wird gekämpft und das müssen wir tun. Nicht mit Waffen, nicht mit Gewalt, wir kämpfen mit anderen Mitteln. Aber auch diese Kämpfe, ob das nun weltweit in der Christenverfolgung ist oder mit der unsäglichen Theologie, die in der EKD herrscht, das sind Kämpfe, die sind nichts gegen die inneren Kämpfe. Die äußeren Kämpfe, die wir sehen und die wir zu bestreiten haben und die wir auch annehmen müssen als Gemeinde Jesu, sind nichts gegen die inneren Kämpfe, die wir zu kämpfen haben, die mit Fleisch und Blut ausgefochten werden. Und diese Kämpfe, die greifen uns häufig an, wenn wir sie am wenigsten erwarten, gerade wenn wir denken: „Es ist doch alles so gut in unserem Glauben. Wir sind so stark, wir kommen weiter." Wenn man meint, man sei im Glauben weitergekommen, da muss man immer wieder sehen, dass der Teufel kommt und einen anspringt wie der Löwe hier in dieser Geschichte. Das ist für mich so bildhaft. Sie hat so wunderschöne Bilder, die Simson-Geschichte. Der Simson, der ist auf dem Weg, der will seine Geliebte freien, dieses hübsche Mädchen, was er gefunden hat bei den Philistern. Seine Eltern sind bei ihm, da ist so eine schöne Familienatmosphäre. Und da gehst du runter, so richtig liebesschwanger, da sind die Gedanken sonst wo, nicht wahr? Mit einem Strauß Blumen vielleicht oder weiß der Kuckuck was. Aber dann ist auf einmal ein Kampf drin! Da springt ihn der Löwe brüllend an. Genauso ist das mit den inneren Kämpfen. Wir denken, da ist doch alles klar, wir haben uns eingerichtet, meine Ehe ist so gut mit meiner Frau im Glauben, und dann kommt der Widersacher, dann springt er uns an! Das ist die Sünde. Das ist die Sünde, mit der der Widersacher uns anspringt. Der Löwe hier, der Teufel, der springt uns an und dann müssen wir mit der Sünde kämpfen. Und glaubt mir, das ist ein ganz gewaltiger Kampf. Der Apostel Paulus, der nun wirklich verfolgt, verhaftet, gefoltert, ausgepeitscht und gesteinigt wurde; die äußeren Kämpfe, die hat er meistens durchgestanden, aber die waren nichts gegen die inneren Kämpfe, die er zu kämpfen hatte. Er sagt im Römerbrief (7,18b-20):

> ***Wollen habe ich wohl, aber das Gute vollbringen kann ich nicht. Denn das Gute, das ich will, das tue ich nicht; sondern das Böse, das ich nicht will, das tue ich. Wenn ich aber tue, was ich nicht will, vollbringe nicht mehr ich es, sondern die Sünde, die in mir wohnt.***

Er sagte einmal, dass der Teufel ihn schlägt mit der Faust, dass er gegen die Sünde nicht ankommt. Das war Paulus, der Apostel Paulus, der große Apostelfürst, der nun wirklich voll des Heiligen Geistes war. Er musste gegen die Sünde kämpfen und das müssen wir auch immer. Wenn du Nachfolger Jesu bist, dann musst du diesen Kampf aufnehmen, die äußeren Kämpfe, aber vor allen Dingen den wichtigsten Kampf, den Kampf der Sünde. Und bei diesem Kampf gegen die Sünde, da musst du hingehen und ganz knallhart die Sünde zerreißen. Damit sind wir beim Punkt. Der Mann Gottes, die Frau Gottes, der Christ muss die Sünde zerreißen, ganz so, wie hier der Simson. Da kommt der Löwe auf ihn zu, da hilft es nicht zu sagen „Husch husch, geh mal weg!“. Da steht ein junger brüllender Löwe!

Ich war drei Wochen in Afrika. Ich interessiere mich ja so ein bisschen für die Jagd. Die jungen Löwen, die so voller Testosteron sind, die noch keine Erfahrung haben und nicht wissen, wie gefährlich der Mensch ist, die sind angriffslustig, das sind die gefährlichsten. Ein junger Löwe fällt hier den Simson an. Was für ein Bild für den Teufel! Wir wissen das aus dem 1. Petrusbrief (5,8):

> ***Seid nüchtern und wacht; denn euer Widersacher, der Teufel, geht umher wie ein brüllender Löwe und sucht, wen er verschlinge.***

Seht euch vor, wenn der Widersacher kommt. Es ist ein Bild, das die Bibel gebraucht: ein brüllender Löwe. Und das ist der Widersacher, der hier kommt und durch die Sünde eben den Simson anfällt. Und nochmal, da hilft kein „Husch, husch!".

Sie wissen, ich habe ein Haus hier vor den Toren Bremens mit einem kleinen Garten dabei. Weil ich keine Lust zur Gartenarbeit habe, habe ich die ganzen Beete gemulcht. Da habe ich aber nicht bedacht, dass meine Nachbarn alle Katzen haben. Da kommen die Katzen und gehen dann immer in den Mulch und dann scharren die und da ist der ganze Mulch bei mir auf dem Rasen. Das ist nicht so angenehm. Und wenn ich die sehe, dann mache ich das Balkonfenster auf und rufe, dass die da weggehen. Aber eins ist klar, die gehen für den Moment weg. Drei Stunden später sind sie wieder da. Genauso ist das bei der Sünde. Wenn wir bei der Sünde so ein bisschen „Sch... sch!" machen, da kommt die wieder. Bei der Sünde müssen wir - ich weiß, dass da jetzt wieder einige zucken, aber es geht nicht anders - ganz radikal hingehen und sie zerreißen, so wie das eben hier der Simson mit dem jungen Löwen getan hat. Und das lesen wir auch in dieser Geschichte, wie er den Löwen zerrissen hat. Er hat ihn zerrissen mit bloßen Händen. Und in Wirklichkeit hat er gar nicht den Löwen zerrissen, sondern es heißt ausdrücklich in unserem Predigttext, dass der Heilige Geist über ihn gekommen ist:

> ***Und der Geist des HERRN geriet über ihn, und er zerriss ihn, wie man ein Böcklein zerreißt, und hatte doch gar nichts in seiner Hand.***

Das ist das Zweite: Der Mann Gottes, der Christ, muss die Sünde zerreißen! So müssen wir gegen die Sünde kämpfen, das ist das Bild hier. Wir haben gar nichts in der Hand. Wir haben leere Hände. Das kann man mit leeren Händen machen. Da kann man nur die Hände falten und beten. Das haben wir eben auch gehört im Epheserbrief. Das ist der Kampf, den wir zu tun haben, dass wir beten sollen gegen die Sünde. Und wir bekämpfen die Sünde, indem wir die Sünde unters Kreuz bringen. Jakobus 5,16:

Bekennt also einander eure Sünden und betet füreinander, dass ihr gesund werdet. Des Gerechten Gebet vermag viel, wenn es ernstlich ist.

Das müssen wir machen: Sünde bekennen! Wir können gegen den Widersacher nichts tun, aber auch gar nichts! Das kann nur Jesus. Aber mit IHM gemeinsam können wir kämpfen, wenn wir uns an IHN halten. Und wenn dich die Sünde angreift, so wie hier der Simson angegriffen wird von dem Löwen, dann hast du auch leere Hände und dann fange an zu beten! Dann wird Jesus dir im Heiligen Geist zur Seite stehen. Die Lesung für den heutigen Tag (2.Thessalonicher 3,3):

Aber der HERR ist treu; der wird euch stärken und bewahren vor dem Bösen.

Aber glaubt mir, der Böse ist so stark, der ist so gewaltig, dass wir ohne Jesus nichts tun können. Da hätte auch Simson nichts tun können. Ohne den Geist des HERRN hätte dieser gewaltige und starke Mann nichts tun können, da wäre er Opfer geworden. Und wenn wir Jesus nicht haben, dann zerreißt uns der Widersacher, dann zerreißt uns die Sünde. Das Ziel des Widersachers in dieser Welt ist der Tod. Im Römerbrief (6,23a) heißt es: ***Denn der Sünde Sold ist der Tod.*** Der Widersacher will für unser Leben den Tod. Wir wissen, in der Bibel gibt es drei unterschiedliche Arten von Tod. Es gibt erstens den geistigen Tod, zweitens den leiblichen Tod und drittens den ewigen Tod. Das eine hängt mit dem anderen zusammen. Als Erstes gibt es den geistigen Tod. Das ist der, wo Jesus in Lukas 9,60a sagt: ***Lass die Toten ihre Toten begrabe***n, als Jesus jemanden in die Nachfolge ruft und der will erst seinen Vater beerdigen. Lasst die Toten (die leben ja noch!) ihre Toten beerdigen. Das ist der geistige Tod. Und wenn ich geistig tot bin, dann sterbe ich auch körperlich, das will übrigens der Widersacher auch. Der Widersacher triumphiert bei jeder Abtreibung, wo menschliches Leben nicht auf diese Welt kommt. Der Widersacher triumphiert in jedem Krieg, wo Menschen abgeschlachtet werden. Dann kommt der körperliche Tod. Und wenn ich dann nicht Jesus habe, dann kommt der ewige Tod. Und das ist das Ziel des Widersachers. Das erreicht er, wenn wir in Sünde sind. Jetzt weiß ich, was einige - auch von euch Christen - denken, was ich auch manchmal denke, so nach dem Motto: „Ich habe ja die Sünde im Griff. Ich habe ja keine wirkliche Sünde." Dann sind wir dem Widersacher direkt auf den Leim gegangen. Im 1. Johannesbrief (1,8) heißt es:

Wenn wir sagen, wir haben keine Sünde, so betrügen wir uns selbst, und die Wahrheit ist nicht in uns.

Ich sage das nochmal:

Wenn wir sagen, wir haben keine Sünde, so betrügen wir uns selbst, und die Wahrheit ist nicht in uns.

Wenn du das nicht anerkennst, dass du Sünder bist - und zwar jetzt nicht nur mit deinen Lippen: „Jaja, Pastor Latzel, Sie haben ja Recht, ich habe auch schon mal eine Dogmatik gelesen, auch meine Bibel..." - sondern hier im Herzen! Wenn du das nicht wirklich weißt, dass du Sünder bist, dann betrügst du dich selber und die Wahrheit. Dann ist Jesus nicht in dir! Die Wahrheit ist Jesus Christus. ER ist der Weg, die Wahrheit und das Leben. Jesus ist die Wahrheit! Du bist Sünder und du wirst, weil du Sünder bist, immer wieder von der Sünde angefallen. Und Jesus ruft dich auf, die Sünde zu bekennen. So geht es dann im 1. Johannesbrief (1,9) weiter:

Wenn wir aber unsre Sünden bekennen, so ist er treu und gerecht, dass er uns die Sünden vergibt und reinigt uns von aller Ungerechtigkeit.

Das heißt, wenn wir das anerkennen und unsere Schuld und Sünde ganz persönlich bekennen, dann ist Jesus Christus treu und gerecht. Und dann gibt er uns Seinen Geist, dann zerreißen wir mit unseren Gebeten die Macht der Sünde. Dann schreckt der Widersacher zurück. An den HERRN Jesus kommt er nicht ran! Das ist ja derjenige, der ihn doch eines Tages in den Abgrund der Hölle stoßen wird. Da hat der Widersacher keine Chance. Aber wenn wir meinen, wir hätten keine Sünde und wir bräuchten das Erlösungsblut von unserem HERRN Jesus nicht, unser Leben sei doch in Ordnung, dann kann der Widersacher kommen und dann packt er uns. Nur leider merken wir das häufig nicht. Wenn es doch immer so wäre, dass der Widersacher käme wie der Löwe. Oh ja, da würden wir einen tüchtigen Schreck kriegen über unsere Sünde. Nein, ganz häufig ist es so, dass der sich so langsam einschleicht und uns belügt und betrügt. Es heißt ja vom Widersacher im Johannesevangelium (8,44):

Der ist ein Mörder von Anfang an und steht nicht in der Wahrheit, denn die Wahrheit ist nicht in ihm.

Das beginnt schon in der Urgeschichte (1. Mose 3,1), wo er das Wort Gottes in Frage stellt: ***Ja, sollte Gott gesagt haben?*** Und dann sagte ER zu Adam und Eva (3,4): ***Ihr werdet keineswegs des Todes sterben.*** Das macht die Sünde. Die Sünde belügt uns mit dieser Welt: Ihr werdet nicht des Todes sterben; und so wie bei Adam und Eva, so ist das auch in unserem Leben. Die Bibel sagt ganz deutlich: Ohne Jesus Christus seid ihr verloren und könnt nicht bestehen! Die Sünde sagt: „Wenn du ein guter Mensch bist und fromm lebst, dann geht doch alles schön gut und der liebe Gott wird schon ein Auge zudrücken." Das ist die Sünde. Die Bibel sagt: Habsucht und Geld ist eine Sünde. Die Sünde sagt: „Hey, das ist falsch, Geld ist was Gutes! Versuche, so viel wie möglich zu kriegen, dann kannst du dein Leben sichern, das ist was ganz Wichtiges. Schaffe, schaffe, Häusle baue. Du musst für dich selber sorgen!" Die Bibel sagt: Unzucht soll nicht sein. Die Sünde sagt: „Kriegt keiner mit, wenn du mal ab und zu ins Bordell gehst auf Geschäftsreise. Das bekommt deine Frau nicht mit, wenn du dich abends ins Internet einloggst. Das ist doch kein Problem, ist doch auch nicht schlimm und tut doch keinem weh." Das sagt die Sünde!

Die Bibel sagt: Du brauchst Ruhe, sechs Tage arbeiten, aber an einem Tag Gott die Ehre geben. Die Sünde sagt: „Ach, ein bisschen Sporttreiben ist doch ganz nett oder du kannst sonst was tun, das ist doch gar kein Thema. Das mit Gott kannst du auch irgendwann anders nachholen." So ist die Sünde! Die Sünde lügt, weil der Widersacher ein Lügner ist und der greift uns immer wieder an wie ein Löwe. Nochmal, das kommt häufig eben nicht mit diesen tüchtigen Schrecken, wo wir es merken. Das kommt ganz implizit, aber immer dort, wo das Wort Gottes in Frage gestellt wird. Und da seid ihr gefragt als Christen, als Männer und Frauen Gottes, als Nachfolger unseres HERRN, dass ihr da, wo ihr das merkt, wo die Anfänge sind, wo das Wort Gottes in Frage gestellt wird, wo der Widersacher euch angreift, dass ihr das zerrreißt und das nicht zulasst! Da geht es nur mit Radikalität! Fangt nicht an, mit dem Wort Gottes Kompromisse zu machen: „Es steht zwar geschrieben, aber ich mache noch irgendwie so ein Kuddelmuddel draus." Das geht grundsätzlich schief und ist immer vom Widersacher. Bleibt treu bei dem, was euch der HERR Jesus sagt und nicht was ein Pastor Latzel, ein Pastor Motschmann oder ein Pastor Huntemann sagt oder irgendwelche anderen Pfarrer sagen, sondern was die Schrift euch sagt, was der Heilige Geist euch durch Jesus Christus offenbart. Aber das, was ihr da lest in der Bibel, das tut und das macht! Dann seid eben wie Simson. Wenn ihr merkt, dass ihr da angegriffen werdet und die Sünde euch anspringt, zerreißt sie, denn das könnt ihr machen, wenn ihr die leeren Hände zum Gebet gefaltet habt und eure Sünden unters Kreuz bringt.

Und wenn ihr das gemacht habt, dann wird **ein Drittes** passieren, dass ihr die Eurigen stärken könnt. **Der Mann Gottes, der Christ, stärkt die Seinen!** Da sind wir beim dritten Punkt der Geschichte. Der Mann Gottes, der Christ, der im Kampf steht, er stärkt die Seinen, wenn er den Kampf gewonnen hat. Das ist ein tolles Bild! Das ist so ein richtiger Kerl, dieser Simson. Da kommt er einige Tage später an die Stelle, wo ihn der HERR den Löwen zerreißen ließ. Der Kadaver ist zerfressen, aber es hat sich ein Bienenschwarm darin gebildet.

Also ich wollte weder einen Löwen zerreißen, noch in so einen Bienenschwarm reingreifen. Da geht er also hin, greift in den Bienenschwarm und holt den süßen Honig raus, wir wissen ja, das sind die wertvollsten Kohlenhydrate. Er isst selber davon und dann gibt er eben auch seinem Vater und seiner Mutter. Den Kampf mit dem Löwen, den inneren Kampf, den hat er alleine ausgetragen. Das ist auch so, den Kampf mit der Sünde tragen wir in letzter Konsequenz immer alleine mit Jesus aus. Aber im Ergebnis, wenn wir obsiegt haben im Kampf gegen die Sünde, davon profitieren die Brüder und Schwestern in unserem Umfeld, dass wir sie stärken können. Übrigens, das war immer so bei der Speise des Volkes Gottes: ***Wie fein hast du uns gebracht in ein Land, darin Milch und Honig fließt*** (4. Mose 16,14). Oder Johannes der Täufer, der sich ernährt hat von dem köstlichen Honig. Das ist das, was die Männer und Frauen Gottes bekommen, wenn sie obsiegt haben im Kampf über die Sünde.

Ich habe im Vorfeld dieser Predigt eine Predigt von Spurgeon gelesen und er legt dieses Wort aus, eine gewaltige Predigt. Und er sagt da ungefähr: Die Siege der Christen über die Sünde unter dem Heiligen Geist in Jesus Christus, die schenken ihnen die Süßigkeiten. Wo du am stärksten kämpfst, wenn du treu beim HERRN bleibst und die Sünde besiegst und wirklich den Löwen zerreißt, da wird dir dann im Endeffekt die größte Süßigkeit geschenkt. Und damit hat Spurgeon Recht. Da, wo wir wirklich die Sünden, die wir haben, unter das Kreuz bringen und Vergebung wirklich im Heiligen Geist erleben, wenn wir das dann durch den Heiligen Geist klargemacht bekommen, das ist die größte Süßigkeit die wir kriegen können. Wenn wir das dann durch den Heiligen Geist verstanden haben: „Hallo, mir ist meine Schuld genommen, ich gehöre zum lebendigen Gott!" Das ist größer als jedes Geschenk, als jeder Lottogewinn, als das tollste Haus, was es gibt, und der schönste Urlaub, das Größte, was wir bekommen können, wenn wir durch die Kraft Jesu Christi im Kampf gegen die Sünde siegen. Und wenn wir das haben, dann können wir auch die Unsrigen stärken. Petrus, auch so ein gewaltiger Typ, so ein richtiger

Könner, Macher und Streiter. Der hat seine Sünde noch nicht bekannt. Das muss er erst erleben, als Jesus ans Kreuz geht. Aber als er bekennt, dass Jesus der Christus ist, also das bekennt er schon, da sagt Jesus (Lukas 22,32b):

Und wenn du dann umkehrst, wenn du dich dereinst bekehrst, so stärke deine Brüder.

Das ist notwendig, dass wir uns bekehren. Bekehrung hat ja zutiefst damit zu tun, unsere Sünde zu besiegen und unters Kreuz zu bringen. Wenn du dich dereinst bekehrst, dann stärke deine Brüder. Und das werden Sie auch immer wieder sehen an einem frommen, bekehrten Mann, an einer frommen bekehrten Frau; das sind Leute, die stärken ihre Geschwister, die bringen denen Honig - bildlich gesprochen. Ich habe häufig den Eindruck in der Gemeinde - nicht nur bei uns, auch anderswo - uns geht es nicht ums Stärken, sondern ums Stänkern. So nach dem Motto: Ich bin in die Gemeinde gestellt, es ist wie in der SPD oder im Schützenverein, kann hier mitlabern oder sonst was machen, den und den kritisieren, dieses oder jenes tun. Aber im Reich Gottes geht es nicht ums Stänkern, sondern ums Stärken, und wer wirklich durch den Heiligen Geist gereinigt ist, dem geht es nicht mehr um irgendwelche Machtfragen oder sonst was, dem geht es darum, den anderen den Honig zu bringen und sie zu stärken im Glauben.

Jetzt komme ich zu dem, was diese Geschichte - ich sagte das zu Beginn - natürlich auch mit Christus zu tun hat. Wir haben eben schon gemerkt, das hat eine Menge mit uns zu tun, aber wir finden natürlich in diesen Geschichten auch immer wieder Jesus. Dieser Mann, der mich da angesprochen hat und sagte: „Im Alten Testament ist doch gar nicht von Jesus die Rede!" Da ist doch einem jeden klar, dass hier eine Typologie, ein Abbild im Alten Testament auf Jesus hin beschrieben ist. Das haben nicht nur die Geschwister der ersten Gemeinde verstanden, das verstehen wir auch. Simson ist ein Abbild, ein Zeugnis für Jesus. Noch einmal Johannes 5,39: ***Suchet in der Schrift... sie ist's, die von mir zeuget***, sagt Jesus. Simson, der auserwählte

Mann Gottes, seine Geburt angekündigt durch den Engel, aufgewachsen im Streit und Kampf gegen die Feinde des Volkes Gottes, der dann obsiegt, aber in dem Sieg letztlich sich selber hingeben und sterben muss; ganz viele Bilder deuten eben auf Jesus Christus hin. Übrigens, die Richter - auch eine wichtige Sache - werden im Alten Testament auch Heiland genannt. So steht da immer wieder in der Bibel „Heiland" im hebräischen Urtext. Das wird eben auch ganz deutlich hier: Der größte Sieg, die größte Süßigkeit ist uns geschenkt worden durch den Sieg unseres HERRN Jesus Christus über den Tod. ER hat die Sünde besiegt am Kreuz und ER hat den Tod besiegt und aus dem Sieg über den Tod kommt (ich sage das mit diesem Wort von Spurgeon) die größte Süßigkeit heraus, nämlich das ewige Leben. Die größte Süßigkeit! Jesus Christus ist für uns gestorben und hat die Sünde besiegt. Damit gibt's den größten Sieg. Und er will uns allen geben von diesem Honig, den er gewonnen hat aus diesem Sieg. Der Tod ist besiegt, der Löwe ist tot, aber in diesem Kadaver bildet sich die Süßigkeit für die Seinen von Simson. Und genauso ist es mit dem Sieg über den Tod für die Seinen, die zu Jesus Christus gehören. In Seinem Sieg über den Tod haben wir alle Süßigkeiten. Das werden wir erleben, wenn wir den Tod erleben, diese bittere Niederlage in diesem irdischen Kampf. Da werden wir alle verlieren. Wenn der HERR Jesus vorher nicht wiederkommt, werden wir alle früher oder später tot sein. Da werden wir alle in diesen bitteren Tod gehen und diese Niederlage erleiden, wenn unsere Herzen aufhören zu pochen. Aber diejenigen, die zu Jesus gehören, dürfen wissen: Wir werden sofort - wir haben am letzten Sonntag darüber gesprochen - unmittelbar, postmortal weiterleben. Und dann bekommen wir die Süßigkeit des ewigen Lebens geschenkt. Genauso wie eben hier die Angehörigen von Simson, die die Süßigkeit, die Köstlichkeit des Honigs bekommen. In 1. Korinther 15,57 heißt es:

Gott aber sei Dank, der uns den Sieg schenkt durch unsern HERRN Jesus Christus!

Und weil ich das weiß, dass mir der Sieg geschenkt ist, jetzt schon, dass das Ergebnis meines Kampfes hier auf Erden feststeht, deshalb bin ich jeden Tag neu auch wieder kampfesbereit. Denn ich weiß ja, wie es ausgeht. Ich muss keine Angst mehr haben, dass mich irgendwelche Kräfte überwinden. Kann sein, irgendwann schmeißt mich die BEK raus, weil ich denen nicht mehr theologisch genau und sauber genug predige. Es kann auch sein, eines Tages wird man verhaftet wegen der Verkündigung, weil man sagt „Homosexualität ist Sünde", oder, oder, oder, was auch immer. Keine Ahnung, was in meinem Leben noch los sein wird. Aber eines weiß ich über mein Leben ganz genau, dass mir gar nichts passieren kann, weil der Sieg schon errungen ist in Christus Jesus. Und das macht Spaß, mit so jemandem zu kämpfen und zu sagen: „Am Ende der Zeit haben wir eh schon den Sieg!" Ich muss nicht mehr zittern, der Sieg ist mein! Liebe Brüder und Schwestern, wenn ihr Jesus Christus nachfolgt, dann ist der Sieg auch eurer. Der Sieg ist auch eurer! Und deshalb dürft ihr ganz getrost diesen Kampf an und mit Jesus unter Seiner Führung im Heiligen Geist aufnehmen. Deshalb hat er euch gerufen und ihr müsst euch um nichts sorgen. Egal, was dich momentan anficht und ankämpft, der Sieg ist unser! Denn er ist uns geschenkt worden durch unseren HERRN und Gott in Jesus Christus.

Der Mann Gottes, die Frau Gottes, der Christ im Kampf. Der erste Punkt: Der Mann Gottes, der Christ, steht im Kampf! Der zweite Punkt: Der Mann Gottes, der Christ muss die Sünde zerreißen! Und der dritte Punkt: Der Mann Gottes, der Christ, stärkt die Seinen! Ich wünsche euch, dass der HERR dieses Wort vom Simson an eurem Leben segnen wolle und es euch zur Süßigkeit wird. Amen.

Und der Friede unseres allmächtigen Gottes, der sehr viel höher ist als alle unsere menschliche Vernunft, ER bewahre unsere Herzen und Sinne in Christus Jesus, unserem auferstandenen und lebendigen HERRN. Amen.

Drei wundervolle Geheimnisse des Glaubens!
Richter 16,21-30

Gnade sei mit euch und Friede von dem, der da war und der da ist und der da sein wird in alle Ewigkeit, unser HERR, Jesus Christus, Amen.

Liebe Gemeinde, heute in diesem Gottesdienst geht es um die wunderbaren Behütungen Gottes angesichts schwerer Lebensphasen. Wir werden heute einen Predigttext hören, über den sehr selten gepredigt wird, aber der genau das deutlich macht, wo ein Mensch in einer ganz schweren Lebensphase ist, wo sich alles für ihn verändert hat, aber wie er in dieser schweren Lebensphase eine wunderbare Behütung erfährt, die er aber auch nicht - so denke ich - direkt erkannt und verstanden hat. Wir wollen hören auf ein Wort des Alten Testaments, aus Richter 16, die Verse 21 bis 30:

Da ergriffen die Philister den Simson und stachen ihm die Augen aus, führten ihn hinab nach Gaza und legten ihn in Ketten; und er musste die Mühle drehen im Gefängnis. Aber das Haar seines Hauptes fing wieder an zu wachsen, nachdem es geschoren war. Als aber die Fürsten der Philister sich versammelten, um ihrem Gott Dagon ein großes Opfer darzubringen und ein Freudenfest zu feiern, sprachen sie: Unser Gott hat uns unsern Feind Simson in unsere Hände gegeben. Als das Volk ihn sah, lobten sie ihren Gott, denn sie sprachen: Unser Gott hat uns unsern Feind in unsere Hände gegeben, der unser Land verwüstete und viele von uns erschlug. Als nun ihr Herz guter Dinge war, sprachen sie: Lasst Simson holen, dass er vor uns seine Späße treibe. Da holten sie Simson aus dem Gefängnis, und er trieb seine Späße vor ihnen und sie stellten ihn zwischen die Säulen. Simson aber sprach zu dem Knaben, der ihn an der Hand führte: Lass mich los, dass ich nach den Säulen taste, auf denen das Haus steht, damit ich mich daran lehne. Das Haus aber war voller Män-

ner und Frauen. Es waren auch alle Fürsten der Philister da, und auf dem Dach waren etwa dreitausend Männer und Frauen, die zusahen, wie Simson seine Späße trieb. Simson aber rief den HERRN an und sprach: HERR HERR, denke an mich und gib mir Kraft, Gott, noch dies eine Mal, damit ich mich für meine beiden Augen einmal räche an den Philistern! Und er umfasste die zwei Mittelsäulen, auf denen das Haus ruhte, die eine mit seiner rechten und die andere mit seiner linken Hand, und stemmte sich gegen sie und sprach: Ich will sterben mit den Philistern! Und er neigte sich mit aller Kraft. Da fiel das Haus auf die Fürsten und auf alles Volk, das darin war, sodass es mehr Tote waren, die er durch seinen Tod tötete, als die er zu seinen Lebzeiten getötet hatte. Amen.

Wir wollen stille werden und beten: Lieber HERR und Heiland. Wir wollen dir Dank sagen, dass du uns dieses Wort schenkst für diesen Sonntag. Es ist ein schwieriges Wort. Es ist ein Wort, das uns fremd ist, das ein stückweit dunkel ist für unser Verständnis, heute im 21. Jahrhundert. Aber es enthält eine wunderbare Botschaft. Wir wollen dich bitten, dass du durch dieses Wort zu uns sprichst, dass du uns die Bedeutung dieses Wortes für unser Leben aufschließt, auf dass wir gestärkt werden für unseren Lebensweg. Das wird nur dann gelingen können, wenn du selber dieser Predigt deinen Segen schenkst, HERR. Und darum wollen wir dich alle miteinander bitten: Segne du selber das Reden und das Hören deines heiligen und lebendigen Wortes an uns allen. Amen.

Liebe Gemeinde, diejenigen unter Ihnen, die schon häufiger eine Predigt von mir gehört haben, die werden jetzt sicherlich beim Verlesen des Predigttextes gedacht haben: „Naja, das ist wieder so ein typischer Olaf Latzel-Text, den er rauszieht, sowas Blutrünstiges, sowas Gewalttätiges! Das passt zu ihm." Aber wenn Sie mich so einschätzen, was ich verstehen kann, dann muss ich Sie enttäuschen. Das ist ein Text, an dem ich nie besonders Gefallen gehabt habe. Das war ein Text, den wollte ich nicht. Also alles, was vorher gelaufen ist, Richter 13, 14, 15 von dem Simson, das hat mir so gut gefallen. Wir befinden uns also etwa im Jahr 1100 vor Christus. Das Volk Israel wird von den Philistern bedrängt. Und da erweckt der HERR ihnen den gewaltigsten Richter, den es jemals gab. Ich sage das mal so ein bisschen platt: Arnold Schwarzenegger vor 3000 Jahren. Das waren Kerle halt, das war ein Richter, auserwählt von Geburt. Ich denke an diese Geschichten, wie Simson den Löwen mit blanken Händen zerrissen hat (14,6), wie er einen Eselskinnbacken genommen und damit tausend Philister erschlagen hat (15,15-16), wie er ganz listig den Füchsen die Schwänze angesteckt hat, damit die Ernten der Philister verbrannt werden (15,4), oder wie er vollmächtig betet und Gott ihm aus diesem Eselskinnbacken Wasser hervorquellen lässt, weil ihn dürstet (15,19). Also, das sind gewaltige Geschichten! Da geht mir so richtig das Herz auf. Das sind so Dinge, die mich freuen. Aber was mich immer gestört hat, das muss ich Ihnen wirklich sagen, das war der Schluss dieser Geschichte. Genau das, was wir gerade gehört haben. Da kann man sagen: „Ja, da ist der ja auch noch mächtig und tut was." Aber diese Szene, wo dieser gewaltige Held die Augen ausgestochen bekommt, seine Feinde haben ihn ja überwältigt, weil er sich einer Frau dahingegeben hat. Also die Geschichte hat mir nie gefallen. Bis zum heutigen Tag habe ich mit ihr so meine Schwierigkeiten. Aber es ist Wort Gottes!

Wir befinden uns jetzt nicht hier irgendwie in so einer Hollywood-Kritik, wo wir sagen können: „Ja, das Ende dieses Films, das hat uns nicht gefallen", sondern das ist das, was der HERR mit diesem Simson getan hat, was der HERR in die Bibel getan hat, damit wir daraus lernen können. Und eins habe ich erfahren dürfen, solange ich jetzt Theologe und Christ bin: Gerade die Texte, die so manchmal sperrig sind und die ich gar nicht so sehr mag; wenn ich mich mit denen beschäftige, die werden - je länger ich sie mit mir herumtrage - ganz besonders wertvoll. Die werden so richtig zum Schwarzbrot. Und das ist genauso ein Text, ein Text, der mir eigentlich so beim ersten Drüberlesen nicht so gefällt, aber je länger ich mich damit beschäftige, er mir immer mehr zum Schwarzbrot wird und dass er ganz vieles preisgibt von den wundervollen Geheimnissen des Glaubens an Gott. Und so hab ich auch diese Predigt überschrieben: Drei wundervolle Geheimnisse des Glaubens. Drei Punkte:

1. Die wundervolle Kraft Gottes,
die in den Schwachen mächtig ist

2. Der wundervolle Segen Gottes,
der für die Seinen im Tod liegt

3. Die wundervolle Bewahrung Gottes,
die er den Seinen schenkt

Das Erste: Die wundervolle Kraft Gottes, die in den Schwachen mächtig ist. Da legt diese Geschichte großen Wert drauf, dass das nicht irgendwie nur so ein Nachklapp ist, so nach dem Motto: Zu Lebzeiten hat er gewaltig den Philistern zugesetzt und dann zum Tod, zum Ende hin, da hat er noch einen mal so als i-Pünktchen draufgesetzt. - Nein, das ist der gewaltigste Sieg, den der Simson jemals errungen hat. Das sagt die Geschichte: Mehr Feinde hat er niemals getötet, als gerade in diesem Moment, als er am allerschwächsten ist. Und das ist ja die Krux dabei. Nicht zu den Zeiten, wo er so jemand war, der einen Löwen zerreißen konnte und vor dem alle gezittert haben, sondern in dem Moment, wo er nicht mal mehr sehen konnte, wo sie ihn zur Sklavenarbeit heruntergebracht haben, wo sie ihn degradiert haben, wo sie ihn gedemütigt haben. Er musste seine Späße vor ihnen treiben. Da hat er die größte Kraft, da ist er in seinem Kampf gegen die Philister schlussendlich am erfolgreichsten. Und das ist ein Geheimnis der Bibel, dass die Kraft Gottes nicht das erwählt, was so riesengroß und stark und mächtig ist, sondern immer wieder im Kleinen, Zerbrochenen, Unscheinbaren stark wird.

In der Welt ist es so, da gilt, was mächtig und stark und groß ist. Der Porsche mit 500 PS auf der Autobahn, der regiert die linke Autobahnspur. Diejenigen, die ein Bankkonto haben, wo sicher eine ganze Milliarde drauf ist, die haben das Sagen in der Politik. In dieser Welt gilt die Macht, das Große, was man sehen kann. Bei Gott ist das anders, da gibt's ein umgekehrtes, ein reziprokes Verhältnis. Das ist übrigens auch mit der Weisheit Gottes so. Nicht die Torheit der Welt ist weise vor Gott. Und so ist es auch mit dem, wo Gott mächtig ist. Das ist nicht das, was groß und stark und in dieser Welt so angesehen ist und pompös, sondern ist das Kleine und Zerbrochene.

Das wird an vielen Stellen deutlich, beispielsweise schon bei der Geburt des Simson. Seine Mutter, die Frau des Manoah, ist schon eine sehr alte Frau. Sie hat keine Kinder bekommen, sie ist kurz vor dem Tod und da wird sie noch schwanger. Gott erwählt nicht so eine zwanzigjährige, wunderbare, schöne Frau, die so richtig in der Blüte steht, so ein ganz gesundes junges Weib, der alle hinterherpfeifen. Nein, er sucht eine alte, zerbrechliche Frau, ein großes Wunder! Er wählt sie, um den größten Richter zu gebären. Oder denken wir - einige Kapitel weiter in der Bibel, im Könige-Buch - an die Gottes-Offenbarung des Elia, ein großer Mann, als er dieses Geschenk am Horeb bekommt und wie Gott sich ihm offenbart. Das ist auch so eine wunderbare Geschichte in 1. Könige 19. Da sagt Gott zu Elia: Geh heraus, ich will mich dir offenbaren. Und da heißt es:

> ***Und es kam ein großer, starker Wind, der die Berge zerriss und die Felsen zerbrach, der HERR aber war nicht im Winde. Nach dem Wind aber kam ein Erdbeben; aber der HERR war nicht im Erdbeben. Und nach dem Erdbeben kam ein Feuer; aber der HERR war nicht im Feuer. Und nach dem Feuer kam ein stilles, sanftes Säuseln.***

Ein stilles, sanftes Säuseln - und darin ist der HERR und nicht in den gewaltigen Dingen. Das ist weltlich. Da ist nicht der HERR zu finden, sondern im stillen sanften Säuseln. Das muss Elia lernen. Auch wenn wir auf das zentrale Ereignis unseres Glaubens gucken. - Das Kreuz ist ja kein triumphaler Einzug irgendwie in den Tempel, wo Jesus das Allerheiligste betritt. - Nein, das ist die tiefste Tiefe der Kraft- und Sprachlosigkeit. Da gibt sich Gott selber in die tiefste Tiefe, aber das ist der größte Moment; und da ist er am stärksten, als er die Macht des Teufels zerbricht.

Ich habe Ihnen auf Ihrem Zettel auch ein Wort drunter geschrieben. Es ist immer auch gut, die Bibel mit der Bibel auszulegen. Unter diesen ersten Punkt - das ist eine Weisheit, die der Apostel Paulus im Heiligen Geist weitergibt - habe ich geschrieben:

> ***Meine Kraft ist in den Schwachen mächtig.***
> (2. Korinther 12,9)

Das war die Jahreslosung im letzten Jahr, da durften wir ein ganzes Jahr darüber nachdenken, was das bedeutet: ***Meine Kraft ist in den Schwachen mächtig.*** Das ist genau das, was wir hier auch in dieser Geschichte lernen. Da, wo Simson am schwächsten ist, vom Körperlichen her, da ist er letztlich am stärksten und am erfolgreichsten. ***Meine Kraft ist in den Schwachen mächtig.*** Das können wir übertragen auf unsere heutige Situation. Auch das ist eine geistliche Wahrheit. Da, wo die Kirche so richtig pompös und stark und mächtig ist, da hat sie alle innere Kraft verloren. Das kriegen wir momentan durchdekliniert. Der Bischof Elst, wie der da nach außen ganz was Prächtiges lebt, aber wo er alles verloren hat. Die Kirche, die verfolgt und unterdrückt wird, das ist häufig die vollmächtigste Kirche. Wir hatten ja vor einigen Monaten einen Bruder von Open Doors hier. Er hat erzählt von den Dingen, die in China und Nordkorea passieren, wo die Gemeinde Jesu verfolgt wird, aber da wächst die Gemeinde, da passiert was, da ist Gott mit seinem Geist am Wirken. Wenn wir auf Westeuropa gucken, wo so wohlsituierte Kirchen sind, wo so viel Prunk nach außen ist, da müssen wir immer auch mal fragen: Welchen Prunk hat die evangelische Kirche in Bremen? Wenn wir auf dem Rathausplatz stehen, da können wir hingucken wo wir wollen, da sehen wir überall Kirchtürme. Und was sind das für prächtige Gebäude? Unsere Kirche wird ja auch noch ganz wunderbar gemacht. Nach außen ganz viel Macht und Stärke und Pracht. Aber nach innen? Das ist immer wieder so: Im Reich Gottes hat Gott das Schwache erwählt, das Niedergedrückte und nicht das, was in dieser Welt die 500 PS hat, 200 Kilogramm auf der Bank drücken kann oder 100 Meter in zehn Sekunden läuft. Das erwählt Gott nicht! Sondern Seine Kraft ist in den Schwachen mächtig. Luther hat es einmal zusammengefasst in dem wunderbaren Lied „Ein feste Burg ist unser Gott". In der zweiten Liedstrophe da heißt es:

Mit unserer Macht ist nichts getan,
wir sind gar bald verloren;
Es streit' für uns der rechte Mann,
den Gott hat selbst erkoren.

Das dürfen wir lernen aus dieser Geschichte für unser Leben, dass wir mit unserer Macht gar nichts tun können. Wir müssen nicht denken so nach dem Motto: „Wir geben mal alles, was wir können, 100 oder gar 110 Prozent, und wenn Gott auch noch dazu springt, dann wird's schon irgendwie gelingen. Aber wenn nicht, na ja, dann kommen wir auch schon irgendwie zurecht." Nein, wir können gar nichts! Wir sind und bleiben nur Bettler vor Gott und seine Kraft ist in den Schwachen mächtig. Das ist eine Wahrheit des Glaubens und das ist unglaublich tröstlich, gerade für diejenigen, die momentan schwach und zerbrochen sind. Das möchte ich denen zusprechen, denen es momentan nicht gut geht. Ich will jetzt nicht die tadeln, die denken „Meine Güte, mir kann ja niemand und nichts etwas anhaben, ich bin so stark." Nein! Ich möchte denen, die so ein bisschen schwach sind momentan, die traurig sind, die depressiv sind und die Angst haben vor dem, was kommt, zusprechen: Du musst dich nicht grämen. Es gibt jemanden, der steht dir bei. Und Seine Kraft ist in dir umso stärker, je schwächer du bist. Wenn du wie Simson in der Kette liegst - der war ja angeschmiedet in der Kette - oder wenn du eine Mühle drehen musst - das sind ja so tolle Bilder, was Menschen mit anderen Menschen machen oder wie unser Leben hier eingeschränkt ist - dann darfst du wissen: Wenn du dich im Vertrauen an den HERRN wendest, so wie Simson das getan hat, dann wird ER dir neue Kraft geben! Und häufig sind wir in den vermeintlich schwächsten Situationen und Phasen unseres Lebens am stärksten, genauso wie der Simson hier. Und du darfst darauf vertrauen, dass du neue Kraft bekommst in deiner Niedergeschlagenheit, wenn du dem HERRN vertraust, so wie es der Simson getan hat. Die Kraft Gottes ist in den Schwachen mächtig. Und gerade wenn wir im Glauben angefochten sind, gerade wenn wir nicht nur von den äußeren Dingen so ein bisschen Belastung haben, sondern wenn wirklich der Widersacher an uns kämpft, dann steht der HERR uns ganz besonders bei und tritt für uns ein und hilft uns. Seine Kraft ist in den Schwachen mächtig und das darfst du in deiner momentanen Schwachheit neu hören. Du bist nicht alleine. Der HERR steht dir bei und ER gibt dir Seine Kraft.

Ein zweites, wundervolles Geheimnis des Glaubens ist der wundervolle Segen Gottes, der für die Seinen im Tod liegt. Simsons Tod, so haben wir eben gesagt, ist der gewaltigste Sieg, den er über die Feinde des Volkes Gottes errungen hat. Und das ist etwas, was sinnbildlich ist für die gesamte Bibel, dass im Einwilligen in das eigene Sterben, in den eigenen Tod, die wunderbarsten Siege errungen werden. Viele Menschen können nicht einwilligen in ihr Sterben, in ihren Tod, sie klammern sich an dieses Irdische und können nicht loslassen. Sie erleben ganz häufig nichts von der wunderbaren Macht, von dem wunderbaren Segen Gottes. Aber diejenigen, die einwilligen in den Tod, in das Sterben, die erleben den überreichen Segen Gottes. Denken wir an Abraham bei der Opferung Isaaks. Da kriegt Sarah, auch wieder eine alte Frau, endlich einen Erben geschenkt, worauf sie lange gewartet hat. Da ist der Erbe da und Isaak kann weiterleben in seinem Sohn. Und dann kommt dieser Wahnsinnsbefehl Gottes: Opfere deinen Sohn, schlachte ihn! Was tut Abraham? Der willigt ein in diesen aberwitzigen Befehl. Er stellt Gott über all das Irdische. Das ist die Botschaft dieser Geschichte, Gott immer über all dem Irdischen zu sehen. Und er geht hin und in dem Moment, wo er seinen Sohn schlachten will - er hat das Messer schon in der Hand - da greift Gott ein, weil er gesehen hat: Dieser Mann, Abraham, der ist bereit, alles unter mich zu stellen, selbst das Wichtigste, was er hat. Und da sagt Gott: „Weil du solches getan hast, deshalb bist du überreich gesegnet. Wo du dachtest, wenn du jetzt deinen Sohn schlachtest, dann wirst du keine Nachkommen haben; du wirst Nachkommen haben, so zahlreich wie die Sterne unter dem Himmel." Und genau das ist ja in Erfüllung gegangen, weil Abraham eingewilligt hat in diesen Schritt, da ist er reichst gesegnet worden. Wenn der gesagt hätte: „Also guter Gott, bis hierhin war es ein guter Weg mit dir, aber hier, diese Geschichte mache ich nicht mehr." Dann hätte sich seine Spur verloren, wir hätten nie etwas von ihm gehört. Aber weil er eingewilligt hat, auch wirklich in dieses Sterben, da ist er umso mehr gesegnet worden. Oder denken wir an das Volk Israel, als es da auf das Schilfmeer zugeht. Gott gibt den Befehl: „Geht geradeaus weiter." Auch das ist ein Gehen in den sicheren Tod. Aber Gott sagt es und unter der Führung Mose gehen sie und sie erleben das große Wunder. Nicht nur, dass sie gerettet werden, sondern auch, dass die Feinde vernichtet werden. Oder denken wir eben wiederum an das Kreuz. Das ist ja der gewaltigste Sieg überhaupt, der errungen wird im Tod. Und diese Geschichte des Simson ist eine Typologie seiner Vorbildung auf das, was später im Neuen Testament kommt, dass unser HERR und Gott selber in den Tod geht, damit wir gerettet werden. Wenn wir einwilligen in den Tod, dann werden wir gesegnet werden, wenn wir loslassen von dem Irdischen. Oder denken wir an Stephanus, Apostelgeschichte 7,54f. Da wird er getötet, er wird gesteinigt und er sieht ***Jesus stehen zur Rechten Gottes***. Und dann ruft er: ***HERR, rechne ihnen diese Sünde nicht an!*** Er hat eingewilligt in das Sterben, in den Tod, und kann dann noch zum Segen für andere Leute werden. Oder denken wir an die ersten Christen, die von den Römern, von dem römischen Kaiser hingerichtet wurden im

Circus Maximus, die dort umgebracht wurden von den Löwen. Da wurde versucht, die christliche Gemeinde auszurotten. Je mehr getötet wurden, desto mehr Leute bekehrten sich über das Verhalten der Christen, die dort von den Löwen aufgefressen worden sind. Und das deshalb, weil Menschen in den Tod einwilligen, weil sie nicht zwanghaft kleben an diesem Leben.

Ein Christ, liebe Brüder und Schwestern, ist jemand, der fröhlich in seinen Tod einwilligen kann. Das befreit zum Leben! Wer kein Ja, kein fröhliches Ja zu seinem Sterben hat, der hat Christus nicht, der ist ein schlechtes Zeugnis für unseren HERRN und der wird vor allen Dingen ein Leben führen, das geprägt ist von Angst und Furcht. Wenn ich denke: „Mit dem Tod ist alles aus. Mir bleiben nur diese 80 oder 85 Jahre hier auf Erden." Ja, was ist das für ein Leben? Dann geht's nur um meine Gesundheit, nur um möglichst viel Spaß und ich habe vor allem Angst, was da kommt: vor jeder Diagnose des Arztes, vor jeder Flugreise, vor jedem Schritt, den meine Kinder und Enkel tun. Da ist mein Leben angsterfüllt, wenn's nur die paar 80 Jahre gibt. Aber wenn ich weiß, dass das, was ich Ihnen auf dem Zettel unter diese Überschrift geschrieben habe, die Wahrheit meines Lebens ist, nämlich ***Christus ist mein Leben und Sterben mein Gewinn***, Philipper 1,21, dann habe ich ein Ja zu meinem Tod, und dieses Ja darf ich haben, da lebe ich ganz befreit und ganz neu! Für den Weltmenschen ist der Tod nur Niederlage, ist der Tod nur endgültiges Aus. Aber für den Christen ist der Tod ja der Beginn des wunderbaren Neuen. Wir dürfen uns freuen auf den Tod. Das ist das Wunderbare, das ist die Botschaft des Evangeliums. Dann geht's erst richtig los.

Heute, Losung und Lehrtext, zwei wunderbare Worte. Losung aus Jesaja 51,12a: ***Ich bin euer Tröster. Wer bist du denn, dass du dich vor Menschen fürchtest, die doch sterben...?*** Und der Lehrtext, Lukas 12,4: ***Fürchtet euch nicht vor denen, die den Leib töten und danach nichts mehr tun können.*** Wisst ihr, es gibt ein Danach! Darum geht es doch. Nicht um die paar Jährchen hier auf Erden. Das ist nichts. Wirklich, das ist nichts!

Aber wir tun immer so, als wär das hier alles: unser Haus, unsere Gesundheit, unsere Familie, unser Geld. Und dann hat der Widersacher alle Karten in der Hand, um uns durchzudeklinieren und dann spielt er sein Blatt runter bis zum letzten und macht einen Stich nach dem anderen und unser Leben ist geprägt von Furcht und Sorge. Aber wir dürfen doch einwilligen in alles Sterben in dieser Welt, nicht nur in das eigene persönliche biologische Sterben, sondern auch, dass uns das Geld abgestorben ist, dass wir wirklich nur Spaß haben an dem, auf das wir zuleben, nämlich auf das himmlische Jerusalem. Das ist etwas Wunderbares, dass man befreit ist von den Ketten dieser Welt. So wie der Simson befreit war in seinem Tod von den Ketten seiner Welt, in denen er dann leben musste, wo er die Mühle gedreht hat. Und es liegt ein wunderbarer Segen Gottes in dem, wenn ein Christ einwilligt in seinen Tod. Das heißt nicht, dass ich jetzt irgendjemand aufrufe Selbstmord zu machen. Nach einer Predigt ist mal jemand zu mir gekommen und hat gesagt: „Wissen Sie was, wenn man Ihnen zuhört, da kriegt man ja Lust, sich wirklich das Leben zu nehmen." Da hab ich gesagt: „Junger Mann, das nicht. Es geht nicht darum, dass wir unser Leben abkürzen, sondern das Leben ist uns solange gegeben, wie der HERR möchte. Und wir haben einen Auftrag, und das macht ER schon früh genug, dass ER uns abruft in die himmlische Herrlichkeit." Aber so ein stückweit hatte der das schon richtig verstanden. Das Bessere erwartet uns im himmlischen Jerusalem.

In meiner Heimatgemeinde, wo ich konfirmiert worden bin, wo ich meine ersten Schritte im Glauben getan habe - es war eine große Gemeinde und da starb fast jede Woche jemand - da war es üblich, immer die Toten zu verlesen. Und jede Woche wurde da folgendes Wort gelesen in dem Gottesdienst aus Römer 14,7 und 8:

> ***Denn unser keiner lebt sich selber, und keiner stirbt sich selber. Leben wir, so leben wir dem HERRN; sterben wir, so sterben wir dem HERRN. Darum: wir leben oder sterben, so sind wir des HERRN.***

Das ist das Tolle. Ich habe mich damals immer gefragt: „Muss denn jedes Mal immer nur dieses Wort gesagt werden? Kann nicht mal was anderes gesagt werden? Heute weiß ich, wie richtig das ist, das der Gemeinde wirklich immer wieder zu sagen und ich profitiere heute im Nachhinein davon, dass mir damals die Pfarrer das immer so zugerufen haben. Das hat sich richtig reingeschweißt, denn das ist die Wahrheit meines Lebens und eures Lebens, wenn ihr Jesus Christus liebt. Sterben ist unser Gewinn! ***Leben wir, so leben wir dem HERRN; sterben wir, so sterben wir dem HERRN.*** Wir können einwilligen in den Tod, dann werden wir gesegnet, hier und natürlich erst recht einst im himmlischen Jerusalem. Und das möchte ich dir persönlich noch einmal zusprechen. Ich möchte dir sagen: „Du brauchst keine Angst zu haben vor deinem Sterben. Der größte Sieg deines Lebens, den bekommst du dann, wenn du in Christus Jesus stirbst. Da darfst du dich drauf freuen. Da wirst du dort sein, wo der HERR ist, im himmlischen Jerusalem. Der größte Sieg deines Lebens, wenn du an Jesus Christus glaubst, der liegt in deinem Tod." Und wenn man das durch den Heiligen Geist in diesem Leben schon akzeptieren kann, dann wird man unglaublich gesegnet und befreit von all dem Fürchten in dieser Welt; und das wünsche ich dir, dass du da einfach einwilligen kannst, in dein Sterben, auf dass der HERR dich neu segnen kann.

Und ein drittes wundervolles Geheimnis des Glaubens, das hier in dieser Geschichte deutlich wird: **Die wundervolle Bewahrung Gottes, die er den Seinen schenkt.** Die Situation damals, als Simson gefangen genommen worden ist, stelle ich mir vor für das Volk Israel als wieder so eine ganz depressive. Simson ist gefangen genommen worden, man hat ihn geblendet, er liegt nun in Ketten, er muss die Mühle drehen. Und diejenigen, denen er vorgestanden hat als Richter, das Volk Israel, was werden sie denn jetzt wieder gedacht haben? Vermutlich so was wie: „Jetzt ist alles aus. Also, wenn sie selbst Simson gefangen nehmen können, wenn sie den stärksten Führer gefangen nehmen, was sollen wir dagegen noch machen?" Sie werden sicherlich sehr düstere Zukunftsprognosen für sich gestellt haben. Aber wie hat Gott das Blatt gewendet, dass selbst dieser schwache Simson hingehen kann und alle Fürsten der Philister - die hatten damals fünf Fürsten - noch im Tod ausradieren kann, einen gewaltigen Sieg gegen die Philister bringt und sie unglaublich geschwächt hat. Das ist die wundervolle Bewahrung Gottes, die er den Seinen schenkt, auch wenn die das manchmal nicht sehen. Und gerade das Volk der Israeliten, der Juden, hat das in seiner leidvollen Geschichte immer wieder erfahren müssen. Sie sind immer wieder in schwere Zeiten gekommen, aber eines durften sie auch immer wieder erleben: wie der HERR durchgetragen hat, wie der HERR neu gesegnet hat; und das ist etwas, was der HERR tut. Die Seinen trägt er durch, auch wenn die das manchmal für den Moment nicht sehen. ER erringt immer wieder die Siege für sein Volk, für diejenigen, die zu IHM gehören. Und er vertilgt auch alle, die gegen IHN stehen. Ich habe Ihnen ja dieses Psalmwort, das ich auch schon vorgelesen habe, auf dem Zettel drunter geschrieben:

> ***Der HERR behütet alle, die ihn lieben, und wird vertilgen alle Gottlosen.*** (Psalm 145,20)

Wir haben das in unserer deutschen Geschichte auch erleben müssen, diesen Versuch der Deutschen, das Volk der Juden zu vernichten. Wie werden manche Juden gedacht haben im KZ, kurz bevor sie in die Gaskammern mussten und sie das reflektiert haben: „Mit unserem Volk wird's zu Ende sein."? Das war auch so geplant! Was war vier Jahre später, nach dem Ende des Zweiten Weltkrieges? Da gab's keine Nazis mehr. Da hat Gott die vertilgt, die gegen IHN standen. Aber Seinem Volk hat ER neue Wohnstätte in Israel gegeben. Da ist niemand gewesen, der sie hat vertilgen können, sondern ER war da und hat sie durchgetragen. Das gilt nicht nur für das Volk der Juden im Alten Bund, sondern das gilt natürlich und ganz besonders für uns als Sein Volk im Neuen Bund, den Christen. ER sitzt im Regiment, unser HERR und Gott. Und ER bewahrt die Seinen.

Ich war in Russland und da ist es ja auch so gewesen, dass da eine staatliche Verfolgung gegen die Christen stattgefunden hat. Die Sowjetunion hatte eine von atheistischer Staatsideologie geprägte Regierung. Sie hat nicht nur versucht, den Glauben einzuschränken, sondern ihn wirklich physisch zu zerstören. Die haben die Kirchen geschlossen, die Kirchen abgerissen. Die haben über 95 Prozent der Priester und gläubigen Verantwortlichen getötet. Nicht nur weggesperrt, sondern getötet! Sie haben die Ausübung des Gottesdienstes verboten. Ein unglaublicher Kampf gegen den christlichen Glauben, den diese furchtbare sowjetische Ideologie geführt hat. Wenn man das heute sieht in Russland: Die Kommunisten sind weg, das ist Geschichte. Aber die Kirche, das Volk Gottes ist da. In dem Dorf, wo ich gewesen bin, das war ein schäbiges, verfallenes Dorf. Es gab nur ein einziges schönes Haus in diesem ganzen Dorf, das war die neu gebaute Kirche. Die alte Kirche war abgerissen und umfunktioniert worden zu einem Kinosaal. Aber das war nicht das Ende gewesen, auch wenn das die Christen vor Ort in den Jahren der schlimmsten Verfolgung durch die Sowjets gedacht haben. Es ist weitergegangen. Gott schenkt wunderbare Behüter. Und das ist nicht nur so gewesen zu den Zeiten von Simson. Das war nicht nur in der Geschichte des Volkes Gottes so oder in den Jahren der Sowjetunterdrückung. Das ist auch heute so. Wir brauchen uns nicht zu grämen, auch wenn wir - und jetzt sage ich etwas Schweres - manchmal auf die Geschichte gucken, die bei uns in der Evangelischen Kirche in Deutschland so läuft, dass da ganz viele Dinge sind, die einen auch wirklich eher an Atheismus denken lassen als an strenge und treue Bibelnachfolge. Wir brauchen uns da nicht zu grämen, da müssen wir nicht denken: „Naja, mit der deutschen evangelischen Kirche ist es irgendwann aus!“ Mit der EKD vielleicht, aber nicht mit dem Volk Gottes. Mit den Christen hört es nie auf, weil der HERR die Seinen bewahrt. ER vertilgt eines Tages alle Feinde, die gegen ihn stehen. Und darauf dürfen wir vertrauen. Das ist ein Wort, das ich mir auch immer wieder sagen muss, wenn ich mich auch immer wieder gräme, wenn ich auf diese Kirche gucke und denke mir: „Wie wird das alles werden? Du meine Güte!" Da ist mir das trostreich, dass ich das wissen darf; so wie der HERR die Seinen immer wieder in der Geschichte bewahrt hat, so wird ER das auch heute tun. Es gibt so ein tolles Lied von Philipp Spitta:

Es kennt der HERR die Seinen und hat sie stets gekannt,
die Großen und die Kleinen in jedem Volk und Land;
ER lässt sie nicht verderben, ER führt sie aus und ein,
im Leben und im Sterben sind sie und bleiben SEIN.

Das gilt für das Volk Gottes. Aber das gilt auch für uns persönlich, also nicht nur für die Gemeinde als Ganzes, sondern auch für einen jeden persönlich. Gott schenkt einem jeden, der ihn lieb hat, seine ganz besondere Bewahrung und Behütung.

Und ich wünschte jetzt, wir hätten die Möglichkeit, dass Simson hier auf der Kanzel stehen könnte. Es ist leider nur Pastor Latzel und er kann Ihnen das nur aus der Bibel so bezeugen. Aber das wäre was, wenn Simson hier sein könnte! Simson, der so ein furchtbares Ende genommen hat: Augen ausgestochen, in die Ketten gelegt und dann stirbt er. Ein gewaltiger Sieg! Aber er muss sich ja selber dahingeben. Das ist so eine Sache, die mir nicht gefallen hat. Aber jetzt wünschte ich, Simson wäre hier und ich könnte ihm die Frage so stellen mit dem Mikrofon und sagen: „Simson, ich hab jetzt gerade gepredigt über die wunderbaren Behütungen des Volkes Israel. Das konnte ich auch deutlich machen. Aber jetzt deine eigene persönliche Biografie, die hat ja so ein schweres Ende genommen. Sag mal, Simson, wie würdest du das denn beurteilen? Hast du auch in deinem Tod Bewahrung Gottes erfahren?" Glaubt mir, wenn ich diese Frage an den Simson stellen würde, wenn er imaginär hier neben mir stehen würde, der würde mich von der Kanzel schmeißen. Der würde sagen: „Also euer Pastor hat nichts verstanden! Überhaupt, diese Frage zu stellen!? Ein Irrwitz! Natürlich habe ich die Bewahrung erfahren." Der Hebräerbrief (11,32) gibt uns ja Zeugnis. Da wird Simson erwähnt, dass auch er in der Ewigkeit dabei ist, im himmlischen Jerusalem. Das ist genau das, dass wir - egal was wir erleben werden als Christen in dieser Welt - immer mit den Bewahrungen und Behütungen Gottes rechnen dürfen, auch wenn wir sie irdisch manchmal nicht feststellen, auch wenn über uns dann die Trümmer zusammenfallen und wir untergehen, so wie der Simson. Wir dürfen wissen: die Bewahrung Gottes ist da! Der Simson könnte uns hier Zeuge sein. Und wenn wir dereinst in der Ewigkeit sind, dann wird er uns das bezeugen können. Ich kann euch das nur mündlich sagen. Egal was passiert im Leben, selbst wenn es ein Ende nimmt wie bei dem Simson, Gott bewahrt die Seinen, die ihn lieb haben. Und das möchte ich dir zusprechen, wenn du momentan in so einer Simson-Situation bist, angekettet, andere machen vielleicht über dich irgendwelche Sprüche, du musst die Mühle drehen, du bist in so einem Rad und kommst gar nicht mehr raus. Du darfst wissen, der HERR behütet dich, wenn du ihn lieb hast. Psalm 145 Vers 20 gilt dann dir:

Der HERR behütet alle, die ihn lieben, und wird vertilgen alle Gottlosen.

Das dürfen wir wissen: Wenn wir den HERRN Jesus lieb haben, dann ist der HERR da und ER segnet uns. Und das ist das dritte wundervolle Geheimnis, das mir aus dieser Geschichte wichtig geworden ist.

Ich habe begonnen und erzählt, dass mir eigentlich diese Geschichte nicht so gut gefällt, dass es eher etwas ist, was ich immer von mir weggeschoben habe, eben weil dieses Ende etwas ist, was nicht so hollywoodreif ist. Aber wenn man sich damit beschäftigt, mit diesem Wort Gottes, dann kommen eben diese wunderbaren Erkenntnisse, dass man wissen darf, dass es eine wundervolle Kraft Gottes ist, die in den Schwachen mächtig ist, dass es ein wundervoller Segen Gottes ist, den man geschenkt bekommt, wenn man in seinen eigenen Tod einwilligt und dass es eine wundervolle Bewahrung ist, wenn man Gott liebt und ER nämlich diese Bewahrung den

Seinen schenkt. Möge der HERR diese Predigt an deinem Leben segnen. Amen.

Und der Friede unseres allmächtigen Gottes, der sehr viel höher ist als alle unsere menschliche Vernunft, ER bewahre unsere Herzen und Sinne in Christus Jesus, unserem auferstandenen und lebendigen HERRN. Amen.

Die Berufung Samuels

1.Samuel 3,1-15

> Gnade sei mit euch und Friede von dem, der da war und der da ist und der da sein wird in alle Ewigkeit - unser HERR, Jesus Christus, Amen.

Gestatten Sie mir eine kurze Vorbemerkung. Es gibt in der Bibel viele Gestalten, viele Männer, die mich sehr ansprechen, an denen ich richtig Spaß habe. Und einer dieser Männer, dieser treuen Gottesknechte, ist der Samuel gewesen. Als ich neulich nochmal die Texte gelesen habe und auch eine Predigt darüber gehört habe, da ist mir aufgefallen: „Zu Samuel hast du noch nie was gemacht, da hast du noch nie richtig drüber gepredigt. Mensch, das wär doch was!" Und das Tolle ist ja, als Pastor kann man so einem Mangel, wenn man den erkennt im Heiligen Geist, direkt auch Abhilfe verschaffen. Wir werden in den nächsten vier oder fünf Sonntagen - immer wenn ich Dienst habe - Texte von und über den Samuel hören und eine ganze Menge finden und erkennen aus dem Leben dieses wunderbaren, großartigen Propheten und Richters. Wir wollen heute diese kleine Predigtreihe beginnen mit dem Text, der davon kündet, wie der Samuel berufen worden ist. Und das passt dann in das Thema unseres Gottesdienstes heute, in das Thema Berufung. Es ist ein etwas längerer Predigttext. Die nicht so gut stehen können, dürfen gerne sitzen bleiben. Alle anderen bitte ich, in Ehrfurcht gegenüber Gottes Wort sich zu erheben, wenn ich den Predigttext verlese. Predigttext 1. Samuel 3, die Verse 1 bis 15:

> ***Und zu der Zeit, als der Knabe Samuel dem HERRN diente unter Eli, war des HERRN Wort selten, und es gab kaum noch Offenbarung. Und es begab sich zur selben Zeit, dass Eli lag an seinem Ort und seine Augen hatten angefangen schwach zu werden, sodass er nicht mehr sehen konnte. Die Lampe Gottes war noch nicht verloschen. Und Samuel hatte sich gelegt im Heiligtum des HERRN,***

wo die Lade Gottes war. Und der HERR rief Samuel. Er aber antwortete: Siehe, hier bin ich!, und lief zu Eli und sprach: Siehe, hier bin ich! Du hast mich gerufen. Er aber sprach: Ich habe dich nicht gerufen; geh wieder hin und lege dich schlafen. Und er ging hin und legte sich schlafen. Der HERR rief abermals: Samuel! Und Samuel stand auf und ging zu Eli und sprach: Siehe, hier bin ich! Du hast mich gerufen. Er aber sprach: Ich habe dich nicht gerufen, mein Sohn; geh wieder hin und lege dich schlafen. Aber Samuel hatte den HERRN noch nicht erkannt, und des HERRN Wort war ihm noch nicht offenbart. Und der HERR rief Samuel wieder, zum dritten Mal. Und er stand auf und ging zu Eli und sprach: Siehe, hier bin ich! Du hast mich gerufen. Da merkte Eli, dass der HERR den Knaben rief, und sprach zu ihm: Geh wieder hin und lege dich schlafen; und wenn du gerufen wirst, so sprich: Rede, HERR, denn dein Knecht hört. Samuel ging hin und legte sich an seinen Ort. Da kam der HERR und trat herzu und rief wie vorher: Samuel, Samuel! Und Samuel sprach: Rede, denn dein Knecht hört. Und der HERR sprach zu Samuel: Siehe, ich werde etwas tun in Israel, wovon jedem, der es hören wird, beide Ohren gellen werden. An dem Tage will ich über Eli kommen lassen, was ich gegen sein Haus geredet habe; ich will es anfangen und vollenden. Denn ich hab's ihm angesagt, dass ich sein Haus für immer richten will um der Schuld willen, dass er wusste, wie sich seine Söhne schändlich verhielten, und ihnen nicht gewehrt hat. Darum habe ich dem Hause Eli geschworen, dass die Schuld des Hauses Eli nicht gesühnt werden solle, weder mit Schlachtopfern noch mit Speisopfern immerdar. Und Samuel lag bis an den Morgen und tat dann die Türen auf am Hause des HERRN. Samuel aber fürchtete sich, Eli anzusagen, was ihm offenbart worden war. Amen.

Wir wollen stille werden und beten: Lieber HERR und Heiland, wir wollen dir Dank sagen für dieses Wort, das du uns schenkst in unser Leben hinein, dieses Wort von der Berufung Samuels. Wir wollen dich bitten für die Predigt über diese seine Berufung, dass du sie gebrauchen wollest für unser Leben und dass du sprichst in unser Leben hinein bezüglich unserer Berufung. Das wird nur dann gelingen können, HERR, das wird nur dann geschehen, wenn du selber dieser Predigt deinen Segen schenkst. Und darum wollen wir dich bitten, HERR: Segne du selber durch deinen Heiligen Geist das Reden und das Hören deines heiligen und lebendigen Wortes an uns allen. Amen.

Liebe Gemeinde, ich habe diese Predigt überschrieben: **Die Berufung Samuels.** Und weil wir einen längeren Predigttext haben, habe ich heute Morgen keine drei Punkte, sondern vier Punkte. Aber keine Angst, das Mittagessen ist ja nicht in Gefahr. Wir essen ja heute in der Gemeinde. Es wird nicht länger als sonst auch dauern. Die Berufung Samuels, vier Punkte:

1. **Der berufene Samuel wird persönlich angesprochen**
2. **Der berufene Samuel ist ein schwacher Kandidat**
3. **Der berufene Samuel stellt sich zur Verfügung**
4. **Der berufene Samuel erkennt die Verdorbenheit der theologischen Elite**

Und ich hoffe, es gelingt und Sie merken, dass das nicht nur Erkenntnisse sind aus diesem Predigttext für das, was vor dreitausend Jahren war, sondern dass das im Prinzip für jede Berufung gilt.

Das Erste: Der berufene Samuel wird persönlich angesprochen. Und wie der angesprochen wird, nicht einmal, nicht zweimal, nicht dreimal, vier Mal ruft unser HERR und Gott und Heiland seinen Namen aus! Samuel, Samuel, immer wieder das Draufzugehen, bis es endlich Klick gemacht hat und er versteht und weiß, worum es geht: Persönliche Ansprache! Nicht irgendwie „Hey, du da, der du da in meinem heiligen Zelt liegst..." Nein! Persönliche Ansprache! Das ist etwas, was wir immer wieder sehen, wenn wir die Bibel lesen, wie Gott

Menschen persönlich anspricht. Nicht „Hey, du da..." oder „Sag doch mal, wie du heißt." Nein! Unser HERR und Heiland kennt alle seine Geschöpfe mit Namen. Alle Haare auf unserem Haupt sind gezählt. Kein Haar fällt von unserem Haupt, von dem ER nicht schon weiß. Und deshalb kennt ER natürlich unseren Namen. Wir haben das eben aus Johannes 1 gehört, diese Erkenntnis, die Nathanael gewinnt. Als von Jesus erzählt wird, sagt Nathanael: ***Was kann aus Nazareth Gutes kommen!*** Also, was kann das schon für einer sein? Und dann begegnet er dem Heiland, dem lebendigen Gott. Und dann sagt Jesus zu ihm: ***Du glaubst, weil ich dir gesagt habe, dass ich dich gesehen habe unter dem Feigenbaum.*** Wir wissen ja nicht genau, was da war. Aber da merkt er: Der kennt mich ganz persönlich, ganz tief drinnen. Bei Petrus genau dasselbe. Zachäus, eine tolle Berufungsgeschichte in Lukas 19. Jesus geht unter den Baum und fragt nicht „Stellen Sie sich doch mal vor, Herr Oberzöllner", sondern er sagt direkt seinen Namen, Zachäus. Gott kennt nicht nur die Männer und Frauen der Bibel persönlich beim Namen und beruft sie und geht ihnen nach. Nein, der kennt auch dich und mich persönlich beim Namen und spricht uns persönlich an. Das ist das Wunderbare! Und ich hoffe, dass ihr alle, die ihr heute Morgen hier seid, das alle schon erlebt habt. Dieses Gefühl, wenn man das Losungsbuch morgens aufschlägt und sagt: „Meine Güte! Also das, was ich heute bekomme und das, was gestern war, das ist doch nur für mich, für meine Situation! Dieses Wort passt wie die Faust aufs Auge! Hier bin ich persönlich angesprochen, hier bin ich doch gemeint!" Sei es, dass man eine Tröstung kriegt oder dass man ertappt wird in der Sündhaftigkeit. Das passt wie die Faust aufs Auge. Das ist persönliche Ansprache. Und das tut Gott bei seinen berufenen Kindern, dass er sie ganz persönlich anspricht. Wenn wir die Bibel lesen, wenn wir eine vollmächtige Predigt hören, da merken wir, hier tritt mir Gott persönlich entgegen und hier ruft er mich beim Namen, auch wenn meine Buchstaben das O, das L, das A, das F nicht auftauchen, aber ich merke es ganz deutlich. Aber auch diese persönliche Berufung über meinem Namen, die haben wir auch alle erlebt, die wir getauft sind. Ich bin getauft worden am 10. Dezember 1967 und da ist über meinem Namen das Persönliche ausgerufen worden. Es war zwar nur ein Pfarrer, genauso ein sündiger Mensch wie ich, aber der hatte die Botschaft Jesu Christi mir damals als Säugling schon zugesprochen, dass Gott mit mir etwas vorhat und ER mich zu einer Aufgabe berufen hat. Damals ist mir schon meine Lebensaufgabe gegeben worden. In dem Gottesdienst ist gelesen worden Matthäus 28. Ich war einen Monat alt, das habe ich nicht verstanden, das habe ich nicht umsetzen können, klar! Und trotzdem ist das schon ausgerufen worden. So, wie bei dem Samuel, der konnte es auch erst nicht verstehen und zuordnen. Aber irgendwann hab ich es verstanden, dass dieser Auftrag mir gilt in Matthäus 28: ***Darum gehet hin und lehret alle Völker...*** Das ist mein Job, übrigens auch euer Job! Auch wenn ihr keine Pfarrer oder Pastoren seid. Auch ihr seid berufen, wenn ihr den Heiligen Geist habt, dazu beizutragen, dass ihr Menschen dazu bringt, dass sie zu Nachfolgern Jesu Christi werden. Ihr habt eine Aufgabe im Reich Gottes. Ich habe eine Aufgabe im Reich Gottes und der muss man sich stellen, so wie es der Samuel hier tut. Als er das verstanden hat, dass er persönlich angesprochen ist, da gibt's nur eins, da sagt er: ***Rede, denn dein Knecht hört.*** Das mag uns Beispiel sein, für uns, die wir berufen sind, dass wir uns immer wieder so vor Gott stellen, dass wir immer wieder zum HERRN und Heiland sagen: Rede, denn ich, dein Knecht, ich höre. „Ich höre" heißt nicht, ich bin jetzt bereit, akustisch wahrzunehmen. Wenn die Bibel von „Hören" spricht, hängt das immer mit „Gehorchen" zusammen, also ich führe das Gehörte auch aus. ***Rede, denn dein Knecht hört***, denn dein Knecht ist gehorsam, der tut, was du ihm sagst und stellt keine Fragen. Der zieht das durch, was du sagst. Rede, denn dein Knecht hört. Und das wünsche ich mir für euch, für uns, die wir persönlich angesprochen sind von Jesus. Dass ihr euch auch so hinstellen könnt vor unseren HERRN und Gott, dass ihr das hört, dass ihr das wahrnehmt, dass ihr persönlich gemeint seid mit dem, was in der Bibel steht, dass das euer individuelles Buch, eure individuelle Geschichte mit Gott ist. Der berufene Samuel wird persönlich angesprochen und auch du wirst persönlich angesprochen. Jesaja 43,1, ein starkes Wort: ***Ich habe dich bei deinem Namen gerufen, du bist mein!*** Du gehörst Gott! Du bist sein Kind, ER hat dich ins Leben gerufen und wird dich eines Tages auch abberufen aus diesem Leben. Da kannst du nichts tun. Das einzige, was du während deines Lebens tun kannst, während der Zeit, die Gott dir gegeben hat, dass du sagst, du nimmst diesen persönlichen Ruf an. Und ich hoffe, dass alle, die heute Morgen hier sind, den persönlichen Anruf Gottes an ihr Leben a) schon gehört haben und b) auch angenommen haben. Und wenn du es noch nicht wahrgenommen hast, dann darf ich dir das heute im Namen Jesu Christi sagen: Gott beruft dich in Seinen Dienst. Gott ruft dich! Gott ruft dich! Es ist mein Mund, aber es ist Gott, der so spricht. Und wenn du das noch nicht gehört hast und wenn dich das jetzt unruhig macht, dann möchte ich dich aufrufen: Bitte komme nach dem Gottesdienst zu mir und lass uns darüber sprechen, was Gott mit dir und deinem Leben vorhat. Denn Gott schafft jeden Menschen zum Ziel, dass er ihn auch beruft in seinen Dienst, ganz so wie den Samuel. Und dazu werden wir persönlich angesprochen. Das ist das Erste: Man wird persönlich angesprochen.

Und dann sagen manche Christen, die persönlich angesprochen sind: „Ja, Pastor Latzel, ich bin ja persönlich angesprochen, das weiß ich auch und das hab ich ja auch verstanden, dass wir auch Dienst tun müssen. Aber ich bin so sündig! Ich bin so ein schwacher Kandidat! Ich kann nicht so reden, wie Sie das können! Und ich kann nicht so treu beten wie meine Nachbarin! Und ich habe nicht so viel Geld zum Spenden! Und ich habe auch kein handwerkliches Geschick, dass ich hier Küster sein könnte. Ich hab gar nichts. Ich bin nur ein schwacher Kandidat! Ja, ich bin berufen, aber ich habe nichts so richtig drauf!"

Und da sind wir beim **zweiten Punkt** der Predigt: Der berufene Samuel ist ebenfalls ein schwacher Kandidat. **Der berufene Samuel ist ein schwacher Kandidat.**

Sie alle haben sicherlich schon diese Casting-Shows wahrgenommen, mit denen wir jetzt landauf, landab beglückt werden in den privaten Sendern, „Deutschland sucht den Superstar", „The Voice of Germany" und „Germany's Next Topmodel". Also die einen müssen singen, die anderen müssen Handstand machen und wieder andere müssen einfach nur mit langen Beinen über den Laufsteg laufen. Und es sitzt immer eine Jury da, aus irgendwelchen vermeintlichen Experten und die beurteilen dann die Kandidaten. Und da wird immer gesagt, der kommt in die nächste Runde oder nicht. Das ist das Format dieser ganzen Sendung. Halb Deutschland beteiligt sich dabei und der Mann sitzt dann mit der Ehefrau zu Hause auf'm Sofa, und dann sagt man: „Wollen wir die weiter kommen lassen oder die gehen lassen?" Sie kennen das alle. Und die schwachen Kandidaten, das ist so, die werden dann aussortiert. Das wissen wir. Da gibt's ganz strenge Kriterien. Die drücken dann irgendwelche roten Knöpfe und wenn dann einer singt und hat nach zehn Sekunden noch nicht einmal den richtigen Ton getroffen, dann hauen die drauf, bums, da fliegt der raus. Das geht ganz fix. Die schwachen Kandidaten werden immer eliminiert. Es wird immer schlimmer, bis zum Schluss noch drei, vier übrig sind. Die sind zwar alle ganz hervorragend, aber irgendeiner muss ein bisschen schwächer sein als der andere und der wird dann rausgeschmissen, bis zum Schluss dann der Superheld dasteht. Aber wie gesagt, die schwachen Kandidaten werden rausgeschmissen. Das ist leider nicht nur bei diesen Spiel-Shows und Casting-Shows so. Das ist leider im realen Leben in dieser Welt auch so. Das weiß jeder, der schon mal ein Bewerbungsverfahren irgendwie durchlaufen hat. Da kann man noch so gut sein. Wenn es da ein paar gibt, die besser sind, dann fällt man hinten raus. Die schwachen Kandidaten werden aussortiert.

Im Reich Gottes ist es genau anders. Gott baut sein Reich mit ganz schwachen Kandidaten, mit ganz schwachen Kandidaten! Also hier die Geschichte ist nochmal ganz deutlich, für einen schwachen Kandidaten. Also wenn es damals vor 3000 Jahren so eine Casting-Truppe gegeben hätte, die gesagt hätte: „Wir müssen den nächsten Richter bestimmen. Wir brauchen jetzt einen, der die Nachfolge von dem Eli antritt. Wir müssen den jetzt mal casten." Da können wir sicher sein, der Samuel wäre direkt rausgefallen, den hätten die ja nicht mal zugelassen, dass der gekommen wäre. Erstens, der war viel zu jung, das war ja nur ein kleiner Knabe. Zweitens, der kannte den HERRN gar nicht. Das sagt der Text hier ganz deutlich. Samuel hatte den HERRN noch nicht erkannt. Das Wort des HERRN war ihm noch nicht offenbart. Der hatte also nicht nur von seiner Jugend her, der hatte auch vom Religiösen, vom Theologischen, von der Bibel gar keine Ahnung. Der war vollkommen unbeleckt. So ein bisschen religiösen Kult, den hat er mitgekriegt, wie man da ein Opferlammfeuer anzündet und wie man Schlachtopfer bringt, das hatte er gesehen. Aber vom wirklichen Gott? Keine Ahnung! Und als es dann auch noch passiert, dass Gott ihn tatsächlich anspricht, da checkt der das noch nicht einmal. Der kriegt es überhaupt nicht hin. So ein schwacher Kandidat ist das. Nicht einmal, nicht zweimal, nicht dreimal! Erst der Eli muss ihm dann sagen, was zu tun ist. Viermal muss der HERR einen Anlauf nehmen. So ein schwacher Kandidat ist dieser Samuel. Also beim religiösen Richter-Casting wäre der rausgeflogen. Erste Runde, gar keine Frage! Aber Gott sagt: „Den nehme ich!" Den hatte Gott übrigens schon auserwählt. Tolle Geschichte mit seiner Mutter, wie die auserwählt wird. Ganz besonders! Gott will genau mit diesem kleinen Jungen, der ihn noch nicht einmal kennt, der keine Ahnung hat, der ganz schwach ist, mit ihm will er Reich Gottes bauen. Und wie der Gottes Reich baut!

Das werden wir in den nächsten Predigten sehen, was das für ein gewaltiger Richter wird, ein ganz großer Mann im Reich Gottes, aber nur ein schwacher Kandidat. Und das setzt sich durch die ganze Bibel durch. Gott arbeitet mit schwachen Kandidaten. Das Volk, das ER erwählt zu Seinem Volk, das Volk Israel, ist ein ganz schwacher Kandidat. In 5. Mose 7, 6-8 heißt es:

Dich hat der HERR, dein Gott, erwählt zum Volk des Eigentums aus allen Völkern, die auf Erden sind. Nicht hat euch der HERR angenommen und euch erwählt, weil ihr größer wäret als alle Völker - denn du bist das kleinste unter allen Völkern -, sondern weil er euch geliebt hat...

Gott hat Israel erwählt, obwohl es die Kleinsten sind. Und das setzt sich fort. Bethlehem, die Stadt, aus der Jesus kommt. Da heißt es im Propheten Micha 5,1:

...die du klein bist unter den Tausenden in Juda, aus dir soll mir der kommen, der in Israel HERR sei...

Du bist klein, du hast gar nichts drauf, du bist schwach! Mose, der herausgesucht wird - ein Mörder! Der kann nicht reden, der stottert beim Reden. Der soll zum Pharao gehen und mit dem besprechen, dass er das Volk gehen lässt. Aber der ist überhaupt nicht rhetorisch begabt. Hier muss ER noch einen dazusetzen, den Aaron. Mose, ein ganz schwacher Kandidat. David - da kommen wir noch zu dieser Geschichte. Samuel salbt ja erst Saul und erst später dann - als Saul verworfen wird - den David zum König. Dann schickt Gott ihn zum Vater Isai und sagt: Seinen Sohn, den Sohn Isais, sollst du salben. Super, der lässt seine ganzen sieben Söhne antanzen. Da wird einer nach dem anderen durchdekliniert. Eine ganz tolle und wertvolle Geschichte der Bibel. Der Erste ist es nicht, der Zweite ist es nicht, der Dritte, der Vierte und der Siebte nicht. Meine Güte! Keiner der Söhne! Und sie wollten schon abbrechen, da fragt Samuel: „Sag mal, hast du nicht irgendwo noch einen?" „Ja", sagt er, „ich hab noch einen, den Achten, aber der bringt ja gar nichts. Der ist ganz jung, der ist hinten am Feld." „Na, lass ihn trotzdem mal kommen." Und dann kommt der, mit dem der Vater gar nicht rechnet, ein ganz schwacher Kandidat, der war nur zum Schafe hüten da. Und da sagt Gott: „Den salbe!" Einen ganz Schwachen! Das ist der, der gegen den Riesen Goliath antritt und nicht mal die Rüstung tragen kann. Die anderen sind viel stärker, die anderen israelitischen Krieger. Der kann nicht mal Sauls Rüstung tragen, so ein schwacher Kandidat ist das. Aber der legt den Riesen um! Mit so Leuten baut Gott sein Reich! Nun könnte ich weitermachen und erzählen von Petrus (Matthäus 16,18):

> ***Du bist Petrus, und auf diesen Felsen will ich meine Gemeinde bauen, und die Pforten der Hölle sollen sie nicht überwältigen.***

Petrus sagt: „Ich kenne diesen Jesus gar nicht! Ich will verflucht sein!“ Mit so einem Kandidaten baut der HERR Gottes Reich. Johannes Markus, der das Markusevangelium geschrieben hat. Als der bei der ersten Missionsreise merkt, es wird ein bisschen hektisch halt, da haut der einfach ab. Paulus schmeißt ihn dann auch direkt raus und sagt: „Mit dem will ich nicht mehr weiterarbeiten. Schwache Kandidaten können wir nicht gebrauchen.“ Aber Gott kann schwache Kandidaten gebrauchen! Gott gebraucht ihn dann später, damit er das Markusevangelium schreibt und auch dem Paulus noch viel Gutes tut. Und ich könnte jetzt weitererzählen, was Luther für ein schwacher Kandidat war, wie der immer wieder angefochten war. Wie auch der Wilhelm Busch, von dem erzähle ich ja häufig, angefochten war, was das für ein schwacher Kandidat war. Allesamt schwache Kandidaten! Und Pastor Latzel, der heute Morgen hier auf der Kanzel steht, auch nur ein schwacher Kandidat, auch nur ein ganz schwacher Kandidat! Der mag vielleicht rhetorisch so ein bisschen nach vorne gehen können und der mag vielleicht auch ein breites Kreuz haben, gar keine Frage. Aber wenn ihr wüsstet, was das für ein Sünder ist, ja, da würdet ihr beim religiösen Casting alle sagen: „Also bitte, mit dem nicht!“ Aber wisst ihr, da bleibt auch Pastor Latzel nicht übrig, da bleibt auch von uns keiner übrig, weil wir allesamt schwache Kandidaten sind. Das ist übrigens so ein Punkt, den der Widersacher auch tut. Das will er uns immer wieder einreden: „Dein Glaube ist zu schwach. Du glaubst gar nicht richtig. Du bist nicht wie die anderen. In Wirklichkeit, in dir drin, bist du nur ein schwacher Kandidat!“ Und dann gehen wir dem Widersacher auf den Leim und schon ist unsere Nachfolge ganz kraftlos.

Ich sage es nochmal ganz deutlich: Gott baut Sein Reich mit schwachen Kandidaten - die, die wir alle aussortieren würden - mit schwachen Kandidaten. ***Meine*** Kraft ist in den Schwachen mächtig, sagt Gott (2.Korinther 12,9). Meine Kraft ist in den Schwachen mächtig! Wenn Gott uns schickt, dann haben wir alle Kraft. Dann müssen wir auch um unsere Schwachheit uns keine Gedanken mehr machen. Und dann dürfen wir uns auch um unsere Schwachheit nicht mehr rausreden. Diese Ausreden sind verboten: „Ich bin nicht gläubig genug!"; „Ich bin nicht stark genug!"; „Ich bin dieses und jenes nicht...!" Wenn Gott dich beruft, dann darfst du dich hinstellen und darfst den Auftrag annehmen, weil ER dir zur Seite steht und weil Seine Kraft dich bevollmächtigen wird in deinem Dienst. Es kommt in deinem Dienst, in dem, wozu du berufen bist, nicht auf deine Kraft an. Die erledigt der HERR, wenn ER dich berufen hat, da brauchst du dir keine Gedanken zu machen. Worauf es ankommt, ist einzig und allein, dass du dich zur Verfügung stellst.

Und damit sind wir beim **dritten Punkt** dieser Predigt: dass du dich zur Verfügung stellst. Hier bin ich HERR, ich höre. **Der berufene Samuel stellt sich zur Verfügung!**

Rede, denn dein Knecht hört.

Das ist auch so ein wunderbares Element aus den Berufungsgeschichten der Bibel, dass das die Männer Gottes immer wieder getan haben. Sie haben sich immer wieder hingestellt und gesagt: „Hier bin ich. Ich gehorche dir. Hier bin ich." Ich denke, ihr, die ihr ja die Bibel ein bisschen besser kennt, wisst, von welchen Geschichten ich spreche. Abraham - bei der Opferung Isaaks. Da ruft Gott: „Abraham!", da sagt der: „Hier bin ich! Ich stehe zur Verfügung!" Und dann kommt der Befehl, ein Wahnsinnsbefehl: „Töte deinen einzigen Sohn!" Und das tut er dann auch. Er ist bereit zur Opferung, stellt sich zur Verfügung, hört nicht nur den Befehl, sondern ist treu diesem Befehl. - Jakob, als er bei Laban ist, der hört auch dieses „Jakob!", da steht er auf, sagt: „Hier bin ich!" und stellt sich zur Verfügung. Da zieht er alles genauso durch, wie Gott es ihm sagt hat bezüglich der

Schafe und was er zu tun hat. - Auch Mose, vor dem Auszug am brennenden Dornbusch: „Hier bin ich!". Er stellt sich zur Verfügung. - Jesaja: „Hier bin ich. Sende mich!", als Gott da fragt: „Wen sollen wir senden?" - Hananias, der den Saulus, der da vor Damaskus geblendet ist, zur Gemeinde führt, der ihn tauft und ihm von Christus erzählt, er wird persönlich berufen (Apostelgeschichte 9). Der dann auch sagt: „Hier bin ich, hier bin ich!" und stellt sich zur Verfügung. Und das waren allesamt auch schwache Kandidaten. Aber als der HERR sie anspricht (ich sage das mal so militärisch), da schlagen sie die Hacken beieinander und sind bereit, auch die Befehle, die sie bekommen, auszuführen. Sie stellen sich zur Verfügung und das macht wirklich einen Christen aus! Dass er nicht nur brav seine Kirchensteuer bezahlt und per se eine Urkunde nachweisen kann, wann er getauft und konfirmiert ist, oder dass die Eheschließung auch mit dem Segen eines ordinierten Pastors passiert ist. Nein! Christliche Existenz besteht darin, dass wir uns mit unseren Gaben und unserem Leben, wenn wir berufen sind, dem Heiland zur Verfügung stellen. Ganz so, wie Samuel das getan hat. Und daran krankt es leider! Daran krankt es leider bei uns in Deutschland, in unserem Christsein! Wir haben in Deutschland immer noch sehr viele Menschen, die den HERRN Jesus kennen, Gott sei Dank! Aber ganz viele haben die Handbremse der Nachfolge fest angezogen und stellen sich IHM nicht zur Verfügung. Die haben dann zwar die ganz großen Vorsätze, aber wenn es dann drauf ankommt, dann bleiben sie an ihren Lagerfeuern sitzen. Es gibt einen ganz tollen Text in der Bibel, im Chronik-Buch, da heißt es vom Stamm Ruben: (Es gab ja zwölf Stämme Israels und wenn die Krieg führten, die Israeliten, dann wurden Boten zu allen Stämmen gesandt und die sagten: „An dem und dem Tag, da müsst ihr da und da hinkommen, da sammeln wir uns mit dem Heer und dann kämpfen wir gegen das und das Volk." Und bei den Rubenitern war es dann immer so, dass die, als die Boten kamen, sich richtig heiß gemacht haben.) „Sie fassten die großen Beschlüsse des Herzens", so nach dem Motto: „Ja, wir wollen die Speerspitze führen, wir sind ja auch der erste Stamm. Wir wollen als Erste rauslaufen. Wir wollen den Hügel als erstes nehmen.“ Sie fassten die großen Beschlüsse des Herzens. Aber als es dann konkret wurde, da blieben sie bei ihren Herden und Lagerfeuern. Die Beschlüsse im Herzen sind schnell gefasst. Was ich alles reißen will im Reich Gottes! Aber wenn es dann drauf ankommt, da muss ja noch der Rasen gemäht werden bei mir zu Hause, da muss ich die Tante Erna noch zum Geburtstag besuchen und ich muss jetzt auch noch Winterreifen kaufen. Also die großen Beschlüsse des Herzens sind leicht gefasst, aber ich bleibe dann doch lieber bei mir im Wohnzimmer auf dem Sofa sitzen. Das sind dann die großen Beschlüsse des Herzens. Aber das macht berufene Christen, berufene Männer und Frauen Gottes nicht aus, sondern die stellen sich zur Verfügung. Bei uns in Deutschland passiert so wenig Evangelisation, passiert so wenig Bekehrung, passiert so wenig im Reich Gottes, einfach weil diejenigen, die zu Jesus gehören, sich nicht zur Verfügung stellen. Die Ernte ist groß, wenig sind der Arbeiter! Ich sage es nochmal: Die Ernte ist groß, wenig sind der Arbeiter! Ich möchte dir dazu Mut machen, du, der du berufen bist: „Nimm deine Berufung an und stell dich dem, was Gott möchte von deinem Leben!“

Vor einiger Zeit habe ich mit einem jungen Mann gesprochen. Im Gespräch kam dann raus, dass ich Pastor bin und da war der ganz begeistert. Er sei ja auch gläubig. Und da haben wir so gesprochen, auch über Berufung und warum ich in Bremen bin. Und dann sagt er knallhart: „Ja, ich hab auch meinen Ruf gehabt, in die Mission“, und dann wurde das Gespräch ganz anders. Ja, aber dann war das Studium und die Freundin und die Eltern - alles wichtiger. Und dann konnte er dem Ruf nicht nachgehen. Das hat er selber gemerkt in diesem Gespräch, als ich ihn dann auch gefragt habe, weil er ganz klar benennen konnte, wie der HERR ihn berufen hat. Also es war nicht so, dass er da irgendwie Unklarheiten hatte, sondern der hatte ganz klar den Ruf vernommen, was Gott von ihm wollte, aber die Handbremse, die war fest angezogen und ließ sich nicht lösen, weil da so andere Kräfte noch wichtig waren. Das tut der

Widersacher immer wieder! Wir hören zwar die Stimme des Sohnes Gottes, die Stimme des Allmächtigen, immer wieder klar und deutlich, aber dann stellen wir uns nicht zur Verfügung, sondern lassen uns von vielen anderen Dingen bewegt sein. Und da möchte ich dir Mut machen, wirklich Mut machen! Du hast nichts zu verlieren, sondern alles zu gewinnen. Binde dich bloß nicht an all das Irdische hier, an all das, was hier dir vermeintliche Sicherheiten gibt, was dein Leben gestaltet. Das ist alles nur vergänglich! Wenn Gott dich ruft, stell dich IHM zur Verfügung mit allem, was es dann heißt. Und du wirst sehen, wie du gesegnet wirst. Der berufene Samuel stellt sich zur Verfügung.

Und **ein Viertes und Letztes**. Ich hätte heute acht oder neun Punkte bringen können. Aber dieser vierte Punkt, der hat mich so gereizt, den musste ich einfach mitbringen: **Der berufene Samuel erkennt die Verdorbenheit der theologischen Elite!** Das berichtet die Bibel ja ausführlich, nicht nur in dieser Geschichte, sondern auch zuvor im Kapitel 2. Da wird abgerechnet mit dem Haus Eli. Eli war damals vierzig Jahre Richter. Der war nicht richtig schlecht, aber auch nicht so richtig gut. Der war so lau. Aber seine Söhne, die ihm dann assistiert haben, die auch mitgeholfen haben bei einem Richter und Priester, das waren ganz verdorbene Menschen. Und das war die damalige theologische Elite. Und Gott hat im Kapitel zuvor schon dem Eli ganz klar gesagt: „Das wird mit dir passieren und mit deinem Haus. Und egal wie viele Opfer du bringen wirst, du wirst keine Vergebung mehr bekommen." Schlimmes Gericht, weil die das Schlimmste getan haben, was es gibt. Wenn die theologische Elite, wenn die, die den Hirtendienst tun sollen, die Bevölkerung verführen, das ist etwas ganz Schlimmes. Übrigens nicht nur hier in dieser Geschichte lesen wir das. Das könnt ihr nachlesen in Jeremia 23 oder Hesekiel 34, wo die Propheten von den falschen Hirten sprechen. Das ist etwas ganz, ganz, ganz Schlimmes, wenn diejenigen, die das Wort Gottes in Klarheit und Wahrheit sagen sollen, wenn die - die damals im Namen Gottes dem Volk sagen sollen, was ist richtig und was ist falsch - das nicht tun, sondern dem Geld nachlaufen, der politischen Obrigkeit und nicht mehr nach Gott fragen, sondern nach dem Menschlichen. Diese Menschen erfahren ein schlimmes und hartes Urteil. Es ist ein alter Trick des Teufels, mit dem er immer wieder arbeitet, wenn er Gemeinde, wenn er Glauben zerstören will: das Herangehen an die theologische Elite. Wenn man ein System zerstören will, dann muss man rein ins System. Da muss man nicht außen vor bleiben. Das heißt: Solange die Gemeinde von außen verfolgt wird (das sehen wir überall da, wo Gemeinde verfolgt wird, in den schlimmen Ländern; wo die außen stehen, die Antichristen, wo politische Systeme dagegen stehen), das tötet den einen oder andern und lässt ihn das Martyrium erleben, aber das führt letztlich immer zu Erweckung. Das kann der Gemeinde Jesu nichts tun. Was der Gemeinde Jesu etwas tut: wenn diejenigen, die die theologische Verantwortung haben, wenn die gekappt werden. Wenn der Widersacher ins System reingeht. Das ist übrigens im Weltlichen genauso, wir kennen das aus der Antike mit Homer und Ilias. Zehn Jahre sind die Griechen gegen Troja angelaufen. Von außen kamen sie nicht rein. Da hat der Odysseus gecheckt: Ich muss ins System rein, ich muss ein paar Mann reinkriegen, dann kann ich die knacken. Ihr kennt ja die Geschichte mit dem Trojanischen Pferd. Das wisst ihr auch von eurem Computer. Solange eure Firewall steht, da können die draußen machen was die wollen. Ist irgendeine infizierte Mail bei euch drin, dann geht euer System kaputt. Das ist gar keine Frage. Und so macht es der Widersacher auch mit der Kirche, mit der Gemeinde. Immer wieder besetzt er die theologische Elite. Nicht nur damals vor 3000 Jahren, damals auch, die waren knitterkaputt. Und das war dem Samuel eine Erkenntnis, als er zum Glauben kommt. Das ist ja der Moment seiner Bekehrung. Jetzt erkennt er Gott. Und als er das erkannt hat, da kann er nachts nicht mehr schlafen. Er traut sich kaum, dem Eli das zu sagen. Davon spricht dieser Bibeltext. Das passiert auch, wenn Menschen heute zum lebendigen Glauben kommen und sie dann merken, was läuft denn da in Hannover bei der EKD ab? Was ist denn das für ein Laden?

Bei allem Humanismus und bei allem Gutmenschentum, das da abläuft. Da stimmt doch hinten und vorne nichts mehr. Das tut der Widersacher, dass er einbricht. Als der treue Katholik Luther zum Glauben gekommen ist, der erkennt ja, so sagt er das deutlich: Der Papst ist ein Antichrist, das ist der Schlimmste von allen. Der oberste Führer der damaligen Kirche ist für Luther der Antichrist. Das ist so, wahrer Glaube entlarvt religiöses Showgeschäft! Wahrer Glaube demaskiert spirituelle Abgötterei! Wahrer Glaube enttarnt die theologische Schaumschlägerei! Nicht nur vor 3000 Jahren, auch heute! Und es ist ganz wichtig, dass wir das immer wieder als berufene Menschen auch sehen. Ich merke das auch immer wieder, wenn ich mit Leuten von euch spreche oder auch mit Leuten von auswärts, die immer nur sagen: „Die Kirche, die Kirche, wie schlimm! Und wieder hat der Bischof das oder das gesagt oder unser Pfarrer vor Ort." - Leute! Das ist ein alter Trick des Teufels, dass er immer wieder versucht, die theologische Elite zu packen, da kann er über die multiplizieren. Wenn die dann bei Beerdigungen verkündigen, wird ja sowieso jeder gerettet, es gibt kein Gericht, es ist egal ob du an Jesus glaubst oder nicht. Dann wiegt er die Leute, die da sind, in Sicherheit. Da kann der Teufel über so jemanden ganz anders gewinnen! Aber ein berufener Mensch erkennt das. Und wenn auch wir das erkennen und uns wirklich über vieles Gedanken machen, was heute in der Evangelischen Kirche in Deutschland los ist, da müssen wir beten, da müssen wir auch gegen aufstehen, gar keine Frage! Aber das ist das ganz alte Lied, das ist die alte Kriegsstimmung, wie sie immer schon war. So arbeitet der Widersacher. Das ist nichts Modernes. Das gibt's nicht erst seit 30 Jahren. Diese Dinge hat es immer wieder gegeben. Unser Pastor Neander, als der in Düsseldorf klar das Wort Gottes gepredigt hat, was haben sie mit ihm gemacht? Da hat die etablierte Kirche gesagt, der darf hier nicht mehr predigen, in unseren Räumlichkeiten nicht mehr. Der muss weg! Hier darf er nicht mehr predigen. Was hat er gemacht? Da hat er in den Tälern gepredigt. Ihr wisst ja, dass sie nach ihm diesem Tal den Namen Neandertal gegeben haben. Es war die theologische Elite, die ihm die Wort-Gottes-Verkündigung verboten hat. Das wird jeder Berufene auch immer wieder erkennen. Und das ist auch dann so, wenn wir berufen sind und den Heiligen Geist haben, dass wir dann unterscheiden und sagen können: „Ja, das ist ein wiedergeborener Pastor und das ist ein nicht wiedergeborener Pastor." Das ist eine große Fragestellung und ich sage das auch immer wieder zu euch: „Leute, da wo ihr seid, geht nur da unter's Wort, wo wiedergeborene Pastoren sind. Da, wo ihr Steine kriegt, da wo Leute sind wie Eli und seine Söhne, da könnt ihr nicht hingehen, da habt nicht Teil an diesem Verbrechen, das sie tun, diese theologischen Eliten!" Geht dahin, wo ihr lebendiges Wasser, lebendiges Brot bekommt. Ich sage nicht, geht zu Martini, da gibt es bessere Pastoren und bessere Gemeinden, gar keine Frage. Aber geht dahin, wo wirklich lebendig und klar das Wort gesagt wird. Denn da müssen wir immer wieder aufpassen. Der Widersacher gebraucht immer wieder die theologische Elite, um Menschen auch ins Elend zu führen. Das muss der berufene Samuel hier erkennen.

Vier Punkte aus Samuels Berufungsgeschichte. Erstens: Der berufene Samuel wird persönlich angesprochen! Zweitens: Der berufene Samuel ist ein schwacher Kandidat! Drittens: Der berufene Samuel stellt sich zur Verfügung! Und viertens: Der berufene Samuel erkennt die Verdorbenheit der theologischen Elite! Mögen diese Erkenntnisse aus der Berufung Samuels dir ein Segen sein, deine Berufung von Jesus Christus zu leben. Amen.

Und der Friede unseres allmächtigen Gottes, der sehr viel höher ist als alle unsere menschliche Vernunft, ER bewahre unsere Herzen und Sinne in Christus Jesus, unserem auferstandenen und lebendigen HERRN. Amen.

Vom Dienst des Samuel

1. Samuel 7,3-12

> Gnade sei mit euch und Friede von dem, der da war und der da ist und der da sein wird in alle Ewigkeit, unser HERR, Jesus Christus, Amen.

Vielleicht haben Sie sich gefragt, wie kommt es eigentlich zu diesem Gottesdienstthema „Dienen“? Warum hat das denn der Pastor Latzel mitgebracht? Das hat einen Grund und der liegt darin, dass wir eine Predigtreihe haben zum Samuel. Letzten Sonntag haben wir uns über seine Berufung Gedanken gemacht und über das Thema Berufung nachgedacht im Gottesdienst. Und heute wollen wir etwas hören über den Dienst des Samuel. Und dadurch ist eben auch das Thema dieses ganzen Gottesdienstes entstanden. Und wir wollen hören als Predigttext 1. Samuel 7, die Verse 3-12:

> ***Samuel aber sprach zum ganzen Hause Israel: Wenn ihr euch von ganzem Herzen zu dem HERRN bekehren wollt, so tut von euch die fremden Götter und die Astarten und richtet euer Herz zu dem HERRN und dient ihm allein, so wird er euch erretten aus der Hand der Philister. Da taten die Israeliten von sich die Baale und Astarten und dienten dem HERRN allein. Samuel aber sprach: Versammelt ganz Israel in Mizpa, dass ich für euch zum HERRN bete. Und sie kamen zusammen in Mizpa und schöpften Wasser und gossen es aus vor dem HERRN und fasteten an demselben Tage und sprachen dort: Wir haben an dem HERRN gesündigt. So richtete Samuel die Israeliten zu Mizpa. Als aber die Philister hörten, dass die Israeliten zusammengekommen waren in Mizpa, zogen die Fürsten der Philister hinauf gegen Israel. Und die Israeliten hörten es und fürchteten sich vor den Philistern. Und sie sprachen zu Samuel: Lass nicht ab, für uns zu schreien zu dem HERRN, unserm Gott, dass er uns helfe aus der Hand der Philister. Samuel nahm ein Milchlamm und opferte dem HERRN ein Brandopfer als Ganzopfer und schrie zum***

HERRN für Israel und der HERR erhörte ihn. Und während Samuel das Brandopfer opferte, kamen die Philister heran zum Kampf gegen Israel. Aber der HERR ließ donnern mit großem Schall über die Philister am selben Tage und schreckte sie, dass sie vor Israel geschlagen wurden. Da zogen die Männer Israels aus von Mizpa und jagten den Philistern nach und schlugen sie bis unterhalb von Bet-Kar. Da nahm Samuel einen Stein und stellte ihn auf zwischen Mizpa und Schen und nannte ihn »Eben-Eser« und sprach: Bis hierher hat uns der HERR geholfen. Amen.

Wir wollen stille werden und beten: Lieber HERR und Heiland, wir wollen dir Dank sagen für dieses Wort aus dem Alten Testament, das du uns jetzt schenkst in unser Leben hinein, für unseren Dienst, für diese deine Gemeinde. Wir wollen dich bitten, HERR, dass du uns die Bedeutung dieser Worte aufschließt, dass du zu uns sprichst aus dieser Predigt. Dieses Wunder, dass wir deine Stimme hören können und werden, in der Predigt, das wird nur dann geschehen, wenn du selber diese Predigt segnest. Und darum wollen wir dich alle miteinander bitten: Segne du selber das Reden und das Hören deines heiligen und lebendigen Wortes an uns allen. Amen.

Ich habe diese Predigt überschrieben: **Vom Dienst des Samuel.** Und nicht, dass jetzt jemand hier abschaltet, weil er sagt: „Naja, Dienst, das ist ja ein Priester gewesen. Also sowas passt vielleicht in ein Pastoralkolleg hinein, aber ich bin ja nur ein ganz einfaches Gemeindeglied." Das wollen wir nie vergessen: Auch wenn wir hier über einen Priester im Alten Bund nachdenken, was er getan hat. Im Neuen Bund sind wir im Priestertum aller Gläubigen, nicht nur die per Ordination und kirchlichen Rechtes einen schwarzen Lutherrock tragen dürfen, sondern wir alle sind zu Priestern berufen. Wir alle haben den Auftrag zur Weitergabe des Evangeliums, dürfen für andere einstehen vor Gott, so wie das eben die Priester gemacht haben im Alten Bund. Und deshalb geht dieser Text und dieser Dienst des Samuel uns alle an. Und ich möchte sprechen über drei Punkte:

1. Das Ausrichten auf den HERRN
2. Das Schreien zum HERRN
3. Das Erinnern an die Taten des HERRN

Das sind drei ganz wesentliche Punkte des Dienstes des Samuel. Und es sind ganz wichtige Dienstpunkte für unsern Dienst, die wir immer wieder zu tun haben.

Da ist **der erste Punkt: Das Ausrichten auf den HERRN!** Der Samuel, das war ein richtig Guter. Er war klar bei dem allmächtigen Gott in Jesus Christus, er war sein Diener. Und wenn da einer ganz klar ein Diener ist, dann wird er immer wieder eins tun: die Menschen, mit denen er lebt, für die er Verantwortung hat, ausrichten auf Gott - auf Gott! - auf Jesus ganz allein. Immer wieder zu zeigen: Jesus allein, Gott allein! Das tut Samuel hier:

> ***Samuel aber sprach zum ganzen Hause Israel: Wenn ihr euch von ganzem Herzen zu dem HERRN bekehren wollt, so tut von euch die fremden Götter und die Astarten und richtet euer Herz zu dem HERRN und dient ihm allein, so wird er euch erretten aus der Hand der Philister.***

Also in Israel damals war es nicht so, dass die jetzt Gott nicht mehr kennen würden, dass die bei JAHWE nicht mehr wären. Die kannten Gott, die kannten JAHWE. Aber neben diesem Gott, mit dem das Volk Israel so wunderbare Erfahrungen gemacht hatte, da haben sie noch andere Götter gestellt. Die waren wichtig, die waren auf derselben Ebene. Dieser JAHWE war ja ein guter Gott gewesen in der Wüste. Da hatte er ja geholfen am Schilfmeer und da hat er die Ägypter zerstört. Ja, aber wie sie jetzt ins Kulturland gekommen waren, ins verheißene Gelobte Land, da fragten sie sich: „Ob dieser Wüstengott JAHWE wirklich Ahnung hat vom Ackerbau und von der Viehzucht?" Da haben sie ein bisschen geguckt bei den Kanaanitern, die schon ganz lange Ackerbau betrieben und denen es wirtschaftlich gut ging. Und die hatten nicht diesen Gott JAHWE, die hatten den Baal und die Astarten, das waren so Fruchtbarkeitsgötter. Da gab es ganz abstruse Geschichten, die waren so halb pornografisch. Wenn Baal dann über das Land kam und der Regen befruchtete das Land - mit dem lief das vermeintlich so gut! Und da sagten die Israeliten: „Naja, die können wir auch noch gebrauchen. JAHWE ist ja schön und gut und wenn's mal ganz schlimm wird, dann gehen wir zu dem, das ist so die Notrettung. Aber für den normalen wirtschaftlichen Betrieb, damit die Fruchtbarkeit des Landes gesichert ist, sich unser Vieh vermehrt und wir auch in der Familie Fruchtbarkeit haben, damit wir Söhne und Töchter kriegen, da brauchen wir noch andere Götter. Die nehmen wir auch noch mit hinein." Und da hatten sie eben so ein ganzes Konglomerat an Dingen, das für ihr Leben wichtig war. JAHWE war zwar nicht vergessen, der allmächtige Gott, aber da gab es noch ganz viele andere Dinge, die wichtig waren. Und dahinein spricht der Prophet und sagt: „Lasst diesen riesen Blödsinn! Das darf nicht sein! Tut von euch allen anderen Krempel weg! Alles, was ihr denkt, was ihr sonst noch bräuchtet neben dem Allmächtigen, dass euer Leben gelingt, das ist Abgötterei! Das ist ein Verstoß gegen das erste Gebot!" Und da geht Samuel hin und richtet sie aus, allein auf den Allmächtigen hin. Das ist Teil seines Dienstes. Und wenn wir die Bibel lesen - und das tut ihr ja, viele von euch tun das, ein Glück, ein Segen! - dann sehen wir, dass das immer wieder passiert. Der ganze Dienst der Propheten im Alten Testament, im Alten Bund, ist nichts anderes als ein permanentes Ausrichten auf Gott hin.

Verlass dich nicht auf andere Dinge auch noch! Mach nicht diese Sowohl-als-auch-Lebensführung: „Ja, ich habe den HERRN und Heiland in Jesus Christus, aber eben auch noch jemand anderen." Sondern vertraut dem HERRN ganz alleine. Ausrichtung auf Gott allein! Den Blick immer wieder nur auf Gott, immer wieder nur auf Jesus! Das tun diejenigen, die beim HERRN sind. Das ist auch das, was Jesus selber immer wieder getan hat.

Wir kennen diese wunderbare Geschichte aus der Bergpredigt in Matthäus 6 (19-34), vom falschen und vom rechten Sorgen. Wo Jesus genau das anspricht und sagt: „Was ist mit euch los?

Was macht ihr euch denn für Gedanken um das, was ihr essen werdet, was ihr anziehen werdet. Schaut die Vögel unter dem Himmel. Schaut die Lilien auf dem Felde. Darum müsst ihr euch keine Gedanken machen!" - Wenn es das wirklich gibt, einen allmächtigen Gott im Himmel, dann brauchen wir uns darüber keine Sorgen zu machen, sondern, so sagt Jesus:

Trachtet zuerst nach dem Reich Gottes und nach seiner Gerechtigkeit, so wird euch das alles zufallen.

Ganz deutliche Ausrichtung allein auf Gott hin, immer und immer und immer wieder! Das lesen wir, wie schon gesagt, im ersten von den Zehn Geboten:

Ich bin der HERR, dein Gott. Du sollst keine anderen Götter haben neben mir.

Tu das nicht! Und das ist das, was wir auch heute immer wieder tun und nicht nur die Israeliten damals vor 3000 Jahren, die dachten: „Naja, ob Gott hier wirklich alles kann? Ich muss hier auf Nummer sicher gehen und mir den Baal und Astarten auch noch ins Haus holen." Wenn wir so überlegen: „Naja, ob meine Altersversicherung wirklich sicher ist. Klar, Gott kann mich schon versorgen, ich hab ´ne Menge mit ihm erlebt. Aber so ein bisschen muss ich auch meinem Geld vertrauen, nicht?" Das sind ja heute unsere Fruchtbarkeitsgötter. Wir haben heute keine Baale und Astarten mehr, aber wir haben unsere Aktiendepots, unsere Immobilienspekulation und all diese Dinge, mit denen unser Leben ja gesichert wird. Wenn ihr wirklich ganz beim HERRN sein wollt, dann tut das von euch ab. Ihr könnt nicht Gott und dem Mammon dienen. Ihr könnt nicht Gott **und** dem Mammon dienen! Ihr könnt nicht Gott **und** den Götzen dienen! Ihr könnt nicht Gott und den Baalen dienen! Ihr müsst **allein bei Gott** bleiben! Und dadurch, dass ihr neben den allmächtigen Gott in Jesus Christus andere Götter, andere Götzen, andere Baale, andere Dinge stellt, da verwirkt ihr euch so viel Segen! Samuel sagt das: „Wenn ihr Gott alleine dient, wenn ihr ganz mit dem Herzen bei IHM seid, dann braucht ihr euch um das andere nicht mehr zu fürchten." Und dann kommen die Philister, mit ihrer überlegenen Militärmaschinerie. Die Israeliten hatten ja nicht einmal ein stehendes Heer. Da kamen die Nomaden, die Bauern zusammen und haben so ein bisschen versucht Krieg zu machen. Und die Philister hatten schon Allianzen, die hatten Berufsarmeen. Die hatten vor allem nicht nur Berufsarmeen, die hatten auch noch die besseren Waffen. Die Philister hatten schon Eisen. Den Israeliten hatten sie verboten, Eisen zu haben, heißt es dann hier einige Kapitel weiter. Es war keine Schmiede in ganz Israel. Nur die Philister hatten die Schmiede und hatten Waffen aus Eisen. Die Israeliten, die hatten so ein paar Steinwaffen und ein paar Bronzewaffen. Damit kannst du nicht gewinnen. Es sei denn, der allmächtige Gott ist auf deiner Seite! Das erleben wir auch hier. Da greift Gott ein und er lässt es einmal donnern vom Himmel. Und da hilft es den Philistern gar nichts mit ihren riesigen Kriegern, mit ihrer überlegenen Militärmaschinerie, mit der tollen Rüstung, mit ihren tollen Waffen. Nix! Da werden die weggehauen, die werden einfach weggehauen! Und dieses lahme Heer der Israeliten kann sie dann noch furchtbar schlagen. Aber nur deshalb, weil sie sich zuvor bekehrt haben, die fremden Götzen von sich abgetan haben. Dann erleben sie den Segen Gottes. Wenn sie dabei geblieben wären, so „Naja, Jahwe ist ja wichtig, zu dem wollen wir auch beten, aber Baal und Astarten behalten wir auch noch...", dann hätte es diesen Sieg über die Philister nicht gegeben. Der wurde dadurch möglich, dass sie sich haben ausrichten lassen alleine auf den allmächtigen Gott hin.

Und dazu ruft Gott dich auch heute auf, dass du dich neu bekehrst und dich alleine ausrichtest auf IHN hin. Verlass dich auf nichts anderes, sondern auf den HERRN von ganzem Herzen und du wirst sehen, wie der HERR dich führt und segnet, wie ER dich wirklich bewahrt vor all dem, vor dem du Angst hast. Aber das ist nicht nur das, was wir selber hören dürfen von diesem Dienst des Samuel. Das ist auch das, was wir an andere weitergeben dürfen. Achtet aufeinander! Wenn wir in der Bibel Hebräer 10, 24 aufschlagen: ***und lasst uns aufeinander achthaben!***

Wenn ihr mit jemandem im Auto nach Hamburg fahren wollt und der, der am Steuer sitzt, fährt auf die A1 rauf in Richtung Osnabrück, da werdet ihr doch auch sagen: „Hallo, da ist etwas falsch. Wir wollen doch nicht runter nach Dortmund fahren, sondern wir wollen nach Hamburg. Wir müssen umkehren. Wir müssen was anderes machen." Und so ist es auch, wenn wir als Brüder und Schwestern miteinander gehen. Wenn da einer auf dem falschen Weg ist, dann dürfen wir auch mit ihm sprechen. Wir dürfen ihm sagen: „Hör mal, du bist doch hier auf dem falschen Weg." Wichtig: als Erstes immer bei sich selber gucken! Der Wochenpsalm letzte Woche war ja Psalm 139, der schloss mit den Versen 23 und 24:

> ***Erforsche mich, Gott, und erkenne mein Herz; prüfe mich und erkenne, wie ich's meine. Und sieh, ob ich auf bösem Wege bin, und leite mich auf ewigem Wege.***

Das muss man natürlich zuerst immer erst bei sich selber prüfen. Aber wir dürfen auch in Liebe und in Geschwisterlichkeit mithelfen zu schauen: wenn Geschwister auf dem falschen Wege sind, wenn sie nicht mehr in den Gottesdienst kommen, dass wir diesen Menschen nachgehen und sie unter das Wort rufen; wenn einer nicht mehr in der Bibel liest, dass wir dafür beten und nicht nur hingehen, so nach dem Motto: „Du bist vollkommen falsch in deiner Lebensführung!" Das ist ja ganz einfach zu sagen mit drei Sätzen. Nein! Sondern dass wir wirklich mithelfen, dass Ausrichtung auf Gott hin passiert. Das hat Samuel getan und das dürfen und sollen wir auch immer wieder in unserem Dienst tun. Erstens sollen wir uns selber ausrichten lassen auf Jesus, immer wieder. Aber wir sollen immer wieder auch dazu beitragen, dass andere auf Jesus allein ausgerichtet werden.

Samuel hat Verantwortung für ganz Israel gehabt. Und hier sitzen Menschen, die haben große Verantwortung für andere Menschen. Nicht nur diejenigen, die irgendwo in einem Betrieb sind und Untergebene haben. Nein! Da sind die Großväter und Großmütter. Das sind die Eltern. Da sind die Paten.

Alle, die Verantwortung für andere haben. Da sind die Nachbarn, denen man schon immer hilft, auf die man Einfluss hat. Und bitte kümmert euch nicht nur um Menschen, dass sie gesundheitlich gut versorgt sind und dass ihr Haus in Ordnung und der Rasen gut gemäht ist, wenn die im Urlaub sind. Helft immer auch mit zu schauen, wenn Menschen nicht allein auf Jesus ausgerichtet sind. Geht hin und macht den Menschen klar: „Hey, richtet euch aus auf Gott allein, denn wenn ihr das nicht tut, dann kann euer Leben nicht gelingen, dann kommt ihr immer wieder in die Katastrophen." - Das ist das Erste im Dienst des Samuel: Das Ausrichten auf den HERRN!

Das Zweite: Das Schreien zum HERRN! Ich erinnere mich an eine Szene, die ist 1979 passiert. Da war ich auf der ersten Klassenfahrt meines Lebens, auf Sylt. Ich war in der sechsten Klasse am Gymnasium und da bin ich in Streit geraten mit jemandem aus der Parallelklasse. Und die Parallelklasse, die hatte so eine Lehrerin, also nichts Schlechtes über Lehrer, das war eine ganz wunderbare Frau! Ich hatte den Mitschüler so richtig angeschrien und da zog mich diese Lehrerin dann zur Seite und hat mir nochmal alles erklärt, wie man mit Menschen umzugehen hat. Dann sagte sie den Satz: „Hier bei uns wird nicht geschrien!" - Ich bin eher so ein Schreier-Typ, das wissen Sie, also ich bin halt mal so. Sie sagte: „Hier bei uns wird nicht geschrien!" Und das hatte seine Berechtigung. Das würde ich den Konfirmanden auch so erklären: „Hier bei uns wird nicht geschrien!" - Aber in der Bibel - in der Bibel wird geschrien! Auch hier bei uns in der Geschichte. Da geht es nicht so ein bisschen gesittet und kultiviert zu, sondern da wird richtig mit Dezibel rausgehauen. In 1. Samuel 7, Verse 8 und 9 heißt es:

> ***Und sie sprachen zu Samuel: Lass nicht ab, für uns zu schreien zu dem HERRN, unserm Gott, dass er uns helfe aus der Hand der Philister. Samuel nahm ein Milchlamm und opferte dem HERRN ein Brandopfer als Ganzopfer und schrie zum HERRN für Israel und der HERR erhörte ihn.***

Die Israeliten bitten um das Schreien. Samuel schreit für Israel. Er schreit und der HERR erhörte ihn. Wenn Menschen schreien, dann sind sie ganz bei einer Sache, dann sind sie mit ganz starker Emotionalität gefüllt, dann sind sie von etwas in ihrem ganzen Wesen gefüllt und zwar in ganz unterschiedlichen Bereichen. Es gibt den Freudenschrei. Ich habe meinen Bruder, das ist ein ganz nüchterner Typ, mal begleitet zu einer Prüfung. Im Landeskirchenamt in Bielefeld musste er eine Philosophieprüfung ablegen. Die hatte er dann bestanden, kam raus und hat in dem Landeskirchenamt vor Freude geschrien. Er hatte sich ein halbes Jahr darauf vorbereitet. Da kam der raus, riss die Arme so hoch und hat geschrien, ja der hat richtig gejubelt. Das hat ihn richtig erfüllt, er war in dem Moment nur noch dankbar. Ein Freudenschrei, dass aus den Büros die Leute kamen und sagten: „Ein bisschen leiser, ein bisschen leiser hier." - Es gibt Trauerschreie. Ich habe mal einer Frau eine Todesnachricht überbringen müssen. Ihr Mann war bei einem Unfall ums Leben gekommen. Da hat diese Frau furchtbar geschrien. Das ist mir über Wochen nicht aus dem Ohr gegangen, ein ganz furchtbares Schreien, das die da nachts anstimmte. Das war etwas ganz Grausames! - Es gibt den Wutschrei, wenn wir etwas nicht ändern können und man sich fast die Zähne ausbeißt, wo einen das richtig bewegt, wo man vor Wut einfach schreit. - Es gibt den Schrei, wenn man ganz große Schmerzen körperlich fühlt, wenn man verletzt ist. Dass man wirklich nicht mehr anders kann, als das, was einen bewegt, dass man es einfach rausschreit. Wir kennen das auch, dass man schreit, wenn man große Angst hat. Die kleinen Kinder oder wenn man eine Ehefrau hat, die ein bisschen schreckhaft ist, die schreien dann, wenn sie wirklich in so eine Angstsituation kommen. Also Menschen, die wirklich von einer Sache ganz gepackt sind, dann schreien sie.

Da sehen wir, dass das die Bibel gutheißt, wenn Menschen ganz gepackt sind von etwas und dann zu Gott schreien. Als das Volk Israel in Ägypten ist, da heißt es in 2.Mose 2,23: ***Und die Israeliten seufzten über ihre Knechtschaft und schrien, und ihr Schreien aus ihrer Knechtschaft stieg auf zu Gott.*** Sie schrien zu Gott! Die haben nicht so ein bisschen gebetet: „Ja HERR, wenn es vielleicht noch geht, dann hilf uns hier von unseren Peinigern." Die haben geschrien! Da heißt es immer wieder im Alten Testament: ***Und Gott hörte ihr Schreien!*** - David im Psalm 88: ***HERR, Gott, mein Heiland, ich schreie Tag und Nacht vor dir.*** Jeremia berichtet von seiner Gebetspraxis in den Klageliedern (3,8): ***Und wenn ich auch schreie und rufe, so stopft er sich die Ohren zu vor meinem Gebet.*** Bartimäus, das ist eine ganz tolle Geschichte (Markus 10, 46-52), der blinde Bettler vor Jericho, der schreit: ***Du Sohn Davids, erbarme dich meiner!*** Und dann sagen die Jünger noch: „Pst, nicht so, nicht in der schönen Zeremonie." Und der? Der schrie noch lauter und hörte überhaupt gar nicht mehr auf. Und das wird von Gott gesegnet, von Jesus gesegnet. ER ruft ihn zu sich. Immer wieder das Schreien. Auch im Galaterbrief (4,6) heißt es: ***Gott hat den Geist seines Sohnes gesandt in unsre Herzen, der da ruft: Abba, lieber Vater!*** Der Geist des HERRN schreit.

Die wichtigen Dinge, die uns wirklich bewegen, die schreien wir raus. Und das heißt, dass wir dann wirklich mit ganzem Herzen bei Gott sind. Und das ist etwas ganz Gutes für unsere Gebetspraxis, wenn wir wirklich schreien können, wirklich schreien! Gebete sind dann vollmächtig, wenn wir sie zu Gott rausschrein, wenn nichts mehr ist. Unsere ganze Hilflosigkeit, wenn wir sie rausschreien oder unsere ganze Dankbarkeit, wenn wir nicht mehr anders können, wenn unsere Freude uns so erfüllt. Das sind gute Gebete, das Schreien zum HERRN. Und wie wunderbar, dass Israel einen Priester hatte, der in der Lage war, wirklich die Not in sein Gebet zu packen und zum HERRN zu schreien.

Wie gut, dass wir auch so einen Priester haben. Nicht euren Pastor. Wir haben einen ganz anderen Priester: Jesus Christus, der hat auch geschrien. Auf Golgatha hat er für uns geschrien zum Vater: ***Vater, vergib ihnen, denn sie wissen nicht, was sie tun!*** (Lukas 23,34) Und ER stirbt mit dem Schrei auf den Lippen. Das Schreien zum HERRN, das ist elementarer Bestandteil des Priesterdienstes. Das hat mich auch nochmal in meinem

Priester- und Pastorendienst ganz gepackt, zu sagen: Du musst mehr für deine Gemeinde schreien. Nicht nur so emotionslos beten, wie ich es häufig tue. Das tue ich schon, dass ich weiß, wenn hier jemand seinen Angehörigen verloren hat oder hier ist jemand krank oder hier hat einer eine Not mit seinen Kindern, dass ich dann sage: „Okay, ich nehme das auf meine Gebetsliste und das arbeite ich ab." - Mein Gott hat mir nochmal ganz deutlich gezeigt für meinen Dienst: Schreie für sie zum HERRN! Gib dich da ganz hinein. Mach dich zu jemandem, der eine Last wirklich mitträgt, der sich ganz in die Not mit hineinstellt. Das Schreien zum HERRN. Dafür möchte ich euch auch Mut machen, für andere zum HERRN zu schreien. Da kommt es jetzt nicht darauf an, dass ihr irgendwie eine besonders hohe Phonzahl erreicht. Was weiß ich, bei 100 Dezibel ist es gut, bei 110 Dezibel sehr gut, bei 130 ist es dann ganz hervorragend. Das versteht ihr, dass es das nicht ist! Aber das ist wichtig, dass ihr wirklich im Gebet dann so ganz dabei seid für eine Sache. Und dann hat euer Gebet eine ganz andere Vollmacht. Bittet Gott auch im Heiligen Geist darum, dass er euch wirklich den Geist gibt, dass ihr das könnt, dass ihr das erkennt und dass euch die Not, das Elend und die Bedrängnis eines anderen Menschen so betrifft, dass ihr stellvertretend für jemand anderen schreien könnt. Das würde ich mir wünschen für unsere Gemeinschaft. Nicht so, wie die Lehrerin in der sechsten Klasse gesagt hat: „Bei uns wird nicht geschrien." Ich würde mir wünschen, wir würden füreinander schreien zum HERRN. Dass wir füreinander schreien, wenn Menschen krank sind. Wenn einer in einer Bedrohung ist, in einer Not, in Angst oder sonst irgendwas, dass wir schreien zum HERRN und nicht nur so emotionslos die Hände falten, sondern wirklich ganz dabei sind. Das Schreien zum HERRN. Und das ist auch noch wichtig, zu sagen: Wenn wir da dabei sind, wenn wir beim Schreien beim HERRN sind, also ganz im Herzen Verbindung mit dem Allmächtigen haben, im Geiste vor Jesus stehen, vor seinem Thron und zu IHM schreien, dann kann uns nichts passieren. Das ist der Prozess, der hier passiert. Die sind mitten in diesem Schreien drin. Der Priester schreit zu dem HERRN, und da bricht all die Not rein. In dem Moment kommen die Philister, und da ist ja eigentlich Weltuntergangsstimmung. Die Israeliten sind gerade bei ihrem Gottesdienst, sind gerade mittendrin bei etwas ganz Wichtigem. Da sind sie natürlich nicht auf Verteidigung ausgerichtet, aber das brauchen die ja auch gar nicht. Da ist der HERR da und der verteidigt sie: ***Aber der HERR ließ donnern mit großem Schall über die Philister.*** Es gibt, einige Kapitel weiter, eine ganz furchtbare Szene. Da ist der König Saul und er steht auch vorm Krieg. Und der König Saul wartet auf den Samuel. Der muss kommen, um eben dieses Opfer zu vollbringen. So haben die damals Krieg geführt. Auch wenn die den Krieg begonnen haben, dass sie erst einmal richtig zum HERRN geschrien haben, dass sie sich ihm anbefohlen haben. Und jetzt kommt Samuel nicht, so heißt es da. Saul liegt in Gilgal, er hat kein Berufsheer. Das sind alles nur Leute, die kommen so mehr freiwillig und die sehen das riesige Heer der Philister und einer nach dem anderen sagt: „Nee, nee, hier mache ich nicht mehr mit!“ Es werden immer weniger, immer weniger, immer mehr laufen weg. Da kriegt Saul ganz große Angst und dann sagt er: „Wir können jetzt nicht mehr auf Samuel warten. Ich sprech selber schnell ein Gebet und dann geht‘s los. Jetzt machen wir Krieg, denn nach meinen Berechnungen könnten wir jetzt vielleicht noch gewinnen.“ Und dann macht er das so. Er beginnt den Krieg und in dem Moment kommt Samuel und sagt: „Und weil du das gemacht hast, deshalb wird dir die Königswürde genommen.“ Deshalb wird Saul verworfen, weil er nicht wirklich im Schreien drin ist, weil er nicht erst sagt, das tue ich zuerst und dann mache ich alles andere. Er war nicht auf den HERRN ausgerichtet, sondern er hat erst wieder mit menschlichen Dingen gerechnet und hatte Angst. „Naja, also Schreien zu Gott ist ja gut“, das wusste Saul, „aber wir müssen doch jetzt..., es ist äußerste Notwendigkeit, wir müssen doch Krieg führen!“ Es gibt nichts Wichtigeres, nichts Besseres, als wenn man wirklich im Schreien beim HERRN ist. Es meint wirklich jetzt nicht die Lautstärke, sondern wirklich ganz beim HERRN zu sein mit ganzem Herzen, mit ganzer Emotion. IHM all das zu bringen, die Not, die man selber hat, die

Not des anderen. Aber auch die Dankbarkeit ist etwas, was wir rausschreien dürfen.

Und damit komme ich **zum dritten und letzten Punkt** unserer Predigt, was auch priesterlicher Dienst ist: **Das Erinnern an die Taten des HERRN!** Da hat Gott diesen großen Sieg geschenkt. Die Israeliten haben sich erst ausrichten lassen, Samuel hat zum HERRN geschrien und dann gibt's einen grandiosen Sieg über die Philister. Aber Samuel ist ein erfahrener Theologe, der weiß ganz genau: Das ist wieder schnell vergessen. Die Israeliten haben ja ein unwahrscheinliches Kurzzeitgedächtnis. Eben noch hat ihnen Gott in der Wüste geholfen und am nächsten Tag dasselbe Problem. Und die meckern wieder nur, haben immer nur Probleme und hadern halt. Ganz furchtbar! Da geht Samuel hin und sagt, damit die das nicht vergessen: „Da stelle ich hier einen Stein auf, Eben-Eser (Vers 12): ***Bis hierher hat der HERR uns geholfen!***" Das ist Teil seines priesterlichen Dienstes, dass er das Volk daran erinnern will und muss (!), wie großartig Gott an ihnen getan hat. Eben-Eser, so nennt er diesen Stein. Die Übersetzung: Bis hierher hat uns Gott geholfen. Damit wir uns immer wieder, wenn wir demnächst den Weg zwischen Mizpa und Schen gehen, daran erinnern sollen: Gott hat uns geholfen. Das ist wichtig für den priesterlichen Dienst. Es ist wichtig für den Dienst des Samuel, dass er im Namen Gottes immer wieder das Volk daran erinnert, wie Gott geholfen hat. Das ist doch mal ein Predigttext, der passt zum 9.11. Daran will ich uns heute auch erinnern, was vor 25 Jahren passiert ist. Vor 25 Jahren ist die Mauer in unserem Vaterland umgefallen. Nicht, weil Helmut Kohl so ein brillanter Politiker gewesen wäre. Nicht, weil Wolf Biermann so gut auf der Gitarre klimpern konnte. Und nicht, weil irgendwelche Leute im Politbüro ein Einsehen hatten. Die Mauer ist nur aus einem einzigen Grund gefallen: Weil Gott es so geführt hat. Menschen in der DDR, in der kleinen unterdrückten Kirche, haben zu Gott geschrien, die Hände gefaltet und gebetet. Daraus sind die Montagsdemonstrationen entstanden. Und so ist die Mauer umgefallen. Das wird heute natürlich alles vergessen. Das ist so. Die Deutschen, die sind genauso vergesslich wie das Volk Israel damals. Da wird jetzt wieder alles umgeschrieben. Selbst Helmut Kohl, ich habe ihn noch Anfang 2001 gehört, da hat er selber gesagt, dass Gott dieses Räderwerk betrieben hat. Er sei nur ein ganz kleines Rädchen gewesen. Es wäre der allmächtige Gott gewesen, bewegt durch die Gebete der Menschen. Das habe ich selber auf einem Vortrag von ihm persönlich gehört. Heute heißt es dann auf einmal: „Der Heilige Geist war es nicht!" Doch! Das war allein der Heilige Geist. Dass da kein Schuss gefallen ist, das war Wirken des großen Gottes und nichts anderes! Nichts anderes war es, dass wir ein vereintes Vaterland haben. Und das werde ich nicht aufhören zu sagen, bis ich die Augen zumache: Es ist allein Verdienst des allmächtigen Gottes. Alle unsere westdeutschen Politiker hatten sich damit abgefunden, keine Wiedervereinigung. Das wollten die alle nicht. Und wenn man diese Geschichte liest am 9.11., wie dieser Schabowski da liest: „Das tritt nach meiner Kenntnis ... ist das sofort, unverzüglich." - Da kann man sagen, der Typ hat nicht alle auf der Waffel gehabt. Das war ein intelligenter Mann oder ist ein intelligenter Mann (Anm. d. R.: Günter Schabowski verstarb am 1.11.2015, fast ein Jahr nach dieser Predigt). Nein, das ist das Wirken Gottes! So führt Gott! Das ist etwas Großartiges, was passiert ist, eine große Tat Gottes. Aber nicht nur daran, was am 9.11. passiert ist, wollen wir denken, sondern auch daran, wie Gott euch bisher geholfen hat, auch in eurem persönlichen Leben. Da darf ich mich, wie Samuel, heute hinstellen und möchte so einen virtuellen Stein aufstellen, so einen Eben-Eser. Wie hat Gott dir geholfen in deinem Leben? Wenn du zurückdenkst? Wie oft hast du die Hände gefaltet? Wenn ich von mir erzählen möchte, da sind wir nächsten Sonntag noch hier, was ich alles Gott gebeten habe zu tun: in der Schule, für die Arbeit, für jenes im Studium, für meine Ehe, für meine Krankheiten, für alles gebetet, gebetet. Und was war? Gott hat immer wieder geholfen. ER hat nicht alles das erfüllt, was ich wollte, aber ER hat immer wieder geholfen. Eben-Eser. Ich stehe hier am 9.11.2014 und darf euch das bezeugen. Gott hat mir immer wieder geholfen.

Und das hat ER in eurem Leben auch getan. Das wisst ihr viel besser als irgendjemand anderes. Da könnt ihr euch selber Zeugen sein. Gott hat euch geholfen in euren Krankheiten. Gott hat euch geholfen in euren finanziellen Nöten. Gott hat euch geholfen bei Problemen, wo ihr vermeintlich nicht weiter wusstet. Gott hat euch geholfen. Bis hierher hat euch Gott geholfen! Wir werden gleich zur Predigt das Instrumentalstück hören von unserem Pastor Neander: „Lobe den Herren". Da heißt es in der einen Strophe:

In wie viel Not hat nicht der gnädige Gott
über dir Flügel gebreitet?

Da möchte ich euch gleich bitten, drüber nachzudenken. Wenn das Instrumentalstück kommt, dann denkt nicht nur: „Oh, der Pianist, der hat wieder einen guten Tag gehabt, der hat wieder ganz hervorragend gespielt." Nein! Denkt drüber nach, wie Gott euch geholfen hat! Da möchte ich euch heute daran erinnern. Das ist notwendig! Der Teufel lässt uns das immer wieder alles vergessen. Und indem wir das vergessen, haben wir dann auch kein Zutrauen zu dem, was kommt. Aber wenn wir wissen, wie Gott in unserem Leben geholfen hat, dann geben wir ihm nicht nur die Ehre, nein, dann kriegen wir selber auch Zuversicht für das, was kommen wird.

Und glaubt mir, über all das hinaus, was ihr intellektuell jetzt euch erschließen könnt, wie Gott euch geholfen hat in der Vergangenheit, da habt ihr mehr als Dreiviertel schon wieder vergessen. Und ganz vieles habt ihr überhaupt nicht mitbekommen. Wie Gott seine Engel gesandt hat und euch vor Dingen bewahrt hat. Ganz viel an Dingen werdet ihr erst in der Ewigkeit mitbekommen, wie Gott euch geholfen hat. Da werdet ihr im wahrsten Sinne des Wortes mit mir zusammen die Hände über dem Kopf zusammenschlagen, weil so viel Bewahrung, so viel Behütung, so viel Hilfe da waren. Bis dahin hat uns Gott geholfen. Und wisst ihr, über alles das hinaus - nicht nur das, was ihr schon erlebt habt, was ihr wisst über das, was ihr gar nicht mitbekommen habt, wie Gott geholfen hat - haben wir die ganz große Hilfe in dem, was Gott aufgerichtet hat auf Golgatha, dass ER uns final geholfen hat in Jesus Christus und uns die Schuld vergeben hat. Wenn wir an IHN glauben, bekommen wir ewiges Leben. Es ist ganz wichtig, dass wir uns erinnern an so eine Schlacht, die das Volk Israel durch die Gnade Gottes gewinnen durfte. Es ist auch wichtig, ein Volk daran zu erinnern, dass den Fall der Mauer nicht irgendwelche Politiker und nicht irgendwelche Musiker gemacht haben oder irgendwelche Oppositionellen, sondern dass es allein Gott war. Aber viel wichtiger als all diese Erinnerungskultur ist es, die Menschen immer daran zu erinnern, dass Gott ultimative Hilfe geschaffen hat auf Golgatha. Das ist priesterlicher Dienst, den muss ein Pastor tun, dass er immer wieder die Menschen daran erinnert, was geschehen ist auf Golgatha. Aber das ist auch euer Dienst, immer wieder hinzugehen, nicht nur über das zu sprechen, was Gott getan hat im Leben von Menschen, sie darauf hinzuweisen, was ER getan hat in unserem Vaterland, sondern ihr dürft und sollt als Nachfolger und Diener Jesu Christi auch die Menschen immer wieder an das erinnern, was der HERR als ultimativen Sieg über diese Welt getan hat, als ER sein Blut für uns vergossen hat auf Golgatha.

Der Dienst des Samuel. Drei Punkte. Erstens: Das Ausrichten auf den HERRN! Zweitens: Das Schreien zum HERRN! Und drittens: Das Erinnern an die Taten des HERRN! Möge unser HERR und Heiland diese Predigt über den Dienst des Samuel für deinen Dienst segnen. Amen.

Und der Friede unseres allmächtigen Gottes, der sehr viel höher ist als alle unsere menschliche Vernunft, ER bewahre unsere Herzen und Sinne in Christus Jesus, unserem auferstandenen und lebendigen HERRN. Amen.

Vier lebenswichtige Botschaften vom toten Samuel

1.Samuel 28,3-20

> Gnade sei mit euch und Friede von dem, der da war und der da ist und der da sein wird in alle Ewigkeit, unser HERR, Jesus Christus, Amen.

Liebe Gemeinde, wir hatten eine Predigtreihe begonnen zu dem großen Propheten Samuel aus dem Alten Testament. Wir hatten verschiedene Wegstationen betrachtet und wir werden heute diese Predigtreihe schließen. Sie schließt mit einer sehr seltsamen und für uns fremd anmutenden Geschichte. Einer furchtbaren Geschichte, die erzählt, was an und mit diesem toten Samuel passiert. Aber so fremd und uns unverständlich diese Geschichte auf den ersten Blick auch scheinen mag, so viele Botschaften und so viel Evangelium enthält dieses Wort. Und so wollen wir hören auf einen längeren Predigttext aus 1. Samuel 28, die Verse 3 bis 20:

> ***Samuel aber war gestorben und ganz Israel hatte ihm die Totenklage gehalten und ihn begraben in seiner Stadt Rama. Und Saul hatte die Geisterbeschwörer und Zeichendeuter aus dem Lande vertrieben. Als nun die Philister sich versammelten und herankamen und sich lagerten bei Schunem, versammelte Saul auch ganz Israel und sie lagerten sich auf dem Gebirge Gilboa. Als aber Saul das Heer der Philister sah, fürchtete er sich, und sein Herz verzagte sehr. Und er befragte den HERRN; aber der HERR antwortete ihm nicht, weder durch Träume noch durch das Los »Licht« (Priester-Orakel) noch durch Propheten. Da sprach Saul zu seinen Getreuen: Sucht mir eine Frau, die Tote beschwören kann, dass ich zu ihr gehe und sie befrage. Seine Männer sprachen zu ihm: Siehe, in En-Dor ist eine Frau, die kann Tote beschwören. Und Saul machte sich unkenntlich und zog andere Kleider an und ging hin und zwei Männer mit ihm und sie kamen bei Nacht zu***

der Frau. Und Saul sprach: Wahrsage mir, weil du Geister beschwören kannst, und hole mir herauf, wen ich dir nenne. Die Frau sprach zu ihm: Siehe, du weißt doch selbst, was Saul getan hat, wie er die Geisterbeschwörer und Zeichendeuter ausgerottet hat im Lande; warum willst du mir denn eine Falle stellen, dass ich getötet werde? Saul aber schwor ihr bei dem HERRN und sprach: So wahr der HERR lebt: Es soll dich in dieser Sache keine Schuld treffen. Da sprach die Frau: Wen soll ich dir denn heraufholen? Er sprach: Hol mir Samuel herauf! Als nun die Frau merkte, dass es um Samuel ging, schrie sie laut und sprach zu Saul: Warum hast du mich betrogen? Du bist Saul. Und der König sprach zu ihr: Fürchte dich nicht! Was siehst du? Die Frau sprach zu Saul: Ich sehe einen Geist heraufsteigen aus der Erde. Er sprach: Wie ist er gestaltet? Sie sprach: Es kommt ein alter Mann herauf und ist bekleidet mit einem Priesterrock. Da erkannte Saul, dass es Samuel war, und neigte sich mit seinem Antlitz zur Erde und fiel nieder. Samuel aber sprach zu Saul: Warum hast du meine Ruhe gestört, dass du mich heraufsteigen lässt? Saul sprach: Ich bin in großer Bedrängnis, die Philister kämpfen gegen mich, und Gott ist von mir gewichen und antwortet mir nicht, weder durch Propheten noch durch Träume; darum hab ich dich rufen lassen, dass du mir kundtust, was ich tun soll. Samuel sprach: Warum willst du mich befragen, da doch der HERR von dir gewichen und dein Feind geworden ist? Der HERR hat dir getan, wie er durch mich geredet hat, und hat das Königtum aus deiner Hand gerissen und David, deinem Nächsten, gegeben. Weil du der Stimme des HERRN nicht gehorcht und seinen grimmigen Zorn nicht an Amalek vollstreckt hast, darum hat der HERR dir das jetzt getan. Dazu wird der HERR mit dir auch Israel in die Hände der Philister geben. Morgen wirst du mit deinen Söhnen bei mir sein. Auch wird der HERR das Heer Israels in die Hände der Philister geben. Da stürzte Saul zur Erde, so lang er war, und geriet in große Furcht über die Worte Samuels.

Auch war keine Kraft mehr in ihm; denn er hatte nichts gegessen den ganzen Tag und die ganze Nacht. Amen.

Wir wollen beten: Lieber HERR und Heiland, du schenkst uns für diesen Sonntag, diesen Ewigkeitssonntag, diese furchtbare Geschichte von Samuel und Saul, diese Begegnung, die uns ein Stück weit einen Spalt öffnet in eine fremde Welt und wir wollen jetzt die Predigt über dieses Wort hören. HERR, wir wollen dich bitten, dass du diese Predigt segnest an uns allen und dass du sprichst zu uns durch diese Predigt. Das wird nur dann gelingen können, dieses Wunder, dass wir deine Stimme hören, wenn du dieser Predigt selber deinen Segen schenkst, deinen guten Heiligen Geist. Und darum wollen wir dich alle miteinander bitten: Segne du selber das Reden und das Hören deines heiligen und lebendigen Wortes an uns allen. Amen.

Liebe Gemeinde, eine der vielleicht furchtbarsten, auch für uns fremdesten Geschichten aus der Bibel überhaupt: diese Geschichte einer Totenbeschwörerin, die die Bibel aber in aller Ausführlichkeit berichtet. Und wenn wir uns über das Leben des Samuel Gedanken gemacht haben, so gehört das mit dazu und ich denke, dieser Text passt eben auch zu diesem Tag, zu diesem Ewigkeitssonntag, wo wir über die Bedeutung des Todes nachdenken. Ich habe uns vier Botschaften mitgebracht, vier Botschaften, die ganz wesentlich für unser Leben sind, die uns aus dieser Geschichte von Gott gezeigt werden, wie ich meine und finde. Und ich habe die Predigt überschrieben: **Vier lebenswichtige Botschaften vom toten Samuel.**

1. Botschaft: Angst ist ein teuflischer Ratgeber
2. Botschaft: Finger weg von allen okkulten Praktiken
3. Botschaft: Absoluter Gehorsam gegenüber Gottes Wort
4. Botschaft: Es gibt ein Leben nach dem Tod

Die erste Botschaft: Angst ist ein teuflischer Ratgeber! Der große König Saul, vom Körpermaß ist er größer gewesen als jeder in Israel. Der König, mit all seinen Soldaten, er hat furchtbare Angst. Wir lesen das im Vers 5, da heißt es: ***Als aber Saul das Heer der Philister sah, fürchtete er sich, und sein Herz verzagte sehr.*** Er hat Angst und in und aus seiner Angst heraus trifft er eine Entscheidung, die ihn in die Katastrophe führt, die ihn vernichtet, seine Söhne, sein ganzes Haus. Das ist übrigens nicht nur an dieser Stelle so in dieser Geschichte. Das ist exemplarisch an und in dem Leben Sauls, des ersten Königs Israels, dass er immer wieder Angst hat. Der Punkt, als ihm die Königswürde genommen wird (1. Samuel 13), da haben wir auch schon kurz drüber gesprochen, wie er da die Feinde sieht, Samuel nicht kommt und der dann loslegt und schon opfert, da hat er auch wieder Angst. Da heißt es: „Samuel war noch in Gilgal und er war voll Angst...". Da macht er wiederum diesen verhängnisvollen Fehler, dass er sich priesterliche Würde aneignet, was er nicht darf. Angst ist ein teuflischer Ratgeber! Wir sehen hier nichts vom Namen des Teufels in diesem Text, aber bibelkundige Leser wissen: Der häufigste Satz der Bibel lautet: ***Fürchte dich nicht!*** Gott, unser HERR und Heiland in Jesus Christus, möchte für uns ein Leben ohne Angst, ohne Furcht. Genau das Gegenteil möchte der Widersacher. Der will für unser Leben die Angst. Wenn jemand Angst hat, da darf man wissen, dass der Teufel an ihm dran ist, dass er ihn zieht. Das ist ganz subtil. Manchmal merkt man das nicht, aber das darfst du mitnehmen. Wo immer du Angst hast, ganz gleich welche Angst das ist, ist in letzter Konsequenz immer der Widersacher verantwortlich, der dir Angst machen möchte. Gott möchte die Furchtlosigkeit für dein Leben. Fürchte dich nicht! Hab keine Angst! Aber der Teufel möchte dir Angst machen. Der Teufel ist der schlechteste und mieseste Ratgeber, führt immer in die Sünde, immer in den Tod!

Es gibt in der Welt von schlauen Leuten ganz unterschiedliche Erklärungsmuster, woher denn Angst kommt. Angst kennen wir ja alle. Jeder Mensch hat Angst. Also Freud hat angefangen mit psychoanalytischen Erklärungen. Er hat Angst in drei verschiedenen Instanzen, in der „Ich-Instanz", in der „Es-Instanz“ und in der „Über-Ich-Instanz“ verorten können, was unterschiedliche Ängste erzeuge. Wenn Sie Pawlow kennen, diesen Verhaltensforscher, der hat ein lern-theoretisches Modell entwickelt, dass Angst etwas sei, was über den Mechanismus der Gedächtnisleistung funktioniert. Es gibt von Rotter kognitions-theoretische Erklärungen der Angst, wie es dazu kommt, dass Menschen Ängste herausbilden. Es ist sehr interessant, diese Dinge zu lesen. Das ist zum Teil auch hilfreich, aber es kratzt immer nur an der Oberfläche. Es gibt letztlich nie die Antwort. Es beschreibt immer nur Zustände. Woher Angst kommt, können wir mit einem Wort benennen. Sie kommt immer vom Teufel. Sie ist ein teuflischer Ratgeber, die Angst. Wenn wir Angst haben, dann kommt er zum Ziel, denn dann wird unser Leben klein und eng und depressiv, das möchte der Teufel. Gott möchte ein Leben in Freude für uns, in Freiheit. Der Teufel möchte uns Angst machen. Angst heißt ja auch dieses lateinische „angustus“, eng machen. Wo immer du Angst hast, arbeitet der Teufel an dir.

Es gibt so die drei Hauptängste. Ich nenne sie immer die drei **G**‘s: kein **G**eld zu haben, nicht **g**eliebt zu werden, nicht genügend **G**esundheit zu haben. Geld, geliebt, Gesundheit. Da haben wir immer Angst drum. Da kann ganz schnell der Widersacher kommen, wenn es um diese Dinge in unserem Leben geht oder im Leben unserer Angehörigen, da macht er uns schnell Angst. Wenn er uns erst einmal bei der Angst hat, wenn dieses Gefühl in uns drin ist, dann kann er auf uns spielen wie auf so einer Klaviatur. Dann führt er uns Wege, die wir nicht gehen wollen, hier auch bei dem König Saul. Der hat Angst vor den Philistern. Der hat Angst es jetzt nicht zu schaffen, seiner Verantwortung nicht gerecht zu werden, die er als König hat, sein Volk nicht führen zu können. Er weiß nicht weiter und dann lässt er sich vom Teufel über die Angst verführen, die falschen Wege zu gehen.

Angst, liebe Brüder und Schwestern, ist immer Abwesenheit von Vertrauen zu Gott. Also wenn ich denke: „Der HERR kriegt es nicht hin. Ich muss es selber in die Hand nehmen, ich muss irgendetwas tun." Angst ist daher in letzter Konsequenz immer Unglaube, weil ich Gott nicht vertraue. Angst ist ein schlechter Ratgeber, wo doch die Ratgeber so wichtig sind im Leben. Das wissen die ganzen Institutionen, die ganzen Firmen, die ganzen Lobbyisten, die wir haben in Berlin oder in Brüssel. Da schicken die großen Konzerne Leute hin, dass sie die Politiker beraten, diesen Einflüsterungen machen, damit ja politische Entscheidungen in ihre Richtungen gehen. Ganz so ein Lobbyist ist der Widersacher. Der Widersacher zwingt uns nicht, er lässt uns die Freiheit, wie bei Adam und Eva: „Sollte Gott denn gesagt haben, dass das so ist?" Er berät uns dann, gibt uns so Hinweise und schon sind wir auf dem falschen Weg. Und das ist der Indikator, wo wir immer wieder merken, dass wir vom Widersacher beraten werden. Das ist Angst. Wenn du Angst hast um dein Leben, um deine Gesundheit. Wenn du Angst hast, nicht genug geliebt zu werden. Wenn du Angst hast um dein Geld, dann weißt du, dass der Widersacher an dir dran ist. Fast alle Ängste lassen sich auf diese drei Grundängste reduzieren. Angst ist ein teuflischer Ratgeber! Vertraue dem Allmächtigen, der der Erste und der Letzte ist, der dir das Leben gegeben hat. Lass dir nicht Angst machen. Schon gar nicht vor deinem Tod. Da kommen wir im letzten Punkt drauf, denn Gott, Jesus, hat den Tod überwunden. Angst ist ein teuflischer Ratgeber. Das musste Saul erleben, wie er den vollkommen falschen Weg gegangen ist und das wirst du erleben, wenn du deinen Ängsten nachgehst. Das ist die erste Botschaft dieses Predigttextes: Angst ist ein teuflischer Ratgeber.

Damit kommen wir zur **zweiten Botschaft: Finger weg von allen okkulten Praktiken!** Saul hat Angst. Er weiß nicht mehr weiter und dann fällt ihm irgendwas ein, was er macht, was totaler Wahnsinn ist! Da legt dieser Text Wert drauf. Da wird noch zu Beginn gesagt: Und Saul hatte die Geisterbeschwörer und Zeichendeuter aus dem Lande vertrieben. So wie es das Gesetz gefordert hat. Das hat er ganz sauber gemacht. Die hat er alle verbannen lassen aus Israel. Er wusste, was im Gesetz steht. Aber dann kriegt er Angst. Und auf einmal sind dann doch noch irgendwelche Hilfsmittel vermeintlich da, so okkulte Praktiken. Er muss sich unkenntlich machen, das wird ausführlich berichtet: Und Saul machte sich unkenntlich und zog andere Kleider an und ging hin... Er schleicht dann nachts zu dieser Frau in En-Dor und sagt: Wahrsage mir, weil du Geister beschwören kannst. Beschwöre mir die Toten! Etwas ganz Wahnsinniges und unglaublich Gefährliches, was immer in den Tod führt. Die Bibel lehnt diese okkulten Praktiken in aller Schärfe ab! Ich lese euch nur zwei Bibelstellen vor: 3. Mose 20:

> ***Wenn sich jemand zu den Geisterbeschwörern und Zeichendeutern wendet, dass er mit ihnen Abgötterei treibt, so will ich mein Antlitz gegen ihn kehren und will ihn aus seinem Volk ausrotten.***

Das heißt, Gott wendet sein Antlitz gegen diese Menschen, die diese okkulten Praktiken tun, oder 5. Mose 18 (9b-12a):

> ***So sollst du nicht lernen, die Gräuel dieser Völker zu tun, dass nicht jemand unter dir gefunden werde, der seinen Sohn oder seine Tochter durchs Feuer gehen lässt oder Wahrsagerei, Hellseherei, geheime Künste oder Zauberei treibt oder Bannungen oder Geisterbeschwörungen oder Zeichendeuterei vornimmt oder die Toten befragt.*** Und dann kommt es: ***Denn wer das tut, der ist dem HERRN ein Gräuel.***

Der ist dem HERRN ein Gräuel! Saul wusste das, der kannte dieses Gesetz. Deshalb hat er auch in seiner politischen Verantwortung als König alle rausschmeißen lassen. Das war das Beste, was er hat machen können. Aber als er Angst bekommt, da lässt er sich verführen und da geht er hin und sucht Zuflucht und Hilfe bei Dingen, die ihn in die Katastrophe führen. Die Dinge funktionieren! Mir muss das keiner erklären, so nach dem Motto: „Das klappt ja!“ Das geht los beim Besprechen. Wenn du den Leuten von Jesus erzählst, wollen sie nichts wissen. Aber im selben Atemzug erzählen sie dir: „Ja, aber als ich damals Gürtelrose hatte, da war ich mal beim Besprecher und das hat alles wunderbar geklappt." Das glaube ich! Gar kein Thema! Das funktioniert!

Ich war in Namibia mit meiner Familie, in Swakopmund. Da waren wir in einem tollen Geschäft von einem deutschen Geschäftsmann. Überall standen so komische Sprüche und irgendwann konnte ich so einen entziffern, da stand drauf: „Protected by Voodoo" („Geschützt durch Voodoo"). Da hab ich den angesprochen: „Was ist das?" Da hat der gesagt: „Wissen Sie, also früher wurde so viel geklaut in meinem Laden und dann habe ich mir so einen Voodoo-Hexer geholt und der hat den Laden besprochen. Seit das passiert ist, ist hier nicht ein Ding mehr gestohlen worden." Es funktioniert, keine Frage! Wir haben sofort den Laden verlassen. Das ist gar keine Sache, die Dinge funktionieren! Da gibt's etwas, es gibt mehr als nur das, was wir sehen und anfassen können. Es gibt eine unsichtbare Welt.

Was meint ihr, was um diese Kirche herum momentan los ist, wie der Widersacher mit seinen Dämonen kämpft gegen die Engel, die der HERR um diese Kirche gestellt hat?! Ja, diese okkulten Praktiken funktionieren, aber um Preise, die will keiner bezahlen, um schlimmstes Elend! Für den Moment geht es, aber dann geht es in die Hosen! Wenn ihr jetzt dem Pastor Latzel nicht glaubt, dann guckt mal bei dem schlauesten Deutschen nach, der je gelebt hat: Johann Wolfgang Goethe. Das war einer, der kannte sich sehr gut aus. Das war ein erfahrener Esoteriker und Okkultist. Lest mal Goethes „Faust", lest mal den „Zauberlehrling": „Die Geister, die ich rief". Diese Geister werdet ihr nie wieder los! Wenn ihr den Widersacher ins Leben hinein bittet mit den okkulten Praktiken, dann wird sich das Antlitz Gottes, des Allmächtigen, gegen euch wenden. Finger weg von allen okkulten Praktiken! Finger weg von allen okkulten Praktiken!!! Ob das nun Amulette oder Talismane sind, egal was ihr denkt, so nach dem Motto: „Ja klar, ich bin

Mitglied in Martini" - und da glaubt ihr an den allmächtigen Gott - „aber das Hufeisen oder der Pfennig" - oder weiß der Kuckuck was - „das bringt ja auch noch Glück." Finger weg davon! Horoskop oder Sterndeuterei, das gehört sich nicht für einen Christen. Nicht, weil ich hier irgendetwas fordere. Leute, da wendet sich Gottes Angesicht gegen euch! Da wird auch nicht irgendwie in „Bunte", im „Stern" oder sonst irgendwo so ein Quatsch gelesen! „Wir können ja mal gucken, vielleicht gibt's ja eine gute Information für mich." Finger weg von diesen Dingen! Betet keine Engel oder Dämonen an! Geht niemals zu Besprechern oder zu irgendwelchen spirituellen Riten oder wenn euch bei Heilpraktikern irgendwelche Dinge angeboten werden, wo gleichzeitig noch Dinge mit bebetet werden, lasst die Finger davon! Das ist okkult! Hexen oder Druiden, das ist ganz en vogue (modisch). Was ich da erlebe! Wenn mir Leute erzählen: „Ja, ich war schon mal Hexe im Mittelalter und heute tue ich auch diese Dinge, wenn meine Kinder krank sind. Bevor ich sie zum Arzt schleppe, da hab ich dieses Hexenbuch." Das habe ich alles erlebt und gesehen! Druiden. Es ist ein Wahnsinn, was auch in unserer Gesellschaft passiert. Je mehr wir uns entkirchlichen, desto mehr laufen diese okkulten Dinge. Der freie Mensch denkt: „Also wenn ich Gott nicht mehr habe, dann bin ich frei, nur der Intellekt leitet mich." Ich sage immer, dass das wie mit einem Garten ist. Wenn ihr einen Garten habt zu Hause, wenn ihr den nicht kultiviert, nicht hingeht und immer wieder schön Rasen mäht und die Unkräutchen rauszupft, nicht schön bepflanzt, wenn ihr da nichts macht im Garten, da ist nicht Nichts! Da siedelt sich sofort etwas an in diesem Garten. Der ganze Dreck, das Unkraut, der Garten verwildert. Und so ist das, wenn nicht Jesus Christus da ist. Da kommen sofort die anderen Geister hinein, das ganze Okkulte. Was ich auch schon bei Christen für Buddha-Statuen gesehen habe, oder irgendwelche Dzi-Steine bei den Bergsteigern, alles okkulte Praktiken. Finger weg! Das lehrt diese Geschichte. Das führt in die Katastrophe! Das sagt uns diese Geschichte: Finger weg! Auch nicht im Kleinsten, so bisschen was nach dem Motto: „So ein Prozent, da kann ich ja ein bisschen Okkultismus machen,

wenn die anderen 99 Prozent klar bei dem HERRN und Heiland Jesus Christus sind." Das funktioniert nicht! Dieser Gott wendet sein Angesicht gegen uns! König Salomo fängt auch so ein bisschen mit okkulten Praktiken an. Er selber nicht, aber: „Meine Frauen", er hatte ja so viele gehabt, „die glauben ja an andere Götter. Da bauen wir auch noch einen Tempel, viel kleiner als der, den ich in Jerusalem gebaut habe. Aber damit die auch zufrieden sind." Und was passiert? Auch die totale Katastrophe! Da wird das Königtum weggenommen, da geht das ganze Desaster los.
Finger weg von allen okkulten Praktiken!

Die dritte Botschaft aus diesem Text: **Absoluter Gehorsam gegenüber dem Wort Gottes!** Das wird hier ganz klar gesagt. Samuel kommt hoch und begründet Saul, warum da nichts passiert, warum er keine Antwort kriegt. Da ist der Kern dieser Geschichte, da wird das ganze Desaster begründet. Der HERR hat ja Saul auserwählt, hat ihn dann zum König gemacht und dann hat er versagt. Er hat nicht Gottes Wort gehorcht und dann geht alles schief. Das sagt Samuel hier in Vers 18. Das ist die Botschaft, die er als Toter noch zu bringen hat:

> ***Weil du der Stimme des HERRN nicht gehorcht und seinen grimmigen Zorn nicht an Amalek vollstreckt hast, darum hat der HERR dir das jetzt getan.***

Das ist diese Geschichte in 1. Samuel 15. Sie kämpften gegen die Amalekiter, das ist der Erzfeind der Juden. Übrigens haben jüdische Rabbiner schon gesagt bevor der Holocaust passiert ist, die Deutschen seien Nachkommen der Amalekiter. Als Kaiser Wilhelm im Heiligen Land war, da haben mehrere Rabbiner verweigert ihm die Hand zu geben. Die haben gesagt: Das ist ein Nachkomme der Amalekiter. Das sind die Erzfeinde. Und von diesen Erzfeinden verlangt Gott, dass sie ausgerottet werden. In 1. Samuel 15 sagt Gott zu Saul, dass er den Bann an diesen Amalekitern vollstrecken soll, an diesen Erzfeinden. Das hieß: alles ausradieren, alles! Das klingt uns sehr fremd und ich sage auch gleich was dazu, wie das zu verstehen ist. Aber damals sollte Saul das tun. Ich lese das vor, wie es wörtlich hier in der Bibel steht. 1. Samuel 15, da heißt es:

> ***Saul, so höre nun auf die Worte des HERRN. So spricht der HERR Zebaoth: Ich habe bedacht, was Amalek Israel getan hat und wie es ihm den Weg verlegt hat, als Israel aus Ägypten zog. So zieh du nun hin und schlage Amalek und vollstrecke den Bann an ihm, an allem was es hat und verschone sie nicht -*** und jetzt kommt es, so steht es in der Bibel, ***sondern töte Mann und Frau, Kinder und Säuglinge, Rinder und Schafe, Kamele und Esel.***

Das hieß, den Bann zu vollstrecken. Und dann sagt Saul: „Das mache ich nicht!" Das tut er nicht, der verschont die. Der ist Humanist. Also, da würden wir heute so aus unserem Denken sagen: „Das ist doch das Vernünftige halt, der schont menschliches Leben. Vielleicht hätte man ja die Krieger töten können. Aber was können denn die Kinder, was können denn die Säuglinge, was können denn die Rinder, was können denn die Kamele dafür?" Gott sagt: den Bann komplett vollstrecken. Und das tut Saul nicht. Und das wird hier in dieser Geschichte als Begründung genommen, ***weil du der Stimme nicht gehorcht hast***, weil du wieder anderen Stimmen nachgegeben hast, deshalb läuft jetzt gar nichts mehr. Wenn wir Gottes Stimme klar hören, müssen wir sie in aller Konsequenz befolgen. Nochmal! Dieser Text ist uns fremd und diese Dinge sind weg. Wir müssen heute, Gott sei Dank, niemanden mehr - weil wir im Neuen Bund sind - töten. Da haben sich Dinge anders entwickelt, gar keine Frage. Also, so wie wir im Neuen Bund niemanden mehr beschneiden müssen, sondern wie wir die Taufe als Bundeszeichen haben, so müssen wir auch - wenn wir Johannes 8 lesen - nicht mehr die Todesurteile vollstrecken, die im Alten Bund gefordert sind. Aber das, was Gott im Alten Bund gesagt hat und hatte, das muss und musste umgesetzt werden. Und das, was er uns heute sagt, das müssen wir umsetzen. Egal wie paradox das für unser Leben klingt. Ob Gott dir etwas sagt zu deinem Geld, ob Gott dir etwas sagt zu deiner Ehe, ob Gott dir irgendetwas sagt für deine Gesundheit. Das, was Gott dir sagt, das befolge zu 100 Prozent. Mach keine Abstriche. Denk nicht so nach dem Motto: „Ja, das hat der Heiland noch nicht richtig verstanden, da ist er ein bisschen zu hart, da hat er keine Ahnung von meiner Altersversorgung und hier ist er medizinisch noch nicht auf dem Laufenden." Wenn du eine klare Anordnung von Gott kriegst, so wie Saul, so unverständlich sie dir auch erscheinen mag, dann tu's! Deshalb macht die Bibel das an so einem Extrembeispiel deutlich. Abraham kriegt auch mal so eine ganz klare Wahnsinnsanordnung: Geh hin, opfere deinen Sohn. Das ist eine Anordnung, die ein Irrsinn ist, gerade für jemanden, der sich nichts anderes gewünscht hat als einen Sohn. Und was macht Abraham? Der zieht los und ist bereit, ihn zu opfern. Er hat das Messer in der Hand, will zustechen und dann greift Gott ein und sagt: „Weil du diesen Gehorsam gezeigt hast, da will ich dich segnen und da will ich dich so riesengroß machen." Da steckt der ganze Segen drin, weil Abraham geglaubt hat, weil er ganz strikt gehorsam gewesen ist. Deshalb ist Abraham gesegnet. Wir werden, seit dem Kreuz von Jesus Christus, nicht mehr aufgerufen, Menschen zu töten. Aber Gott spricht klar zu uns. Und das, was ihr klar hört, tut das zu 100 Prozent. Das ist ganz, ganz wichtig! Jesus sagt in der Bergpredigt (Matthäus 7,24+26):

> ***Darum, wer diese meine Rede hört und tut sie, der gleicht einem klugen Mann, der sein Haus auf Fels baute. Und wer diese meine Rede hört und tut sie nicht, der gleicht einem törichten Mann, der sein Haus auf Sand baute.***

Das wird hier in Bremen keiner tun. Wenn einer ein Haus baut, da gucken wir alle schön zu, dass das Fundament ja ganz sauber ist. Und so lasst uns auch sein, wenn wir Gottes Stimme hören, dass wir da ganz klar auf Fundamente, wirklich auf den Felsen bauen und nicht auf Sand. Und das ist die Botschaft, dass wir lernen von dieser furchtbaren Geschichte des Samuel. Was ich ja auch lerne für mein Leben, wenn Gott zu mir spricht. Und das tut er immer wieder ganz klar. Ich habe noch nie in meinem Leben das Problem gehabt, dass ich nicht klar wusste, was Gott von meinem Leben wollte. Und ich hab das auch noch nicht in der Seelsorge wirklich erlebt, dass man nicht Leuten sagen konnte, das oder das ist richtig oder falsch. Also wenn einer dann fragt, soll ich mir einen BMW oder einen Mercedes kaufen, das sind so Dinge, darum geht es nicht. Aber zu den wichtigen lebensentscheidenden Dingen, da gibt Gott ganz klare Antworten. Das Problem ist nur, dass die Leute häufig nicht gehorsam sind. Sie verstehen das schon, die kennen ihre Bibel. Ihr kennt auch eure Bibel. Ich kenne die auch. Manchmal schmeißt Gott uns die Worte ja hinterher. Das Problem ist, dass das, was Gott uns häufig sagt, - und ER sagt das nicht **ein**mal, nein, vier-, fünfmal -, da stopfen wir uns die Ohren zu und sind nicht gehorsam. Wie so kleine Kinder, die eben nicht wollen. Die bleiben lieber vorm Fernseher sitzen als zu hören, wenn die Eltern sie rufen. Wenn ihr die Stimme Gottes hört, seid gehorsam. Ich weiß nicht, was Gott momentan mit dir und deinem Leben tut, was er dir vielleicht in den letzten Tagen und Wochen gesagt hat. Das, was er dir ganz persönlich mitgeteilt hat, was du auch verstanden hast in deinem Herzen, dass es der Geist gewesen ist, der zu dir gesprochen hat, tu das zu 100 Prozent! Das ist die Botschaft aus diesem Text: absoluter Gehorsam gegenüber dem Wort Gottes. Wenn wir es nicht tun, dann geht letztlich in aller Konsequenz alles schief.

Eine **vierte und letzte Botschaft**, die man aus diesem Text herauslesen kann: **Es gibt ein Leben nach dem Tod!** Samuel war gestorben. So geht sie los, diese Geschichte. Aber er war trotzdem noch da. Samuel war tot. Ja, hier auf Erden war der nicht mehr. Das war das Problem von Saul. Aber Samuel war noch nicht weg. Und Saul hatte ein Bewusstsein darüber, wo der ist. Er war im Totenreich. Das Totenreich, ich sage das immer wieder, ist nicht die Hölle. Das Totenreich wird eines Tages genommen und in die Hölle geschmissen und in der Hölle vernichtet. Im Totenreich sind die Toten bis zum Endgericht, wenn Jesus Christus wiederkommt. Aber auch nur die Toten, die nicht in Christus Jesus gestorben sind. Wir wissen, dass es einen dreifachen Ausgang nach dem Tode gibt. Der erste Ausgang ist für uns, die wir zu Jesus gehören. Wir haben es soeben in der ersten Lesung gehört. Der erste Ausgang, das ewige Leben, unmittelbar, postmortal. Johannes 5,24:

> ***Wahrlich, wahrlich, ich sage euch: Wer mein Wort hört und glaubt dem, der mich gesandt hat, der hat das Leben und kommt nicht in das Gericht, sondern er ist vom Tode zum Leben hindurchgedrungen.***

Halleluja! Da gehöre ich dazu. Und ihr alle, die ihr zu Jesus gehört, ihr gehört auch dazu. Unmittelbares, postmortales Weiterleben. Wunderbar! Weil wir zu Jesus gehören! Das ist auch Leben nach dem Tod. Da sind wir direkt in der Ewigkeit, im himmlischen Jerusalem, wo Jesus für uns Wohnstätte bereitet. Aber es gibt eben auch noch das Totenreich. Da haben wir nichts damit zu tun. Ich gehe nicht ins Totenreich. Ich gehe direkt ins himmlische Jerusalem. Ins Totenreich sind vor Jesus alle hineingekommen. Da war auch der Samuel drin, da war auch der David drin. Die sind übrigens - das erzählt uns die Bibel ja - als Christus gekreuzigt wurde, alle auferstanden. Die sind jetzt auch schon alle - die Alten, die Heiligen im Alten Bund - im himmlischen Jerusalem. Aber im Totenreich sind heute noch Menschen, die eben kein Ja zu Jesus gefunden haben. Diese Menschen werden am Ende der Zeiten gerichtet. Die werden gerichtet nach ihren Werken. So erzählt das die Bibel. Das können wir lesen in Matthäus 25 oder auch in Offenbarung 20. Da wird das Gericht gehalten werden. Übrigens, wir sitzen dann mit zu Gericht. Die, die dann schon in der Ewigkeit sind, die schon im himmlischen Jerusalem sind, die sitzen mit zu Gericht über all die Menschen, auch über Israel, und werden dann die Menschen richten nach ihren Werken. Wer nicht geschrieben steht im Buch des Lebens, der wird verworfen werden. Das haben wir eben auch nochmal in dieser Lesung gehört. Da ist ja beides hineingefasst, in Johannes 5. Sowohl das, was für die gilt, die in Christus sterben, wie aber auch für die, die ohne Christus sterben, dass sie dann heraufgeholt werden, die einen zur Auferstehung des Gerichts, die anderen zur Auferstehung des Lebens. Aber das ist wichtig! Und das möchte ich heute an diesem Ewigkeitssonntag noch einmal deutlich machen: Mit dem Tod ist nicht alles aus! Hier auf Erden, auf dem Planet, da gehen die Dinge zu Ende, da werden wir wieder ins Grab gelegt und werden zu Erde werden, klar! Aber wir werden weiter existieren. Auch die, die Jesus Christus nicht annehmen als HERRN und Heiland ihres Lebens. Das muss ich denen auch deutlich heute Morgen sagen. Das ist diesem Gott vollkommen egal, ob du da stehst so nach dem Motto: „Ja, ich hatte nicht richtig Gelegenheit" oder sonst etwas. Du bist ins Gericht gezogen. Jedes seiner Geschöpfe muss sich offenbaren vor IHM und muss dann Rechenschaft ablegen. Es sei denn, er hat zu Lebzeiten den lebendigen Glauben an Jesus angenommen und das Blut des Heilandes, Jesus Christus, hat für die Schuld bezahlt.

Es gibt ein Leben nach dem Tod! Das darf uns Trost sein an diesem Ewigkeitssonntag, wenn wir über das Sterben nachdenken. Das ist übrigens auch der einzige Trost, wenn deine Angehörigen sterben. Das ist manchmal sehr furchtbar. Und heute sind Menschen da, die das erlebt haben und einen guten Ehemann, eine gute Ehefrau und guten Vater, eine gute Mutter verloren haben. Manchmal, nach vielen Jahren und Jahrzehnten. Da bleibt eine Lücke, die ist nicht mehr zu schließen. Und das tut weh, bis man selber ins Grab geht. Aber wenn wir in Christus leben und sterben, dann gibt's Perspektive über den Tod hinaus. Halleluja!

Ich bin nicht Pastor, weil die evangelische Landeskirche so gutes Geld bezahlt oder weil das so ein toller Verein ist. Beides bei weitem nicht! Es gibt anderswo mehr Geld zu verdienen und es gibt andere Arbeitsstellen, die sind viel attraktiver. Ich bin Pastor, weil das die Botschaft aller Botschaften ist, weil es das ist, wofür es sich wirklich zu leben lohnt: Menschen weiterzusagen, dass es angesichts eurer Endlichkeit, angesichts eurer Sterblichkeit eine Perspektive gibt, wenn ihr an Jesus Christus glaubt, Halleluja!

Ich kann Gott nicht beweisen, das kann keiner. Aber als Pastor hat man mit Menschen zu tun, die Abschied nehmen müssen und die Jesus haben. Das sind getröstete Abschiede. Man erlebt leider auch Menschen, die Abschied nehmen müssen ohne Jesus, die liebe Menschen hergeben müssen und auf einmal vor dem Nichts stehen. Das sind grausame und furchtbare Abschiede. Man muss es erleben als Pastor, dass Menschen in den Tod gehen und sterben, die haben Jesus und den Heiligen Geist und wissen, wo es hingeht. Die getragen sind, die auch Schmerzen haben, die auch gern ein paar Tage bei ihrer Frau noch wären, aber die sich freuen auf die Ewigkeit. Und ich erlebe Menschen, die schreiend und weinend wie kleine Kinder erleben, dass alles sinnlos gewesen ist und die fertig sind. Gott sei Dank, Gott sei Dank, wir dürfen uns auf das Leben nach dem Tod freuen als Christen, weil wir wissen, für uns geht‘s in die Herrlichkeit. Ich möchte es heute am Ewigkeitssonntag nochmal deutlich sagen: Keiner von euch braucht Angst zu haben! Wir wissen nicht, wer nächstes Jahr auf diesem Zettel steht. Vielleicht bin ich dabei. Vielleicht bist du dabei. Da kriegt man einen Schreck, wenn man darüber nachdenkt: „Meine Güte, wenn ich mit meinem Auto einen Unfall habe oder wenn ich Krebs kriege und im August sterbe." Huch, dann zuppelt es, auch wenn man nur ein bisschen darüber nachdenkt. Aber wenn du Jesus hast, kein Problem! Da gehst du sofort in die Ewigkeit zu unserem Heiland und dann ist alles in Ordnung für dich. In einer Welt, wo es sehr viel schöner ist als es hier auf Erden jemals sein könnte. Es gibt ein Leben nach dem Tod. Und für Menschen in Jesus Christus ist es reine Herrlichkeit. Die ohne Christus sind und sich gegen Gott wenden - das sagt diese Geschichte leider auch - ist es das ganz große Desaster!

Vier lebenswichtige Botschaften vom toten Samuel. Erstens: Angst ist ein teuflischer Ratgeber! Zweitens: Finger weg von allen okkulten Praktiken! Drittens: Absoluter Gehorsam gegenüber Gottes Wort! Und viertens: Es gibt ein Leben nach dem Tod, auf das wir uns als Christen freuen können, Dank Jesu Christi. Amen.

Und der Friede unseres allmächtigen Gottes, der sehr viel höher ist als alle unsere menschliche Vernunft, ER bewahre unsere Herzen und Sinne in Christus Jesus, unserem auferstandenen und lebendigen HERRN. Amen.

Wie man vollmächtig betet!

1. Könige 18,41-45

> Gnade sei mit euch und Friede von dem, der da war und der da ist und der da sein wird in alle Ewigkeit, unser HERR, Jesus Christus, Amen.

Liebe Gemeinde, der Predigttext heute nimmt uns mit so etwa in das Jahr 860 v. Chr., ins Nordreich. Der König des Nordreiches, mit Namen Ahab, hatte eine Frau von den Phöniziern geheiratet, die Isebel. Und die Isebel, die hatte nicht nur ihre ganze Aussteuer mitgebracht, Silber und Gold, was so eine Königstochter alles hatte; die hatte auch ihren Gott mitgebracht, ihren Götzen, den Baal, und dem diente dann der Ahab fröhlich. Ahab wusste zwar, dass es einen lebendigen Gott gibt, das ist JAHWE, das ist der Allmächtige. Aber weil die Frau eben ein etwas anderes im Programm hatte und dieser Ahab ein schwacher Kandidat war, da hat er sich von ihr verführen lassen. Er hat schlimmsten und gräulichsten Götzendienst betrieben, Tempel bauen und Götzenstatuen aufrichten lassen. Und das gefällt unserem Gott nicht! Da hat Gott das Strafgericht über Israel, über das Nordreich, ergehen lassen und er hat einen Mann gesandt, einen ganz besonderen Mann: den Elia. Elia ist gekommen und hat Ahab das Strafgericht angesagt. Er hat gesagt: „Es wird fortan nicht mehr regnen, weil du Götzendienst betreibst." (1.Könige 17,1).

Zu Anfang hat das Ahab nicht so ernst genommen. Aber nachdem es ein halbes Jahr nicht geregnet hat, ein Jahr nicht geregnet hat, die Leute nichts zu essen hatten, weil die Felder keine Ernte brachten, da wurde es richtig schlimm. Und es ging nicht nur ein Jahr so, es ging nicht nur zwei Jahre so, es ging dreieinhalb Jahre so! Kein einziger Tropfen in diesem heißen Land Israel! Die Brunnen waren versiegt. Das Vieh war fast verdurstet, eine ganz schlimme Situation! Und dann kriegt Elia den Auftrag von Gott und bekommt gesagt: „Geh hin und jetzt betest du und sorgst dafür, dass es nochmal regnet." (1.Könige 18,1)

Elia macht sich auf zum König Ahab, der ihn überall die dreieinhalb Jahre gesucht hat. Elia war der Staatsfeind Nummer eins in Israel! Ahab wollte ihn umbringen, aber er hatte sich verborgen. Dann treffen die aufeinander. Da gibt's auf dem Berg Karmel - ich werde die Geschichte gleich lesen - eine große Begegnung. Da kriegt der Elia eine Menge Vorwürfe gemacht. Und Elia zeigt Ahab nochmal, dass es nur einen Gott gibt und nicht dieser Götze Baal der Gott ist. Es gibt dieses wahnsinnige Gottesurteil, wo die Baalspriester ausgerottet werden und Gott den Elia bestätigt. Und als diese Szene zu Ende ist, als wirklich Ahab erkennen muss, es gibt nur einen Gott und dieser ganze Dreck mit diesem Baal, der taugt nichts; als er jetzt wirklich gedemütigt ist, da setzt unser Predigttext ein, eben als die Baalspriester getötet sind und jetzt Elia anfangen will, für Regen zu beten. Wir wollen hören als Predigttext auf 1. Könige 18,41-45.

Und Elia sprach zu Ahab: Zieh hinauf, iss und trink; denn es rauscht, als wollte es regnen. Und als Ahab hinaufzog, um zu essen und zu trinken, ging Elia auf den Gipfel des Karmel und er bückte sich zur Erde und er hielt sein Haupt zwischen seine Knie und sprach zu seinem Diener: Geh hinauf und schau zum Meer! Er ging hinauf und schaute und sprach: Es ist nichts da. Elia sprach: Geh wieder hin und der Diener ging wieder hin, siebenmal. Und beim siebentenmal sprach er: Siehe, es steigt eine kleine Wolke aus auf dem Meer wie eines Mannes Hand. Elia sprach: Geh hin und sage Ahab: Spanne an und fahre hinab, damit dich der Regen nicht aufhält. Und ehe man sich's versah, wurde der Himmel schwarz von Wolken und Wind, und es kam ein großer Regen. Amen.

Wir wollen beten: Lieber HERR und Heiland, wir wollen dir Dank sagen für dieses wunderbare Stück Gebetserhörung, das wir nun hören durften, für diese wunderbare Geschichte des Elia aus dem Alten Testament. Wir wollen dir Dank sagen HERR, dass du sie uns schenkst für diese Predigt. Wir wollen dich bitten, dass du diese Predigt über diese Verse segnest. Wir wollen dich alle miteinander bitten, HERR, dass du sprichst in dieser Predigt und dass du uns anredest für unsere Gebetspraxis, dass wir lernen von dem, was Elia getan hat. Das wird nur dann gelingen können, HERR, dass wir lernen aus diesem Text, dass wir das verstehen aus dieser Predigt, wenn du der Predigt deinen Segen, deinen guten Heiligen Geist schenkst und darum wollen wir dich alle miteinander bitten. HERR, segne du selber das Reden und das Hören deines heiligen und lebendigen Wortes an uns allen. Amen.

Liebe Gemeinde, wenn man etwas richtig perfekt machen möchte, also in irgendeiner Sache, in irgendeiner Disziplin so zum Fachmann werden möchte, da ist man gut beraten, wenn man zu Leuten hingeht, die sich da schon auskennen und Fachleute sind. Also wenn Sie ein richtig guter Orgelspieler werden wollen, dann kommen Sie bloß nicht zu mir. Ich habe keine Ahnung von Musik. Aber unsere Organistin, die könnte Ihnen eine Menge Tipps geben. Und wenn Sie hören, wie die Orgel spielen kann, dann wissen Sie sofort, von der kann man Orgelspielen lernen, gar kein Thema. Oder wenn Sie Fußball-Trainer werden wollen, brauchen Sie auch nicht zu mir zu kommen. Sollte Ihnen irgendwann mal ein Thomas Schaaf im Restaurant begegnen und er sitzt da so gelangweilt, hat eine Stunde Zeit und Sie wollen wirklich etwas erfahren, wie man eine Mannschaft trainiert, dann setzen Sie sich mal mit ihm zusammen. Dann machen Sie einfach die Ohren auf, da können Sie eine Menge lernen, wenn Sie Fußball-Trainer sein wollen.

Es ist nett, wenn man schön Orgel spielen kann und es ist auch gut, wenn man ein guter Fußballtrainer ist. Was aber wirklich relevant und wichtig ist für uns alle: dass wir vollmächtig beten können, dass, wenn wir die Hände falten, wirklich unser Gebet zum Himmel steigt und der HERR wirklich Gebet erhört. Und die Bibel macht uns aufmerksam, dass der, der hier betet, absoluter Fachmann ist. Das ist zwar auch ein schwacher

Kandidat, aber er ist der Fachmann im Beten. Im Neuen Testament, wir haben das eben im Jakobusbrief gelesen, wird nochmal darauf rekurriert, dass gesagt wird: Elia war ein schwacher Mensch, aber er betete ein Gebet, dass es nicht regnen sollte und es regnete dreieinhalb Jahre nicht; und er betete abermals und der Himmel machte sich auf, gab den Regen und die Erde brachte ihre Frucht. Der Elia ist ein vollmächtiger Beter. Nun ist Elia schon über 2700 Jahre entrückt (der ist ja nicht gestorben, er war ein besonderer Mann und ist entrückt worden von Gott), der ist jetzt nicht hier, dass wir ihn fragen könnten und der uns so eine Stunde lang Tipps gibt. Aber die Bibel schenkt uns Tipps und wir können aus der Bibel lernen! Wir können von diesem Text lernen, wie man vollmächtig beten kann. Und darum soll es gehen in dieser Predigt. Ich habe sie überschrieben: **Wie man vollmächtig betet!** Das wollen wir lernen, am Beispiel des Elia. Ich habe, wie fast immer, drei Punkte:

1. Die Beugung
2. Die Ausdauer
3. Das Vertrauen

Das Erste: Die Beugung! Wir lesen hier, dass der große Elia sich beugt vor Gott. So heißt es: ***Er bückte sich zur Erde und hielt sein Haupt zwischen seine Knie.*** Also das ist die äußere Gebetshaltung, die er dort einnimmt. Er macht sich ganz klein, er krümmt sich so in sich, weil er ja jetzt mit dem lebendigen Gott spricht. Er stellt sich da nicht hin und redet so, wie mit seinem Nachbarn, also mit seinesgleichen. Er, der kleine Prophet, der sündige Mensch redet mit dem Allmächtigen; und da ist die angemessene Haltung, dass man auf die Erde fällt und in sich krümmt, dass man sich beugt vor dem Allmächtigen. Diese Haltung muss ich einnehmen vor Gott, nicht mal so im Äußerlichen - da spreche ich als Erstes drüber -, aber vor allen Dingen im Innerlichen, dazu komme ich gleich. Aber das ist wichtig, dass wir gebeugt vor Gott stehen, denn nur dann erhört ER Gebet. Die Bibel spricht nicht nur an dieser Stelle davon. Immer wieder, wenn die Männer und Frauen der Bibel beten: gebeugt. Daniel, der große Daniel: Als geboten wird, niemand anderes zu loben als den Perserkönig, da macht er das Fenster auf, fällt auf sein Angesicht, auf seine Knie und betet zu dem lebendigen Gott. Die Jünger bei der Verklärung, als sie die Stimme Gottes hören, fallen sie auf ihr Angesicht. Jesus in Gethsemane, wo können wir Beten besser lernen als bei Jesus; ER liegt auf seinem Angesicht und betet zum Vater. Und wisst ihr, eines Tages, wenn die Vollendung kommt, wenn der Heiland Jesus Christus wiederkommt, da werden wir alle so vor ihm stehen, eben nicht stehen, sondern die Knie sind gebeugt. Vor dem allmächtigen Gott kannst du nicht stehen, mit dem kannst du nicht reden wie mit deinem Kumpel oder mit deiner Ehefrau. Vor IHM kannst du dich nur beugen! Und wer das nicht verstanden hat, der muss sich nicht wundern, wenn seine Gebete nicht erhört werden. Eines Tages, so sagt es uns Philipper 2,10, werden sich alle Knie beugen müssen. Nicht nur unsere, die wir an ihn glauben, und wohl dem, der in dieser Welt schon das Knie vor dem Allmächtigen beugt. Nein! Alle Menschen, auch die Spötter, die dann in die ewige Verdammnis fahren müssen. Erst müssen sie sich noch beugen vor dem allmächtigen Gott! Oder wenn ihr lest in der Offenbarung, was da los ist vor dem Thron Gottes, wo die vierundzwanzig Ältesten sind, die fallen alle auf ihre Knie vor dem Angesicht des lebendigen Gottes.

Gestern hatten wir ja Mitarbeiterempfang, hier bei uns in der Gemeinde. Das war ganz interessant. Ich habe die Predigt fast fertig gehabt. Da saß eine liebe Schwester mit mir am Tisch und sie sagte dann auf einmal zu uns: „Wisst ihr“, sagte sie, „ich hab eine ganz neue Erfahrung im Gebet gemacht. Seit neuestem knie ich beim Gebet. Ich sitze nicht mehr da oder liege im Bett einfach so und träum vor mich hin, sondern ich knie mich hin, das gibt dem Gebet eine ganz andere Vollmacht.“ Ich kann euch nur empfehlen, versucht das mal, wenn ihr das noch nie gemacht habt, beim Beten zu knien. Ja, jetzt sagt ihr: „Was soll denn da anders sein? Es ist doch dasselbe, was ich spreche...“ Nein! Allein schon durch diese Haltung, durch diese äußerliche Haltung kriegt euer Gebet eine andere Konnotation, eine ganz andere Bedeutung; wenn ihr kniet vor dem allmächtigen Gott und euch klarmacht: Ich bin nichts, ER ist alles!

Wichtiger aber noch als die äußere Haltung, ist, dass ich sage: Ich geh auf die Knie oder falle auf mein Angesicht, damit ich das innerlich weiß, dass ich innerlich gebeugt bin. Wenn ich dann nach dem Lied „Gott ist gegenwärtig" das Sündengebet spreche, leite ich das ja immer mit so einer Standardformel ein - nicht deshalb, weil ich nur die eine Formel drauf hätte - und da sage ich immer wieder: „Wir beugen uns vor dem allmächtigen Gott." Solange ich hier bin, gebrauche ich das immer wieder. Wir beugen uns. Es soll euch deutlich machen, dass wir nicht irgendwie mit dem Kumpel von gegenüber sprechen oder mit einem, mit dem wir verhandeln können, sondern dass wir mit dem Allmächtigen sprechen, vor dem es nur eine Gebetshaltung gibt, die gebeugte! ER ist alles, ich bin nichts! Das verstehen viele Leute nicht. Wir haben es eben in Jakobus 4,3 gehört:

> ***Ihr bittet und empfangt's nicht, weil ihr in übler Absicht bittet, nämlich damit ihr's für eure Gelüste vergeuden könnt.***

Wir haben Freundschaft mit der Welt und wir sind in der Welt drin und da meinen wir, wir können diesen lieben Gott - den es ja gar nicht in der Bibel gibt! - auch noch gebrauchen, dass er so eine Wunscherfüllungsmaschine ist für meine Wünsche, für meine Gelüste.

> ***Gott widersteht den Hochmütigen, aber den Demütigen gibt er Gnade.*** (Jakobus 4,6; 1. Petrus 5,5)

Gott erhört nicht das Gebet des Hochmütigen! Wenn einer kommt und denkt, er wäre wer weiß was für ein Kerl und hätte sonst was drauf und er könnte mit diesem Gott auf Augenhöhe sprechen - das kannst du vergessen! Vor Gott musst du dich demütigen. ER ist alles, wir sind nichts! Es geht nur um IHN! Und wenn du das verstanden hast, betest du auch anders. Dann kannst du auch anfangen, im Geist Jesu zu beten. Dann werden deine Gebete auch anders, da geht es nicht nur darum: „Ach HERR, schenk mir bitte die hübsche Frau, damit ich ein glückliches Leben mit ihr habe! Und die nächste Beförderung, die will ich auch noch haben! Und die Zwei in Mathe!" Und, und, und. Das dürft ihr beten. Aber glaub mir, wenn du anfängst, dich vor Gott zu beugen, dann fängst du an, im Geist Jesu Christi zu beten, und da werden Dinge auf einmal ganz anders, da rückt der Lobpreis Gottes auf einmal in den Vordergrund.

Ich war noch ganz jung im Glauben und bin dankbar darüber, dass da wirklich immer Leute waren in meinem Leben, die der HERR mir zur Seite gestellt hat, die mir Dinge erklärt haben. Mir hat mal ein alter Bruder dieses Erweckungswort gesagt und hat mir erklärt: „Olli, in der Grammatik wird anders dekliniert, als wir es tun im christlichen Glauben. Also, wenn du Latein- oder Deutschunterricht hast, dann weißt du: erste Person Singular ‚ich', zweite Person ‚du' und dritte Person ‚er, sie, es'. Das ist grammatikalisch richtig. Aber im Christlichen wird anders dekliniert, gebeugt! So sagen wir auch: Ein Verb wird gebeugt. Da heißt es nicht ‚ich, du, er, sie, es'. Da heißt es: ‚ER' erste Person - ‚ER', ‚ER', ‚ER'! Dann zweitens: ‚du'. Und dann komme ‚ich'. Das ist die dritte Person. Erst geht es immer wieder um Gott, dass wir uns vor IHM demütigen. Das ist ganz wichtig!"

Und wenn ihr euch manchmal fragt, warum werden denn meine Gebete nicht erhört? Dann fragt euch bitte mal, ob ihr euch wirklich beugt vor dem lebendigen Gott, dass ihr euch demütigt vor IHM! Oh, da sagt Ihr: „Der Pastor Latzel spricht schon wieder so hart!" Kommt mir bitte nachher nicht wieder so angewackelt und sagt: „Das war wieder so eine harte Predigt!" So steht's in der Bibel! Ich weiß ja, die Welt möchte so die schönen Worte alle haben, so die Kawohl-Kalendersprüche am besten und nur darüber predigen. In 1. Petrus 5,7 heißt es: ***Alle eure Sorge werft auf ihn; er sorgt für euch.*** Ist ein wunderbares Wort. Da haben alle Spaß dran. Die Verse, die davor stehen, die lese ich euch mal vor. Also wie gesagt: ***Alle eure Sorge werft auf ihn.*** Das stimmt! Vollkommen richtig! Aber das ist nur isoliert! Was davorsteht, heißt: ***Alle miteinander haltet fest an der Demut, denn Gott widersteht den Hochmütigen, aber den Demütigen gibt er Gnade. So demütigt euch nun unter die gewaltige Hand Gottes, damit er euch erhöhe zu seiner Zeit.*** Und dann kommt es: ***Alle eure Sorge werft auf ihn, denn er sorgt für euch.*** Ja, da sitzt du in der Seelsorge und da fragen die Leute: „Ja, aber das steht doch drin. Wir können doch IHM alles bringen, so nach dem Motto: „Ich sag was und der liebe Gott macht das." Da sage ich: „Ja prima! Hast du dich denn vorher gebeugt, hast du deine Sünde bekannt, hast du klar gemacht: Ich bin nichts und du, HERR, bist alles!?" Das heißt: demütigen unter die gewaltige Hand Gottes! Und ich sage nicht „Kommt und sprecht mich an", sondern „Lest in der Bibel, da steht's drin!" Ich verkünde ja nichts anderes als das, was da drin steht. Es geht darum: Wenn ihr vollmächtig beten wollt, dann geht's ohne das nicht. Das ist die Gebetshaltung: **ER ist alles, ich bin nichts! ER, ER, ER!** Demütigt euch vor IHM! Und nicht, dass einer auf die Idee kommt und sagt: „Ja, das ist der Pastor Latzel, der ist eh ein bisschen zorniger, der ist halt ein bisschen dampfig drauf mit den Dingen."

Ich habe hinten am Tisch so vierzig Zettel ausgelegt von einem ganz tollen, berühmten Mann. Ein großer, großer, großer Christ und Gelehrter: Blaise Pascal. Blaise Pascal ist jemand gewesen, der von Kindesbeinen an schwer krank gewesen ist. Er hat vermutlich Tuberkulose und unglaublich nervige Spannungszustände gehabt. Er hat unglaubliche Schmerzen erlitten. Und Blaise Pascal hat ein Gebet formuliert, das ist überschrieben: „Gebet zu Gott, um den rechten Gebrauch der Krankheit". Und das ist für mich exemplarisch dieses Gebet, auch wenn es kein biblischer Text ist. Aber dieser große, brillante Mathematiker und Naturphilosoph hat da wirklich theologisch auch einen ganz großen Wurf gemacht. Wie gesagt, ich habe das Gebet hinten als Kopie liegen. An einer Stelle schreibt er, ein wirklich ganz schwerkranker Mann: „Vater im Himmel, ich bitte weder um Gesundheit noch um Krankheit, weder um Leben noch um Tod, sondern darum, dass du über meine Gesundheit und meine Krankheit, über mein Leben und meinen Tod verfügst zu deiner Ehre und meinem Heil. Du allein weißt, was mir dienlich ist. Du allein bist der HERR. Tue, was du willst. Gib mir, nimm mir, aber mach meinen Willen dem deinen gleich."

Unglaublich starkes Gebet eines Mannes, der wirklich, das siehst du, gebeugt vor dem Allmächtigen kniet, der weiß: Ja, mir geht es hier schlecht, aber da will ich mich gar nicht drüber beklagen. ER führt mich und ER möge es mit mir machen, wie ER es will. Und wisst ihr, das ist das Wesen des Gebetes, wenn man wirklich klar im Heiligen Geist ist. Gott führt uns und hat einen Plan über unserem Leben. Wir müssen den HERRN nicht erst darauf aufmerksam machen, dass uns etwas weh tut, dass uns etwas fehlt oder dass wir an irgendetwas Spaß haben. Das weiß der Heiland schon. Es gibt in Jesaja 65,24 dieses wunderbare Wort:

> ***Und es soll geschehen: Ehe sie rufen, will ich antworten; wenn sie noch reden, will ich hören.***

Der HERR kennt uns und der HERR liebt uns. Da haben wir am letzten Sonntag doch davon gehört, über die Liebe Gottes, wie der HERR für uns da ist. Uns bleibt nur eins: Wir müssen IHN nicht drauf aufmerksam machen, wir müssen uns nur vor IHM beugen, in Demut vor IHM stehen. Und dann werden wir das erleben, wie ER sich uns in ganz besonderer Weise zuwendet.

Und da möchte ich dich einfach bitten an dieser Stelle für deine Gebetspraxis: Überdenk doch einfach mal deine Haltung. Nicht nur zum Äußeren, dass du sagst: „Okay, ab sofort, abends, knie ich mich vorm Bett oder bei meiner stillen Zeit stelle ich mir die Kniebank hin." Das ist gut, das dürft ihr gerne machen, probiert es einfach aus, da will ich Mut machen. Nein, vor allem die innere Haltung! Seid ihr wirklich gebeugt vor dem allmächtigen Gott? ER, der Ewige, der unser Schöpfer ist, wir seine Geschöpfe. ER, der der Töpfer ist, wir nur sein Ton, der uns machen kann zu ehrenvollem oder nicht ehrenvollem Gebrauch. Bist du gebeugt vor Gott? Das möchte ich an diesem ersten Punkt bitten zu überdenken, angesichts des Elia, des großen Propheten, der liegt gebeugt vor dem Allmächtigen und ruft zu IHM. Das ist das Erste, was wichtig ist für vollmächtiges Gebet: Tut es gebeugt!

Das Zweite: Die Ausdauer! Also hier auf dem Karmel läuft es nicht so wie in Las Vegas, wo früher Siegfried und Roy aufgetreten sind, diese Magier, diese Illusionisten, die da so eine Zaubershow machten. Vorhang weg und dann war sofort der Mann aus dem Löwenkäfig verschwunden und drei Tiger waren drin, statt des Löwen - keine Ahnung. Also das ging Schlag auf Schlag, da wurde nicht gewartet, da gab's einen Effekt nach dem anderen. So läuft es hier nicht. Es ist aber auch keine Show. Das ist die Wirklichkeit. Hier ist der Mann Gottes, der liegt gebeugt da und fängt an zu beten und es passiert - nichts. Er schickt seinen Diener hoch auf den Karmel, also auf diesen Berg und da guckt der aufs Mittelmeer. Das könnt ihr euch vorstellen: strahlend blauer Himmel, genau das, was wir wollen, wenn wir in den Urlaub fahren. Sonne pur, mal so richtig auftanken. Aber hier geht es um etwas anderes. Es soll ja regnen und Elia fragt: „Und?" Er sagt: ***Es ist nichts da.*** Ein ganz starker Satz des Dieners: ***Es ist nichts da.*** Der Elia, der vollmächtige Mann betet, aber es ist nichts da. Was macht er? Er betet weiter. Siebenmal geht das Spiel hin und her. Siebenmal! ***Es ist nichts da.*** Elia betet weiter. ***Es ist nichts da.*** Elia betet weiter. ***Es ist nichts da.*** Elia betet weiter. Der hat Ausdauer! Nicht nach dem Motto: Hat beim zweiten Mal nicht geklappt, da geht es eben nicht weiter. Nein! Der hat Ausdauer, der hat Geduld! Davon war eben auch die Rede, in Jakobus:

> ***...und wisst, dass euer Glaube, wenn er bewährt ist, Geduld wirkt. Die Geduld aber soll zu einem vollkommenen Werk führen, damit ihr vollkommen und unversehrt seid und keinen Mangel habt.***

Habt Geduld, seid geduldig bei eurem Beten. Das ist wichtig, ausdauernd dranbleiben! Gebet ist kein Sprint, keine Sache von zehn Sekunden, wo du sagst: „Wenn ich schnell genug bin, habe ich 100 Meter in zehn Sekunden zurückgelegt." Gebet, das ist ein Marathon, ein tagtäglicher Marathon! Und das sagt nicht nur die Bibel an dieser Stelle, sondern immer und immer und immer wieder. Jesus in Gethsemane, da lag er nicht nur auch auf dem Gesicht vor dem Vater, sondern er hat durchgebetet. Der hat gebetet, das hat ihn richtig was gekostet, das war ausdauernd. Dreimal kommt er zu den Jüngern und dreimal sind die schon wieder eingeschlafen. Ausdauerndes Gebet, das ist wirklich so hart wie ein Marathon. Von Jesus, heißt es, ER hat geschwitzt und wie Blut tropft es von seiner Stirn herunter. So ausdauernd hat ER gebetet. Und die Bibel ruft uns immer wieder dazu auf, ausdauernd zu beten, nicht aufzuhören, dranzubleiben, dranzubleiben mit den gefalteten Händen. Apostelgeschichte 12, eine ganz wunderbare Geschichte, ich habe sie euch als Hausaufgabe auf den Zetteln aufgeschrieben. Das ist die Geschichte, als Petrus inhaftiert wird und da heißt es im Vers 5: ***So wurde nun Petrus im Gefängnis festgehalten; aber die Gemeinde betete ohne Aufhören für ihn zu Gott.*** Die Gemeinde betete für ihn zu Gott, ohne Aufhören. Die haben nicht aufgehört, die Hände zu falten. In Kolosser 4,2 sagt uns Paulus: ***Seid beharrlich im Gebet!*** Also, bleibt dran! Epheser 6,18: ***Betet alle Zeit!*** Römer 12: ***Haltet fest im Gebet!*** Und ich könnte jetzt wirklich hier so 40, 50 Stellen aus dem Neuen Testament anführen, wo die Leute aufgefordert werden, am Gebet dranzubleiben. Das ist ganz, ganz, ganz, ganz wichtig! Dranbleiben, auch wenn erst einmal nichts da ist, wenn sich nichts bewegt!

Ich weiß nicht, vielleicht ist das ja auch deine oder Ihre Situation momentan. Du hast ein Gebetsanliegen, das du schon Monate, das du schon Jahre, vielleicht Jahrzehnte trägst, dass ein Mensch in deiner Umgebung nicht wiedergeboren ist. Dein Kind oder dein Ehemann. Und du betest schon so lange und du bist müde geworden. Bleib dran! Sei ausdauernd, auch wenn momentan nichts da ist. „Der Kampf gegen das Böse in dieser Welt ist hart und langwierig und es ist dabei entscheidend, dass wir diesen Kampf mit Ausdauer und betend ertragen." Das hab' nicht ich gesagt, das hat neulich der Papst getwittert. Fand ich ganz interessant, dass der das auch erkannt hat. Der Kampf in dieser Welt gegen das Böse, was da alles ist an Krankheiten und Scheidungen und alles; Dinge, die nicht erfüllt sind; das ist ein harter Kampf. Wir können ihn nur ausdauernd im Gebet tragen.

Es gibt eine ganz tolle Geschichte von einer großen Glaubensfrau, der kanaanitischen Frau, wo Jesus durch Kanaan zieht und da kommt eine Frau zu ihm und sagt: „HERR, meine Tochter wird von einem bösen Geist übel geplagt." Jesus steht vor ihr und sagt ihr kein Wort. Die Frau kommt also hin, „HERR, hilf mir!", also betet ihn an, fleht ihn an und - nix! Dann kommen die dösigen Jünger, die sonst ja nichts verstehen und sagen: „HERR, also jetzt bitte kümmer dich da mal! Also die hat doch da ein Problem. Du kannst ja jetzt mal eben schnell..." Und der HERR sagt: „Also ich bin nur gesandt zu den verlorenen Schafen Israels." Wieder nichts (!) für diese Frau. Und dann insistiert die Frau: „HERR, hilf mir doch!" Und er sagt: „Nein, es ist nicht recht, dass man den Kindern das Brot nehme und die anderen nichts zu essen hätten." Da sagt sie: „Aber das, was vom Tisch fällt, das können doch die Hunde haben." Sie ist ausdauernd, die bleibt dran, obwohl erst einmal nichts ist. Und nicht nur nichts, die wird sogar gedemütigt! Das, was sie von Jesus hören muss, das ist grausam! Aber die bleibt dran, die ist ausdauernd. Und weil sie ausdauernd ist, wird sie dann verherrlicht. Dann sagt der HERR: „Frau, dein Glaube ist groß." Das sagt ER zu der kanaanitischen Frau: „Deine Tochter wird gesund." Und die Frau findet Aufnahme in die Bibel. Halleluja! Die ist nicht nach der ersten Abfuhr gegangen, sondern ist drangeblieben.
Und dazu möchte ich euch auch Mut machen, betet ausdauernd, genauso wie Elia, genauso wie die kanaanitische Frau. Betet ausdauernd, auch wenn erst einmal nichts ist. Glaubt mir, eure Gebete gehen nicht verloren. In Offenbarung 5 heißt es, dass vor dem Thron Gottes, da, wo die Ältesten und die

Gestalten vor Gott niedergekniet sind, dass sie Schalen in ihren Händen halten und in den Schalen werden gesammelt die Gebete der Heiligen. Keines deiner Gebete, wenn du in Jesus Christus bist, ist verloren! Auch wenn du in dieser Welt erst einmal nichts siehst, wie der Elia. Es ist nichts da, immer noch strahlend blauer Himmel. - Bleib dran!

Der große Evangelist Axel Kühner, der hat uns mal eine Geschichte erzählt. Ich habe sie auch hier schon einmal erzählt, aber die macht das ganz, ganz deutlich und bringt das auf den Punkt, was es heißt, zu beten. Kühner sagt, er habe mal den Zug verpasst und in Kassel am Hauptbahnhof gewartet. Da wurden gerade Gleise zurückgebaut. Die Arbeiter hatten schon die ganzen Bolzen entfernt, sodass jetzt nur noch die Schienen in dem Gleisbett lagen. Aber wenn die so 30 Jahre drin sind und die Züge drüber fahren, dann geht das so richtig tief rein. Selbst wenn da nichts mehr befestigt ist, halten die immer noch. Dann sind die Arbeiter mit einem elektrischen Vorhammer gekommen und haben mit riesiger Wucht gegen das Gleis gehauen, damit das jetzt aus dem Gleisbett springt. Die haben so richtig dagegen gehauen mit einem riesigen Schlag, dass der halbe Bahnhof erzitterte. Bumms, der erste Schlag, nichts passiert. Bumms, der zweite Schlag, nichts passiert. Bumms, der dritte Schlag, nichts passiert! Axel Kühner hat mitgezählt. Er sagt, dass der Hammer 38 Mal zugeschlagen hat und das Gleis war immer noch drin. Aber beim 39. Mal, zack, ist es rausgesprungen. Und da fragt er: „Waren die ersten 38 Schläge vergeblich?“ Nee! Die waren physikalisch notwendig, um das Gleis zu lockern. Das ging nicht beim ersten Schlag, sondern da musste 38 Mal gehämmert werden, damit der neununddreißigste Schlag Erfolg hatte. Dieses Beispiel hat er gebraucht um zu sagen, mit dem Gebet ist es genauso. Bleibt dran! Manchmal muss siebenmal geguckt werden, siebenmal sich wieder neu gebeugt werden, damit etwas passiert. Manchmal sind siebzigmal nötig. Und manchmal ist es siebenmal siebzigmal, aber es ist nicht umsonst, sondern es ist notwendig, damit etwas passiert in der unsichtbaren Welt, dass sich damit etwas lockert.

Und ich möchte dir Mut machen für dein Gebetsanliegen, was der HERR dir aufs Herz gegeben hat. Auch wenn du vielleicht momentan nichts siehst, bleib dran, sei ausdauernd! Das ist wichtig für vollmächtiges Gebet, damit Gebet erhört wird, dass wir dranbleiben, dass wir ausdauernd sind. Das Erste: Die Beugung! Das Zweite: Die Ausdauer! Und das Dritte: Das Vertrauen!

Das Dritte: Das Vertrauen! Das Vertrauen gehört zum vollmächtigen Gebet. Die Stelle mag ich ganz besonders in dieser Geschichte oder überhaupt in der Bibel. Das ist so ganz Klasse. Da ist jetzt der blaue Himmel nicht mehr blau, sondern ein klitzekleines Fleckchen, ein klitzekleines Fleckchen ist da schwarz. Da heißt es ***wie eines Mannes Hand***, angesichts des riesigen Himmels, geradeso wie ein Stecknadelkopf, so muss man sich das vorstellen. In weiter Entfernung. Und dann hat Elia alles Vertrauen, dass diese Wolke jetzt nicht irgendwie in dieser Hitze aufgelöst wird. Er hat Vertrauen und weiß: Jetzt geht's los. Da lässt er den Diener zu Ahab sagen: ***Spann an und fahre hinab, damit dich der Regen nicht aufhält!*** Also sieh bloß zu, dass du mit deiner Kutsche nach Hause kommst, weil, jetzt wird's richtig regnen und hier bei den Straßen, wenn die aufgeweicht sind, sieh zu, dass du nach Hause kommst! ***Und ehe man sich's versah, wurde der Himmel schwarz von Wolken und Wind und es kam ein großer Regen.*** Der Himmel wird pechschwarz und dann macht Gott die Schleusen auf, dass es regnet. Gott hat Elias vollstes Vertrauen, dass das passiert. Und Elia hat gar keinen Zweifel dran und das gehört zum vollmächtigen Gebet, dass man nicht zweifelt, dass man vertrauensvoll betet. Meteorologisch ist das, was hier passiert ist, höchst fraglich. Das wisst ihr alle. Wenn man irgendwo am Meer ist, bei strahlend blauem Himmel, und eine ganz kleine Wolke zu sehen ist, dann zerreißen die Strahlen der Sonne das alles. Aber hier geht es nicht um Meteorologie, hier geht es um den lebendigen Gott. Und wenn du vor dem gebeugt und ausdauernd stehst, dann darfst du darauf vertrauen, dass etwas passiert! Jetzt kann man natürlich sagen: „Ja, der Elia hat ja auch vierzig Verse zu-

vor von Gott klar gesagt bekommen, dass Gott es wieder regnen lassen will. Na, da kann ich ja auch Vertrauen haben! Gott hat ihm ja klar zugesagt, dass etwas passieren wird, da kann ich ja auch Vertrauen haben. Wenn ich da am Karmel gewesen wäre, das hätte ich auch noch hingekriegt." - Jetzt möchte ich euch daran erinnern, was letzte Woche Montag im Losungsheft gestanden hat: ***Alles, was ihr betet und bittet, glaubt nur, dass ihr's empfangt, so wird's euch zuteilwerden*** (Markus 11,24). So habe ich euch heute übrigens begrüßt. Das hat euch Gott letzte Woche gesagt. Wenn ihr morgen das Losungsheft lesen werdet, ist der Lehrtext Markus 5,36: ***Fürchte dich nicht, glaube nur!*** Vertraue nur! Für deinen Gebetsdienst! Also, Gott hat es dir letzte Woche gesagt, vielleicht hast du's überlesen, vielleicht hast du dich auch darüber gefreut, keine Ahnung. Aber morgen sagt ER es dir nochmal! Also muss jetzt keiner kommen, so nach dem Motto: „Der spricht ja exklusiv mit unserem HERRN und Heiland." Übrigens hat es Gott dir ja auch zu Beginn des Gottesdienstes gesagt, als du gekommen bist: Alles, was du bittest in deinem Gebet, wenn du nur glaubst, so wirst du es empfangen. Wenn du es nur glaubst! Das gehört zum vollmächtigen Gebet mit dazu.
In 1. Johannes 5 steht ein wunderbares Wort, da heißt es in den Versen 14 und 15:

> ***Und das ist die Zuversicht, mit der wir vor ihm reden: Wenn wir um etwas bitten nach seinem Willen, so hört er uns. Und wenn wir wissen, dass er uns hört, worum wir auch bitten, so wissen wir, dass wir erhalten, was wir von ihm erbeten haben.***

Nochmal: Du musst natürlich im Willen Jesu Christi geistlich beten, gebeugt beten, aber dann kriegst du das, darauf darfst du vertrauen, da musst du nicht zweifeln.

Elia, von dem ja hier die Geschichte erzählt, sein Name macht das nochmal deutlich, Elia heißt: Mein Gott ist JAHWE. Und wenn dein Gott der allmächtige Gott ist, der allmächtige HERR, JAHWE, der dreieinige Gott, der Vater, der Sohn und Heiliger

Geist, dann gilt das genauso für dich. Da kannst du dich hier reinsetzen in diese Geschichte, dann ist das eine exemplarische Geschichte. Ja, die ist vor 2800 Jahren passiert, aber die passiert in deinem Leben, wenn du genauso betest wie Elia: gebeugt. Wenn du ausdauernd bittest und wenn du vertraust, wenn dein Gott JAHWE ist, wenn der Allmächtige dein Gott ist, dann kann nichts mehr passieren! Da kannst du darauf vertrauen. Wenn das stimmt, was hier in dieser Bibel alles steht, dass Gott zu uns wie ein liebender Vater ist, dass er sich selber in seinem Sohn Jesus Christus hingegeben hat, nur damit wir gerettet werden; wenn das stimmt, was da drinsteht, dass er uns tröstet wie eine Mutter, ja bitte, dann wird ER uns auch alles geben! Das macht die Bibel immer wieder deutlich. Wir müssen nur daran glauben.

Und das ist das Problem unserer Gebete häufig. Wir haben kein Vertrauen. Wir lassen uns so gerne vom Teufel mit den Zweifeln anfüttern, was denn dann die Welt erzählt, was dann alles kommt und dann lassen wir uns häufig Angst machen, so wie der Petrus am Wasser, am See Genezareth. Solange er nur auf Jesus guckt und IHM vertraut und seinem Wort, kann er auf dem Wasser gehen. Sobald er anfängt, das naturwissenschaftlich durchzudeklinieren, zu erklären, was da passiert, wupps, da geht er sofort unter. Genauso ist es bei unseren Gebeten. Glauben! Wisst ihr, wenn ihr Gott nicht vertraut, dann spuckt ihr IHM ins Gesicht, das ist eine Beleidigung für den lebendigen Gott.

Nun sitzt hier unten unser verwaltender Bauherr, der Dr. Fischer. Ich mache das immer gern deutlich an einer Geschichte. Also nehmen wir einmal an, Dr. Fischer würde hingehen und würde sagen: „Olli, nächsten Mittwoch lade ich dich ein, drüben beim „Atlantik“ zum Mittagessen.“ So, jetzt passt auf. Der wird mich hier abholen und ich sage dann: „Jürgen, ich nehme mal lieber noch 300 Euro mit. Ich weiß ja nicht, ob das bei dir so mit dem Portmonee reicht.“ Wir gehen rüber, der Ober kommt, legt uns die Karte hin und ich sage: „Herr Ober, folgendes: Wenn der Herr Fischer die Rechnung nicht begleichen kann, also kein Problem; ich laufe schnell rüber zur Sparkasse und kann dann Liquidität beschaffen." Wenn das Essen da ist, laufe ich schnell mal noch zum Koch rein und erkläre: „Also, wenn das alles nicht stimmt mit dem Geld, was der Fischer da hat, bin ich gerne bereit, zwei Wochen zum Spülen zu kommen." Was meint ihr wohl, wie der Jürgen Fischer sich fühlen würde? Er hat mich eingeladen und gesagt „Komm, ich lade dich zum Essen ein" und ich ziehe da so eine Show ab! Der würde doch sagen: „Du tickst doch nicht ganz richtig, Pastor Latzel!"

Wisst ihr, aber genauso verhalten wir uns vor Gott. Gott sagt uns: Alles, was ihr bittet im Gebet, wenn ihr glaubt, geht schon in Erfüllung. - Ja, stimmt das? Dann kommen die Zweifel. Ich mache euch Mut, wirklich das zu glauben, was der HERR euch sagt. Nehmt diese Verheißung ernst und glaubt IHM, vertraut IHM! Das ist wirklich das Geheimnis des vollmächtigen Gebetes, darauf zu vertrauen, wie der Elia hier. Eine klitzekleine Wolke, oh oh, jetzt geht's los; seht mal alle zu, dass ihr schnell nach Hause kommt.

Das gehört zu vollmächtigem Gebet dazu, dass man vertraut. Und du kannst vertrauen, weil Jesus dein Gott ist, weil ER für dich da ist und weil diese Verheißung dir gilt. Wenn du glaubst, so wirst du es empfangen. Hab Vertrauen, denn das gehört unabdingbar zu vollmächtigem Gebet dazu. Drei Dinge, wie man vollmächtig betet, die wir an Elia lernen können: 1. Die Beugung! 2. Die Ausdauer! 3. Das Vertrauen! Und das, bitte, was ihr gehört habt für eure Gebetspraxis, da, wo euch vielleicht etwas fehlt oder wo ihr nacharbeiten müsst, das setzt bitte um, damit eure Gebete vollmächtiger und stärker werden, zum Segen für euch, aber auch zur Ehre unseres lebendigen Gottes, in Jesus Christus. Amen.

> Und der Friede unseres allmächtigen Gottes, der sehr viel höher ist als alle unsere menschliche Vernunft, ER bewahre unsere Herzen und Sinne in Christus Jesus, unserem auferstandenen und lebendigen HERRN. Amen.

Elisas Dienst für den HERRN!

1.Könige 19,15-21

Gnade sei mit euch und Friede von dem, der da war und der da ist und der da sein wird in alle Ewigkeit - unser HERR, Jesus Christus, Amen.

Liebe Gemeinde, ich habe das zu Beginn des Gottesdienstes schon gesagt: Wir werden in den nächsten Gottesdiensten, beginnend mit heute, immer wieder Texte hören über den Elisa, Texte aus dem Alten Testament. Und ich weiß, dass der eine oder andere sich dann schon mal fragt: „Warum denn so viel Altes Testament?“ Bei manchem herrscht noch das Vorurteil vor, so nach dem Motto: „Ja, das ist ja nicht so ganz Neuer Bund, nicht so ganz das Wort Gottes. Es ist viel wichtiger, die neutestamentlichen Texte zu predigen.“

Liebe Brüder und Schwestern, jedes Wort der Bibel enthält Theologie. Sowohl im Alten wie im Neuen Testament stehen die heiligen und lebendigen und ewigen Worte unseres Gottes. Man hat vom Glauben noch sehr wenig verstanden und erst recht von der Schriftauslegung, wenn man meint, vom Neuen Bund sei im Alten noch nicht die Rede. Nein, im Alten Testament begegnet uns immer und immer und immer wieder der HERR Jesus Christus selber und zwar nicht nur in den ganzen Prophezeiungen, wenn gesagt wird (wir kommen ja gerade von der Adventszeit und von Weihnachten her) bei Jesaja und bei Sacharja, was alles passieren wird und was dann im Matthäusevangelium und bei den anderen Evangelisten in Erfüllung ging. Nicht nur in Prophezeiungen begegnet uns der HERR Jesus Christus. Er begegnet uns auch in sogenannten Typologien, in Vorbildungen, das heißt, dass es Dinge gibt, die im Alten Bund schon dastehen und ganz deutlich auf den Neuen Bund zu übertragen sind. Das werden wir heute auch in der Geschichte erleben. Das, was wir über den Dienst des Elisa hören werden, ist eins zu eins übertragbar für die Dienste des Christen. Aber nicht nur, dass wir Typologien finden, Voraussagen finden; was wir vor allen Dingen finden, das ist der HERR Jesus Christus, der uns immer wieder begegnet im Alten Testament. Wer das noch nicht entdeckt hat, der hat noch nicht angefangen die Bibel zu verstehen. Jesus begegnet uns überall im Alten Testament, weil Jesus Christus der HERR ist, der lebendige und auferstandene Gott, manchmal verdunkelt wie Melchisedek, der uns so dunkel entgegentritt, oder wie ein Engel des HERRN. Aber oft ganz direkt. Deshalb dürfen wir uns auch die nächsten vier Sonntage immer wieder alttestamentlichen Texten zuwenden, weil überall der HERR Jesus drin zu finden ist und wir ganz viel lernen können über unser Leben, genauso viel wie in den Texten des Neuen Testamentes. Und seien Sie überall dort vorsichtig, das sage ich auch ganz deutlich, wo Theologen anfangen, das Alte Testament unterzuordnen unter das Neue. Die Bibel als Ganzes ist das Wort Gottes und die Menschen, die davon etwas wegtun, werden mit großer Strafe bedroht. Alles, vom ersten Buch Mose, das erste Wort, bis hin zur Offenbarung ist alles Wort Gottes, durch das Gott zu uns spricht. Heute will und wird ER sprechen über unseren Dienst durch den Dienst des Elisa. Wir wollen hören das göttliche Wort aus 1. Könige 19, die Verse 15-21:

Aber der HERR sprach zu Elia: Geh wieder deines Weges durch die Wüste nach Damaskus und geh hinein und salbe Hasaël zum König über Aram und Jehu, den Sohn Nimschis, zum König über Israel und Elisa, den Sohn Schafats, von Abel-Mehola zum Propheten an deiner statt. Und es soll geschehen: Wer dem Schwert Hasaëls entrinnt, den soll Jehu töten, und wer dem Schwert Jehus entrinnt, den soll Elisa töten. Und ich will übrig lassen siebentausend in Israel, alle Knie, die sich nicht gebeugt haben vor Baal, und jeden Mund, der ihn nicht geküsst hat. Und Elia ging von dort weg und fand Elisa, den Sohn Schafats, als er pflügte mit zwölf Jochen vor sich her, und er war selbst bei dem zwölften. Und Elia ging zu ihm und warf seinen Mantel über ihn. Und er verließ die Rinder und lief Elia nach und sprach: Lass mich meinen Vater und meine

Mutter küssen, dann will ich dir nachfolgen. Er sprach zu ihm: Wohlan, kehre um! Bedenke, was ich dir getan habe! Und Elisa wandte sich von ihm weg und nahm ein Joch Rinder und opferte es, und mit den Jochen der Rinder kochte er das Fleisch und gab's den Leuten, dass sie aßen. Und er machte sich auf und folgte Elia nach und diente ihm. Amen.

Wir wollen beten: Lieber HERR und Heiland, wir wollen dir Dank sagen für dieses Wort der Berufung des Elisas, das du uns heute Morgen schenkst für unser Leben. Du willst und wirst über unseren Dienst in dieser Predigt nachdenken mit uns und wir wollen dich bitten, dass das, was wir hören werden aus deinem Wort, dass wir das nicht nur verstehen, sondern dass wir das auch umsetzen. Dazu bedürfen wir aber deines guten Heiligen Geistes und darum wollen wir dich bitten für diese Predigt: Segne du selber das Hören und das Reden deines heiligen und lebendigen Wortes an uns allen. Amen.

Ich habe diese Predigt überschrieben mit **Elisas Dienst für den HERRN** und wir wollen von seinem Dienst lernen für unseren Dienst. Ich habe heute Morgen fünf Punkte mitgebracht, keine drei, aber die sind etwas kürzer:

1. Elisa wird vom HERRN in den Dienst gestellt
2. Elisa entsagt dem materiellen Wohlstand für den Dienst
3. Elisa entsagt der Familie für den Dienst
4. Elisa entsagt dem Hochmut für den Dienst
5. Elisa bedarf des Opfers für den Dienst

Der erste Punkt: Elisa wird vom HERRN in den Dienst gestellt! Wenn jemand Christ ist, wenn jemand zum HERRN gehört, dann gehört er zum Leib Christi und der HERR entscheidet, welche Funktion dieser Mensch an Seinem Leib einnimmt. Wenn jemand wiedergeboren ist, wenn er den Geist Gottes hat, dann wird er auch gleichzeitig in den Dienst gestellt. Einen nicht dienenden Christen, den gibt es nicht. Ein nicht dienender Christ ist ein Paradoxon, das ist ein Widerspruch in sich selber. Das ist wie ein Fußballer, der noch nie gegen den Ball getreten hätte, oder wie ein Schwimmer, der noch nie im Wasser gewesen ist. Das gibt es nicht! Jemand, der zum lebendigen Gott gehört, der Gott erkennen durfte durch den Heiligen Geist, der wird auch in den Dienst gestellt. Und was seine Aufgabe ist, das entscheidet der HERR. Das müssen wir festhalten, dass der HERR beruft und dass der HERR in den Dienst stellt zu den Aufgaben, die gefragt sind.

Hier ist es so, dass die Berufung an Elisa durch einen anderen Propheten geschieht. Elia ist alt und müde geworden. In diesem 19. Kapitel lesen wir zuvor, wie er in die Wüste gelaufen ist, wie er verzweifelt ist, wie er traurig ist, wie er an nichts mehr so richtig glaubt und wie er Selbstmordgedanken trägt. Da fehlen so die Kraft und der Elan. Gott muss ihn auferbauen durch eine wunderbare Gotteserscheinung, die er haben darf, eben dadurch, dass ER ihm neue Männer zur Seite stellt, die ihm helfen in dem Dienst. Hier werden zwei Könige gesalbt, aber eben auch sein Nachfolger, der Elisa. Elisa bekommt diese Berufung Gottes durch den Mund eines Bruders, durch den großen Bruder, durch Elia. Die Berufung geschieht durch den HERRN, aber vermittelt ist sie durch den Mund eines Bruders. Und so geschieht es auch heute in den allermeisten Fällen. Manchmal ist es auch so, wie über dem Samuel, dass Gott wirklich jemanden direkt auf wundersame Weise ansprechen kann, auch das geschieht. Aber die Regel ist, dass ein Bruder hingeht und beruft einen anderen zum Dienst. Wichtig ist, wenn dieser Bruder den Ruf ausspricht, dass er wiederum das Geheiß Gottes dazu hat. Es ist wichtig, dass alles, was im Reich Gottes geschieht, jeder Dienst, der getan wird, von Gott autorisiert werden muss und dass Gott es ist, der in den Dienst ruft.

Als ich eingeführt worden bin in dieser Kirche (wie jeder Pastor, der hier eingeführt wird), bin ich gefragt worden, in dem Formular, das von dem damaligen verwaltenden Bauherrn Dr.

Hagemann vorgelesen wurde, ob ich davon fest von überzeugt bin, dass Gott mich in diesen Dienst gerufen hat. Das konnte ich mit ganzem Herzen bejahen. Ich könnte jetzt lang davon erzählen, was Gott alles getan hat in dieser Zeit, bevor ich hier Pastor wurde, wie mir das klar und deutlich geworden ist, aber das konnte ich bejahen. Und ich will und werde auch nur solange Pastor auf dieser Kanzel bleiben, solange mich der HERR auf dieser Kanzel sein lässt. Denn nur solange ich in seinem Namen Dienst tun kann, da kann dieser Dienst auch gesegnet sein. Und alles andere, was im Reich Gottes passiert, was nicht vom HERRN gerufen ist, da liegt kein Segen drauf.

An nichts leidet die Evangelische Kirche in Deutschland so sehr, wie an den nicht berufenden Dienern und gerade an den hauptamtlichen, nicht berufenen Dienern. Wenn sich da Frauen aufspielen und sich zu Bischöfinnen wählen lassen, was sie nicht dürfen, was die Schrift klar verweigert, dann wissen wir, dass da kein Segen draufliegen kann. An nichts leidet die Evangelische Kirche so sehr wie an nicht berufenen Gliedern. Das sage nicht nur ich. Schon vor 100 Jahren hat das der Bischof der bayerischen Landeskirche gesagt, Hermann Bezzel, einer der ganz großen Theologen, die unser Vaterland hatte. An nichts leidet die Kirche so sehr wie an nicht berufenen Gliedern. Das können Sie in vielen Gemeinden sehen. Wenn da Pastoren, die den HERRN Jesus Christus nicht kennen, den Dienst ausüben, sich ein Amt anmaßen, obwohl sie gar keinen Ruf dazu hatten. Aber auch wenn Leute wiedergeboren sind, wenn der eigene Hochmut (da kommen wir gleich noch dazu) uns zu irgendwelchem Ehrgeiz bringt und wir irgendwelche Ziele erreichen wollen. Das mag der HERR immer wieder verhüten, dass wir dann die falschen Wege gehen. Da liegt kein Segen drauf.

Gott ruft in den Dienst und das, was wir zu tun haben, das sollen wir dann wirklich mit aller Intensität tun, mit aller Fröhlichkeit, ohne Faulheit und Trägheit. Wir sollen brennend im Geist sein und dem HERRN dienen. Aber wir wollen immer wieder genau schauen, was der HERR sagt zu unserem Dienst.

Und wir wollen auch nur den Dienst annehmen, in den uns der HERR gestellt hat. Aber, das möchte ich auch noch einmal sagen, jeder Christ ist in den Dienst gestellt, und wenn es eben die höchste und wertvollste Aufgabe ist, die man haben kann, nämlich die Hände zu falten und zu beten. Wir sind ja jetzt noch in der Allianzgebetswoche. Mich fragen immer wieder Menschen, gerade ältere Geschwister: „Wissen Sie was, Bruder Latzel, ich habe nicht so ein dickes Portemonnaie, dass ich die Gemeinde unterstützen könnte. Ich bin auch körperlich schwach. Ich kann so nichts mehr in der Gemeinde tun, wenn hier irgendwie gefegt wird oder sonst irgendetwas. Ich kann doch gar nichts machen - außer die Hände falten." Ich sage: „Bitte, da haben wir es schon. Der wertvollste Dienst, den wir tun können für die Gemeinde, ist das Beten für die Gemeinde. Es gibt keinen wichtigeren und wertvolleren Dienst. Beten unterstützt nicht die Arbeit des Reiches Gottes, Beten **ist (!)** die Arbeit des Reiches Gottes."

Und wenn du noch keinen deutlichen Ruf zu irgendeinem Dienst gehört hast, sei es die Orgel zu spielen oder Jungscharleiter zu werden, dann darf ich dir das sagen im Namen Jesu Christi: Dann ist vielleicht dein Dienst allein der wertvollste und wichtigste Dienst, nämlich dass du ein treuer Beter bist für das Reich Gottes, für die Mitarbeiter, für deine Gemeinde, für deine Familie. Vielleicht ist das deine Aufgabe, dass du Beter bist. Wichtig ist, dass Gott in das Amt ruft, in den Dienst stellt.

Und dann lesen wir weiter was passiert, nachdem Elisa in den Dienst gestellt wird. **Dann entsagt Elisa insgesamt drei Dingen: dem materiellen Wohlstand, der Familie und dem Hochmut.**

Das erste Element: der materielle Wohlstand. Dieser Elisa muss ein richtig reicher Typ gewesen sein, das wird hier deutlich. Der pflügt mit zwölf Gespannen Ochsen, 24 Ochsen. Ich weiß nicht, wie Sie so in der Landwirtschaft beheimatet sind, ich selbst komme ja so ein bisschen aus dem ländlichen Bereich. 24 Ochsen, die zu füttern, da braucht man schon mal richtig Geld. Das ist nicht so eine kleine Miezekatze, mit so einem kleinen Päckchen Futter, was man kaufen kann. Die fressen richtig! Allein was die brauchen, damit die leben können. Der Elisa muss schon richtig Geld gehabt haben. Und wenn die mit zwölf Gespannen pflügen, da können Sie sich vorstellen, er muss auch richtig viel Land gehabt haben. Ochsen, die haben richtig Kraft! Wenn das nur ein kleines Feld war, so groß wie unsere Kirche, da reicht ein Gespann. Wenn er mit zwölf Gespannen unterwegs war, da muss er richtig Kohle gehabt haben.

Und jetzt kommt Elia in sein Leben. Er nimmt den Mantel (auch ein Mantel hat sein eigenes Bild; was der Mantel für eine Bedeutung in der Bibel hat, da kann man eine eigene Predigtreihe darüber machen), wirft ihn über den Elisa (das werden wir später noch sehen, wenn Elia gen Himmel fährt und mit dem Mantel auf das Wasser schlägt und das Wasser teilt sich) und beruft ihn. Der Mantel ist ein Zeichen. Der Mantel war eben das, was der einzige Besitz zukünftig für ihn sein würde und sollte. Einen Mantel brauchte er als Wanderprediger, als Prophet für den HERRN; keine feste Bleibe, keine tollen Ochsen, keinen Reichtum, keine Leibeigenen oder Tagelöhner, mit denen er arbeiten konnte. Jetzt geht der Ruf in den Dienst, fortan im Mantel. Das ist so ein Bild. Ich kann es mir genau vorstellen, wie er da steht: auf seinen Ländereien, mit seinen Ochsen. Und dann der Mantel des Elia, in dem ihn der Ruf in den Dienst ereilt. Was macht er? Er folgt nach. Er verlässt die Ochsen, das geht sogar noch weiter. Der schlachtet die, mit denen er gepflügt hat, und gibt sie den Armen.

So ist das, wenn man in den Dienst gestellt wird. Da gibt's eine ganz neue Priorität, nämlich das Reich Gottes. Alles andere muss dann nachgeordnet sein. Um es deutlich zu sagen, materieller Wohlstand ist nicht an und für sich schlecht. Nein, Gott segnet auch dadurch. Aber wenn die Frage auftaucht, was ist denn wichtiger, mein Portemonnaie oder die Dienstpflicht im Reich Gottes? Dann kann es immer nur eine Antwort geben: die Dienstpflicht! Jesus sagt in der Bergpredigt in Matthäus 6:

> ***Wo dein Schatz ist, da ist auch dein Herz.***

Und jetzt kommt es, was den Dienst betrifft (Matthäus 6,24):

> ***Niemand kann zwei Herren dienen: Entweder er wird den einen hassen und den andern lieben oder er wird an dem einen hängen und den andern verachten. Ihr könnt nicht Gott dienen und dem Mammon,*** sagt Jesus.

Die Bibel warnt immer wieder davor, dass das die Hauptgefahr ist, in die wir reintreten können. Der Haupthinderungsgrund in der Nachfolge, der Haupthinderungsgrund für vollmächtigen Dienst ist das Geld, an das wir gebunden sind, und zwar ganz gleich, ob wir viel oder wenig haben. Das Reichwerden ist **die** gefährliche Sache, oder das Reichwerdenwollen, weil es **die** Sünde ist, die wir nicht fürchten, sondern ersehnen. Für alles andere sind wir sehr sensibel als wiedergeborene Christen, aber bei dem Geld, da hat der Widersacher häufig so leuchtend Zugang zu uns. Die Bibel warnt davor. Denken Sie an die Geschichte vom reichen Jüngling. Da ist es auch so, da muss einer eine Entscheidung treffen und sagen: Nachfolge Jesu oder Geld. Und er schafft es nicht wie Elisa zu sagen: Ich lass das alles hinter mir. Oder denken Sie an den reichen Kornbauern, der nur seine Ernte im Kopf hatte und am Ende seines Lebens nichts hat. Oder Hananias und Saphira in Apostelgeschichte 5, denen es um ihren Acker geht und die nicht loslassen können von ihrem Geld und deshalb untauglich sind zum Dienst und bestraft werden. Wer in den Dienst gerufen wird, nicht nur in den hauptamtlichen Dienst, auch in den Ehrenamtlichen, der ist gerufen, dem Dienst im Reich Gottes den Vorrang vor dem Geld zu geben und nicht an den Bindungen dieser Welt zu hängen.

Das erleben wir auch im Neuen Testament immer wieder, ich sage, das sind so Vorabbildungen, die hier im Alten schon deutlich werden. Als Petrus und Andreas berufen werden, da haben sie gerade den Fischfang ihres Lebens gemacht. Sie sind rausgefahren auf das Wort Gottes hin, haben im See Genezareth die riesigen Fischnetze eingezogen, haben jetzt richtig Kohle und da sagt Jesus: Folge mir nach, du bist jetzt Menschenfischer. Da muss er sich entscheiden, das zu vermarkten oder mit Jesus zu gehen. Und er lässt alles zurück, sein Boot, sein Netz, den Riesenfang und folgt Jesus nach. Oder Matthäus, der Evangelist, als er am Zoll sitzt mit seiner Beamtenkarriere. Da kommt der Ruf Gottes, nicht mehr sitzen am feinen Tisch, wo man die Kohle macht, sondern nachzufolgen, Dienst zu tun. Das macht die Männer und Frauen Gottes aus, dass sie **wirklich** dem materiellen Wohlstand, den materiellen Sicherheiten entsagen **können**, dass, wenn der Ruf sie ereilt, sie daran nicht hängen - und das ist wichtig!

Das dürfen wir neu lernen heute Morgen für unseren Dienst vom Elisa. Wenn wir als allererstes, als allererste Priorität unsere materielle Absicherung in dieser Welt haben, da müssen wir eines Tages erleben, dass es irgendwann „patschi-patschi" macht, da geht der Sargdeckel zu und dann stehen wir vor dem Allmächtigen. Dann haben wir nichts zu bringen. Denn vor dem Ewigen werden wir nicht gefragt, ob wir einen schön gepflegten Vorgarten hatten, wie viel PS unser Mercedes hatte und wie viel Rendite unser Sparvermögen gebracht hat, sondern da werden wir nur nach den Schätzen gefragt, die Reich-Gottes-Qualität haben. Und die erwerben wir nicht, wenn wir uns an materiellen Wohlstand halten, sondern die bekommen wir nur, wenn wir uns in den Dienst für den HERRN Jesus stellen. Das ist das Erste, was wir lernen müssen, von dem wir uns entsagen müssen, dem materiellen Wohlstand.

Ein Zweites, das ist Punkt 3. Jetzt wird es noch intensiver und unangenehmer. Ich sage euch das, wenn ihr so ein bisschen schrubbend auf der Bank sitzt und etwa sagt: „Ach Mensch, das wird wieder so eine harte Predigt." Ich bin zuerst erster Hörer dieses Wortes. Ich hab mich auch damit auseinanderzusetzen. Nicht alles, was ich euch sage, gefällt mir sehr gut.

Aber wir haben das zu hören, gerade das, was jetzt kommt. **Elisa entsagt der Familie für den Dienst.** Es ist ein hartes Wort! Da sagt er: ***Ich komme mit, aber ich will erst noch mal zurück, will Vater und Mutter küssen.*** Und dann sagt Elia ein ganz, ganz hartes Wort: ***Wohlan***, sagt er, ***kehre um, aber bedenke, was ich dir getan habe.*** Da haben sich die Ausleger darüber gestritten, weil man dieses Wort im Hebräischen etwas anders übersetzen kann. Aber es muss genauso übersetzt werden, wie es in der Lutherbibel steht. Es ist genau das. Elia sagt: „Kannst machen, was du willst, aber überleg dir, **welche** Gnade du eben bekommen hast und was du wegwirfst, wenn du meinst, ich muss erst nochmal zu Mama und Papa zurückkehren." Was dann Elisa auch nicht macht. Er wird vor die Entscheidung gestellt: Entweder - oder! „Wohlan, kannst du machen, geh zurück! Wohlan, tu's! Aber dann sieh, was du hier vergibst, wenn diese heilige Stunde an dir vorüber geht und du die Chance nicht greifst!" Solche Stunden sind nicht häufig. Der HERR läuft nicht tagtäglich hinter uns her und ruft uns Minute für Minute, Stunde für Stunde. Das sind ganz besondere Momente im Leben, wo der Ruf Gottes an einen kommt.

Ich habe mal mit einem jungen Mann gesprochen; auch ein gläubiger Mann und ein wirklich erfolgreicher Mann, mehrere hundert Leute hatte der unter sich. Der hat mir erzählt: „Ja, vor zwei Jahren hatte ich auch den Ruf in die Mission, vom HERRN." Und dann sagte er: „Ich bin da mal hingefahren und hab dann ein bisschen geholfen, aber dann hat es doch nicht gepasst." - Ich sagte: „Wie? Hatten Sie nun einen Ruf in die Mission oder nicht?" - „Ja, ja, hatte ich!" - „Ja, wieso sind Sie nicht gegangen?" Und da merkte er auf einmal, wie es Klick machte. Das passiert nicht häufig, dass der HERR wirklich einem entgegentritt, durch einen Bruder oder selber, dass ER einen beruft; aber wenn das so ist, dann kann man nicht sagen: das Geld... oder wie in diesem Fall die Familie. Wenn das zur Alternative geht, dann immer zuerst den Dienst!

Auch hier möchte ich wieder nicht missverstanden werden, dass Sie nach Hause gehen und sagen: „Der Latzel hat wieder über familiäre Bindungen geschimpft." Ganz im Gegenteil! Unsere Gesellschaft leidet darunter, ja sie leidet darunter, dass wir in den Familien, in den Ehen nicht so zusammenleben, wie die Bibel das sagt. Die Bibel möchte, dass wir gute Eheleute sind, dass wir gute Eltern sind, dass die Kinder den Eltern Ehrfurcht entgegenbringen. Das will die Bibel. Das ist wichtig. Familie ist ganz, ganz wichtig! Aber wenn es zur Alternative kommt, was ist denn wichtiger: meine Familie oder der Dienst im Reich Gottes? Dann gibt es nur eins, der Dienst im Reich Gottes! Nicht nur an dieser Stelle wird das deutlich, dass das nicht drin ist, Mama und Papa nochmal zu küssen, wenn die Alternative ist, Elias Nachfolger zu werden.Jesus macht das deutlich. Einmal ruft Jesus jemanden in die Nachfolge (das können Sie nachlesen in Lukas 9) und sagt: ***Komm, folge mir nach!*** Da sagt der, den ER ruft: ***Ich komme, aber...*** - Genau dasselbe! - „Lass mich erst Abschied nehmen von meiner Familie." Da sagt Jesus: ***Wer seine Hand an den Pflug legt und sieht zurück, der ist nicht geschickt für das Reich Gottes.*** Solche Leute kann Jesus nicht gebrauchen, solche Leute sind dienstuntauglich. Ein anderes Mal beruft Jesus jemanden, der sagt dann auch: „Ich komme mit dir, Jesus Christus. Ich hab deinen Ruf gehört; ich komme mit dir, aber ich möchte erst meinen Vater beerdigen." Da hat Jesus ebenfalls ein hartes Wort: ***Lass die Toten die Toten beerdigen, du aber folge mir nach!***

Also, wenn ich das so mit einem unserer Mitarbeiter hier machen würde, so nach dem Motto: „Ich hätte da eine Aufgabe zu verteilen" und dessen Vater wäre gestorben und ich würde sagen: „Kümmere dich nicht um die Beerdigung, kümmere dich lieber um den Dienst!" Der würde sagen: „Also der Pastor Latzel ist falsch hier!" - Aber Jesus sagt das so deutlich, es gibt da keine Alternative zum Dienst im Reich Gottes! Viele von euch gebrauchen das auch ein stückweit immer so als Ausrede. Ich auch! Ich sage das bewusst, ich stelle mich da drunter. **Die** Familie, **die** Frau, **die** Kinder. Und deshalb können wir gewisse Dinge im Reich Gottes nicht tun. Wenn die Alternative besteht - immer zuerst Reich Gottes! In Lukas 14 lesen wir von der Einladung zum königlichen Abendmahl, da werden dann die Knechte gesandt und dann sagt einer nach dem anderen ab. Der eine sagt: Ich hab ein Gespann Ochsen gekauft, das gibt viel Arbeit; ein anderer hat einen Acker gekauft und einer sagt „Ich hab geheiratet, ich kann leider nicht kommen. Es gibt was Schöneres als bei dir die Hochzeitsfeier, ich hab selber geheiratet." Genau das ist das: Wenn wir den Dienst des Reiches Gottes hintenan stellen, hinter die Familie, dann gibt's was Schöneres, dann ist es mit meiner Frau schöner als mit dem HERRN Jesus Christus, dann ist es mit meinen Kindern schöner als mit dem dreieinigen Gott. Diesen Fehler macht Elisa nicht. Er hat für einen Moment gezuckt. Er wollte, aber er kriegt von Elia nochmal klar die Maßstäbe gesagt: „Kannst du, kannst du tun, du bist frei, kannst dich frei entscheiden, es wird niemand gezwungen. Aber dann geht dieser heilige Moment an dir vorbei." Und das macht er dann eben auch nicht. Er hört die Stimme Gottes und er folgt ihr und entsagt damit der Familie - für den Dienst.

Ein Drittes: Elisa entsagt dem Hochmut für den Dienst! Das ist der 4. Punkt der Predigt. Elisa ist ein Arbeitgeber gewesen, er hat vermutlich Leibeigene gehabt. Die Leute, die da hinter den Pflügen hergelaufen waren, hatten ja keine Gewerkschaft und waren irgendwie arbeitnehmermäßig organisiert. Sie waren entweder Sklaven oder Tagelöhner, das waren ganz arme Menschen und die mussten machen, was der Gutsbesitzer sagte. Das war jemand, der die Befehle aussprach, der hatte Macht über andere Menschen. Jetzt kommt die Berufung zu ihm. Er wird in den Dienst gerufen, in den Dienst gestellt. Das lesen wir zum Ende unseres letzten Verses, da heißt es: ***Er folgte Elia nach und diente ihm.*** Nicht nur, dass er ein armes Wanderleben führt. Wenn das auf Augenhöhe gewesen wäre, so nach dem Motto: „Ich gehe jetzt mit dem großen Elia und er hält mich jetzt auch für einen großen Propheten", was Elisa ja war. „Wir beide auf Augenhöhe, wir machen eine Menge Wunder und so was alles, in Armut zwar, aber es ist so schön mit so einem Partner..." Nein, nein, Elisa ist nicht in eine Partnerschaft reingestellt mit dem Elia. Er ist erst einmal derjenige, der ab sofort **dienen** muss: Wasser holen, Essen besorgen,

Wäsche waschen, all solchen Krempel muss er machen; er wird zum Diener des Elia - vom Chef zum Diener von Elia.

> ***Ist jemand in Christus, so ist er eine neue Kreatur; das Alte ist vergangen, siehe, Neues ist geworden.*** (2. Korinther 5,17)

Es wird nicht nur neu! Da ändern sich manchmal auch die Verhältnisse, in denen wir leben, auch die Machtbefugnisse. So erlebt das eben hier Elisa. Das Tolle ist, dass das für ihn scheinbar überhaupt kein Problem ist. Er entsagt dem Hochmut und er wird zum Diener. Er war Befehlsgeber und ist nun Knecht. Diener heißt: eine dienende Gesinnung zu haben. Und Demut hängt auch mit diesem Wort zusammen. Er ist ein demütiger Mensch. Wenn ich anderen Menschen diene, dann bin ich demütig und nicht hochmütig. Da, wo ich mich aber an anderen Menschen bediene, wo ich andere für mich arbeiten lasse, da bin ich hochmütig, weil ich Chef bin. Aber Elisa ist nicht mehr Chef, er ist ab sofort Diener. Das ist etwas ganz Wichtiges, er entsagt dem Hochmut. Wir sehen das immer wieder im Neuen Testament, wie das für die Diener Jesu Christi, für die Nachfolger des HERRN wichtig ist. Einmal kommt die Mutter von Johannes und Jakobus zu Jesus und sagt zu ihm: „Du, Jesus, ich hab da einen Wunsch für meine beiden Jungs, für Johannes und Jakobus: Wenn du einst in der Ewigkeit beim Vater bist, dann lass die beiden neben dir sitzen." Und Jesus verwehrt diesen Wunsch. Aber dann geht es im Jüngerkreis los, weil die Jünger das mitgekriegt haben, die sind stinkesauer, weil die auch alle vorne sitzen wollen, die wollen alle neben Jesus sitzen in der Ewigkeit. Soviel haben die verstanden, dass es da richtig gute Plätze gibt in der Ewigkeit. Und dann sagt Jesus etwas ganz Interessantes: „Da könnt ihr hinkommen, das ist gar kein Thema, aber die Qualifikation dazu, die liegt darin, dass ihr einander dient." Nicht weil Johannes und Jakobus Cousins von ihm sind, verwandtschaftliches Verhältnis, oder weil einer sonst irgendwas tut oder besonders intelligent oder eloquent wäre. Nein! Um ganz nah bei Jesus zu sein, nah bei IHM in der Ewigkeit zu sitzen, gilt, was in Matthäus 20,28 steht:

Wer unter euch der Erste sein will, der sei euer Diener.

Dienen hat mit Demut zu tun. Und das gelingt dem Elisa. Das ist auch wichtig für unseren Dienst, als allererstes für meinen Dienst. Ich bin Pastor der Gemeinde und der Pastor muss immer Diener sein. Ich sage das auch ganz offen, das fällt mir häufig schwer, demütig zu sein. Das ist ein Problem, das ich habe. Aber wenn ich sagen sollte, welche der drei Probleme die schwierigsten für mich sind; also alle drei haben einen Anspruch auf mein Leben, da versucht mich der Widersacher. Aber nicht das Geld und die Familie, würde ich sagen. Mein Problem, das stärkste Problem, das ich habe, das mich behindert in meinem Dienst, ist häufig mein Hochmut. Da muss ich Gott immer wieder bitten, dass er mir, neben seinem Heiligen Geist, Demut schenken möge.

Übrigens, alle drei Dinge sind etwas, was den hauptamtlich Dienenden in den Orden abverlangt wurden: Armut, Ehelosigkeit, Gehorsam. Wir waren ja gerade eine knappe Woche im Diakonissenhaus Lemförde und die Schwestern, die dort Dienst tun, die entsagen dem Materiellen, die haben keinen Besitz. Armut. Die sind auch ehelos, weil sie wissen, so gesegnet Familie ist: Es ist schwierig, wenn ich die habe, dann gibt es immer Probleme, auch für die Nachfolge, für den Dienst. Und das andere ist der Gehorsam. Das sind ganz wichtige Dinge, nicht nur in diesem Diakonissenhaus, weil das die Haupthinderungsgründe für die Nachfolge, für den vollmächtigen Dienst sind. Wir, die wir verheiratet sind, die wir viel Geld haben, die wir zum Teil hochmütig sind, wir dürfen heute Morgen hören für unseren Dienst: Wir sollen dem entsagen, wenn das Geld Nummer eins wird bei uns, wenn die Familie vor der Nachfolge steht oder wenn wir hochmütig sind. Wir sollen dem entsagen, weil all das den Dienst behindert.

Ein Fünftes und Letztes, was wir aus dieser Geschichte lernen können für unseren Dienst: **Elisa bedarf des Opfers für den Dienst!** Elisa opfert hier zwei Ochsen, er schlachtet sie. Wir wissen, dass es im Alten Bund so gewesen ist, dass man durch ein Opfer vor Gott entsühnt wurde. Deshalb mussten die Israeliten immer wieder in den Tempel, dort wurde geschlachtet und geopfert. Zur Zeit Elisas war es noch so, dass auch anderswo Opferstellen gewesen sind. Elisa schlachtet diese Stiere und bringt sie dar, weil eins ganz wichtig ist: Bevor er in den Dienst eintritt, braucht er die Entsühnung vor Gott. Das ist nicht nur im Alten Bund so gewesen. Auch wir brauchen das Blut. Auch wir brauchen das Blut zur Entsühnung für unseren Dienst. Elisa konnte es selber tun, aber er musste es immer und immer wieder tun, dass er entsühnt ist, damit er einen vollmächtigen Dienst tun kann. Das Blut, das wir bekommen, das kriegen wir nicht dadurch, dass wir irgendwelche Tiere töten, irgendwelche Tauben, Schafe oder Ochsen, nein, unser Blut ist schon vergossen auf Golgatha. In Hebräer 9,22 heißt es:

> ***Ohne Blut geschieht keine Reinigung von Schuld und ohne das Vergießen von Blut gibt es keine Vergebung.***

Aber das ist mit das Wichtigste, was wir für unseren Dienstplan brauchen, dass wir uns immer wieder unter das reinigende Blut unseres HERRN Jesus Christus stellen. Wenn ER uns nicht reinigt, können wir keinen vollmächtigen Dienst tun.

> ***Wenn wir sagen, wir haben keine Sünde, so betrügen wir uns selbst, und die Wahrheit ist nicht in uns. Wenn wir aber unsre Sünden bekennen, so ist er treu und gerecht, dass er uns die Sünden vergibt und reinigt uns von aller Ungerechtigkeit***, heißt es in 1.Johannes 1,8.

Und es ist wichtig, dass wir das immer wieder tun, dass wir uns immer wieder bewusst sind, dass, wenn wir gerufen sind zum Dienst, dann nicht deshalb, weil wir so tolle Menschen sind, sondern weil Gott durch uns wirken will. Nicht, weil wir als tolle Menschen in den Dienst treten, sondern als Sünder.
Und als Sünder brauchen wir immer wieder die Reinigung vor Gott. Das muss uns ständig präsent sein. Nicht um uns klein zu machen, sondern dafür, dass wir wirklich in Vollmacht den Dienst tun können. Wenn wir an der Sünde festhalten, wenn Sünde uns blockiert, dann kann der Heilige Geist nicht durch

uns wirken. Es ist wichtig für meinen Dienst und für deinen Dienst: Wir bedürfen immer wieder des Blutes Jesu Christi, damit Gott uns vergeben kann. Nur Menschen, denen Jesus, denen Gott vergeben hat, die sind vollmächtig, für IHN Dienst zu tun. Wenn Menschen mit Schuld und Sünde belastet sind, dann kann Gott nicht durch sie wirken. Elisa bedarf des Opfers für den Dienst, den er zu tun hat, und auch du und ich, wir bedürfen des Opfers des Blutes unseres HERRN Jesus Christus für unseren Dienst. Das ist die wichtigste Grundlage, auch wenn es der letzte Punkt ist in dieser Predigt, die wichtigste Grundlage für unseren Dienst.

Das waren fünf Punkte über Elisas Dienst für den HERRN, die ich uns vor Augen gestellt habe. Aber nicht als eine historische Wahrheit über das, was vor 3000 Jahren gewesen ist im alten Israel, sondern als etwas, was aktuellen Gegenwartsbezug hat. Über das, was Elisas Dienst betrifft, wollte Gott mit dir reden über deinen Dienst. Und jetzt ist es an dir, dass du das für deinen Dienst umsetzt, was du gehört hast. Gott hat dir gesagt, dass man von IHM selber in den Dienst gestellt wird. Gott hat dir gesagt, dass man für den Dienst dem materiellen Wohlstand entsagen muss. Gott hat dir gesagt, dass man für den Dienst die Familie nicht an die erste Stelle setzen darf. Gott hat dir gesagt, dass man dem Hochmut für den Dienst entsagen soll. Und Gott hat dir gesagt, dass du des Blutes Jesu Christi bedarfst für deinen Dienst. Möge unser HERR und Gott diese Predigt an deinem Leben segnen und an deinem Dienst. Amen.

Und der Friede unseres allmächtigen Gottes, der sehr viel höher ist als alle unsere menschliche Vernunft, ER bewahre unsere Herzen und Sinne in Christus Jesus, unserem auferstandenen und lebendigen HERRN. Amen.

An Elisa das Wort Gottes lernen!

2.Könige 2,23-24

Gnade sei mit euch und Friede von dem, der da war und der da ist und der da sein wird in alle Ewigkeit, unser HERR, Jesus Christus, Amen.

Liebe Brüder und Schwestern, wir haben gesagt, wir machen eine kleine Predigtreihe zu diesem gewaltigen Propheten Elisa aus dem Alten Testament, der zum Teil sehr unbekannt ist. Wir kommen tatsächlich heute zu einem Predigttext, von dem ich denke, dass die meisten, vermutlich alle von Ihnen, noch nie eine Predigt darüber gehört haben. Ich habe auch noch nicht drüber gepredigt. Das wird also etwas sehr Spannendes, ein Wort, das uns zunächst einmal fremd scheinen mag, aber das auch in der Bibel steht. Wir wollen hören auf das, was Gott uns zu sagen hat, von dem wir etwas lernen wollen. Aber wir wollen zunächst einmal den Predigttext hören: zwei Verse, eine Perikope aus 2. Könige 2, die Verse 23 und 24:

Und Elisa ging hinauf nach Bethel. Und als er den Weg hinan ging, kamen kleine Knaben zur Stadt heraus und verspotteten ihn und sprachen zu ihm: Kahlkopf, komm herauf! Kahlkopf, komm herauf! Er wandte sich um und als er sie sah, verfluchte er sie im Namen des HERRN. Da kamen zwei Bären aus dem Wald und zerrissen zweiundvierzig von den Kindern. Amen.

Wir wollen stille werden und beten: Lieber HERR und Heiland, du schenkst uns dieses Wort für diesen Sonntag für unser Leben. Ein Wort, das uns auf den ersten Blick fremd scheint. Wir wollen uns unter dieses Wort stellen. Wir wollen dich bitten, dass du durch dieses Wort, durch diese Predigt zu uns sprichst, dass du es uns öffnest und dass wir erkennen, was dieses Wort mit uns und unserem Leben und unserer Nachfolge zu tun hat. Das wird nur dann gelingen können, wenn du selber die Predigt über dieses Wort segnest. Und so wollen wir dich alle miteinander bitten: Segne du selber das Reden und das Hören deines heiligen und lebendigen Wortes an uns allen. Amen.

Liebe Brüder und Schwestern, ich habe diese Predigt überschrieben mit: **An Elisa das Wort Gottes lernen.** Wir wollen über vier Punkte uns heute Morgen Gedanken machen:

1. Die Annahme des Wortes Gottes
2. Der Angriff auf das Wort Gottes
3. Die Macht des Wortes Gottes
4. Der Trost des Wortes Gottes

Das Erste: Die Annahme des Wortes Gottes! Ich denke, dass auch die Treusten und Frömmsten unter uns, als sie den Zettel gelesen und gerade die Verkündigung dieses Predigttextes gehört haben, ein stückweit gezuckt und sich gesagt haben: „Hat der Latzel da einen Fehler gemacht? Was ist denn da los? Gerade heute bei einer Taufe so ein Wort mitzubringen, so ein brutales Wort? Steckt da überhaupt Theologie drin?" Ich kann mir vorstellen, dass beim Hören des Predigttextes bei dem einen oder anderen so ein Stück weit Widerstand war. Doch das wollen wir lernen an diesem sehr schwierigen Text und ich sage das bewusst: um die Annahme des Wortes Gottes für unser Leben.

Liebe Brüder und Schwestern, es geht nicht darum, dass wir die Bibel nach unseren Vorstellungen auszurichten haben. Sondern unsere Vorstellung, unser Wissen von Gott, hat sich **allein** nach der Bibel zu richten, jedem Wort vom 1. Buch Mose bis zum Schluss in der Offenbarung. Eben auch dieses Wort aus 2. Könige 2,23-24. Das müssen wir erst einmal annehmen.

Beim Predigerseminar in Soest in der Westfälischen Landeskirche, da mussten immer die Vikare reihum Predigten halten. Irgendwann hielt eine Frau, also eine Vikarin, eine Predigt über den Text aus Lukas 5, ein ganz einfaches Wort von Jesus. Da sagte sie als ersten Satz: „Ich werde **gegen** dieses Wort predigen. Das gefällt mir nicht." Das war jetzt nicht so ein harter Text, es war eine ganz normale Wundergeschichte von Jesus. Aber sie hatte sich entschieden, **gegen** das Wort zu predigen und hat dann auch eine Auslegung gemacht. Das war keine Predigt, das war kein Wort Gottes, das war eine Kanzelrede. Ich unterscheide immer zwischen Predigt und Kanzelrede. Eine Predigt ist die vollmächtige Verkündigung des Wortes Gottes, die auf der Lehre der Bibel ruht. Eine Kanzelrede können auch Leute machen, die Politiker sind oder auch Theologie studiert haben. Wer Jesus nicht kennt, der kann sich hier oben hinstellen und eine Rede von der Kanzel halten, aber keine Predigt! Das ist der Unterschied zwischen Predigt und Kanzelrede. Das war dann so eine Kanzelrede gegen das Wort Gottes. Sie wollte die ihr vorgegebene Perikope, diesen Predigttext, nicht annehmen. Er gefiel ihr nicht, also hat sie dagegen gepredigt. Als könnten wir entscheiden, was uns gefällt in der Bibel und was uns nicht gefällt. So wie im Restaurant zu sagen: „Schnitzel mag ich nicht, ich bin ja Vegetarier. Aber hier die Käsegerichte, die sind gut, die nehme ich." So geht es beim Wort Gottes nicht, das müssen wir annehmen. Das ist das Erste und Wichtigste! Das ist so die Voraussetzung, wie ein Vorzeichen vor der Klammer für diesen Text. Wir müssen es erst einmal annehmen. Da hilft es auch nicht, wenn man das so ein bisschen entschärft. Hier steht es im Luthertext, dass es richtig kleine Knaben sind, die da kommen. Aber wenn man Hebräisch kann und das erste Buch der Könige gelesen hat, da steht ein ähnliches Wort drin. Da steht nämlich drin, dass der König Rehabeam einmal von alten Beratern und einmal von jungen Beratern beraten wird. Und für die jungen Berater steht im Hebräischen genau dasselbe Wort wie hier. Also wir haben es hier mit Jugendlichen zu tun, nicht mit irgendwelchen vierjährigen, unmündigen Kindern. Aber trotz alledem muss gesagt werden: Das sind Jugendliche, die den Elisa, den Mann Gottes, lästern, und sie werden so furchtbar bestraft. Es hilft auch nichts und ist im Übrigen auch nicht richtig, wenn man sagt: „Ja, ist halt Altes Testament und nicht Neues Testament. Alter

Bund, Neuer Bund, heute ist das ganz anders." Über das Alte Testament wollen wir eine Decke des Schweigens legen. Nein, nein! Also, ich sage das immer wieder: Es gibt keine Graduierung in der Bibel, als sei das eine besonders wertvoll und besonders zu sehen und das andere sei nicht ganz so wichtig. **Jedes (!)** Wort der Bibel, im Alten wie im Neuen Testament, alle 66 Bücher, jeder einzelne Vers, jedes Kapitel ist Wort Gottes, ist nicht aufgehoben und enthält Theologie. Es steht uns nicht zu, uns anzumaßen und zu sagen: „Das ist mehr Wert oder weniger Wert." **Wir müssen das Wort Gottes als Ganzes annehmen.** Das müssen wir annehmen, und zwar so, wie es hier drin steht. Und wenn wir das nicht tun, kann das Wort Gottes nicht wirken. Und das gilt jetzt auch für uns, für diesen Text. Das ist ganz wichtig, dass wir das annehmen!

Ich erinnere uns daran: Wie arbeitet der Widersacher, der Teufel, im Paradies bei der Versuchung? Der kommt nicht hin und zwingt die Menschen zu irgendetwas und quält sie. Nein! Der Widersacher arbeitet so, dass er hingeht zu Eva und sagt: „Du, Eva, ***sollte*** Gott denn gesagt haben?" Sollte? Die Infragestellung des Wortes Gottes. Damit beginnen alles Elend, alle Sünde, alle Zerwürfnisse. Sollte Gott gesagt haben, dass wir das Wort Gottes nicht gelten lassen? Und genauso ist es mit diesem Text. Das ist jetzt, ich sage mal, der Lackmustest. Den Lackmustest kennt ihr aus dem Chemieunterricht. Da kann man hingehen und eine Substanz bestimmen, eine Lauge oder eine Säure, welchen pH-Wert die hat. Die Substanz ist entweder sauer oder basisch. Mit dem Lackmustest findet man also heraus, wie eine Substanz beschaffen ist. Und das kann man an dieser Geschichte klarmachen. Da könnt ihr sehen, wie ihr zum Wort Gottes steht, ob ihr Probleme mit der Annahme des Wortes Gottes habt oder nicht. Klar, so tolle Worte wie aus Matthäus 11 - ***Kommt her zu mir alle, die ihr mühselig und beladen seid, ich will euch erquicken*** -, die kann ja jeder annehmen. Aber könnt ihr auch so ein Wort annehmen, wie wir es aus 2.Könige gehört haben? Das ist die Entscheidung, die man als Christ zu treffen hat, und daran scheitern auch viele Christen. Deshalb ist ihre Nachfolge auch so erbärmlich und bringt nichts, weil sie zwar sagen: „Ja, ja, diesen Herrn Jesus mit all seinen tollen auferbauenden Worten, den will ich haben, aber die Dinge, die ich im Wort nicht verstehe, die will ich nicht haben." Nein! Wir müssen die Schrift als Ganzes annehmen. Und das ist der Lackmustest. Da könnt ihr gucken, wo ihr steht. Könnt ihr dieses Wort annehmen als lebendiges Wort Gottes, durch das Gott euch etwas zu sagen hat - oder nicht? Wenn ihr das tut, dann wird Gott euch segnen. Aber das Entscheidende müssen wir immer wieder tun: Wir müssen die Bibel als Ganzes annehmen, als lebendiges Wort Gottes, durch das der HERR zu uns spricht und in dem ER uns begegnet. Nicht nur für diesen Text, für alle Texte der Bibel. Aber hier wird ganz besonders deutlich - deshalb habe ich diesen Text auch mitgebracht, weil wir es hier für uns selber testen können - dass wir sagen können: Sperren wir uns dagegen, dann haben wir wirklich ein geistliches Problem. Da muss ich dich wirklich aufrufen: Geh in die Seelsorge. Oder kannst du sagen: „Jawohl! Auch wenn ich manches auf Anhieb nicht verstehe, aber ich nehme es an als Wort Gottes." Dann wirst du sehen, was Gott dir auch aus diesem Wort für dein Leben zu sagen hat.

Damit kommen wir **zum Zweiten: Der Angriff auf das Wort Gottes!** Wir wollen ja etwas lernen an dieser Geschichte über das Wort Gottes. Wir lernen an dieser Geschichte, dass das Wort Gottes angegriffen wird.

Meine Frau macht heute den Kindergottesdienst hier und nicht zufällig, sind die momentan im Kindergottesdienst auch mit Elisa dran. Die sprechen heute über Gehasi, den Knecht, und Naaman. Wir werden nächsten Sonntag darüber hören. Da ist meine Frau nochmal zu mir gekommen, weil sie immer sehr vorsichtig ist. Wenn sie in den Kindergottesdienst reingeht und da etwas auslegt, dann fragt sie lieber dreimal nach, damit sie ja nichts Falsches sagt. Da ist sie sehr gut und bereitet sich intensiv vor. Jetzt ging es darum: Was ist eigentlich ein Prophet? Elisa ist ja der vollmächtige Prophet. So hat sie mich gefragt: „Du, Olli, was kann ich denn sagen, was ein Prophet ist? Ist das jetzt nur einer, der Visionen hat? Oder ist das eher wie ein Pastor?“ Und ich habe ihr dann etwas gesagt, was mir einmal ein Konfirmand gesagt hat, dem ich das erklärt hatte. Ich hatte im Konfirmandenunterricht beschrieben, was ein Prophet ist und da hat er gesagt: „Pastor Latzel, wenn ich das richtig verstanden habe, dann sind Propheten Transporteure des Wortes Gottes?“ Das hat mir sehr gut gefallen, das hab ich übernommen. Also ein Prophet ist jemand, der auserwählt wird von Gott und den Auftrag kriegt: Du bringst mein Wort zu den Menschen. Transporteure des Wortes Gottes. Manchmal sind es Gerichtsworte, manchmal sind es Heilsworte, manchmal sind es Ansagen für die Zukunft. Das sind Propheten. Es ist so, wenn jemand Transporteur von etwas ist, was einem anderen schadet, dann wird er von dem, dem er schaden kann, angegriffen. Und die Propheten schaden immer dem Widersacher, dem Teufel, und der Teufel greift grundsätzlich das Wort Gottes an. Das ist seine erste Stoßrichtung. Alles andere hat nur mittelbar damit zu tun. Das erste Angriffsziel des Teufels ist immer das Wort Gottes. Gott selber kann er nicht angreifen, aber sein heiliges und lebendiges Wort in dieser Welt wird immer wieder angegriffen.

Noch einmal: Denkt an die Urgeschichte, wo Eva von der Schlange gesagt bekommt: „Ja, sollte Gott gesagt haben?“ Immer wieder das Wort Gottes! Denkt an die Geschichte vom vierfältigen Ackerfeld aus Lukas 8. Da streut der Sämann den Samen aus. Da sagt Jesus selber: Der Same ist das Wort Gottes und der erste Wurf wird weggenommen. So heißt es in der Auslegung. Da kommt der Teufel und nimmt ihn einfach weg vom Weg. Das macht der Teufel. Der Teufel kämpft gegen das Wort Gottes, weil er weiß, wenn Menschen zum Wort Gottes finden, wenn sie aufs Wort Gottes hören, dann funktionieren ihre Ehen, dann läuft das zwischenmenschliche Leben vernünftig, dann werden sie gesegnet, dann bekommen sie Trost und sie kriegen ewiges Leben. Das alles will der Widersacher nicht! Der Widersacher will zerstören und deshalb schießt er überall auf diejenigen, die das Wort Gottes transportieren.

Wir stehen im Krieg, nicht wie vielleicht die Bundeswehr, sondern in einem geistlichen Krieg. Und der ist gewaltig, so sagt die Bibel, wie die widergöttlichen Kräfte gegen Gott kämpfen, auch in deinem Leben. Die meisten wissen das gar nicht. Aber die, die das Wort Gottes transportieren, die wissen davon, weil der Widersacher sie immer wieder angreift. In Afrika gibt's ja momentan diesen kriegerischen Konflikt dort in Mali, wo die islamischen Fundamentalisten gegen die Franzosen und gegen afrikanische Armeen kämpfen. Und da hab ich am Freitag noch gehört, im Radio so eine Nachricht, dass diese islamischen Fundamentalisten einige Grenzbrücken gesprengt haben. Die haben die gesprengt, weil sie Angst haben, dass über diese Wege die Truppen und die Verstärkung ins Land kommen können für die Franzosen und für diese afrikanischen Truppen, die gebildet worden sind. Das ist in jedem Krieg so gewesen. Überall dort, wo gekämpft wurde, wenn Truppen sich zurückzogen, haben die immer die Wege gesprengt, damit der Transport nicht funktionieren kann. Keine Armee kann funktionieren, wenn die nicht ihre Munition und all die Dinge, die sie brauchen, transportiert bekommt. Und so ist es auch mit den Transporteuren des Wortes Gottes. Die werden in dieser Welt immer angegriffen. Nicht nur die Pastoren. Wenn ein Pastor klar zum Wort Gottes steht, wird er immer angegriffen werden. Nachfolge und Verkündigung des Wortes Gottes gehen nicht ohne Angriff, auch in deinem Leben. Wenn du hingehst und klare Sache machst mit deiner Nachfolge, wenn du das Wort Gottes zu den Menschen bringst, deinen Kindern und deinen Enkelkindern erzählst, egal wem, wirst du angegriffen werden. Das gehört mit dazu. Das ist hier in dieser Geschichte so, das war zu den Zeiten Jesu so und das ist heute noch so.

Wir wissen in unserem Text nicht den genauen Hintergrund dieses Angriffes. Die Jugendlichen rufen ja: ***Kahlkopf, Kahlkopf!*** Da hat es ganze Theologengenerationen gegeben, die gefragt haben: „Warum nennen sie den Kahlkopf?" Hat der Elisa als Prophet sich eine Tonsur geschnitten? So wie Luther damals, der eine Glatze oder sowas ähnliches hatte? Haben sie

Elisa deshalb so spöttisch betrachtet? Oder ist er Nasiräer gewesen? Das waren ja die Leute, die keinen Alkohol getrunken und sich nicht mehr die Haare geschnitten haben. Haben sie ihn deshalb verspottet, weil er so lange Haare hat und sagen deshalb ***Kahlkopf, Kahlkopf***? Das wissen wir nicht. Wir wissen auch nicht genau, was diese Anspielung heißt: „Komm herauf!" Man kann sich das so vorstellen: Elisa ist auf dem Weg von Jericho nach Bethel, ein sehr steiler Weg. Es sind über 1000 Höhenmeter, die da zurückgelegt werden müssen. Dass sie da auf so einer Höhe standen und dem älteren Elisa so ein bisschen seine körperlichen Lasten vorgeworfen haben? Ich glaube aber eher, dass dieses ***Komm herauf*** damit zu tun hat, weil ja kurze Zeit vorher die Himmelfahrt Elias war. Elia, bei dem Elisa gelernt hatte (wir haben letzten Sonntag schon drüber gehört), der da gen Himmel fährt und dass die anderen davon gehört haben und diese Himmelfahrt nicht glauben wollen und ihn verspotten. So nach dem Motto: „Elia, dein Chef, der ist gen Himmel gefahren, fahr du doch auch gen Himmel!" – Also, wir wissen es nicht genau. Da kann man sich Gedanken drüber machen. Wir wissen nicht, was die Hintergründe dieser Verspottung sind und was diese Jugendlichen gemeint haben. Aber eines können wir ganz genau wissen über diejenigen, die hier verspotten, dass sie des Todes sind. Sie sind des Todes. Nicht nur, dass der Tod vollstreckt wird an ihnen, sondern - auch das ist ein Geheimnis der Bibel - diese Zahl 42 steht hier nicht umsonst. Die dem Widersacher gehören oder die des Todes sind, die werden häufig in der Bibel mit der Zahl 42 bezeichnet. Wir wollen das nicht übertreiben, aber es gibt auch eine Bedeutung der Zahlen in der Bibel. Sie wissen, die 7 ist die Vollzahl, die 8 ist die Zahl des neuen Anfangs, die 12 und die 144 stehen als Zahlen für die Nachfolger und die Zahl 42 steht in der Bibel für die, die des Todes sind. Ein paar Kapitel weiter, im 2. Buch der Könige, da werden von Jehu, der mit Elisa berufen wird, 42 Brüder des Ahasjas getötet. Da geht dieser König Israels hin und tötet die 42 Brüder. Oder in der Offenbarung sind es 42 Monate, da die Heiden die heilige Stadt Gottes zertreten werden. Auch in der Offenbarung, da kriegt das Tier 42 Monate Zeit, gegen die Gemeinde und gegen Gott zu lästern. Das sind alles todeswürdige Dinge. Oder auch im alten Israel war es so, dass es 42 Städte gab, in die Totschläger flüchten konnten, indem sie ein freies Geleit bekamen, wo nicht das Urteil vollstreckt wurde. Das ist in der Bibel immer und immer wieder die Zahl derer, die für den Tod stehen. Und so auch hier: Alle die, die das Wort Gottes angreifen, die sind des Todes. Wir kommen gleich noch dazu, was das mit der Autorität zu tun hat. Aber das muss man wissen: Des Todes sind all diejenigen, die dem Satan gehören. Unser Gott ist ein Gott der Lebendigen und der Satan steht für all das, was tot ist. Diese Menschen, auch wenn sie es vielleicht nicht gewusst haben, die Jugendlichen, sie tun das Werk des Widersachers. Wer immer das Wort Gottes angreift, wer immer das Wort Gottes verlästert, das heilige und lebendige Wort, der ist des Todes! In der Bibel wird das immer wieder auch an anderen Stellen gesagt über die Lästerung des Namens Gottes. Wehe dem, der den Namen Gottes missbraucht, wer das Wort Gottes lästert, wer es missbraucht, wer es auch verändert oder wer gegen das Wort Gottes predigt; der ist mit dem, was er tut, des Todes. Wir wissen nicht, was der Hintergrund des Angriffes gewesen ist, aber auch wenn wir das nicht genau verstehen, können wir sagen: Wer angreift, das sind immer die, die dem Satan gehören, auch wenn sie es manchmal nicht wissen. Wir wissen auch, es werden die angegriffen, die das Wort Gottes transportieren und die auf dem Weg ins Haus Gottes sind. Bethel ist eine Stadt damals in Israel, aber Bethel ist auch ein hebräisches Wort. Beth heißt Haus, Beth Lehem heißt Haus des Brotes und in Bethel, da wird übrigens auch Jesus geboren, in Beth Lehem kriegen wir unsere Nahrung her, da wo er geboren ist. Aber Beth El, Haus Gottes, El ist immer Gott. Wer auf dem Weg in das Haus Gottes ist, auch der wird immer wieder vom Widersacher angegriffen. Und zwar nicht, wenn Sie sich jetzt auf einer Reise von hier nach Israel befinden, wenn Sie die Stadt Bethel heute besuchen wollen. Sondern, und das ist geistlich gesprochen, wer immer auf dem Weg ins Haus Gottes ist, ins himmlische Jerusalem, der wird angegriffen werden.

In dem Moment, wo du dich entschieden hast, durch die Gnade Gottes, weil du seinen Heiligen Geist bekommen hast, dass du zu Gott gehörst, zu Jesus, und dich damit auf dem Weg, auf dem schmalen Weg ins himmlische Jerusalem befindest, da wirst du vom Widersacher angegriffen, da wird er dich angehen. Wenn du dich nur um das Weltliche kümmerst, um deine Gesundheit, um dein Geld und um all die Dinge und dich nicht kümmerst um die ewigen Dinge, da wird der Widersacher dich nicht angreifen. Der Widersacher greift nur die an, die auf dem Weg ins Haus Gottes sind. Das wollen wir lernen aus dieser Elisa-Geschichte. Wir wollen das lernen für unser Leben, dass das zur Nachfolge dazugehört. Wenn wir klare Nachfolge Jesu Christi betreiben, wenn wir sein Wort transportieren und wenn wir auf dem Weg in sein Haus sind, dann werden wir auch in dieser Welt angegriffen, dann werden wir verspottet. Da werden Leute auf uns zugehen, das wird nicht anders gehen, in der Nachbarschaft, in der Verwandtschaft. Und das wissen all diejenigen, die klar zum HERRN Jesus stehen. Das gehört mit zur Nachfolge dazu, dass der Widersacher diejenigen angreift, die Sein Wort transportieren und die auf dem Weg in Sein Haus sind.

Ein Drittes, was wir aus dieser Geschichte lernen wollen: **Die Macht des Wortes Gottes!** In dieser Perikope des Elisa geht es um die Macht und um die Autorität des Wortes Gottes. Es ist ja nicht so, dass der Elisa sich jetzt ein bisschen ärgert und aus einer spontanen Reaktion heraus diese Kinder verflucht, sondern hier steht ganz deutlich: Er verflucht sie im Namen des HERRN. Gott hat ihm einen Auftrag gegeben. Der Prophet tut es nicht aus sich selber heraus, sondern die Schrift legt ganz klar fest, er tut es im Namen des HERRN. Dann geschieht genau das, was Gott sagt. In der Bibel gibt es nicht eine Stelle, wo Gott etwas sagt, was dann nicht geschieht. Gott sagt etwas und es geschieht, das ist die Autorität des Wortes Gottes. Ich liebe diese Stellen, wo das immer wieder steht, da springt mein Herz vor Freude.

Ich weiß noch, als kleines Kind, als ich diese Geschichte von David und Goliath aus 1. Samuel 17 hörte, wie der Goliath, dieser furchtbare Kämpfer, das ganze Heer der Israeliten und Juden verspottet und dann kommt David, dieser kleine Mann. Was mich schon immer so fasziniert hat, war genau diese Rede, die er zu diesem Goliath hält. Nicht, dass er mit der Schleuder kommt und sie alle später abmeuchelt. Nein! Er sagt: „Du kommst zu mir mit Spieß und Schwert, ich aber komme zu dir im Namen des HERRN." Und damit ist der Kampf schon erledigt. Wenn etwas im Namen des HERRN, im Wort Gottes geschieht, da ist alle Macht, alle Autorität.

Diese Welt ist geschaffen worden durch das Wort Gottes. Gott sprach: Es werde Licht. Gott sprach: Es werde eine Feste. Gott sprach: Es werde Getier. Alles wurde! Auch unser Leben verdanken wir dem Sprachakt Gottes. ER hat uns ins Leben gerufen und er ruft uns auch ab. Das ist das Mächtigste, was es gibt, das ist die absolute Autorität. Es gibt nichts, was da drüber steht, und deshalb muss man das auch annehmen. Uns geht ja Gott entgegen in Seiner Autorität, im Wort Gottes. Wir müssen das annehmen, weil es die höchste Autorität ist. Und so, wie wir uns dem Wort Gottes gegenüber verhalten, so werden wir eines Tages gerichtet werden. Jesus Christus sagt in Johannes 5:

> ***Wer mein Wort hört und glaubt diesem Wort, der wird den Tod nicht schmecken, sondern er hat das ewige Leben.***

Darum geht es, wie wir uns der Autorität des Wortes Gottes gegenüber verhalten, ob wir ihr glauben oder nicht, ob wir sagen: das ist die Wahrheit unseres Lebens oder nicht. Damit ist alles gegeben. Und wenn wir das glauben, dann ist alles geschehen. Im Wort Gottes liegt nicht nur, dass ein Strafwunder geschieht. Übrigens, auch im Neuen Testament gibt es Strafwunder, das wollte ich noch gesagt haben, z.B. bei Hananias und Saphira. Man kann nicht sagen, es gibt sie nur im Alten

Testament, auch im Neuen Testament gibt es Strafwunder. Aber das Wort Gottes macht nicht nur wunderbare Dinge, dass es Menschen heilt und dass es Menschen zu Reichtum bringt, es macht auch Strafwunder. Was das Wort Gottes, diese Autorität, aber vor allen Dingen macht: Es entscheidet über ewige Verwerfung und ewige Erwählung. Jesus sagt:

> ***Wer mein Wort hört und tut meine Worte***, d.h. hält sich an das, ***der hat das ewige Leben.*** Er sagt: ***Er ist wie ein Mann, der sein Haus auf Felsen baut, und wenn die Winde kommen, dann stürzt es nicht ein. Aber wer das Wort Gottes hört und es nicht tut, der ist wie ein Mensch, der sein Haus baut auf Sand. Da kommt der erste Wind, dann stürzt es ein und sein Sturz ist gewaltig.***

Am Wort Gottes, an der Autorität des Wortes Gottes, an der Macht Gottes entscheidet sich unser ewiges Leben oder unsere ewige Verdammnis, ob wir darauf gegründet sind oder ob wir das verwerfen. Das in aller Klarheit und Deutlichkeit! Es soll keiner heute nach Hause gehen und sagen: „Das habe ich nicht gehört, dass ich eines Tages vor dem HERRN stehe. Das hättest du mir mal sagen können." Darum geht es im Wort Gottes und seiner Autorität: ewiges Verworfensein oder ewiges Gerettetsein. Aber wir brauchen diese Autorität des Wortes Gottes nicht nur für das ewige Leben, sondern auch für unser Leben, hier und heute!

In der letzten Woche war die Vereidigung von Präsident Barack Obama. Der hat seine Hand sogar auf zwei Bibeln gelegt, einmal auf die von Lincoln und dann noch auf die Familienbibel. Das Problem ist nur, dass dieser Mann nicht mehr daran glaubt. Bei seiner Einführungsrede hat er dann erklärt, er habe sich verändert, habe eine neue Erkenntnis bezüglich der Homosexualität bekommen. Übrigens, den evangelikalen Pastor, der eigentlich das Gebet sprechen sollte, den hat man ausgeladen, weil er in den 90er Jahren eine Predigt gegen Homosexuelle gehalten hatte. Dann hat man einen homosexuellen

Bischof geholt und das Gebet hat dann auch kein Geistlicher gesprochen, sondern eine Frau, die den Namen Jesu nicht mehr erwähnt, sondern nur noch über Gott philosophiert hat. Zur Zeit Nixons und Bushs wurde Billy Graham geholt zum Beten. Der betete dann bei der Amtseinführung des amerikanischen Präsidenten wörtlich in den Gebeten von dem Heiland, der Sein Blut am Kreuz von Golgatha vergossen hat. Und heute? Da werden die bibeltreuen Leute, die Transporteure des Wortes Gottes ausgeladen, die will man nicht. Übrigens auch das ist Weltgeschichte: Gleichzeitig werden in Russland Gesetze verabschiedet, die besagen, Homosexualität sei nicht in Ordnung. Da wird im ehemals kommunistischen Russland geguckt, dass die Bibel wieder zur Geltung kommt. Hier verschieben sich Dinge. Früher das Reich des Bösen und heute wird nach dem Wort Gottes gefragt. Damit ist nicht alles richtig, was da in Russland läuft, das weiß ich auch, aber da müssen wir gucken. Es gibt eine einzige Autorität, nicht irgendwelche Politiker, sondern das Wort Gottes! Und danach müssen sich alle Politiker richten und eben auch wir. Und es gibt das totale Chaos, wenn das Wort Gottes nicht mehr die Berechtigung hat. Das haben die Russen erlebt zur Zeit des Kommunismus, wo menschliche Ideologien galten. Die Amerikaner haben eigentlich gesehen, wie gesegnet sie waren als herausgehobenes Volk, weil sie viele Jahrhunderte klar mit dem Wort Gottes gegangen sind. Das kann man aus der Bibel lernen, das sieht man in der Weltgeschichte: Wo ein Volk unter dem Wort Gottes geht, da ist es gesegnet. Wenn ein Volk das Wort Gottes verlässt, dann wird es ins totale Chaos kommen. Das haben die Christen im Dritten Reich erlebt. Das erste war nicht die Judenverfolgung, das erste war, dass im Dritten Reich das Wort Gottes in Frage gestellt und gesagt wurde: Ja, die Bekennende Kirche, das sind Außenseiter. Wir müssen eine eigene Theologie machen - deutsche Christen. Wir müssen die Bibel entjudaisieren und so einen Blödsinn! Wenn das Wort Gottes kaputt gemacht wird, wird auch ein Volk kaputt gemacht. Da wird die einzige Autorität kaputt gemacht, die es gibt, auf die wir zu hören haben. Wir brauchen das Wort Gottes.

Ich habe eine Geschichte gelesen von einer Schiffskatastrophe in den 20er Jahren des letzten Jahrhunderts vor der amerikanischen Küste. Da war so ein Dampfer, mit Holz betrieben, und der ist in Brand geraten. Man wusste nicht genau wodurch, ob jemand geraucht hatte oder sich irgendetwas aus den Kesseln entzündet hatte. Auf jeden Fall war man im Atlantik draußen, es war Januar und sehr kalt und da brannte dieses Schiff auf einmal. Und unglücklicherweise ist gleichzeitig der Kapitän gestorben. Jetzt war niemand mehr da, der sagen konnte, wo es hingeht. Da brach Panik auf diesem Schiff aus. Einige von den Besatzungsmitgliedern sagten: „Wir müssen nach hinten laufen, sonst kriegen wir vorne Übergewicht." Aber der Wind wehte entgegen und die Flammen kamen auf sie zu, so dass sie drohten zu ersticken. Andere sagten, sie müssten in die Beiboote, und weitere: „Schwimmt ans Ufer, es ist nicht so weit weg." Schließlich stand ein Mann auf und rief: „Komplette Ruhe hier! Ihr macht jetzt alles, was ich sage. Keiner läuft nach hinten, das ist Blödsinn! Wir wenden das Schiff und fahren Volldampf auf die Küste zu. Das schaffen wir! Das werden wir schaffen, das Schiff wird nicht verbrennen! Ich bin ein ehemaliger Kapitän, ich weiß wovon ich spreche." Dann haben das alle so gemacht und alle Besatzungsleute und Passagiere wurden gerettet, weil alle auf einmal auf einen gehört hatten, der wusste, wo es langgeht und der sich auskannte. Gut, wenn man bei so einer Katastrophe so jemanden hat, der dann das Heft in die Hand nehmen und wirklich einen gut führen kann. Aber wie viel besser ist es, dass wir im HERRN und Gott DEN haben, der unser Leben kennt und der uns führt durch all die Katastrophen und Chaossituationen hier und uns klar sagt in seinem Wort, wo es langgeht. Das ist die Autorität des Wortes Gottes, die wir brauchen, die wir brauchen für unser Leben. Ganz klare Ansage! Um das praktisch zu machen, denn manchmal ist das ja so ein bisschen theoretisch, was ich hier erzähle. Gehe doch mal hin in der nächsten Woche und lies dir die Zehn Gebote durch. Das ist so eine Kurzanweisung. Guck mal, was Gott dir da zu sagen hat über deinen Ehebruch, über dein Stehlen - übrigens ist auch Steuerbetrug, wenn du die Steuererklärung machst, stehlen - und über deine Sonntagsheiligung. Hör dir das mal an! Dann mach das, was Gott dir sagt. Wenn du das genauso machst, wie Gott das in den Zehn Geboten sagt, dann kriegst du Ordnung in dein Leben. Das kennen wir bei der Steuerhinterziehung: „Das tut ja keinem weh, es ist ja der Staat, ich nehme es nicht beim Nachbarn weg und beklaue ihn nicht." Aber was passiert denn, wenn wir alle Steuerhinterziehung betreiben? Wenn das zum allgemeinen Grundgesetz wird? Dann entsteht das Chaos, dann können Sachen nicht funktionieren. Wenn wir so leben, wie Gottes Wort es sagt, nur die Zehn Gebote, dann können Dinge einfach funktionieren, dann ist zwischenmenschliches Leben geordnet. Wenn wir das nicht tun, dann geht's den Bach runter. Das ist die Autorität des Wortes Gottes, die sich nicht nur darin zeigt, dass eben ein Prophet vollmächtig eine Vernichtung aussprechen kann, sondern das ist die Autorität, die letztlich über allem steht, aber die eben auch vom Widersacher angegriffen wird.

Ein Viertes und Letztes aus dieser Perikope, was wir lernen können für unser Leben: **Der Trost des Wortes Gottes!** Wenn ich diese Verse lese, dann bin ich getröstet. Der erste Eindruck, ich weiß, wenn man diese beiden Bibelverse liest, ist Entsetzen: „Wie kann das in der Bibel drinstehen? Oh, oh, oh, schlimmes Wort!" Wenn ich das lese, dann bin ich getröstet. Ich bin ein Transporteur des Wortes Gottes - ein kleiner, mickriger und sündiger - und ich bin es nicht wert, dass ich den Talar trage und das Wort Gottes verkündigen darf. Aber weil ich das Wort Gottes transportiere, passiert es immer wieder, dass ich auch angegriffen werde. Nichts Schlimmes. Andere Brüder in der Welt haben ganz andere Dinge zu tragen. Aber ich ärgere mich dann auch über diese Dinge. Ich ärgere mich über die dummen Sprüche, die gemacht werden. Ich ärgere mich auch über Angriffe, die man innerhalb der Kirche erlebt, all diese Dinge, das erlebe ich mit. Ich bin ein Mensch, der neigt dazu, das wissen Sie, ein bisschen jähzornig zu sein. Ich will mich eigentlich wehren, zurückschlagen und manchmal kann ich das nicht. Manchmal tue ich es auch und bereite Gott damit

Unehre. Aber wissen Sie was? So ein Wort tröstet mich. Wenn man dann angegriffen wird, wenn man Dinge selbst erleben muss oder wenn ich Dinge miterleben muss, wie meine Brüder und Schwestern schlimm verfolgt werden, so wie ein bekannter Pastor im Sudan, der da Dienst tut, dann werde ich wütend. So ein Wort tröstet mich dann. Und ich weiß: Einer sitzt im Regiment und dieser hat gesagt:

> ***Ich sage euch aber, dass die Menschen Rechenschaft geben müssen am Tage des Gerichts von jedem nichtsnutzigen Wort, das sie reden.*** (Matthäus 12,36)

Für jedes unnütze Wort, das ihr sprechen werdet in dieser Welt, müsst ihr eines Tages vor meinen Richterstuhl kommen, nur für jedes unnütze Wort, und das reicht natürlich für das, was ihr getan habt und erst recht für das, was ihr meinem Leib angetan habt.

Die Rache ist mein, spricht der HERR (5.Mose 32,35). Und wenn es so ist, dass in unserer Geschichte selbst für so eine vermeintliche Lappalie eine furchtbare Strafe über diese Jugendlichen kommt, wie viel mehr über die Menschen, die Hand angelegt haben an die Gemeinde Jesu, wie viel mehr über die, die Leute verspotten auf Synoden oder sonst irgendetwas. Es ist für mich ein Trostwort zu wissen, dass ich wirklich auch die Dinge, die in dieser Welt sind, aushalten kann. Es gibt jemanden, der im Regiment sitzt, der schickt seine Bären los, dass da jugendliche Spötter zerrissen werden. Und ich weiß genauso: ER sitzt im Regiment und kümmert sich um all die Menschen, die in der Gemeinde Jesu angegriffen werden.

Vielleicht bist du auch in so einer Situation, wo du angegriffen wirst, wo du verspottet wirst an deinem Arbeitsplatz, in deiner Familie. Da bist du so „die alte Fromme, die singt ja immer nur dasselbe Lied." Deine Enkel machen vielleicht Sprüche oder sonst was und du bist traurig. Vielleicht bist du auch sauer, weil dich der Nachbar immer so schlecht behandelt und die Nachbarschaft über dich sonst was erzählt, ich weiß es nicht. Ich kann dir eins sagen: Mach dir keine Gedanken, sondern bete für diese Menschen, die dich um des Wortes Gottes willen verspotten, denen wird es ganz furchtbar gehen. Da sitzt ein Gott im Regiment und wehe dem, der vor diesen allmächtigen Gott in Jesus Christus treten muss und über dessen Leben nicht das Blut Jesu Christi gegangen ist. Das sind so arme Menschen. Wenn ich das höre, dieses Trostwort, dann verpufft mein Zorn über diese Menschen, die mir vielleicht mal was angetan haben. Dann werde ich in die Lage versetzt, dass ich für sie beten kann, weil ich weiß - entschuldigen Sie dieses Wort, das ich sage - was für arme Schweine das sind, aber wie furchtbar es denen gehen wird. Dann bin ich befreit zur Fürbitte für diese Menschen. Aber ich kann eben auch mit dem leben, was ich erlebe und erfahren muss, und das möchte ich dir zusagen für all die negativen Erfahrungen, die du vielleicht schon gemacht hast und auch machen wirst um deiner Nachfolge Jesu Christi willen, wo du auf dem Weg ins Haus Gottes bist und wo du das Wort Gottes transportierst. Glaub mir: Nicht ein Wort, nicht eine Schlechtigkeit, die dir angetan worden ist, die ist vergessen, sondern die kommt vor den Thron des allmächtigen, richtenden Gottes. Wehe den Menschen, die dir Dinge angetan haben um Jesu Christi willen und haben das Blut Christi nicht darüber gehen lassen, das wird furchtbar! Dich darf das trösten, dass du darunter nicht leiden und dich grämen musst, weil dieses Leid behoben werden wird.

Wir dürfen uns freuen darüber, dass, wenn wir zum Wort Gottes stehen, dass wir allen Schutz und allen Beistand im Leben haben. Im Psalm 119 lesen wir im Vers 50: ***Das ist mein Trost in meinem Elend, dass dein Wort mich erquickt.*** Im Vers 92 heißt es: ***Wenn dein Wort nicht mein Trost gewesen wäre, so wäre ich vergangen in meinem Elend.*** Das ist das Wunderbare, das wir eben im Wort Gottes als Nachfolger Jesu durch den Heiligen Geist immer wieder diesen Trost bekommen. Deshalb ist auch dieses zu Anfang sehr fremde Wort wirklich ein Wort des Trostes und der Auferbauung.

An Elisa das Wort Gottes lernen. Wir haben gehört über die Annahme des Wortes Gottes, über den Angriff auf das Wort

Gottes, über die Macht des Wortes Gottes und über den Trost des Wortes Gottes. Ich wünsche dir, dass Gott dieses Wort aus 2. Könige 2 an deinem Leben segnet und dass du viel Kraft, viel Erkenntnis aus dieser Predigt nehmen konntest durch Gottes Gnade. Amen.

Und der Friede unseres allmächtigen Gottes, der sehr viel höher ist als alle unsere menschliche Vernunft, ER bewahre unsere Herzen und Sinne in Christus Jesus, unserem auferstandenen und lebendigen HERRN. Amen.

Naaman - eine Bekehrungsgeschichte in sieben Diptycha

2.Könige 5,1 u. 9-15

> Gnade sei mit euch und Friede von dem, der da war und der da ist und der da sein wird in alle Ewigkeit, unser HERR, Jesus Christus, Amen.

Liebe Gemeinde, wir befinden uns in einer Predigtreihe. Wir haben jetzt schon zwei Texte über und von Elisa gehört, da war er so stärker die handelnde Person. Jetzt kommen wir zu einem Text, der auch in dieser Elisa-Reihe steht in der Bibel, im 2. Könige-Buch. Da kommt er auch vor als Transporteur des Wortes Gottes. Da spielt er zwar eine etwas passive Rolle, aber es ist eine ganz wunderbare Geschichte. Je länger ich in der letzten Woche über diese Geschichte nachdenken durfte und die Predigt vorbereitet habe, desto größer ist mir dieses wunderbare Wort geworden. Wir wollen hören aus 2. Könige 5, die Verse 1 und 9-15:

> ***Naaman, der Feldhauptmann des Königs von Aram, war ein trefflicher Mann vor seinem Herren und wert gehalten, denn durch ihn gab der HERR den Aramäern Sieg. Und er war ein gewaltiger Mann, jedoch aussätzig. [...] Naaman kam mit Rossen und Wagen und hielt vor der Tür am Hause Elisas. Da sandte Elisa einen Boten zu ihm und ließ ihm sagen: Geh hin und wasche dich siebenmal im Jordan, so wird dir dein Fleisch wieder heil und du wirst rein werden. Da wurde Naaman zornig und zog weg und sprach: Ich meinte, er sollte selber zu mir herauskommen und herzu treten und den Namen des HERRN seines Gottes anrufen und seine Hand hin zum Heiligtum erheben und mich so von dem Aussatz befreien. Sind nicht die Flüsse von Damaskus, Abana und Parpar, besser als alle Wasser in Israel, sodass ich mich in ihnen waschen und rein werden könnte? Und er wandte sich und zog weg im Zorn. Da machten sich seine Diener an ihn heran und re-***

deten mit ihm und sprachen: Lieber Vater, wenn dir der Prophet etwas Großes geboten hätte, hättest du es nicht getan? Wie viel mehr, wenn er zu dir sagt: Wasche dich, so wirst du rein. Da stieg er ab und tauchte unter im Jordan siebenmal, wie der Mann Gottes geboten hatte. Und sein Fleisch wurde wieder heil wie das Fleisch eines jungen Knaben und er wurde rein. Und er kehrte zurück zu dem Mann Gottes mit all seinen Leuten. Und als er hinkam, trat er vor ihn und sprach: Siehe! Nun weiß ich, dass kein Gott ist in allen Landen außer in Israel; so nimm nun eine Segensgabe von deinem Knecht. Amen.

Wir wollen beten: Lieber HERR und Heiland, wir wollen dir Dank sagen für dieses Wort aus dem Alten Testament von Naaman, das du uns schenkst für diesen Sonntag für unser Leben. Wir wollen uns jetzt in der Predigt Gedanken darüber machen, was dieses Wort mit unserem Leben zu tun hat. Und ich möchte dich bitten, HERR, dass du das einem jeden Einzelnen zeigen wollest, ganz persönlich in seine Situation hinein. Ich möchte dich bitten, HERR, dass du selber in der Predigt gegenwärtig bist in deinem guten Heiligen Geist, und dass wir alle erkennen können, wo wir gerufen und gemeint sind. Das wird nur dann gelingen können, HERR, wenn du selber diese Predigt segnest. Darum wollen wir dich alle miteinander bitten: HERR, segne du selber das Reden und das Hören deines heiligen und lebendigen Wortes an uns allen. Amen.

Liebe Brüder und Schwestern, ich habe diese Predigt überschrieben (Sie haben das vielleicht schon auf dem Predigtzettel gelesen) mit: **Naaman - eine Bekehrungsgeschichte in sieben Diptycha. -** „Na, was ist das denn? Muss der Pastor Latzel wieder zeigen, dass er im Lexikon geblättert hat oder dass er Griechisch kann? Was bitteschön sind denn Diptycha?" Ein Diptychon, das ist die Einzahl, Diptycha die Mehrzahl, ist ein Bild, das aus zwei zusammengehörenden Elementen besteht. Das ist so ein Stilmittel in der Kunst, bei dem häufig eben zwei

Dinge, die zueinandergehören, gemeinsam abgebildet werden; häufig schon vorher und nachher oder ebenso beide Teile. Manche von Ihnen haben so ein Medaillon, wo ein Bild von Vater und Mutter drin ist. Das ist auch ein Diptychon, wenn man das aufklappt, links der Vater und rechts die Mutter.

Ich möchte Ihnen in dieser Predigt nicht weniger als sieben Diptycha vor Augen malen aus dieser Geschichte. Sieben Diptycha, die alle zu tun haben mit der Bekehrung des Naaman. Es gibt immer ein Vorher und ein Nachher. Das ist so interessant, da bin ich ganz begeistert. Keine Angst! Die Predigt wird jetzt nicht länger werden als sonst, ich mache das ganz kurz. Aber ich möchte die Predigt so verstanden wissen, als würden wir virtuell durch ein Museum gehen und ich hätte da Bilder gezeichnet. Wir bleiben vor jedem Bild kurz stehen, schauen uns das an und wollen dadurch tiefer in diesen Text eintauchen.

Sieben Diptycha, und ich fange an mit **dem ersten Diptychon: Naaman - ein armer Mann, ein reicher Mann!** Das sind die beiden Bildhälften des ersten Bildes. Da ist ein armer Mann, da ist ein reicher Mann. Er ist eigentlich sehr reich - wir werden das auch noch sehen in der weiteren Geschichte - und unglaublich mächtig. Der Naaman ist der Feldherr, der oberste Heeresführer des Königs von Aram. Wir wissen aus der Geschichte, dass zu der damaligen Zeit die Aramäer, also im heutigen Syrien ansässige Leute, so um 850 v. Chr., die beherrschende Weltmacht war. Und er war der Kommandeur dieser Truppe der größten Weltmacht. Also der hatte richtig, richtig, richtig Geld und er war auch gut angesehen bei seinem Herren, bei dem König. Also ihm ging es richtig gut. Wir haben es hier, wenn man vielleicht vom König der Aramäer absieht, mit dem mächtigsten Mann der damaligen Welt zu tun. Doch ist es ein armer Mann. Das wird deutlich, wenn man den Text liest. Ich habe Ihnen den Vers 1 mitgebracht, da wird erzählt: ***Er war vor seinem HERRN wert gehalten und durch ihn gab der HERR den Aramäern Sieg.*** Er war ***ein gewaltiger Mann***, so heißt es in der Bibel. Und da kommt dieses Wort hinterher: ***jedoch aussätzig.*** In Wirklichkeit ein ganz armer Mensch! Bei allem, was ihm irdisch gegeben war, er hatte alles Geld, alle Frauen, alles, was man sich nehmen konnte, das hatte er. Aber die Krankheit bedrohte sein Leben. Der Tod hing wie ein Damoklesschwert über seinem Leben und aller Reichtum, alle Macht, aller Einfluss, alles Ansehen bringen diesem Mann gar nichts. Er ist ein ganz armer Mensch, denn er hat keine Beziehung zum lebendigen Gott.

Doch das ändert sich, nachdem er dann bei Elisa war und das Wort Gottes hörte, als er sich gereinigt hat im Jordan. Dann kommt er zum lebendigen Gott und ist wie verändert. Er ist zwar noch ein ganz reicher Mann, materiell geht's ihm wie vorher, aber da hat geistlich eine Veränderung stattgefunden. Ein armer, ein reicher Mann. Und das ist nicht nur hier bei dem Naaman, sondern das ist bei allen Menschen so, die Jesus, die Gott nicht haben: Sie sind arme Menschen. Jesus erzählt in Lukas 16 von einem armen Lazarus und dem reichen Mann. Auch da wird wieder kontrastierend gesprochen mit diesen beiden Bildern: hier der arme Mann, da der reiche Mann. Aber in Wirklichkeit ist es ganz umgekehrt: Der, der arm ist, ist reich, weil er nämlich Gott hat. Und der, der reich ist und Gott nicht hat, das ist ein ganz Armer. So ist das auch hier bei der Naaman-Geschichte. Zunächst einmal ist Naaman ein ganz Armer bei all dem Wohlstand, den er besitzt, weil er den lebendigen Gott nicht hat. Und er wird reich - nicht weil er sein Vermögen noch vermehrt oder weil er noch mehr Länder erobert hat - sondern er wird reich, weil er die Autorität des Wortes Gottes gefunden hat. Und das ist der große Reichtum des Lebens! Das war das erste Bild - der Arme, der Reiche.

Jetzt möchte ich Ihnen nicht nur diese Bilder vorstellen in dieser Geschichte, sondern ich möchte ganz konkret Ihr und euer Leben ansprechen. Und zwar möchte ich jetzt im ersten Punkt, von diesem ersten Diptychon sprechen zu denjenigen, die noch keine lebendige Beziehung zu Jesus Christus haben. Egal, was du in deinem Leben hast, wieviel Geld du auf dem Sparkonto hast, wie viel Erfolg dir im Beruf geschenkt worden ist, egal wie gesund du momentan bist, wie gut deine Ehe funktioniert; wenn du Jesus nicht hast, dann wird man sagen können: Du hast das und das und das alles, jedoch du bist sterblich, ***jedoch*** du bist ***aussätzig***, an dir klebt die Sünde und weil die Sünde noch an dir klebt, wirst du sterben müssen. Da bist du ein ganz, ganz Armer. Das ist das Erste, was uns dieses Bild sagen möchte, dass wir ohne Jesus verloren sind. Und diejenigen, die Jesus nicht haben, die möchte ich heute aufrufen in diesem Gottesdienst: Hör auf, in dieser Armut zu leben, ohne das Wort Gottes, ohne den lebendigen Gott in Jesus Christus. Mach dich auf und glaube an Jesus Christus.

Das zweite Diptychon, ein zweites Bild, das sich um diese Bekehrung stellt: **Naaman - ein hochmütiger Mann, ein demütiger Mann!** Auch dieses Bild (ich kann nicht malen, aber das würde ich so malen wollen): Da sitzt er vor der Bekehrung hoch zu Ross. Der kommt mit seiner ganzen Mannschaft, mit seinem ganzen Reichtum an. Ein hochmütiger Mann, er hat ja Macht! Ich stelle mir das so vor, wenn der Präsident Obama kommen würde. Er würde Bremen besuchen und mit seiner Entourage hier vorfahren, vor Martini, mit seinen dicken gepanzerten Limousinen, vorher 50 Limousinen, hinterher welche, alles voller Polizisten, alles abgeschirmt, überall Kameras. So muss man sich das damals vorstellen. Er steigt nicht vom Ross ab, der Naaman sitzt da, so wie der Präsident Obama in seiner Karosse sitzen und nicht aussteigen würde, aber vielleicht etwas von der Martini-Gemeinde wollte. So muss man sich das vorstellen. Er ist ja der Naaman, der mächtige Heerführer, der geht nicht in die elende Hütte von diesem Elisa rein. Elisa schickt ihm dann jemanden raus (das ist nochmal was ganz anderes, warum Elisa nicht rauskommt) und Naaman sitzt da hoch zu Ross. Das ist das eine Bild. Das andere Bild: der demütige Mann, der abgestiegene Mann. - Bei der zweiten Begegnung, als er zurückkommt zum Haus von Elisa, da springt er von seinem Pferd runter, da läuft er rein, da spielt das Ansehen keine Rolle mehr, da hat er zum Wort gefunden!

Und übrigens nicht nur hier. Er hat sich ja vorher schon gedemütigt, ist abgestiegen von seinem Pferd. Das ist so ein tolles Bild: ein abgestiegener Naaman, ein abgestiegener Mann, um in das Wasser des Jordans zu kommen. Da konnte er nicht auf seinem Ross bleiben, da musste er absteigen aus dem Sattel, damit das Wort Gottes an ihm wirkt, damit er rein wird. Da musste er absteigen! Da muss er weg von seinem Hochmut, runter von seinem hohen Ross. Was für ein tolles Bild! Runter von seinem hohen Ross, absteigen ins Wasser. Das Absteigen vor dem Haus des Elisa, das war dann kein Problem mehr.

Das ist auch so ein Bild für uns, die wir im Glauben stehen. Wenn wir wollen, dass das Wort Gottes in unserem Leben wirksam werden soll, dann geht es nicht, wenn wir am Hochmut festhalten, wenn wir auf unseren hohen Rossen bleiben. Da geht es nicht, dass wir uns etwas einbilden auf dem hohen Ross unserer Eitelkeit, auf dem hohen Ross unseres Intellektes, auf dem hohen Ross unserer körperlichen Kraft, auf dem hohen Ross unserer funktionierenden Familie oder was auch immer. Genau das ist es doch, worauf wir uns etwas einbilden, worüber wir hochmütig werden. Wenn wir meinen, dass da in unserem Leben irgendetwas sei, worauf wir uns etwas einbilden können, was wir gemacht hätten, also wenn wir hochmütig sind, dann kann das Wort Gottes in unserem Leben nicht wirken. Wir müssen immer wieder absteigen von unserem Ross. Wir müssen immer wieder demütig werden, dass wirklich Gott uns begegnen kann, dass er in uns wirken kann durch Sein Wort. In 1. Petrus 5 und an anderen Stellen in der Bibel steht genau dieses Wort:

Denn Gott widersteht den Hochmütigen, aber den Demütigen gibt er Gnade.

Wenn der Naaman nicht abgestiegen wäre vom Ross, hätte das Wort Gottes nicht wirken können, er wäre ja nicht in die Fluten des Jordans gekommen. Und wenn wir nicht absteigen von unsern Eitelkeiten, von unserem Hochmut, dann kann Gottes

Wort in unserem Leben nicht wirken. Das ist das Zweite, was dir Gott mit diesem Diptychon sagen möchte. Vielleicht bist du schon lange bekehrt, aber so in dir drin ist so viel Hochmut, ist so viel Stolz. Steig ab von deinem hohen Ross des Stolzes, des Hochmuts, damit Gott dich ganz neu segnen kann durch Sein Wort.

Ein drittes Diptychon, ein drittes Bild, was ich Ihnen zeigen möchte. Da stelle ich mir vor, **ein spekulierender Mann** auf der einen Seite, orientierungslos; auf der anderen Seite **ein gewisser Mann**. Wir lesen das hier: ***Ich meinte*** (!), ***er selbst sollte zu mir herauskommen.*** Also dieser Naaman hat gar keine Ahnung, was da richtig passiert. Er hat nur eine Vorstellung, wie der religiöse Betrieb bei dem Elisa vor der Hütte vonstattengehen kann, aber eine wirkliche Ahnung hatte er nicht. Als er aber wiederkommt, als er die Bekehrung erlebt hat, als er gereinigt ist in den Fluten des Jordans, da sagt er zum Schluss: ***Siehe, nun weiß*** (!) ***ich!*** Da ist der Orientierungslose, der Nichtwissende und hier ist der gewisse Mann. Das macht es, wenn wir wirklich im Wort Gottes gegründet sind, wenn wir dem Wort Gottes gehorsam sind - was ja der Naaman getan hat -, dann werden wir von orientierungslosen und spekulierenden Menschen zu gewissen Menschen. Das ist das, was der natürliche Mensch, der nicht wiedergeboren ist, zu allen Zeiten denkt vom Evangelium, der eben so seine Meinung hat und so Ahnungen anstellt, wie die Bibel und das Evangelium ist: „Ich **meinte**, der Mensch sei doch im Grunde gut." Die **Bibel** sagt: Der Mensch ist im Grunde knüppelhart schlecht. Nur die Welt denkt, eigentlich ist ja doch ganz viel Gutes im Menschen. Der natürliche Mensch sagt: „Ich **meinte** (!), dass Gott es nicht so genau nimmt. Ich halte zwar die Zehn Gebote, aber naja, so nach meiner eigenen Rechnung halt... Dass ich da mal rumgeknutscht hab mit meiner Sekretärin, also das gilt nicht als Ehebruch und dass ich da mal die Steuer hinterzogen habe, na ja, Gott wird es auch nicht so genau nehmen." Also da muss ich Ihnen sagen, da ist die Bibel ganz knallhart, Gott nimmt es ganz genau! Bis ins kleinste Jota dekliniert ER durch und ER ist der schärfste Steuerfahnder. Der natürliche Mensch sagt: „Ich **meinte** , dass man als Mensch nur seine Pflicht tun müsste, immer Treue und Redlichkeit, dann ist schon alles gut und dann kann ich vor diesem Gott bestehen." Das hilft überhaupt nichts, ohne das Blut Jesu kann niemand bestehen! So ist das eben, was der natürliche Mensch tut: Der ist ein spekulierender Mensch. Und mir wird es manchmal Angst und Bange, wenn ich sehe, was intelligente Menschen denken über das Ende ihres Lebens: „Also steh ich da dann vor Petrus." Ich sage: „Wo habt ihr das denn her?" Dann zucken die nur mit den Schultern, intelligente Leute, studierte Leute! Das ist Wahnsinn, wie viel Unkenntnis da ist. Spekulation, wie bei dem Naaman hier: „Ich **meinte**, jetzt sollte so ein religiöser Betrieb kommen. Jetzt sagt mir aber nur so ein Bote, nicht mal Elisa selber, das Wort. Ich **meinte**... Aber nun bin ich nicht mehr zufrieden!" - Das will dann die Welt auch nicht, wenn ihre kleinen Meinungen, die nichts mit der Bibel zu tun haben, kaputtgehen. Dann wird es immer bitterer, das erleben wir auch immer wieder. Der berühmte Theologe Friedrich Wilhelm Krummacher hat einmal gesagt: „Der natürliche Mensch gleicht einem Narren, der sich die Karte eines Landes anfertigt, ohne dieses Land zu kennen. Und wenn er dann eines Tages dieses Land besucht, erklärt der Narr: Das Land stimmt nicht." Liebe Brüder und Schwestern, solche Narren gibt es in Bezug auf den Glauben ganz viele. Die fertigen sich irgendwelche selbstgezimmerten Bildchen von Gott an und wenn sie dann irgendwann mit der Realität des Allmächtigen konfrontiert sind, dann sind sie enttäuscht, wenden sich ab, weil das eine nicht mit dem anderen zusammenpasst. Die Bibel hat sich nicht in ihren Vorstellungen nach unseren Vorstellungen von Gott zu richten, sondern wir müssen uns mit unseren Vorstellungen von Gott immer nach der Bibel richten, sonst geht's immer daneben. Und es ist wichtig, wenn man zum lebendigen Glauben gefunden hat, wenn man wirklich im Wort gegründet ist - was hier drin steht - da hat man Gewissheit. Das ist ein ganz wichtiges Element des Glaubens, dass man Gewissheit hat, keine Spekulation mehr über mein ewiges Leben, über mein Ende, was kommen wird nach dem Tod. Wenn ich im wahren Glauben an Jesus stehe, dann habe ich Gewissheit! Glauben Sie mir, ich wäre nicht Pastor geworden, wenn ich nicht absolute Gewissheit hätte, dass das stimmt, was da in der Bibel drin ist. Ich hätte was anderes gemacht, wäre Jurist geworden oder Börsenspekulant, ich würde sonst was machen. Weil ich weiß, dass das stimmt, was hier steht - und übrigens nicht nur ich, das haben die Brüder und Schwestern im Glauben erfahren -, habe ich Gewissheit. Im Heidelberger Katechismus, Frage 21, die mussten wir noch auswendig lernen im Konfirmandenunterricht: „Was ist wahrer Glaube?" Und da heißt es: „Wahrer Glaube ist nicht allein die sichere Erkenntnis, dass ich alles für wahr halte, was uns Gott in seinem Wort offenbart, sondern auch ein herzliches Vertrauen, welches der Heilige Geist durch das Evangelium in mir wirkt, dass nicht allein anderen, sondern auch mir Vergebung der Sünden, ewige Gerechtigkeit und Seligkeit vor Gott geschenkt ist, allein aus der Gnade Jesu Christi Willen." Ein bisschen kompliziert dieser Satz, aber das heißt: Der Glaube ist eine sichere Erkenntnis, dass das stimmt, dass ich Vergebung der Sünden habe und ewiges Leben. Das ist Sicherheit und das muss im Glauben sein. Und diese Sicherheit hat der Naaman gewonnen. Erst war er ein Mann, da ***meinte*** er nur, jetzt kommt er aber und sagt: ***Siehe, nun weiß*** (!) ***ich, dass kein Gott ist in allen Landen, außer in Israel.***

So ist Glaube, dass man sichere Gewissheit hat. Und das möchte ich an diesem Punkt, an diesem Diptychon dich fragen: Hast du sichere Gewissheit deines Glaubens, dass du ewiges Leben hast? - Ich weiß, wie das ist, der Widersacher kommt und er macht Leute schon mal unsicher, er will unseren Glauben zerstören. - Aber das ist wichtig für den Glauben. Wenn das so sein sollte, dann lass dich nicht in diesen Zweifeln gefangen nehmen. Suche einen Bruder, eine Schwester im Glauben auf, du darfst auch zu dem Pastor dieser Gemeinde kommen, damit wir schauen, was wir machen können, damit du Gewissheit im Glauben hast. So wie es sein muss, dass auf meinem Wagen, den ich draußen fahre, genügend Öl drauf ist. Wenn da nicht genügend Öl drauf ist, dass ich es dann nachgieße oder in die Werkstatt fahre. So ist es für den Glaubenden wichtig zu wissen, dass man sichere Gewissheit hat. Also da darf es keine Zweifel geben. Ihr könnt zweifeln, ob Pastor Latzel der richtige Pastor für diese Gemeinde ist oder weiß der Kuckuck was, ob wir eine andere Farbe an die Wand bringen. Da können wir uns streiten darüber, da kann man unterschiedlicher Meinung sein. Aber im Glauben, in den wesentlichen Dingen, da gibt's keine Meinung, da gibt's nur Gewissheit. Das macht uns dieses Bild deutlich von dem Naaman. Vorher, vor der Bekehrung, da war er spekulierend, da hat er eine Meinung gehabt. Doch nachher ist er ein gewisser Mann.

Ein viertes Diptychon. Das Bild liebe ich ganz besonders, das ist mir so aufgegangen: **Naaman - ein tauber Mann, ein hörender Mann!** Ich würde malen einen tauben Mann, der die Ohren zu hat gegenüber dem Wort Gottes, und ich würde malen einen hörenden Mann, der das Wort Gottes begeistert aufnimmt. Jetzt passt auf, jetzt gilt es genau zuzuhören. Das Tolle an dieser Geschichte, an diesem Diptychon ist, dass der Profi nicht zum Naaman durchdringt, aber die Amateure ihn dazu bringen, das Wort Gottes zu befolgen. Also der Profi ist der Elisa. Lest bitte mal 2. Könige. Das ist nicht so ein kleiner Typ, das ist ein wundermächtiger, vollmächtiger Prophet. Der geht so ein bisschen unter, weil Elia ebenfalls so stark ist. Aber ich würde fast sagen: Das, was die Bibel berichtet, da ist Elisa noch stärker, noch vollmächtiger. Es ist grandios! Was das für einer ist! Zu dem kommt Naaman und Elisa lässt ihm seine Worte nur ausrichten. Das Wort des Profis erreicht ihn nicht, da ist er taub, da verschließt er sich. Aber Gott sei Dank gibt's ja die Amateure, die auch noch versuchen, das Wort Gottes zum Naaman zu bringen. Er ist voller Zorn, geht weg und dann kommen seine Diener. Man merkt, wie die sich so ganz unterwürfig an ihn ranmachen und sagen: „Lieber Vater, lieber Vater, bitte, bitte! Wenn der Elisa dir was Großes gesagt hätte, bitte, bitte, tu es doch!" Sie flehen ihn an, sie betteln, die Amateure des Wortes Gottes. Was tut da Naaman? Auf das

Flehen seiner Diener gehorcht er. Das ist ein gigantisches Bild, wie der Profi es nicht ausrichtet, aber die Diener. Gott sagt das ganz bewusst hier in Seinem Wort. Die Diener müssen es erst tun und das ist eine ganz unangenehme Situation, denn er ist ihr Chef.

Ich kenne jemanden, der eine große Firma hat mit 300 Leuten und der ist wiedergeborener Christ. Alle zwei Monate muss da die ganze Mannschaft antreten, da macht der Andacht mit denen. Gut, er bezahlt sie ja, da kommen die auch alle, ob das Muslime sind, die treten alle an. Ist zwar freiwillig, aber klar, wenn der Chef einlädt, bleibt keiner weg, die kommen alle. Der hat die Möglichkeit und das ist in Ordnung. Das ist aber auch einfach: Er ist der Chef und am Monatsende gibt's die Kohle.

Aber das wissen wir auch andersherum. Die andere Situation ist schwierig, wenn der Chef nicht wiedergeboren ist, wenn wir dem das Evangelium bezeugen wollen und der noch Macht über uns hat, das ist schwierig. Aber die Diener gehen hier zu ihrem Chef hin. Das ist jetzt nicht einer, der an Tarifverträge gebunden war in der damaligen Zeit. Der konnte mit einem Federstrich ihr Leben beenden. Das ist nicht leicht, und trotzdem tun sie es. Es ist auch nicht angenehm. Erstens ist es nicht leicht, weil es der Chef ist, und zweitens nicht angenehm, weil der Typ ja todkrank ist, der hat Aussatz. Die gehen zu einem hin, der eine ansteckende Krankheit hat. Es war so früher, dass die Menschen zu den Aussätzigen, damit sie sich nicht anstecken, einfach Abstand halten mussten. Aber die müssen jetzt in Sprachweite sein. Die müssen dieses Unangenehme überbringen. Sie sagen: „Okay, Mensch, der ist krank. Trotzdem setzen wir uns mit ihm auseinander." Und es ist nicht ungefährlich, denn der Typ ist geladen. Zweimal heißt es hier: ***Er wurde zornig und ging weg im Zorn.*** Also wenn es eh schon schwierig ist, jemanden mit dem Wort zu erreichen, dann erst recht, wenn er wütend ist über das Wort Gottes, über die Kirche, über Pastor Latzel oder sonst was. Dann will man ihn mit dem Evangelium erreichen und morgens zu Martini einladen. Und doch tun das diese Diener, die hier sind. Das Tolle ist halt, dass es wirklich Phasen gibt, wo das Wort zu den Menschen nicht durchdringt, wo die tollsten Evangelisten und die größten Profis keine Chance haben. Die Diener aber, die ganz Kleinen, die Amateure sind in der Lage, jemanden dazu zu bringen, das Wort Gottes zu befolgen.

Und das ist das, was du mitnehmen darfst aus diesem Diptychon. Wenn du vielleicht auch mit so einem Menschen zu tun hast, vielleicht mit einem Vorgesetzten, wo du dich nicht traust. Vielleicht mit einem kranken Menschen, der dir unangenehm ist. Oder vielleicht mit jemandem, der so voller Zorn ist. Geh noch mal hin, du, der Amateur, der du gar nicht so gut reden kannst und vielleicht gar nicht so theologisch gebildet bist. Ruf' denjenigen nochmal dazu auf, dass er sich ans Wort Gottes hält, auf dass er gesegnet und gereinigt werden kann. Das zeigt uns dieses Bild vom tauben und vom hörenden Mann, von diesem Naaman.

Ein fünftes Diptychon, ein Doppelbild, wieder gegeneinander stehend: vor der Bekehrung, nach der Bekehrung. **Naaman - ein zorniger Mann, ein anbetender Mann!** Was für eine Veränderung! Und so ist das ja auch: ***Ist jemand in Christus, er ist eine neue Kreatur. Das Alte ist vergangen, es ist alles neu geworden.*** (2. Korinther 5,17). Vor der Bekehrung, vor dem Finden zum lebendigen Gott in Israel, ist er ein zorniger Mann und hinterher ist er anbetend. Da sagt er: ***Es gibt nur einen Gott!*** Was für eine Veränderung! Aber das tut es, wenn man zum Wort gefunden hat. Solange man nicht zum Wort gefunden hat und nach dem Wort lebt, solange bleibt man im Zorn. Das ist nicht meine Sache, die ich hier so quer reininterpretiere in diesen Text. Nein, das sagt die Bibel. In Epheser 2,3b heißt es: ***Wir waren Kinder des Zorns von Natur wie die anderen.*** Das heißt, bevor wir bekehrt sind, da leben wir in einem Leben des Zorns, das ist so. Wir sind wütend über das, was nicht klappt. Wir sind zornig darüber, dass wir sterben müssen. Wir missgönnen dem anderen. Das ist ein Leben voller Zorn. Aber wenn man zu Jesus gefunden hat, wenn man beim lebendigen Gott ist, dann ist man davon gelöst. Im Leben des wiedergeborenen Menschen hat der Zorn keinen Platz. Auch das ist nicht meine Auslegung, das sagt die Bibel immer und immer wieder. Bitte nehmt zu Hause eure Konkordanz, schlagt überall nach, wo Zorn steht, und lest es in der Bibel. Da heißt es z.B. in Epheser 4,31: ***Alle Bitterkeit und Grimm und Zorn und Geschrei und Lästerung seien fern von euch samt aller Bosheit.*** Oder in 1. Timotheus 2,8: ***Wir sollen beten mit heiligen Händen ohne Zorn und Zweifel.*** Oder in Jakobus 1,20: ***Denn des Menschen Zorn tut nicht, was vor Gott recht ist.*** Wir sollen vom Zorn lassen. Denn wenn man zum lebendigen Gott in Jesus Christus gefunden hat, dann nimmt einem der Heilige Geist den Zorn. Da, wo der Geist Gottes ist, ist kein Zorn. Das ist das Wunderbare, einfach auch, dass wir davon lassen dürfen, dass wir ein Leben nicht führen müssen im Zorn, in Wut, sondern in Freude und Anbetung. Dazu sind wir befreit durch den Heiligen Geist. Übrigens, auch das ist ein guter Ratschlag der Bibel, in Epheser 4,26b heißt es: ***...lasst die Sonne nicht über eurem Zorn untergehen.*** Das gilt für die Ehe, aber das gilt auch für jeden Konflikt; möglichst immer schauen, dass der Zorn nicht bleibt.

Das ist die Botschaft aus diesem Diptychon für dich. Vielleicht hast du bei den ersten vier Punkten gesagt: Das ist alles wieder nichts für mich. Ich bin ein missionarischer Mensch, ich spreche alle an, auch meinen Chef. Das ist doch alles ganz klar, das weiß ich doch. Aber vielleicht ist in deinem Herzen irgendwo noch Zorn, irgendwas Wütendes, was nicht ausgeräumt ist. Lass ab vom Zorn, geh vom Zorn in die Anbetung!

Ein sechstes Diptychon: Naaman - ein antisemitischer Mann, ein israelfreundlicher Mann! Auch das ist etwas ganz Deutliches: Wenn ich zum lebendigen Glauben finde, dann werde ich vom Antisemiten zum Israel-Freund. Das sehen wir hier. Zuerst macht Naaman Israel schlecht. ***Sind nicht die Flüsse***

von Damaskus, Abana und Parpar, besser als alle Wasser in Israel? Es sind ganz klare antiisraelische, antisemitische Äußerungen, nicht wahr? „Was will ich auch von denen?" Man darf auch nicht vergessen, die Aramäer waren die Feinde des Volkes Israel. Er kämpfte mit Heeresmacht gegen sie. Ein Antisemit, auch wenn es nur so eine kleine Äußerung ist. Aber wie wandelt sich das, als er die Wahrheit des Wortes Gottes entdeckt hat? Da kommt er und sagt: ***Es gibt keinen anderen Gott als allein in Israel.*** Das ist auch so: Wenn ich bekehrt bin, dann wird es so werden, dann kann ich das Volk Israel nicht mehr hassen. Es war ein Indikator auch im Dritten Reich, das hat die Bekennende Kirche auch klar und deutlich gemacht. Sie hat sofort gemerkt, was hier bei den Nazis läuft. Entjudaisierung des Alten Testamentes, des Neuen Testaments. Das ist gegen Christus!

Der Widersacher richtet sich immer wieder gegen das Volk Israel, schießt immer wieder dagegen. Nicht, dass Israel alles richtig macht! Das heißt nicht, dass man alles gut findet, was irgendein Jude irgendwann getan hat. Aber Antisemitismus ist dann nicht mehr möglich. Übrigens, darin sind sie alle geeint, die pöbelnden Rechten wie die intellektuellen Linken, allesamt Antisemiten, wenn sie nicht bei Jesus Christus sind. Das ist ein Zeichen für Nichtwiedergeburt, dass man da, wenn man auf der Seite des Widersachers steht, auch sich gegen das Volk Gottes wendet. Aber wenn es eben anders ist, wenn ich zum Glauben gefunden habe, dann werde ich zu einem Freund Israels. Nochmal: Ich werde nicht zu einem, der alles gut und richtig findet, was da militärisch im Vorderen Orient von den Israelis getan wird, aber ich werde ein bedingungsloser Freund Israels sein. Freunde sagen sich auch gegenseitig Dinge, die nicht in Ordnung sind, aber man ist jemand, der den anderen lieb hat.

Das haben in über 3000 Jahren Kirchengeschichte alle Völker erleben müssen. Lesen Sie mal die Geschichte des Volkes Israels. Auch wir Deutschen haben das erlebt. Unsere Kirche ist ein Zeichen dafür, dass wir nie vergessen, wie wir 1944 in Schutt und Asche gelegt worden sind. Nicht deshalb, weil die oberste Heeresleitung der deutschen Wehrmacht ein paar Fehler gemacht hat bei der Luftabwehr. Dass diese Kirche in Schutt und Asche war, war ein Zeichen des Strafgerichts, denn hier in dieser Kirche haben die „Deutschen Christen" gewirkt und haben von all diesem Blödsinn erzählt, von dieser Kanzel herunter. Gott lässt sich nicht spotten. Und andersherum: Als unser Volk angefangen hat, den Staat Israel, das Volk Israel zu unterstützen in den 50er und 60er Jahren - wir waren einer der größten Geldgeber - da sind auch wir gesegnet worden mit dem wirtschaftlichen Aufschwung. Das ist nicht nur, weil wir so intelligent sind, mit so starken Händen arbeiten und sowas. Das ist vor allen Dingen der Segen Gottes, der in der Beziehung zu Israel lebt. Und auch das wird deutlich in dieser Naaman-Geschichte, dass man sich da verändert. Wenn ich die Wahrheit des Wortes Gottes gefunden habe, dann werde ich zum Israel-Freund. Das darfst du wissen: Wenn du Israel segnest, dann wirst du gesegnet sein.

Ein siebtes Diptychon, ein letztes Bild, das ich Ihnen zeigen möchte: **Naaman - ein alttestamentlicher Mann und ein neutestamentlicher Mann!** Ich weiß nicht, wie ich das zeichnen würde. Aber das ist mir so deutlich, dass es genau diese beiden Elemente auch in dieser Geschichte gibt. Ein alttestamentliches Element, das brauche ich nicht zu erläutern, es ist ja ein Text des Alten Testaments, steht im 2. Buch Könige und gehört eben zu den 39 Büchern des Alten Testaments. Aber das ist eben auch eine Geschichte des Neuen Testaments. Wir haben ja gesagt: Wir finden Jesus, wir finden das Evangelium, gerade auch im Alten Bund immer und immer wieder. Und hier ist es ja so, hier wird jemand durch den Gehorsam auf das Wort Gottes ***rein*** von seiner todbringenden Krankheit, weil er das Wort Gottes hört und tut. So ist es genau im Evangelium. Wenn wir das Wort Jesu hören und tun - es nicht nur akustisch wahrnehmen, sondern umsetzen in unserem Leben -, dann werden wir ***rein*** von der todbringenden Krankheit, die uns bedroht, nämlich von der todbringenden Krankheit der Sünde. Naaman war bedroht vom Aussatz, aber wir alle sind bedroht von der Sünde, da sind wir genauso beklebt und befleckt. Aber wenn wir dem Wort Gottes gehorsam sind, dann ist das abgewaschen und dann sind wir ***rein***. Deshalb ist es auch ein neutestamentlicher Text.

Sollten Sie vielleicht denken: „Ja, das hat der Latzel jetzt so an die Predigt drangehangen, so einen christologischen Rattenschwanz zum Ende der Predigt. Außerdem wollte er nicht 6 Punkte haben, sondern 7 Punkte, weil das die vermeintliche Vollzahl ist. Es musste ja sein..." - Aber ich sage Ihnen, das ist nicht drangeklebt. Ich will Ihnen erzählen, wer das genauso sieht. Nämlich der größte Deutsche, der je gelebt hat: Martin Luther. Er ist ein unglaubliches Schlitzohr gewesen, ein brillanter intellektueller Theologe. Martin Luther übersetzte diese Geschichte und er schnallte es natürlich, dass hier ganz viel Evangelium drin steckt, dass dieses Untertauchen, dieses ***Rein***werden vom Aussatz ein ***Rein***werden von der Sünde ist. Dann macht Luther etwas, was er sonst nie tun würde. Er wird so ein bisschen dem Text untreu. Normalerweise hat er ja den Urtext, das Hebräische und das Griechische, ganz wortgenau übersetzt. Aber an dieser Stelle wird er so ein bisschen ungenau. Hier steht natürlich: ***Er tauchte unter im Jordan siebenmal.*** Und da schreibt Luther hin - das steht übrigens noch bis zu der Übersetzung 1912 im Luthertext: ***Und er taufte sich siebenmal unter.*** Er ***taufte*** sich. Das hat Luther nicht gemacht, weil Melanchthon dabei gesessen hat, das war kein Schreibfehler. Er wollte etwas deutlich machen. Auch wenn er sprachlich so ein bisschen ungenau wird, wollte er die Verbindung zum Neuen Testament bringen. Um zu sehen: Hier ist ganz viel Evangelium im Alten Testament. Hier ist beides, Alter Bund und Neuer Bund. Naaman - ein alttestamentlicher Mann, ein neutestamentlicher Mann. Genau das, was Luther hier versucht hat, deutlich zu machen mit diesem wunderbaren Kunstgriff, „tauchen" und „taufen" zu verwechseln, trifft es genau auf den Punkt. Hier ist ganz viel vom Evangelium, das ist unsere Geschichte, diese Naaman-Geschichte. Es ist nicht nur eine Erzählung von vor knapp 3000 Jahren, sondern das sind wir. Wir waren Menschen, die dem Wort Gottes nicht gehorsam waren, und durch die Gnade Gottes sind wir zum lebendigen Glauben gekommen und wurden dem Wort Gottes gehorsam. Dann sind wir tatsächlich geistlich getauft worden mit dem Heiligen Geist und sind rein geworden von all unserer Schuld, von Krankheit, von der Sünde und können nun in der Anbetung Gottes stehen.

Das waren die sieben Diptycha, die ich Ihnen aus dieser Geschichte vorstellen wollte, diese sieben Doppelbilder. Ich hab Ihnen ja gesagt, wir wollten so einen kleinen virtuellen Rundgang durch ein Museum machen, wo wir kurz stehenbleiben. Ich weiß nicht, wie es Ihnen dabei gegangen ist, als ich Ihnen diese sieben Bilder vor Augen gestellt habe. Bei dem einen oder anderen Bild werden Sie gesagt haben: „Hey, spricht mich an. Das andere war vielleicht richtig, aber mit meinem Leben hat es nichts zu tun." Ich möchte Sie um eins bitten: An dem Bild oder an den zwei oder drei Bildern, den zwei, drei Diptycha, die Gott Ihnen gezeigt hat und wo Sie gemerkt haben, dass Sie angesprochen sind, da verharren Sie davor. Davor bleiben Sie jetzt nochmal stehen und nehmen das an, was Gott Ihnen gesagt hat und setzen das um. Ob es das war im ersten Punkt zur Bekehrung, im zweiten Punkt zum Hochmut, zur Gewissheit im dritten und zum Hören auf das Wort Gottes, zum Zorn im fünften oder zur Israelfreundlichkeit. Das, was Sie gehört haben aus dem Wort Gottes, das setzen Sie um. Ich möchte so die Predigt auch beenden, mit dem Rundgang durch dieses virtuelle Museum vor diesen sieben Diptycha mit dem Wochenspruch aus Psalm 95, mit dem wir begonnen hatten: ***Heute, wenn ihr seine Stimme hören werdet, so verstockt eure Herzen nicht.*** Amen.

Und der Friede unseres allmächtigen Gottes, der sehr viel höher ist als alle unsere menschliche Vernunft, ER bewahre unsere Herzen und Sinne in Christus Jesus, unserem auferstandenen und lebendigen HERRN. Amen.

Eine seltsame Beerdigung - Ein großartiges Wort Gottes

2. Könige 13,20 und 21

> Gnade sei mit euch und Friede von dem, der da war und der da ist und der da sein wird in alle Ewigkeit - unser HERR, Jesus Christus, Amen.

Liebe Gemeinde, mit dem heutigen Sonntag beenden wir diese kleine Predigtreihe, die sich über vier Sonntage hingezogen hat zu diesem gewaltigen, großartigen, wundervollen Propheten des alten Bundes, über den Elisa. Wir werden heute schließen mit dem Text, der von ihm spricht, als er schon tot ist. Wir wollen hören als Predigttext auf 2. Könige 13, 20 und 21. Dort heißt es:

> ***Als aber Elisa gestorben war und man ihn begraben hatte, fielen streifende Rotten der Moabiter ins Land Jahr um Jahr. Und es begab sich, dass man einen Mann zu Grabe trug. Als man aber einige Leute von ihnen sah, warf man den Mann in Elisas Grab. Und als er die Gebeine Elisas berührte, wurde er lebendig und trat auf seine Füße.*** Amen.

> **Wir wollen beten:** Lieber HERR und Heiland, du schenkst uns dieses Wort vom schon gestorbenen Elisa und von dem, was du, HERR, tun kannst, selbst über den Tod hinaus. Wir wollen dich bitten, wenn wir dieses Wort jetzt betrachten, wenn wir uns darüber Gedanken machen in dieser Predigt, dass du diese Predigt an uns allen selber segnen wollest. Ich möchte dich bitten, öffne du uns dein Wort, sprich du zu jedem einzelnen. Das wird nur dann geschehen können, wenn du uns deinen guten Heiligen Geist schenkst. Und darum wollen wir dich alle miteinander nun bitten: Segne du selber, HERR, das Reden und das Hören deines heiligen und lebendigen Wortes. Amen.

Liebe Gemeinde, diese zwei Verse im Alten Testament sind bei den vielen, vielen Versen, die es im Alten Testament gibt, mit so die schönsten und gewaltigsten, die ich kenne. Es ist eine ganz tolle Geschichte, die hat mir immer schon gut gefallen. Und als ich mich jetzt auf die Predigt an diesem Sonntag vorbereitet habe, da ist es mir so gegangen wie einem Goldgräber, der nach Gold gräbt, und dann hat er schon was gefunden. Der weiß, hier ist eine Ader, aber je tiefer er gräbt, desto stärker wird dieses Flöz, die Ader wird immer größer und gewaltiger. Das ist so groß, dass man sich nicht fragen muss, hab ich denn jetzt genug, was da ist an Material, sondern ich weiß gar nicht, was ich herausbrechen soll. Welchen Klumpen Gold aus diesem wunderbaren Wort unseres Gottes bringe ich Ihnen denn mit?

Und ich hab mich dann bescheiden müssen. Ich hab mich bescheiden müssen und aus dieser Geschichte, an der ich so viel Spaß gefunden habe, und hab Ihnen etwas mitgebracht. Ich möchte über die Beerdigung sprechen, über diese seltsame Beerdigung. Ich habe die Predigt überschrieben: **Eine seltsame Beerdigung - Ein großartiges Wort Gottes.** Und ich möchte Ihnen diese Geschichte noch einmal erschließen, ausgehend von den Protagonisten dieser Geschichte, also denjenigen, die die Handelnden sind. Einmal von dem, der beerdigt wird, von dem, der schon lange beerdigt ist, und von denjenigen, die beerdigen. Wir wollen drei Punkte hören:

1. Die Beerdigenden, die auf der Flucht vor dem Tode sind

2. Der zu Beerdigende, der neues Leben angesichts des Todes erhält

3. Der Beerdigte, der über den Tod hinaus wirkt

Etwas schwierig, aber wir werden uns gleich hineindenken in diese etwas kompliziert verschachtelten Punkte. **Der erste Punkt: Die Beerdigenden, die auf der Flucht vor dem Tode sind!** Wir befinden uns etwa im Jahr 800 v. Chr. Wir befinden uns in Israel. Israel ist geteilt, einmal in das Nordreich, das nennt man Israel und in das Südreich, Juda. In Juda war es schon schlimm, da waren immer wieder Könige, die nicht ganz treu dem HERRN nachfolgten und da ist vieles schiefgegangen. Juda, das waren die beiden Stämme Juda und Benjamin. Aber im Nordreich, da wo wir uns jetzt befinden, da war es um vieles schlimmer, das war die ganz große Katastrophe. Die hatten sich komplett abgewandt von unserem HERRN und Gott, die machten, was sie wollten. Die liefen den Baalen, den Astarten nach, den heidnischen Göttern. Die lebten in sexueller Unzucht. Das war eine ganz, ganz schlimme Zeit, fast so wie bei uns heute. Und weil das so war, hat der HERR immer wieder Propheten gesandt, unter anderem eben auch den Elisa. Der HERR hat warnen lassen, aber die wollten nicht hören auf das Wort des HERRN. Und deshalb passiert das in Israel, was zu allen Zeiten, in allen Völkern aller Geschlechter passiert: Wenn man den HERRN dieser Welt verlässt und sich nicht nach Seinem Gesetz richtet, dann wendet sich der HERR ab! Dann lässt er Urteil und Gericht über ein Volk kommen!

Das können Sie über die ganze Menschheitsgeschichte sehen! Gucken Sie sich die Geschichte des Kommunismus in Russland an, 80 Jahre von Gott abgewandt und alles ist kaputt gegangen, Millionen von Menschen sind gestorben. Gucken Sie sich den Nationalsozialismus an. Sie können immer wieder gucken. Das ist dieselbe Geschichte zu allen Zeiten, bei allen Völkern. Und so auch hier im alten Israel, die waren komplett gottlos geworden. Und eine Sache passiert, wenn man gottlos geworden ist, wenn man den HERRN dieser Welt nicht mehr kennt, dann fürchtet man sich vorm Tod. Nochmal: Dann fürchtet man sich vorm Tod! Wer den HERRN dieser Welt kennt und unter dem Schatten seiner Flügel Zuflucht sucht, der hat vor dem Tod keine Angst mehr. Das ist so. Das war schon zu Zeiten Davids so, wir haben es im Wochenpsalm gehört, und das ist auch heute so. Wer den HERRN dieser Welt, Jesus, kennt, der braucht den Tod nicht zu fürchten. Aber wer den lebendigen Gott in Jesus Christus nicht kennt, der hat Angst vorm Tod. Und so auch hier in dieser Geschichte.

Da sind sie am Beerdigen und dann kommen die Moabiter. Die Moabiter sind Feinde des Volkes Israel, die leben so im heutigen Jordanien. Und da kommen nur so einige wenige Söldner, so eine marodierende Bande, und die bringen den Tod mit sich. Die wollen vergewaltigen, die wollen brandschatzen, die wollen morden. Und als dann nur einige Leute zu sehen sind, die haben nicht mal angegriffen, da packt die, die am Beerdigen sind, die große Furcht. Da laufen sie weg. Die, die gerade einen beerdigen, haben Angst vor dem Tod, dass sie bald auch als nächste beerdigt werden. Weil, wenn man nicht in Ehrfurcht vor Gott lebt, man hat ja nur die paar Jährchen hier auf Erden, dann muss man ja die eigene Beerdigung, das eigene Sterben meiden wie nichts anderes. Dann bist du auf der Flucht vor dem Tod. So geschieht es auch hier. Die sehen da nur so ein paar Leute. Dann tun sie etwas, was undenkbar gewesen ist im alten Israel, das ist auch ein Frevel! Dass man jemanden bestattet, ist etwas ganz Wichtiges! Die Toten galten als unrein, die mussten unter die Erde gebracht werden. Und die in der Geschichte schmeißen den Toten zwar nicht in den Straßengraben, aber so in das nächstbeste Grab, was da ist, und dann hauen sie einfach Hals über Kopf ab. Und dieses Grab, da kommen wir gleich noch dazu, ist das Grab des Elisa. Und da passiert vieles.

Aber wir wollen bei den Beerdigenden bleiben. Die fliehen vor dem Tod. Das ist so symbolisch in dieser Geschichte. Die streifenden Rotten der Moabiter! Die sind nicht nur vor 2800 Jahren in Israel eingefallen, die fallen auch heute in unsere gottlose Gesellschaft in Deutschland immer wieder ein. Diese streifenden Rotten der Moabiter. Da kommt eine Krankheitsdiagnose, dass ich da einen Tumor habe im Körper. Und wenn ich dann Jesus nicht habe, also dann fliehe ich und will ja nicht den Tod. Der Tod, der macht mir so viel Angst. Da gibt‘s so viele streifende Rotten der Moabiter, die einfallen, auch in unser Leben! Wer Jesus nicht hat, der wird immer nur vor diesen streifenden Rotten weglaufen.

Und das ist das, was wir auch heute erleben in unserem Deutschland, in diesem Land des 21. Jahrhunderts, dass der moderne Mensch ohne Jesus immer auf der Flucht vor dem

Tod ist und immer beim Beerdigen ist. Der moderne Mensch ist immer auf der Flucht vor dem Tod und immer beim Beerdigen. Ich möchte das erläutern. Auf der Flucht vor dem Tod, das kann man in unserer Gesellschaft ganz deutlich sehen, das ist jetzt nichts, was ich mir als gläubiger Christ und Evangelikaler ausdenke, sondern das ist das, was uns die Soziologen sagen, Menschen, die betrachten, wie entwickelt sich eine Gesellschaft. Unsere Gesellschaft, die immer gottloser wird, entfernt sich immer weiter vom Tod. Die erste Weise des Umgangs mit dem Tod - wenn man Jesus nicht hat - ist das Verdrängen. Das geht los, wenn die Angehörigen beerdigt werden. Früher, das wissen die Älteren noch, da war es klar, dass die Ehefrauen, wenn der Ehemann starb, zeitlebens Schwarz trugen. Da trug man bei der Beerdigung Schwarz, da trugen die Töchter zum Teil ein halbes Jahr Schwarz, als Zeichen der Trauer. Das gibt‘s heute nicht mehr bei uns. Zeichen der Trauer und des Todes sind verbannt aus unserem Leben. Es wird zunehmend anonym gestorben. 65 Prozent der Menschen sterben im Krankenhaus, 25 Prozent im Heim, nur noch 10 Prozent Zuhause und ganz viele sterben, das ist ja nicht schlimm, wenn man im Krankenhaus stirbt, aber ohne Angehörige, die dabei sind. Den letzten Weg, den müssen ganz viele Menschen ganz alleine gehen, da sind dann nur Krankenschwestern und Ärzte da. Und wenn dann beerdigt wird, Zeichen des Todes, dann am besten auch verbrennen, damit man mit der Leiche nichts mehr zu tun hat. Und dann am besten noch ein anonymes Grab. Das wächst auf unserem Friedhof. Unsere Friedhöfe sind eine beredte Sprache dafür, wie unsere Gesellschaft den Tod verdrängt. An Friedhöfen können Sie ganz vieles sehen. Früher waren Friedhöfe Brennpunkte des sozialen Lebens. Da gingen dann die Witwen, da gingen die Kinder immer wieder hin. Man traf sich, da hatte man Austausch. Das waren lebendige Plätze in einem Dorf, in einer Stadt, heute sind das gemiedene Plätze. Da sind gerade noch die Friedhofsgärtner. Wenn ich dann immer schon Sprüche höre von den Eltern: „Ja, wir haben das so geregelt mit unserer Beerdigung, unsere Kinder wollen eben nicht pflegen, aber wir haben dann einen Gärtner, der pflegt dann das Grab." Kinder, die nicht zum Grab gehen, auch zum Teil Kinder, die nicht zur Beerdigung kommen. Das habe ich mehrfach erlebt, auch in unserer Gemeinde. Da waren Leute, die haben den ganz tollen Eichensarg bezahlt, die haben die ganz tollen Kränze gemacht. Tochter und Sohn, die sagen: „Wir hatten ein gutes Verhältnis mit der Mutter, aber zur Beerdigung wollen wir nicht gehen. Wir wollen sie so in Erinnerung behalten, wie sie war." Und dann beerdigt man Leute, wo außer dem Bestatter und dem Organisten gerade noch ein Kirchenvorsteher mit dabei ist. Das habe ich alles schon erlebt und erfahren, auch in dieser Gemeinde.

Friedhöfe sind zu Ghettos des Todes in unserer Gesellschaft geworden. Auch das ist kein Begriff von mir, das können Sie nachlesen im Internet. Das können Sie nachlesen in soziologischen Veröffentlichungen. Da sieht man, wie unsere Gesellschaft mit dem Tod umgeht, und man kann das immer weiterführen. Nicht nur an den Friedhöfen, aber da kann man es ganz besonders deutlich sehen. Unsere Gesellschaft, die Jesus in weiten Teilen nicht mehr hat, hat keine Antworten auf den Tod und weil man damit nicht umgehen kann, verdrängt man den Tod, ist auf der Flucht vor dem Tod. Das Einzige, was im Leben dann bleibt, ist das Beerdigen. Und zwar nicht das Beerdigen der Angehörigen, sondern das Beerdigen des eigenen Lebens. Denn das ist ja die Sache: Wir sterben ja nicht nur als Menschen eines Tages unseren biologischen Tod. Der kommt irgendwann, irgendwann hört`s Herzchen auf zu schlagen. Zack, Atmung setzt aus, dann sind wir gestorben und dieser Körper vergammelt. Nein, bevor wir den biologischen Tod sterben, sterben wir ja viele andere Tode. Wir sterben all die sozialen Tode. Wenn wir die Eltern, die Ehepartner, auch Beziehungen beerdigen müssen, die sterben vor der Zeit, wenn die Ehe auseinandergeht, wenn eine Freundschaft zerbricht. Wir sterben die finanziellen Tode, wenn einer arbeitslos wird, oder wenn einer in Konkurs geht. Das ist das, was dem natürlichen Menschen ohne Jesus bleibt, der steht in einer Kette von Beerdigungen. Und dann sagen sie: „Nein, ich doch nicht! Also was du da erzählst, als Pastor! Ich beerdige nicht laufend was! Mein Leben ist erfüllt von Freude und ich fahr dreimal im Jahr in Urlaub und ich habe so viel Spaß und ein Erlebnis jagt das andere!" Da sage ich: „Genau, das ist die Flucht vor dem Tod!"

Wer Jesus nicht hat, der bringt sein Leben nur noch mit Beerdigungen zu. Denn die Dinge werden immer wieder kürzer in dieser Welt. Wer Jesus nicht hat, der muss ja immer wieder zu Grabe tragen und bringt sein Leben immer wieder zu mit der Flucht vor dem Tod. Und vielleicht sind ja heute Morgen auch Menschen unter uns, die Jesus noch nicht haben, die vielleicht schon lange Kirchensteuer bezahlen oder sich dafür interessieren, was Jesus so als Mensch getan hat, als Humanist, aber die noch nicht den Heiligen Geist haben und noch nicht wiedergeboren sind, die noch auf der Flucht vor dem Tod sind. Wenn du zu solchen Leuten gehörst, die Angst vor dem Tod haben, vor den streifenden Rotten der Moabiter, dann darf ich dich heute Morgen neu einladen, im Namen Jesus Christus: Übergib dein Leben dem HERRN, mach klare Sache, bekenne deine Sünde, bringe sie unter das Kreuz! Lass zu, dass Gott mit seinem Heiligen Geist in deinem Leben Einzug hält, damit du nicht lebst wie diese Israeliten, die da den einen beerdigen und weglaufen müssen, weil da die Streifschar der Moabiter kommt. Du bist eingeladen zu einem Leben, das vor dem Tod keine Angst hat, das nicht auf der Flucht ist vor dem Tod, sondern das sich stellen kann dem Tod und das sagen kann, wie der Apostel Paulus im Neuen Testament: ***Sterben ist mein Gewinn. Tod, wo ist dein Stachel?*** (Philipper 1,21; 1. Korinther 15,55) Das war der erste Punkt der Predigt: Die Beerdigenden, die auf der Flucht vor dem Tode sind!

Das Zweite: Der zu Beerdigende, der neues Leben angesichts des Todes erhält! Die Israeliten, die Jesus, die Gott nicht kennen, die tragen einen zu Grabe und von dem, den sie zu Grabe tragen, wissen wir so gut wie gar nichts. Also wir wissen nicht seinen Namen, wir wissen auch nicht die genaue Todesursache. Ist er eines natürlichen Todes gestorben? Ist er vielleicht umgebracht worden, auch von dieser Streifschar, die da herumläuft? Wir wissen nicht, wie alt er geworden ist und ob er eine Familie hinterlassen hat. Wir kennen nichts von ihm. Einzig, dass er beerdigt wird und dass er eben - als er schon gestorben ist - auf den Elisa geworfen wird und dann auferweckt wird.

Übrigens, das ist ein feiner Unterschied in der Bibel. Es gibt einen Unterschied zwischen Auferweckung und Auferstehung. Auferweckung, das ist die Wiederbelebung des noch natürlichen Leibes, das geschieht hier. Auferstehung ist das, was wir eines Tages erleben, wenn dieser Leib kaputt ist und wir einen neuen Leib bekommen, Auferstehung der Toten. Das ist ein Unterschied! Hier haben wir es mit einer Auferweckung zu tun, das ist das, was auch immer wieder in den Heilungswundern Jesu passiert, wenn er da ein kleines Mädchen, was krank ist, auferweckt, wo der Leib einfach noch weiterlebt hier auf Erden. Auch dieser Mann hat dann ja nicht für alle Ewigkeiten in diesem Leib weitergelebt, sondern er hat vielleicht auch noch 5, 10, 15, 25 Jahre gelebt und dann ist er gestorben und dann ist sein Körper verrottet. Aber er war tot und er hat neues Leben angesichts seines Todes erhalten, und zwar durch die Berührung mit dem Leib des Mannes Gottes. Durch die Berührung mit dem Leib des Mannes Gottes erhält er neue Kraft. Und hier muss man nicht lange fragen: „Wo ist denn das, was hier aufs Neue Testament zielt, wo ist denn hier Jesus?"

Ich hatte ja diese Predigtreihe eingeleitet und habe gesagt: Alles im Alten Testament zeugt von Jesus. Alles! Wenn wir das Alte Testament lesen, so springt uns immer wieder der Allmächtige entgegen, Jesus Christus. Überall, wo da **HERR** steht, da ist **Jesus** gemeint. Jesus selber sagt im Neuen Testament (Johannes 5,39): ***Suchet in der Schrift; denn ihr meinet, ihr habet das ewige Leben darin; und sie ist's, die von mir zeuget...*** Damit meint er das Alte Testament. Damals gab es ja noch kein Neues. Und es gibt eben Stellen, wo Jesus selber spricht, im Engel des HERRN oder bei dem Melchisedek. Es gibt Stellen, da prophezeit das Alte Testament von Jesus und es gibt Stellen, wo wir Typologien finden, Abbilder, die im Alten Testament formuliert sind auf das Neue. Und wenn man erklären möchte, was eine Typologie ist, dann eignet sich diese Stelle hier hundertprozentig in 2. Könige 13. Das ist genau so ein Abbild. Das zeigt etwas, in Vorwegnahme, was in Jesus in Erfüllung geht. Also da ist jemand vom Tod bedroht. Er hat eine Todeserfahrung gemacht und zwar die ultimative Todeserfahrung. Der ist hier im Leben gestorben und dann kommt er in die Berührung mit dem Leib des Mannes Gottes und dann kriegt er neue Kraft. Genau das, was dieser zu Beerdigende hier erfahren und erleben darf, das dürfen wir erleben und erfahren in Jesus Christus. Wo immer wir in die Berührung mit dem Leib des HERRN kommen, kriegen wir neue Kraft. Davon zeugt die Bibel immer wieder. Denken Sie an die syrophönizische Frau, die da zwölf Jahre Ausfluss hat, unrein ist, kein Arzt kann ihr helfen, sie ist total verzweifelt. Und dann sagt sie sich: „Wenn ich nur seine Kleider berühren könnte, so würde ich gesund." Und zugleich versiegte die Quelle ihres Blutes und sie spürte am Leib, dass ihre Plage geheilt war. Die berührt nur das Gewand von Jesus und da geht eine Kraft aus, die sie gesund macht. Denken wir an die Schwiegermutter des Petrus in Matthäus 8, die hatte schlimmes Fieber. Jesus kommt zu ihr und ergreift ihre Hand, und sogleich wird sie gesund. Denken Sie an den Taubstummen in Markus 7, wie es da heißt: Jesus legte die Finger in seine Ohren, und auf seine Zunge, und dann löst sich die Zunge und die Ohren hören. Das ist das, wenn wir in Berührung mit Jesus kommen. Dann kriegen wir Kraft, angesichts der Todeserfahrung.

Jetzt können Sie natürlich fragen, so wie Konfirmanden nach dem Motto: „Ja, die hatten es damals gut, die hatten ja einen Jesus oder so einen Leichnam von Elisa, aber wie kommen wir denn in Berührung mit diesem Jesus?"

> ***Suchet mich in der Schrift, hier werdet ihr mich finden, sie zeugt von mir***, sagt Jesus.

Wenn wir das Wort Gottes lesen und annehmen, dann kommen wir in Berührung mit Jesus. Und dann bekommen wir die Kraft, die wir brauchen angesichts unserer Todeserfahrung. Denn das brauchen auch wir! Wir, die wir Christen sind. Wir machen ja auch Todeserfahrungen. Wir werden am Ende unseres Lebens die letzte endgültige Todeserfahrung machen hier auf Erden, den biologischen Tod. Aber glauben Sie mir, manche Menschen sind in ihrem Leben schon so viele Tode vorher gestorben, dass der letzte, der biologische, nicht mehr der schlimmste und grausamste ist. Da gibt's die sozialen Tode, die wir sterben, wenn wir einen lieben Menschen verlieren, den Ehepartner, ein Kind. Was wirklich Tod für uns ist, wo etwas kaputt geht, wo nur noch Sterben ist, wo wir keine Perspektive sehen. Da gibt's die beruflichen Tode, wenn einer nach 30 Jahren im Job entlassen wird und kriegt keinen neuen. Da ist auf einmal nichts mehr als Todeserfahrung. Ich werde nicht mehr gebraucht. Da sind die körperlichen Tode, wenn da ein Mann mit Mitte 60 auf einmal eine Prostataoperation kriegt und dann muss er Windeln tragen, ist inkontinent, ist impotent. Das sind körperliche Tode. Diese Erfahrungen machen wir immer wieder. Die Todeserfahrungen drücken uns nieder. Diese Streifscharen der Moabiter, die der Widersacher ausschickt, die versuchen auch uns zu bedrängen. Todeserfahrungen machen wir auch, und natürlich am Ende dieses Lebens die ultimative Todeserfahrung, der biologische Tod.

Aber „Halleluja!" für denjenigen, der Zugang zum Leib Christi hat, der da anfassen darf, der die Kraft Gottes bekommen kann, von den Strömen des lebendigen Wassers schöpfen kann, die vom Leib unseres HERRN ausgehen, der kann auch mit den Todeserfahrungen dieses Lebens fertig werden. Und das ist das Wunderbare!

Und glauben Sie mir, das erlebt der Pastor, wenn der in ein Trauerhaus kommt, wenn ein Kind gestorben ist oder der Ehepartner, der geliebt wurde über viele Jahre und da Trauer ist. Wenn die Menschen Jesus nicht haben, das ist ein Elend und da kann man nicht helfen. Aber wenn dann Jesus bekannt ist, wenn man Zugang zum Leib Christi hat, dann ist da Kraft von unserem HERRN und da kann man selbst durch die Todeserfahrung dieses Lebens gehen. Jesus hilft in allen Lebenserfahrungen, in allen Lebenskrisen, in allen Situationen. Und das möchte ich dir heute Morgen in diesem zweiten Punkt zusprechen. Du, der du gekommen bist, und der du den HERRN Jesus kennst, für deine Todeserfahrung, die vielleicht schon länger zurückliegt oder in der du aktuell stehst und die dich quält: Es gibt Hilfe bei unserem HERRN und Gott, bei dem Gott, der gesagt hat:

> ***Kommt her zu mir alle, die ihr mühselig und beladen seid. Ich will euch erquicken*** (Matthäus 11,28), zu dem Gott, der gesagt hat, in Jesus Christus:
>
> ***Ich bin die Auferstehung und das Leben. Wer an mich glaubt, der wird leben, auch wenn er stirbt. Und wer da lebt und glaubt an mich, der wird nimmermehr sterben.*** (Johannes 11,25)

Unser HERR Jesus Christus hat den Tod überwunden, nicht nur den biologischen Tod, sondern auch alle Todeserfahrungen dieses Lebens. Und wenn du in diesen Todeserfahrungen stehst, dann darfst du dieselbe Erfahrung machen wie der zu Beerdigende hier. Wenn du mit dem Mann Gottes in Berührung kommst, wenn du mit Gott selber in Berührung kommst, mit seinem Leib, dann wirst du erleben, wie du neue Kraft bekommst, neues Leben, angesichts deiner Todeserfahrung!

Ein Drittes und Letztes: Der Beerdigte, der über den Tod hinaus wirkt! Das ist mein Lieblingspunkt in dieser Predigt. Also Elisa ist ja ein gewaltiger Mann! Was hat er nicht alles für Wunder getan? Was konnte der alles machen, auch dieses Fluchwort, über das wir gesprochen haben, ein gewaltiger Prophet! Jetzt ist er tot. Aber, der wirkt über den Tod hinaus. Selbst an seinen verrottenden Gebeinen ist eine Kraft da, die

Gott gebraucht. Ich rede hier jetzt nicht irgendeinem katholischen Reliquienkult das Wort, absolut nicht! Hier geht es **nicht** darum, dass irgendwelche besonders geistlich bevollmächtigten Männer irgendwann unter den Altären beerdigt werden wie in der katholischen Kirche, oder dass man die irgendwo ausstellt. Ganz großer Quatsch! Totaler Blödsinn! Was diese Geschichte sagt ist das, was **in dem HERRN** passiert, **das** wirkt über den Tod hinaus.

Alles, was ihr **ohne** den HERRN Jesus macht, das ist alles nur vergänglich, das wird beerdigt. Spätestens wenn ihr tot seid oder wenn euer Haus abgerissen wird oder in 50, 70, 80 Jahren, wenn keiner mehr euren Namen kennt, dann ist alles vorbei, was nicht **im HERRN** war. Aber alles, was **im HERRN** passiert, das wirkt über den Tod hinaus, das wird nämlich angeschrieben im Reich Gottes. Alles, was wir investieren ins Reich Gottes, was **im HERRN** passiert, das wirkt über unseren Tod hinaus. Das sind die ewigen Schätze, von denen Jesus spricht in der Bergpredigt. Er sagt:

> ***Ihr sollt euch nicht Schätze sammeln auf Erden, wo Motten und Rost sie fressen und wo Diebe einbrechen und stehlen. Sammelt euch aber Schätze im Himmel, wo weder Motten noch Rost sie fressen...*** (Matthäus 6,19)

Nichts, keinen Euro, keinen Cent, den ihr gespendet habt für das Reich Gottes, bleibt euch unvergolten. Keine Minute, die ihr investiert habt ins Gebet für andere Menschen, bleibt euch unvergolten. Keine Stunde, die ihr investiert habt für die Arbeit im Reich Gottes, bleibt unvergolten. Gott sieht das und das wirkt über euren Tod hinaus. Es gibt so eine wunderbare Stelle, wir haben auch schon mal drüber gepredigt, Römer 16,22 (da schreibt derjenige, der den Römerbrief geschrieben hat, also diktiert hat ihn der Paulus, aber der hatte einen Schreiber), da heißt es: Ich, Tertius, der ich diesen Brief geschrieben habe, grüße euch in dem HERRN. Der Römerbrief hat 433 Verse. In 432 Versen kommt nur der Paulus vor und in dem einen

Vers kommt der Tertius vor und der sagt: ***Ich, Tertius, der ich diesen Brief geschrieben habe, grüße euch in dem HERRN.*** Er hat etwas **im HERRN** gemacht, dieser Tertius. Wir kennen auch diesen Tertius nicht genau, wir wissen nur, dass es ein Schreibersklave war. Aber ich stelle mir immer vor, so in Gedanken, wie hat der sich wohl gefühlt, wenn der Paulus ankam und hat ihm wieder den Brief diktiert. Das hat er vielleicht nicht nur mit großer Freudigkeit getan, aber er hat es **im HERRN** getan. Und was ist aus diesem Werk des Tertius geworden, der über den Tod hinaus gewirkt hat. Er ist längst gestorben, so 70, 80 n. Chr., aber er ist im Römerbrief drin. Der Kirchenvater Augustin, der liest den Römerbrief und bekehrt sich. Der große Reformator Martin Luther übersetzt den Römerbrief und wie er ihn übersetzt, da kriegt er den Heiligen Geist, er erlebt seine geistliche Wiedergeburt. John Wesley, der Begründer der Methodisten, liest das Vorwort, das Luther geschrieben hat über den Römerbrief und bekehrt sich. Karl Barth schreibt das größte theologische Buch über den Römerbrief. Dieser Tertius hat etwas getan, was ganz klein ist, wie so ein Schlag eines Schmetterlings. Aber, wenn ein so kleiner Schlag, wie der Flügelschlag eines Schmetterlings, **im HERRN** geschieht, dann kann es, was weiß ich, in Europa einen großen Orkan geben. Und so ist es im Reich Gottes. Was wir da machen, das ist nicht vergeblich! Das wirkt über den Tod hinaus! Nicht nur bei dem Tertius, nicht nur bei dem Elisa, sondern auch bei uns.

Ich habe das erlebt in meiner alten Gemeinde. In der Nachbargemeinde gab's da kurz vor dem Zweiten Weltkrieg einen Pastor Erlbruch. Der Name sagt hier natürlich niemandem was. Aber dieser Pastor Erlbruch, im Siegerland ein bekannter Mann, der hatte natürlich, wie jeder Pastor, viele Konfirmanden damals. Er hat jedem einen Konfirmationsspruch mitgegeben und das Besondere war, der wusste von jedem Konfirmanden seinen Konfirmationsspruch, wann immer der den traf. Das war das, was der Pastor Erlbruch den Leuten immer mitgab, nicht nur beim Konfirmationsgottesdienst, sondern wann immer der die im Dorf traf, sagte er: „Grüß dich Walter und vergiss nicht deinen Konfirmationsspruch, Psalm 23, Vers 4“ und dann sagte der den. Oder er sagte: „Vergiss nicht, Elke, deinen Konfirmationsspruch, Jesaja 40, sowieso.“ Und Sie glauben nicht - der Pastor Erlbruch war dann schon in den 60er Jahren gestorben - was mir Leute immer wieder erzählten von diesen Begegnungen und wie die da einfach gestärkt waren. Der Pastor war lange tot, die Gebeine vergammelt von dem, aber da lebte das weiter in Jesus Christus: Er hatte andere Leute im Glauben gestärkt und auferbaut und korrigiert durch dieses Wort, das er da zugesprochen hat. Jemand, der über den Tod hinaus wirkt. Und so ist es bei dem Elisa gewesen, so war es beim Tertius, bei dem Pastor Erlbruch und so ist es auch in euerm Leben. Das ist nicht nur bei den großen Amtsträgern so.

Glaubt mir bitte eines: Alle eure Gebete, die ihr sprecht **im HERRN**, in Jesus, wenn ihr den Heiligen Geist habt, die sind nicht vergeblich, die werden gesammelt in den Schalen vor dem Thron unseres allmächtigen Gottes, so heißt es in der Offenbarung. Deshalb möchte ich euch Mut machen, noch intensiver zu beten! Auch wenn ihr denkt: „Es ist ja alles nur vergeblich, es ist alles umsonst. Ich bete schon so lange für meine Tochter, für meinen Sohn und für meine Enkelkinder.“ Betet weiter und nehmt nicht nur eure Enkelkinder mit rein, auch die Urenkel und Ururenkel, die Generationen, die noch geboren werden. Es gibt eine vorlaufende Gnade! Für die, die schon gestorben sind, brauchen wir nicht mehr zu beten. Da brauchen wir nichts mehr zu machen. Aber für die Generationen, die noch kommen, da darf man die Hände falten. Dazu möchte ich euch aufrufen: Investiert ganz viel ins Gebet, investiert auch eure Zeit in Jesus Christus, **im HERRN**, auch euer Geld, das ist die beste Anlagestrategie, das ins Reich Gottes zu investieren. Das zahlt sich zwar hier auf Erden nicht direkt in barer Münze aus, aber glaubt mir, in der Ewigkeit werdet ihr das erleben, da bin ich mir sicher. Ich weiß nicht genau, wie es in der Ewigkeit sein wird. Aber vielleicht werden wir uns in der Ewigkeit dann ja sehen und ihr werdet eventuell gegen mich

Anklage erheben. Und was ihr mir sagen werdet, wird nicht sein: „Mensch, du warst zu hart!“ Ihr werdet folgendes sagen: „Warum hast du das als Pastor nicht deutlicher gemacht, was für eine Rendite wir hier kriegen? Wir haben uns mit so viel Blödsinn beschäftigt, das alles nur diesem Irdischen, diesem Vergänglichen und zu Beerdigenden geschuldet war. Und wir haben bei dem, was wir vielleicht trotzdem getan haben, viel zu wenig getan für das Ewige, für das Unvergängliche! Wir haben zu wenig **im HERRN** getan!“ - Genau das werdet ihr sagen. Und ich kann auch da nur sagen: „Meine Güte, hätte ich nur mehr getan!“ Da bin ich mir ganz, ganz, ganz, ganz sicher! Wenn wir in der ewigen Herrlichkeit, in der Vollendung bei unserem HERRN leben, dann werden wir sehen, wie wichtig diese ewigen Werte sind, die bleiben über den Tod hinaus. Und das darfst du wissen für dein Leben, wenn du **im HERRN** bist, wenn du den Heiligen Geist hast, dann hat dein Leben einen Sinn. Alles, was du dann tust **im HERRN**, das hat nämlich Bestand für alle Ewigkeit, das bleibt. Dann wirst du wirken über deinen Tod hinaus, längst, wenn du gestorben bist. Was **im HERRN** geschieht, das bleibt über den Tod hinaus. Und darum möchte ich schließen mit einem Wort aus 1. Korinther 15,58:

> ***Darum, meine lieben Brüder, seid fest, und seid unerschütterlich und nehmt immer mehr zu in dem Werk des HERRN, weil ihr wisst, dass eure Arbeit nicht vergeblich ist in dem HERRN.***

Liebe Geschwister, wenn ihr etwas **im HERRN** tut, dann wirkt es über euren Tod hinaus. Drei Punkte in dieser Predigt: Die Beerdigenden, die auf der Flucht vor dem Tod sind! Das brauchen wir, Gott sei Dank, in Christus nicht. Der zu Beerdigende, der neues Leben angesichts des Todes erhält! Diese neue Kraft dürfen wir auch kriegen, wenn wir in die Berührung mit dem Leib Christi kommen. Der Beerdigte, der über den Tod hinaus wirkt! Das können wir auch, wenn wir etwas **im HERRN** Jesus tun, dann wird alles über unseren Tod hinaus wirken. Und dazu segne und stärke uns unser HERR. Amen.

Und der Friede unseres allmächtigen Gottes, der sehr viel höher ist als alle unsere menschliche Vernunft, ER bewahre unsere Herzen und Sinne in Christus Jesus, unserem auferstandenen und lebendigen HERRN. Amen.

Grundlegendes über den Dank gegenüber Gott

1.Chronik 16,7-8

> Gnade sei mit euch und Friede von dem, der da war und der da ist und der da sein wird in alle Ewigkeit, unser HERR, Jesus Christus, Amen.

Liebe Gemeinde, bevor ich Ihnen die beiden Predigtverse vorlese, die Gott uns heute schenkt als Predigttext - beide Verse sind entnommen aus dem Buch 1. Chronik 16 - möchte ich einige Worte sagen, wie es dazu gekommen ist, dass David diesen gewaltigen Psalm hat schreiben und konzipieren lassen.

Wir befinden uns etwa im Jahr 1000 vor Christus und David hat Gewaltiges hinter sich gebracht. Er ist zunächst König über Juda geworden. In einem zweiten Schritt, einige Jahre später, König über Israel und dann hat er schließlich als drittes und letztes auch noch die Königschaft über Jerusalem angetreten. Er hat großartige Siege errungen gegen die Philister, gegen andere Völker und er ist zu diesem Zeitpunkt der mächtigste Mann der damaligen Welt.

Nun hat er die Bundeslade nach Jerusalem überführen lassen. Die Bundeslade ist da und er hat so vieles geschafft, so vieles erkämpft und jetzt ist ihm eines wichtig, dass der Dank gegenüber Gott geordnet wird. In Israel findet ein großes Fest statt. Zu diesem Fest, an dem man Gott Dankbarkeit bringt, an dem man sich freut an IHM, da weist David, der große König, seinen Kirchenmusikmeister (würden wir heute sagen) an, den Dank zu konzipieren. Dieser Kirchenmusikmeister, Asaf mit Namen, hat dann genau die 29 Verse, die wir eben als zweite Lesung gehört haben, konzipiert.

Das ist das erste Mal in der Kirchengeschichte, in der Geschichte Israels, dass strukturiert die kultische Verehrung in Dankbarkeit organisiert wird gegenüber Gott. Wir wollen hören als Predigtvers, der uns da mit hineinnimmt, aus 1. Chronik 16 die Verse 7-8:

Zu der Zeit ließ David zum ersten Mal dem HERRN danken durch Asaf und seine Brüder. Danket dem HERRN, ruft seinen Namen an, tut kund unter den Völkern sein Tun! Amen.

Wir wollen beten: Lieber Heiland, wir wollen dir Dank sagen für diese beiden Predigtverse aus deinem Wort und wollen dich bitten für die Predigt über diese Verse um dein Geleit und deinen Segen, damit wir das recht verstehen, was diese grundlegenden Dinge, die wir dort in diesem Dankpsalm gehört und gelesen haben, für eine Bedeutung auch für unsere Dankbarkeit haben. Und dass wir das verstehen und Gewinn nehmen aus dieser Predigt für unseren Glauben, dazu brauchen wir deine Hilfe. Und darum wollen wir dich bitten, HERR: Segne du selber durch deinen Heiligen Geist das Reden und das Hören deines Wortes an uns, HERR! Amen.

Liebe Gemeinde, dieser Dankpsalm, den David hier anordnet - das hab ich eben gesagt - ist der erste, der kultisch liturgisch in die Verehrung Gottes hineinfasst und strukturiert ist. Damit bildet er die Grundlage für ganz vieles, was später gekommen ist. Ganz viele Psalmen ruhen auch im Buch der Psalmen auf ihm. Nicht nur, dass sie wörtlich das übernehmen, von der Art des Duktus, wie man dankte und wofür man dankte, ist ganz vieles darin aufgenommen. Nicht nur in der Bibel, auch später in der Kirchengeschichte der Christen sind viele Lieder - angelehnt an Themen, die dort in diesem Psalm stehen - erstmals aufgegriffen worden. Er ist sozusagen die Grundlage der Danklieder, die wir heute singen. Und wenn das die Grundlage ist, dann dürfen wir einfach mal genau hinschauen, was denn grundlegend zur Dankbarkeit dazugehört. Das ist ganz interessant, davon kündet dieser Psalm.

Es gibt in vielen Bereichen des Lebens grundlegende Dinge. Wenn die in Ordnung sind, dann läuft auch der Rest. Also beim Fußballspielen beispielsweise, da ist das so: Wenn da ein Fußballer sehr, sehr schnell ist, so eine Grundschnelligkeit und zudem eine hohe Kondition besitzt und richtig gut schießen kann, ja dann kann er auch gut Fußball spielen, dann ist Grundlegendes da. Oder wenn Sie ein Haus kaufen. Das Haus hat ein solides Fundament und einen ordentlichen Dachstuhl, eine gute Isolation, da ist Grundlegendes da. Da mag vielleicht die eine oder andere Tapete nicht so hübsch sein, aber das Haus an sich ist in Ordnung. So ist es auch bei der Dankbarkeit. Es gibt Grundlagen, Grundlegendes für die Dankbarkeit. Wenn das da ist, dann muss einem kein Pastor dieser Welt mehr erzählen: „Du musst dankbar sein", sondern dann bricht das aus einem heraus. Da sind drei Dinge, die wir hier in diesem wunderbaren Dankpsalm finden, den David zum ersten Mal hat konzipieren lassen. So ist auch die Predigt überschrieben: **Grundlegendes über den Dank gegenüber Gott.** Drei Punkte:

1. Die Bedeutung des Namens des HERRN
2. Die Bedeutung der Wunder des HERRN
3. Die Bedeutung der Macht des HERRN

Wenn man diese drei Dinge verstanden hat, dann läuft das mit dem Dank automatisch und darüber wollen wir jetzt predigen. **Als Erstes über die Bedeutung des Namens des HERRN.** Es ist für die Dankbarkeit gegenüber dem lebendigen Gott eminent wichtig, **dass man um den Namen Gottes weiß!** Der Name Gottes gehört zentral zum Dank dazu. Das zeigt uns dieser Psalm in 1. Chronik 16. Viermal heißt es in diesen Versen, vielleicht haben Sie es noch im Ohr aus der zweiten Lesung, dass wir den Namen preisen sollen. Ich lese einfach mal diese vier Bibelstellen vor aus 1. Chronik 16:

Im Vers 8 heißt es: ***Danket dem HERRN, ruft <u>seinen Namen</u> an, tut kund unter den Völkern sein Tun***; im Vers 10: ***Rühmet <u>seinen heiligen Namen</u>, des freue sich das Herz derer, die den HERRN suchen***; im Vers 29 heißt es: ***Bringet dar dem HERRN die Ehre <u>seines Namens</u>*** und im Vers 35: ***Rette uns von den Heiden, dass wir <u>deinen heiligen Namen</u> preisen und dir Lob sagen.***

Also David ordnet an und sagt dem Asaf, seinem Kirchenmusikmeister: „Mach mal einen Dankpsalm“ und der thematisiert den Namen Gottes. Auf diesen Namen Gottes kommt es an, das ist etwas Entscheidendes, etwas Grundlegendes, übrigens auch in jedem Gottesdienst - nicht allen ist das mehr bewusst. Jeder anständige Gottesdienst beginnt damit, dass der Liturg, der Pastor, die Gemeinde begrüßt „im Namen des Vaters und des Sohnes und des Heiligen Geistes“. Dann geht der Gottesdienst los. Und jeder Gottesdienst schließt mit dem Aaronitischen Segen, wie er uns überliefert ist. Und bevor der gesprochen wird, steht in der Bibel, da sagt Gott zu Aaron: „Lege meinen Namen auf sie, wenn du sie segnest.“ (4.Mose 6,27) Dann kommt der Aaronitische Segen: ***Der HERR segne dich und behüte dich.*** Das ist die Klammer, unter der jeder Gottesdienst bei uns steht: **Der Name Gottes**. Im dritten Gebot heißt es:

> ***Du sollst den Namen des HERRN, deines Gottes, nicht missbrauchen; denn der HERR wird den nicht ungestraft lassen, der seinen Namen missbraucht.*** (2. Mose 20,7)

Also, wir sollen IHM danken und wehe dem - das ist die andere Seite der Medaille -, der den heiligen und ewigen Namen des Lebendigen lästert oder ihn missbraucht. Aber wohl dem, der diesen Namen nennt und weiß um seine Bedeutung. Der wird nämlich automatisch in den Dank geführt. Übrigens machen wir das auch jeden Sonntag hier, dass wir Gott die Ehre geben. Wir sprechen jeden Sonntag das Vaterunser und die erste und wichtigste Bitte des Vaterunsers lautet: ***Geheiligt werde dein Name!*** Dieses Gebet hat nicht irgendein Pastor oder Theologe uns beigebracht, sondern der Heiland Jesus Christus selber, das ist das Erste und Wichtigste. (Matthäus 6f.)

Dazu müssen wir wissen, was der Name Gottes bedeutet. Gott hat zwei Namen in der Bibel. Der erste Name ist **JAHWE**. Das ist der Name, den Mose offenbart bekommt, im 2. Buch Mose im 3. Kapitel lesen wir davon. Als er fragt: ***Was soll ich den Israeliten denn sagen, wie du heißt, wenn sie mich fragen.***

Wer bist du denn? Dann bekommt er eine Antwort und das ist mit das Tiefste an Theologie, Philosophie, an Denken, was man machen kann, dass Gott ihm sagt: ***Ich bin JAHWE.*** „Ich werde sein, der ich sein werde“; „Ich bin, der ich bin“. Oder man kann es auch so verstehen: „Ich werde mit dir dort hingehen, wo du hingehst, ich werde bei dir sein.“ - So ist Gott! Wenn man diesen Namen in der tiefsten Tiefe verstanden hat, „Ich werde mit dir sein, ich werde immer sein“, ist wiederum Dank etwas Automatisches, wissend: Da ist ein Gott, der mich begleitet, der bei mir ist, der mit mir geht! Aber das ist nur der eine Name. Dieser Name JAHWE wird später konkret. Hier ist er noch nicht fassbar im Alten Bund, er ist so geheimnisvoll und so heilig, dass die Juden es nicht gewagt haben, diesen Namen auszusprechen bis zum heutigen Tag.

Aber dann geht Gott einen Schritt weiter, dass er diesen Namen runterbricht in dem heiligen und ewigen JESUS-Namen. Jesus, das Hebräisch JESCHUA heißt. JAHWE ist Rettung. Dieser „Ich bin, der ich bin, der, der ewig ist, der, der mit dir hingeht, wo du auch bist“, ER ist deine Rettung! Das offenbart sich im Jesus-Namen. Wenn ich die Bedeutung dieses Jesus-Namens auch nur im Ansatz verstanden habe, dann werde ich automatisch in die Dankbarkeit geführt. Im Namen, so sagt uns die Bibel und offenbart es uns, im Namen JESUS ist alle Rettung! Josef kriegt es gesagt, als er überlegt, seine Verlobte Maria zu verlassen, weil sie schwanger ist. Da erscheint ihm der Engel des HERRN im Traum und sagt (Matthäus 1,20-21): ***Josef, du Sohn Davids, fürchte dich nicht, Maria, deine Frau, zu dir zu nehmen; denn was sie empfangen hat, das ist von dem Heiligen Geist.*** Und jetzt kommt es: ***Und sie wird einen Sohn gebären, dem sollst du den Namen Jesus geben, denn er wird sein Volk retten von ihren Sünden.*** In Römer 10,13 heißt es: ***Jeder, der den Namen des HERRN anrufen wird*** (und das ist Jesus), ***der soll errettet werden.*** Also im Namen **JESUS** ist alle Rettung. Das ist ja das, was die geistliche Wiedergeburt tut, dass der Mensch dann versteht, was der Name Jesus wirklich bedeutet.

Wenn wir jetzt rausgehen zu denen, die hier um die Kirche herum bei dem Marathon laufen und sie fragen: „Wer ist Jesus?“, da können alle eine Antwort geben. Der hat vor 2000 Jahren gelebt; die Christen glauben, dass er auferstanden ist... . Aber sie wissen nicht, dass in diesem Namen **alle Rettung** ist. Das muss mir Gott erst offenbaren. Im Namen Jesu ist aber nicht nur alle Rettung, im Namen Jesu ist auch alle Gebetserhörung. Wenn ihr wollt, dass eure Gebete erhört werden und vor den Toren des lebendigen Gottes durchdringen, müsst ihr den Namen JESUS nennen. In Johannes 16,23b sagt Jesus Christus:

> ***Wahrlich, wahrlich, ich sage euch: Wenn ihr den Vater um etwas bitten werdet <u>in meinem Namen</u>, wird er's euch geben.***

Letzten Sonntag haben wir Salbung gehabt, wie jeden letzten Sonntag im Monat. Dann lesen wir immer Jakobus 5, wo das eingesetzt ist. Da heißt es im Vers 14: ***Ist jemand unter euch krank, der rufe zu sich die Ältesten der Gemeinde, dass sie über ihm beten und ihn salben mit Öl <u>in dem Namen des HERRN</u>.*** Also da ist alle Gebetserhörung. Wenn wir für Kranke beten, dann nicht aus unserer eigenen Kraft heraus, sondern im Namen des HERRN, weil dort alle Gebetserhörung steht. Aber nicht nur Rettung und Gebetserhörung ist im Namen Jesu Christi, in IHM ist auch alles Heil. Deshalb heißt Jesus auch der Heiland. In Apostelgeschichte 4 Vers 12 heißt es:

> ***Und in keinem andern ist das Heil, auch ist kein andrer Name unter dem Himmel den Menschen gegeben, durch den wir sollen selig werden.***

In IHM ist alles Heil, nirgends anders ist Heil als nur in dem Namen JESUS. Wir werden nicht heil vor dem lebendigen Gott ob unserer Sünden, wenn wir nicht diesen Namen nennen. Nicht nur Heil, Gebetserhörung, Rettung sind im Namen Jesu, auch aller Segen. Da ist der Gelähmte, der vor dem Tempel sitzt und Petrus und Johannes anbettelt um ein bisschen Gold und Silber. Da sagt Petrus zu ihm: ***Silber und Gold habe ich nicht; was ich aber habe, das gebe ich dir: <u>Im Namen Jesu Christi</u> von Nazareth steh auf und geh umher!*** Der Segen liegt im Namen Jesus Christus. Wenn Gott im Aaronitischen Segen dort HERR heißt, dann ist damit Jesus gemeint, weil Jesus ja der HERR ist und wir auch im Segen seinen Namen auf uns gelegt bekommen. Wir haben zu Gott keinen Zugang, wenn wir nicht den Namen Jesus kennen. In Johannes 1,12 heißt es:

> ***Wie viele ihn aber aufnahmen, denen gab er Macht, Gottes Kinder zu werden: denen, die <u>an seinen Namen</u> glauben...***

Auch durch die Macht, die Gott uns durch diesen Namen verleiht, wenn wir diesen Namen aussprechen vor der sichtbaren und vor der unsichtbaren Welt, da passiert etwas: Die Dämonen, der Teufel, die fürchten sich vor dem Namen Jesus. In Lukas 10,17 heißt es: ***Die Zweiundsiebzig (Jünger) aber kamen zurück voll Freude und sprachen: HERR, auch die Dämonen sind uns untertan <u>in deinem Namen</u>.*** Der heilige und ewige Jesus-Name! Wenn ich um die Heiligkeit dieses Namens weiß, wenn man das nur im Ansatz verstanden hat, dann ist die Dankbarkeit etwas Automatisches.

Ich bin so dankbar, dass ich Rettung habe. In seinem Namen ist Rettung. Ich habe das verstanden: Ich bin gerettet, Halleluja! Ich muss nicht mehr in den Tod. Ich habe ewiges Leben, weil er, dieser Jesus, auf Golgatha für mich gestorben ist. Und weil ich diesen Namen anrufe, habe ich alles Heil. Das ist so etwas Fantastisches, so etwas Großartiges, dass ich den lebendigen Gott anrufen darf und dass der Weg meiner Gebete offen ist zum HERRN durch den Heiland. Das ist etwas Großartiges. Es gibt einen Namen, der über allen Namen ist. Es gibt keinen heiligeren Namen, keinen majestätischeren, keinen mächtigeren Namen, keinen wundervolleren Namen als nur den Namen JESUS, JESUS, JESUS! Und wer weiß, was die Bedeutung des Namens Gottes, wer weiß, was die Bedeutung des

Namens Jesus ist, der wird automatisch hineingeführt in die Dankbarkeit. Deshalb geht Asaf hier hin, als er die Order kriegt von David „Nun schreib mal ein Danklied, das ist jetzt dran!", dann schreibt er davon, dass wir den Namen anrufen sollen, dass wir IHN heiligen sollen, dass wir IHM die Ehre darbringen sollen. Das ist so wichtig! Bitte beschäftigt euch mit der Bedeutung des Namens Jesus, dann wird die Dankbarkeit ein Automatismus sein. Das ist das Erste und Grundlegende über den Dank gegenüber Gott - die Bedeutung des Namens des HERRN.

Ein Zweites und Grundlegendes für die Dankbarkeit gegenüber Gott, das sind die Wunder des HERRN, dass man **die Bedeutung der Wunder des HERRN** versteht. Auch dann wird der Dank etwas Automatisches. Auch das wird hier von Asaf in dem Psalm mehrfach thematisiert. Da schreibt er im Vers 9: ***Singet und spielet ihm, redet von allen seinen Wundern!*** Im Vers 12: ***Gedenkt seiner Wunder, die er getan hat, seiner Zeichen und der Urteile seines Mundes!*** Und im Vers 24: ***Erzählet unter den Heiden seine Herrlichkeit und unter allen Völkern seine Wunder!*** - Wunder, liebe Gemeinde, sind grundlegend für das Danken, und zwar in zweifacher Hinsicht. Einmal, dass man sich selber erinnert an all die Wunder, die Gott getan hat in der Geschichte und in unserem eigenen Leben, und - das ist das Zweite -, dass man es weitererzählt. Wunder sind zentral grundlegend für das Danken.

Das Erste: im Erinnern. Die ganze Bibel ist ja voll von Erinnerungskultur. Immer wieder wird erinnert an das Handeln Gottes. Gott selber erinnert uns daran, dass er die Welt nicht untergehen lassen wird am Ende der Zeiten. Ja, ER wird die ganze Welt einsammeln, aber es wird keine Überschwemmung kommen. Gott hat einen Regenbogen ans Firmament gesetzt. Unser HERR und Heiland hat gesagt: „Erinnert euch daran, wenn ihr diesen Bogen seht: Ich werde nicht noch einmal eine finale Überschwemmung geben in dieser Welt." Es werden immer wieder Zeichen der Erinnerung gegeben. Bei dem Durchzug durch den Jordan, da werden Steine hineingesetzt, damit sich die Kinder Gottes erinnern an das Große, was ER getan hat. Die Israeliten sollten immer wieder ihren Kindern einschärfen (5. Mose 26), dass sie wandernde Aramäer gewesen sind. Das Buch der Psalmen ist voll von Erinnerungen. Die Psalmen 105 und 136 erinnern an die großen mächtigen Taten, die der lebendige Gott getan hat. Wenn wir die Evangelien sehen, Markus, Matthäus, Lukas, Johannes, ist da nichts anderes als ein Erinnern an die Taten Jesu Christi. Wir müssen uns erinnern an die Wunder, die Gott getan hat. Wenn wir das verstanden haben, dann werden wir automatisch ins Danken kommen.

Wir müssen uns erinnern. Und nicht nur an die Geschichtswunder, die Gott getan hat in seinem Volk, in Israel und unter Christen. Nein, auch in deinem Leben hat Gott schon viele Wunder getan, hat dir viele Gebetserhörungen geschenkt. Das Problem bei uns Christen ist nur: Wir gucken häufig nur nach vorne, beschäftigen uns mit den Problemchen, die vermeintlich vor uns sind, und vergessen das, was hinter uns gelegen ist, vergessen das große Handeln des lebendigen Gottes, wie ER wundervoll und wunderbar gehandelt hat. Wir lassen uns gefangen nehmen, von dem, was vor uns ist. Der Mensch denkt zu viel an die Zukunft und zu wenig an die Vergangenheit. Das ist für den Christen etwas, was verboten ist! In der Bergpredigt sagt Jesus: ***Darum sorgt euch nicht um morgen, der morgige Tag wird das Seinige haben.*** Was uns Gott in der Bibel immer wieder sagt: dass wir danken sollen, danken sollen für das, was erlebt ist, immer wieder. ***Seid dankbar in allen Dingen, denn das ist der Wille Gottes in Christus Jesus für euch***, heißt es in 1. Thessalonicher 5,18. Und in Philipper 4,6: ***Sorgt euch um nichts!*** Also nicht den Blick nach vorne gewandt: „Oh, wir kriegen es nicht in den Griff!", ***sondern***, so heißt es in Philipper 4,6 weiter: ***in allen Dingen lasst eure Bitten im Gebet und Flehen <u>mit Danksagung</u> vor Gott kund werden.***

Wenn ihr wollt, dass eure Gebete stärker werden, dann geht ins Danken hinein. Viele machen den Fehler, die sagen immer nur „Bitte, bitte, bitte, bitte“ und dann „Amen!“. Vergesst das Danken und Loben nicht! Vergesst das Sündenbekennen im Gebet nicht, aber vor allem das Danken und Loben, vergesst es nicht! Erinnert euch an das, was Gott Großes getan hat. Setzt das praktisch um in eure Gebetszeit. Wenn ich manchmal Zeit habe, sei es nach der Bibellese oder wenn ich auf einem Hochsitz sitze, wenn ich Zeit habe und darüber nachdenke, was Gott Großes in meinem Leben getan hat, erinnere ich mich an das, was da ist. Wow! Das gibt dann wirklich manchmal eine halbe Stunde, 40 Minuten, 50 Minuten, in denen ich Gott nur danke für das Große, was ER in meinem Leben getan hat. Das ist das Erste. Das ist ganz wichtig: das Erinnern an das, was Gott Wunderbares getan hat. Dann wird der Dank etwas Automatisches. Aber nicht nur selber daran erinnern und das dann Gott sagen, sondern auch anderen weitererzählen. Das haben wir gerade gehört, nicht? Das fordert eben Asaf hier von den Leuten, das fordert Gott von uns: ***Redet von allen seinen Wundern!*** (Vers 9b). ***Erzählet unter den Heiden seine Herrlichkeit und unter allen Völkern seine Wunder!*** (Vers 24) Wir sollen es weitererzählen. Dankbarkeit ist ja eines, dass wir hingehen und es Gott sagen im Gebet. Das ist wunderbar und prima! Wir erinnern uns an die Wunder, die Gott getan hat, und sagen IHM das. Aber wenn wir etwas Wundervolles, etwas Wunderbares erleben, das ist im alltäglichen Leben so, dann gehen wir auch hin und erzählen das anderen weiter.

Also wenn ihr einen wunderbaren Urlaub erlebt habt, ihr seid drei Wochen auf Bali gewesen, bestes Hotel, super Sonne, alles Spitze, man kommt noch ganz erfüllt nach Hause, ja, was macht man dann, wenn man den Nachbarn trifft? „Ach, es war so wunderbar und so wundervoll!“ Man erzählt es weiter! Wenn Sie schwer krank gewesen sind und sind auf einen guten Arzt gestoßen, der sich vorbildlich um Sie gekümmert hat, er hat Ihnen geholfen, dass Sie wieder gesund geworden sind, er hat Sie zweimal zu Hause besucht, dreimal angerufen, alles getan! Was machen Sie dann? Sie erzählen im ganzen Bekanntenkreis, was für einen wunderbaren Arzt Sie haben. Vergessen wir eines nicht: Jeder wundervolle Arzt und jeder wunderbare Urlaub sind letztlich auch nur begründet im lebendigen Gott. Aber wenn wir mit Gott etwas Wundervolles und Wunderbares erleben, dann haben wir genauso die Pflicht, das weiterzuerzählen. Das ist eine Unverschämtheit, ich sage das so knallhart, wenn man Wunder mit dem lebendigen Gott erlebt und davon schweigt gegenüber anderen Menschen! Das schlägt dem Allmächtigen ins Gesicht.

Ich habe von dieser Kanzel schon ganz häufig gesprochen von dem großen Wunder, das wir alle zusammen erlebt haben vor knapp 30 Jahren, als am 9. November 1989 die Mauer gefallen ist. All die Politiker, die jetzt wieder mit ihrem großen „Sprech" auftreten von der Wiedervereinigung und bla bla und hin und her - die Älteren wissen das. Im Sommer 1989 hat kein einziger Politiker daran gedacht, weil das fern jeder Realität war, dass ohne Schuss die Mauer fällt und die Deutschen wiedervereinigt werden. Warum sind sie wiedervereinigt worden? Weil ganz wenige Menschen in Leipzig, Dresden, Chemnitz, Zwickau und sonstwo hingegangen sind, die Hände gefaltet und montags gebetet haben. Es war ein Wunder des lebendigen Gottes. Und auch wenn am 9. November 2019 zum 30. Jahrestag kein Politiker das erwähnen wird - und das ist eine Schande! - ich werde es von dieser Kanzel immer wieder sagen, ich werde es erzählen den Leuten, ob sie es hören wollen oder nicht: Das ist ein großes, gewaltiges Wunder, das wir alle erlebt haben!

Und nicht nur im Großen. Ich kann erzählen von den Wundern, die ich erlebt oder auch miterlebt habe, da werde ich immer wieder davon erzählen. Als die Landeskirche vor vier Jahren mit falschen Aussagen gekommen ist, die nicht haltbar gewesen sind und an mich und an unsere Gemeinde heran wollte - ich wurde in der Presse als Hassprediger und sonstwas beschuldigt -, wer hat da geholfen? Der lebendige Gott! ER hat eingegriffen! Und das, was Menschen Böses gedacht haben, hat er zum Segen gesetzt für unsere Gemeinde. Das sind

Wunder des lebendigen Gottes und zu Seiner Ehre erzähle ich das, ob die anderen es gut finden oder ob es einer nicht mehr hören will, ist mir vollkommen egal! Gott hat so viel Großes getan. Ich will euch auch Mut machen. Wenn ihr Wunder mit Gott erlebt habt, wenn ER in eurem Leben Großes getan hat, erzählt es weiter euren Kindern und Enkelkindern. Wir Christen sind eine Erzählgemeinschaft. Wir erzählen so viel, was einfach nur Blödsinn ist, z.B. wie vor 50 Jahren irgendein Stürmer Werner irgendwo Tore reingemacht hat oder irgendein Tormann irgendwas gehalten hat. So ein Blödsinn wird weitererzählt. Aber das Entscheidende unseres Lebens, das bleiben wir unserem Umfeld häufig schuldig. Und das ist etwas, was wir nicht tun sollen, sondern wir wollen Gott die Ehre geben, indem wir weitererzählen von den Wundern. Damit geben wir IHM Dank. Wisst ihr, wo wir etwas sagen, was Gott lobt und preist, das ist Gott wohlgefällig! Dadurch danken wir IHM. Wie ein Arzt, der mitkriegt: „Naja, da hab ich einem Patienten geholfen, jetzt läuft er durch die halbe Stadt und erzählt, was für eine Koryphäe ich bin…" Da weiß der Arzt, dieser Patient ist ihm dankbar. Genauso ist es beim lebendigen Gott. Wenn ER uns Gutes getan hat, dann wollen wir das weitererzählen IHM zur Ehre. Er sieht das und freut sich darüber, dass wir IHM Dankbarkeit zeigen. Die Bedeutung der Wunder des HERRN für die Dankbarkeit. Wenn ihr erkannt habt, wieviel Wunder der HERR euch getan hat, wie wir es eben im Lied vor der Predigt gesungen haben, dass alle gute Gabe eures Lebens von IHM herkommt, dann wird Dankbarkeit etwas Automatisches werden.

Ein Drittes, Grundlegendes für die Dankbarkeit gegenüber dem allmächtigen Gott: **Die Bedeutung der Macht des HERRN.** Auch das nochmal zur Erinnerung: David sagt dem Asaf: „Danke dem HERRN. Du musst ein Danklied schreiben. Du musst jetzt etwas liturgisch setzen, wo wirklich der Dank ausgesprochen wird." Und wovon schreibt eben Asaf hier in dem Psalm im Heiligen Geist? Er spricht von der **Macht** des HERRN. Vers 11: ***Fraget nach dem HERRN und nach Seiner Macht***; Vers 27:

Hoheit und Pracht sind vor IHM, Macht und Freude in seinem Heiligtum; Vers 28: ***Bringet dar dem HERRN, ihr Völker, bringt dar dem HERRN Ehre und Macht.*** Die Macht des HERRN!

Es ist etwas ganz Wichtiges, dass wir wissen, wieviel Macht unser HERR und Heiland hat. Sonst wissen wir ja auch alles, wieviel Macht irgendwelche Dinge oder Menschen um uns herum haben. Wir wissen zum Beispiel, mein Schwager hat gut Geld verdient, ist Multimillionär und hat 2,5 Millionen auf dem Konto. Das ist eine finanzielle Macht. Mein Auto, das hat 300 PS. Das ist eine Macht auf der Autobahn. Wenn ich draufdrücke, bin ich schneller als die anderen. Das sind so Dinge, die kennen wir alle. Aber das ist nicht entscheidend, wieviel PS unser Auto hat oder wieviel wir verdienen oder jemand anderes verdient. Entscheidend ist, dass wir wissen, wie viel Macht **DER** Gott hat, der uns das Leben gegeben hat, der uns das Leben eines Tages nehmen wird und der sich selber für uns dahingegeben hat. Der Gott, der uns lieb hat. Dieser Gott ist allmächtig! So stellt sich Gott Abraham vor in 1. Mose 17,1: ***Ich bin der allmächtige Gott.*** Dieser allmächtige Gott hat uns allen das Leben gegeben. Hiob 33,4: ***Der Odem des Allmächtigen hat mir das Leben gegeben.*** Niemand von uns hat etwas dazu getan, dass wir leben. Keiner wird etwas verhindern können, wenn Gott diesen Odem abzieht. Keiner setzt seines Lebens Länge eine Spanne zu. Wir sind gänzlich abhängig von der Allmacht des lebendigen Gottes und diese Allmacht übersteigt alles, was wir denken können. In Psalm 33 heißt es:

> ***Denn wenn er spricht, so geschieht's; wenn er gebietet, so steht's da.***

Gott ***ruft aus dem Nichtsein in das Sein*** (Römer 4,17). ER hat die ganze Welt geschaffen mit **einem** Wort - Batz! ER sagt, es werde Licht und es wurde Licht. ER sagt, es werden die Planeten, da sind die Planeten geworden. Das ist die Macht unseres Gottes. IHM, so heißt es einmal in der Bibel, ***ist nichts unmöglich*** (Markus 10,27), weil er allmächtig ist!

In der Schule, wo ich gewesen bin, da war ein sehr netter Lehrer eigentlich, aber der war atheistisch und hat mich immer ein bisschen geärgert. Irgendwann hat er im Unterricht zu mir gesagt, vor der ganzen Klasse: „Ja, Olaf, jetzt hab ich den Beweis für dich erbracht, dass Gott gar nicht existieren kann in seiner Allmacht, weil, wenn Gott ja allmächtig wäre, dann könnte er einen Stein schaffen, den er nicht hochheben kann." Er wollte mir mit diesem Paradoxon zeigen: Aha, Gott ist nicht allmächtig, also existiert Gott gar nicht. Da hab ich ihm gesagt: „Das verstehen Sie nicht, weil Sie zu klein sind, aber Gott kann das!" Da sagte der Lehrer: „Du hast das nicht verstanden, du musst dich mal hineindenken, was ich gerade gesagt habe!" Ich erwiderte: „Nein, ich habe das verstanden, aber Sie haben Gott nicht verstanden! Gott kann alles. ER denkt nicht so dreidimensional und behindert, wie wir in dieser kleinen Welt. ER lebt in einer ganz anderen Dimension, ER hat eine unvorstellbare Macht. ER weiß alles, kann alles, bedarf niemanden, denn seine Allmacht hat keine Grenzen. Eine Allmacht, die vom Menschen nicht mal im Ansatz gedacht werden kann. Diese Allmacht, die kann man nur bestaunen!"

David tut das im Psalm 139. Da heißt es im Vers 5: ***Von allen Seiten umgibst du mich und hältst deine Hand über mir.*** Diese Erkenntnis ist mir zu wunderbar und zu hoch, ich kann sie nicht begreifen. Der Psalm 139 ist überschrieben mit „Die Allmacht Gottes". Die Allmacht Gottes kannst du nicht begreifen! Du kannst sie nur im Ansatz irgendwo ahnen. Aber das ist so wichtig, dass wir uns damit beschäftigen mit dieser Allmacht. Denn wenn wir wissen, wie allmächtig Gott ist, dann wird deutlich, was es heißt, wenn wir mit IHM Freundschaft haben dürfen in Jesus. Jesus nennt uns seine Freunde (Johannes 15,14). Der Allmächtige, der alles kann und alles ist, von dem alles abhängt, der ist mein Freund. Für mich jämmerliche Gestalt, der ich nur Sein Geschöpf bin, steht ER, der Allmächtige, auf Golgatha am Kreuz. Wahnsinn! Da bleibt eben nur eins, wie Tersteegen, der große fromme Mann, es in diesem wunderbaren Lied geschrieben hat: „Ich bete an die Macht der

Liebe." Wenn du das verstanden hast, die Macht seiner Liebe, mit der er dich geliebt hat, das ist so etwas Großartiges, weil er eben allmächtig ist, das übersteigt alles. Wenn das stimmt, was hier in diesem Psalm steht, dass vor dem HERRN Macht und Freude ist in Seinem Heiligtum und wir Anteil haben eines Tages, wenn wir gestorben sind, weil wir auch in seinem Heiligtum, im heiligen himmlischen Jerusalem sind und dann Anteil an Seiner Macht haben, weil wir mit IHM eins werden - ja, was bleibt denn dann noch für uns? Nur noch die Dankbarkeit! Da ist nichts anderes, nur Dankbarkeit!

Wenn du verstanden hast, was der Allmächtige für dich ist, was ER dir schenkt, bleibt nur noch die Dankbarkeit. Wisst ihr, es ist auch so wichtig, dass wir immer wieder gucken auf die Macht des HERRN, auf Seine Allmacht und nicht auf die Ohnmacht dieser Welt. Das ist ja das Paradoxon vieler Christen. Sie wissen, es gibt einen lebendigen Gott, der ist allmächtig. Aber wenn sie aufs Morgen gucken, ihre Problemchen mit dem Arzt, mit dem Mann auf der Bank, mit all den Dingen, ja dann wird nur noch auf Menschen geguckt, die nichts können, Menschen sind ohnmächtig in letzter Gestalt. Die sind alle nur das, was Gott ihnen gibt. Alle Menschen, mit denen wir leben, sind in 100 Jahren tot. Ohnmächtig! Sie können nichts tun angesichts ihres Sterbens. Es gibt aber EINEN, der ALLES kann, der ALLMÄCHTIGE!

Wir machen uns viel zu sehr fest am Menschlichen, am Irdischen, was alles vergänglich ist, und zu wenig am Allmächtigen, der unvergänglich ist. Aber wenn ich mich an IHM festmache und mich da geborgen, geliebt und aufgehoben weiß, mit einer Macht, die alles übersteigt, ja dann bleibt mir letztlich nur eins: die Dankbarkeit, nur die Dankbarkeit! Und die sollen wir mit Macht, so heißt es hier, mit Macht ihm auch bringen. Der, dem alle Ehre gebührt, dem sollen wir Ehre bringen. Wenn du auch nur im Ansatz die Macht des lebendigen Gottes verstanden hast, wird die Dankbarkeit wiederum etwas Automatisches sein. Da musst du nicht angewiesen werden von einem Liturgen oder irgendeinem Theologen, sondern dann wird das aus dir herausbrechen, wenn du verstehst, wer das da ist, der dich lieb hat, wer das da ist, der für dich auf Golgatha gestorben ist.

Danket dem HERRN! Grundlegendes über den Dank gegenüber Gott. Die Bedeutung des Namens des HERRN, die Bedeutung der Wunder des HERRN und die Bedeutung der Macht des HERRN. Das wünsche ich euch und Ihnen immer wieder, dass euch die Bedeutung des Namens unseres HERRN Jesus Christus klar ist, dass die Bedeutung der Wunder, die an euch passiert sind, euch vor Augen steht und dass ihr immer wieder einfach versteht, wie stark und groß die Allmacht unseres Gottes ist. Dann werdet ihr automatisch in die Dankbarkeit hineingeführt, die Dankbarkeit, die Teil eines unserem Gott wohlgefälligen Lebens ist. Amen.

Und der Friede unseres allmächtigen Gottes, der sehr viel höher ist als alle unsere menschliche Vernunft, ER bewahre unsere Herzen und Sinne in Christus Jesus, unserem auferstandenen und lebendigen HERRN. Amen.

Vorsicht: Sünde!

2. Chronik 20,35-37 und 1.Könige 22,49-50

> Gnade sei mit euch und Friede von dem, der da war und der da ist und der da sein wird in alle Ewigkeit, unser HERR, Jesus Christus, Amen.

Liebe Gemeinde, im Sommer dieses Jahres hatten wir eine Familienfreizeit, und für diese Freizeit durfte ich mich vorbereiten auf die unbekannten Könige im Alten Testament, und das war für mich sehr spannend. Da habe ich vieles herausnehmen können und konnte leider bei den Bibelarbeiten nicht alles abarbeiten, was ich da gefunden hatte. Ein Fundstück, das ich in dieser Vorbereitung neu entdeckt hatte, war etwas über den König Joschafat, ein ganz interessanter Mann, ein ganz guter Mann vor dem HERRN. Das, was ich dort gefunden hatte, hatte ich mir gedacht, das hebst du auf für einen besonderen Moment, für einen besonderen Gottesdienst, und der ist heute gekommen. Es ist eine Geschichte, wo wir an einem ganz frommen Mann lernen können, wie er in Sünde fällt, aber auch wie er letztlich der Sünde widersteht. Wir wollen hören zwei Texte aus der Bibel, aus 2. Chronik 20 und 1. Könige 22. Die beiden muss man zusammen hören, um dieses Bild richtig abgerundet zu bekommen über das, was dort passiert ist. So wollen wir hören als Predigttext 2. Chronik 20, 35-37 und 1. Könige 22, 49-50:

> ***Danach schloss Joschafat, der König von Juda, einen Vertrag mit Ahasja, dem König von Israel, der gottlos war in seinem Tun. Er kam mit ihm überein, Schiffe zu bauen, um nach Tarsis zu fahren. Und sie bauten die Schiffe in Ezjon-Geber. Aber Elieser, der Sohn Dowadas von Marescha, weissagte gegen Joschafat und sprach: Weil du mit Ahasja übereingekommen bist, zerstört der HERR dein Werk. Und die Schiffe zerschellten und konnten nicht nach Tarsis fahren.***

Und nun der Text aus 1. Könige:

Und Joschafat hatte Tarsisschiffe machen lassen, die nach Ofir fahren sollten, um Gold zu holen. Aber sie fuhren nicht, denn sie zerschellten bei Ezjon-Geber. Damals sprach Ahasja, der Sohn Ahabs, zu Joschafat: Lass meine Leute und deine Leute auf den Schiffen fahren. Joschafat aber wollte nicht. Amen.

Wir wollen beten: HERR, wir wollen dir Dank sagen für diese beiden Worte aus dem Alten Testament über den König Joschafat, der da in Sünde gefallen war und der auch widerstanden hat. Wir wollen dich bitten, dass du an und mit diesem Text in dieser Predigt uns lehren wollest über die Sünde. Das wird nur gelingen können, HERR, dass wir das recht verstehen für unser Leben, wenn du dieser Predigt deinen Segen gibst. Darum wollen wir dich bitten: Segne du selber das Reden und das Hören deines heiligen und lebendigen Wortes an uns allen. Amen.

Liebe Gemeinde, ich weiß nicht, ob Sie in der letzten Woche eine Meldung aus Mexiko in den Nachrichten wahrgenommen haben. Das war nicht ganz so wichtig, aber da wurde berichtet von zwei Räubern, die einen Krankentransport überfallen hatten. Dort haben sie mehrere geschlossene Boxen gestohlen, in denen Kobalt-60 war. Das ist ein hoch radioaktives Element, das gebraucht wird in der medizinischen Versorgung von Menschen, und das sollte jetzt entsorgt werden. Die hatten den Müll gesammelt und es gab riesige Behälter, wo dieses Kobalt-60 drin war. Die waren natürlich entsprechend geschützt, da gab's auch Aufschriften „radioaktiv" und alles. Aber diese beiden bewaffneten Räuber haben diese Kisten gestohlen und sie schließlich auch aufgebrochen. Man hat sie dann in der Wüste gefunden. Und diese beiden Räuber haben sich von all den Warnschildern nicht beeindrucken lassen: „Vorsicht Radioaktivität! Tödlich!", sondern haben sie geöffnet. Der zuständige Polizeisprecher hat dann mitgeteilt in der Meldung, man bräuchte gar nicht nach ihnen zu fahnden, denn in dem Moment, wo sie diese Boxen öffnen, haben sie sich so stark verstrahlt, dass sie vermutlich jetzt schon tot sind. Sie haben das „Vorsicht Radioaktivität!“ ignoriert und mit dem Leben dafür bezahlt.

Wir beschäftigen uns heute mit der Sünde, mit dem, was ein König im Alten Testament falsch gemacht hat. Das ist nicht nur eine historische Beschäftigung oder ein theologisches Lieblingsspiel vom Pastor Latzel, sondern hier geht es wirklich auch um Leben und Tod. Denn die Sünde ist etwas, was uns nicht nur das Leben hier auf Erden rauben kann, sondern eben auch das ewige Leben. Deshalb habe ich diese Predigt überschrieben mit **Vorsicht, Sünde!** Wir sollen neu sensibilisiert werden anhand des Königs Joschafat, wie uns die Sünde bedroht, auf dass wir möglichst immer wieder gefeit sind und der Sünde widerstehen können. Ich habe uns vier Punkte mitgebracht:

1. Die Sünde lockt mit dem vermeintlich Schönen und Guten

2. Die Sünde verführt zum gemeinsamen Handeln mit der Welt

3. Die Sünde gaukelt denen Unfreiheit vor, die auf Gottes Wort hören

4. Die Sünde führt in den Tod

Das Erste: Die Sünde lockt mit dem vermeintlich Schönen und Guten! Hier wird ein Mann Gottes mit dem Schönen und Guten gelockt. Der Joschafat lebte so 870-840 vor Christus und war ein richtig guter Mann, der treu dem HERRN nachgefolgt ist. Das ist sehr interessant und ich möchte Ihnen Mut machen, in 2. Chronik und auch in 1. Könige nachzulesen, was der alles getan hat. Er bekämpfte den Götzendienst, veranlasste regelmäßige öffentliche Verlesungen des Gesetzes und sein Herz hing treu und fest beim HERRN. Aber er hatte einen großen Traum. Er war nur noch König über so ein kleines Restreich. Im Nordreich gab es zehn Stämme und er hatte nur noch zwei Stämme. Und er hätte gerne wieder so ein Riesenreich wie sein Ururgroßvater Salomo. Das war der gewaltige König Israels gewesen. Vierzig Jahre Frieden, unendliche Reichtümer. Und so wollte er auch sein. Um so zu werden wie Salomo, da sah er einen Weg. Denn Salomo hatte damals in Ezjon-Geber, im Golf von Akaba, Schiffe bauen lassen, sogenannte Tarsis-Schiffe. Die hatte er ausgesandt. Nach Monaten waren die wiedergekommen, die waren etwa im damaligen Jemen gewesen, in Ophir, und hatten unfassbare Schätze an Gold und Elfenbein mitgebracht. Mit viel Gold und Elfenbein konnte man damals richtig gut König sein, so ein Großreich aufrichten, die Leute versorgen. Das war der Traum des Joschafat. Das sagt man auch hier, er wollte eben Gold holen lassen. Dazu lässt er sich dann auch mit dem gottlosen König Ahasja ein. Das ist seine schwache Stelle gewesen, sonst war das ein ganz untadeliger Mann. Aber er hatte eben diesen einen großen Traum, den wollte er gerne verwirklichen und dann fällt er in Sünde.

Wisst ihr, so ist das mit dem Widersacher, der schaut auf die Gerechten. Das lesen wir in Hiob, dass da im göttlichen Hofstaat der Teufel ist. Da fragt Gott den Teufel: ***Hast du meinen gerechten Hiob gesehen?*** Der Teufel sieht auf die Gerechten und er geht um die Gerechten, d. h. um diejenigen, die zu Jesus gehören, herum. Wie im Mittelalter, da haben die Feinde, die eine Stadt belagert haben, genau geguckt, wo die Schwachstelle hier in dieser Stadtmauer ist. Und so hat der Teufel geguckt, wo die Schwachstelle bei diesem frommen Menschen ist. Es sind ganz häufig unsere Träume und Wünsche, die wir so haben, unsere heimlichen Sehnsüchte, und die nimmt er und damit arbeitet der Teufel. Ob das nun finanzielle Sehnsüchte sind, intellektuelle Wünsche, sexuelle Vorstellungen oder familiäre Wunschbilder. Was immer wir vermeintlich noch nicht erfüllt bekommen haben in dieser Welt, der Widersacher weiß da drum und da kann er zupacken und kann arbeiten. Und dann kann er uns mit diesen Wünschen, die an und für sich manchmal gar nicht schlecht sind, ganz schnell aufs falsche Gleis setzen, so wie eben hier bei dem Joschafat. Da ist erstmal nichts Schlechtes dran, wenn einer ein guter Regent sein will und wenn er seine Regierung mit mehr Geld ausstatten will. Aber weil er es so sehr wünscht, ist er bereit, die falschen Wege zu gehen. Und der Teufel kommt ganz häufig nicht mit dem Schlechten und Widerlichen zuerst, er arbeitet ganz häufig mit dem Humanistischen, mit dem Weltverbessernden, mit dem Vernünftigen. Der ist doch so klug, was uns dann da eingeflüstert wird. Das wäre ja so einfach, wenn der Teufel kommen würde mit einem Hinkefuß und mit dem Kuhschwanz und so einer furchtbaren Fratze, ja dann ginge ihm keiner auf den Leim. Aber so arbeitet er nicht. Der kommt so ganz geschickt, so intellektuell vernünftig häufig daher und erklärt uns die Dinge. Und wenn er unsere Wünsche und Sehnsüchte weiß, dann kann er die ja mit all diesen Dingen immer wieder auch noch bestärken.

Schaut auf die Geschichte des reichen Kornbauern. Für den gab's nur seine Ernte. Alles einbringen, das war wirtschaftlich, betriebswirtschaftlich vollkommen richtig, was er gemacht hat. Aber Gott hat er vergessen über all dem Denken und damit war alles falsch. Da sagt Gott zu ihm: ***Du Narr! Diese Nacht wird man deine Seele von dir fordern. Und wem wird dann gehören, was du bereitet hast?*** Der Kornbauer hat sich vom Teufel packen lassen. Oder denken wir an den König Salomo, dem ja hier Joschafat nacheifert. Er hat auch alles richtig gemacht. Da wird ihm klar: Er hat ja so viele Frauen in seinem Harem, manche von fernen Ländern, die glauben eben nicht an den einen Gott Israels, sondern an ihre Götter und haben Sehnsucht nach eigenen Tempeln. Und da macht Salomo sowas humanistisch Vernünftiges, nicht? Er geht hin und sagt: „Baut euch doch in Jerusalem auch kleine Tempelchen. In eurem Harem könnt ihr euch auch eine Anbetungsecke machen. Ich geh weiter in den Tempel, den ich habe bauen lassen in Jerusalem, aber ihr könnt auch so ein bisschen nebenbei Fremdgötterei machen..." Wenn man da rein menschlich drauf guckt: Wie vernünftig ist das denn, wie wunderbar! Alle sollen ihre gleiche Freiheit haben, Toleranz der Religionen und all diese Dinge. Und wieder klatschen alle in die Hände, übrigens auch die Bremische Evangelische Landeskirche.

Vor anderthalb Wochen hatten wir die Synode, da wurde abgestimmt über das neue Bestattungsrecht. Da waren viele gute Punkte in diesem Manuskript drin, aber ein Punkt war die ganz große Katastrophe. Da sollte abgestimmt werden und ist auch abgestimmt worden von der Synode, dass wir uns beim Senat der Stadt Bremen einsetzen sollen dafür, dass die Muslime noch stärker ihre Bestattungsformen, ihre muslimischen Traditionen hier leben können. Dafür sollen wir uns als Kirche einsetzen. Wenn Sie da humanistisch drüberblicken, dann ist das alles so vernünftig. Einige Pastoren haben dann ihre Stimme erhoben und auch ich habe was gesagt, dass das falsch und gegen das Erste Gebot ist. Da sind die anderen aufgesprungen und haben uns erklärt, wie richtig und wichtig das ist und es sei unmenschlich, was wir sagen würden. Dann ist es abgestimmt worden. Das war keine Hand voll, die mit uns dagegen gestimmt hat. Die breite Mehrheit, weit über 95 Prozent, die haben gesagt: „Das wollen wir, jawohl! Wir müssen es unterstützen, dass hier islamische Bestattungsformen stattfinden." Nochmal, rein äußerlich ist das ja so menschlich und vernünftig. Rein äußerlich stehen ein Pastor Latzel und ein paar andere da, das sind die evangelikalen Hardliner. Aber die sehen wirklich nicht, wo sie auf die Sünde zugehen. Das macht die Sünde: die lockt mit dem Vernünftigen, mit dem Humanistischen, mit dem Weltverbessernden, und da muss man genau hinschauen.

In Goethes Faust ist ja so eine Abhandlung, wie der Teufel handelt; und Gretchen, die dem da auf den Leim geht. Und als sie das erkennt, da sagt sie diesen wichtigen Satz: „Doch alles, was dazu mich trieb, Gott war so gut, ach, war so lieb." So arbeitet der Widersacher mit der Sünde. Und bitte passt da immer wieder auf, bleibt immer am Wort und lasst euch nicht den Sinn vom Teufel verdrehen mit dem vermeintlich Guten und Schönen. Wenn es gegen das Wort Gottes ist, taugt es nichts, dann ist es Sünde!

Ein Zweites, was wir an Joschafat lernen können: **Die Sünde verführt zum gemeinsamen Handeln mit der Welt!** Die Sünde Joschafats bestand nicht darin, dass er reicher werden wollte, wobei das eine große Gefahr ist, nicht? Er will Gold haben. Und wenn ich das möchte, wenn mich das beherrscht, dann hat der Widersacher sofort alle Möglichkeiten. Im 1. Timotheusbrief (6,9-10a) steht:

> ***Denn die reich werden wollen, die fallen in Versuchung und Verstrickung und in viele törichte und schädliche Begierden, welche die Menschen versinken lassen in Verderben und Verdammnis. Denn Geldgier ist eine Wurzel alles Übels…***

So sagt das die Schrift, es ist jetzt nicht meine finanzkritische Einstellung. Ich bin ja auch jemand, der gerne Geld haben möchte, ich bin davon auch betroffen. Nicht, dass ihr denkt, ich predige euch an, weil ich weniger Geld verdiene als ihr, nein, ich muss mich auch drunterstellen. Aber das ist genau das, wie es funktioniert. Da haben wir die Gier nach Geld und Gold und das ist die Wurzel, da kann der Widersacher wieder damit arbeiten. Dann macht Joschafat den Fehler, und das ist sein Problem hierbei, dass er sagt: „Dieses Geld hole ich mir zusammen mit dem Nachbarkönig, dem Ahasja." Und das war ein gottloser König, das war ein Baals-Jünger. Der betrieb, wie kaum ein anderer, den Baals-Kult im Nordreich, der ging dem fremden Gott nach. Aber um eben Gold und Geld zu kriegen, hat Joschafat alle Bedenken zur Seite geschoben. Der wusste, dass das nicht richtig ist, mit dem gemeinsame Sache zu machen. Doch das gemeinsame Ziel hat ja gewunken, und da hat er gemeinsame Sache gemacht mit der Welt. Man müsste eigentlich hinschreiben: mit der gottlosen Welt. Und das dürfen wir nicht machen: Wir dürfen als Jünger Jesu keine Sache mit der gottlosen Welt machen!

Im 2. Korintherbrief heißt es an einer Stelle (6,14): ***Zieht nicht am fremden Joch mit den Ungläubigen.*** In Korinth ist es so gewesen, dass die Gemeinde sich klar bekehrt hatte, aber Korinth war auch ein Zentrum des heidnischen griechischen Götterglaubens. Die Menschen, die sich bekehrt hatten, hatten natürlich noch Freunde, Verwandte und Bekannte, die noch nicht bei Christus waren. Und diese Freunde und Bekannten huldigten weiter diesem falschen Götterglauben. Da war es früher so, dass, wenn einem Gott geopfert wurde, ein Stier oder ein Lamm oder sonst irgendetwas, dann wurde nicht nur das Blut für den Stier vergossen, sondern man machte aus dem Opferfleisch häufig ein großes Gelage. Daran nahmen die Christen in Korinth auch teil. Die dachten sich, so nach dem Motto: „Ja, wir sind ja bei Christus, also kann uns doch eigentlich nichts passieren. Was macht das schon, wenn wir da an so einer fremden Götzendienstfeier teilnehmen? So schlimm kann es doch wohl nicht sein!" Aber da sagt Paulus ganz deutlich: „Das kommt für euch nicht in Frage, ihr müsst Grenzen ziehen!" Gott ist ein Gott, der Grenzen überwindet zwischen Mann und Frau, zwischen Schwarz und Weiß, zwischen Arm und Reich. Da sind wir als Gemeinde aufgefordert, diese Grenzen zu überwinden. Aber eine Grenze wird in der Bibel immer deutlich gezogen, nämlich die zwischen den Götzendienern und denen, die zu Jesus Christus gehören! Mit denen können und dürfen wir nicht an einem Joch ziehen. Das geht nicht, das haut nicht hin! Auch nicht aus Gefälligkeit, so nach dem Motto: „Ich tu es ja nicht wegen ihres Gottes, aber der Mensch ist mir so wichtig." Erst tut man es aus Gefälligkeit und bald gefällt es einem. Man unterschätzt die Macht des Widersachers, die einen bindet.

Wir leben in einer multireligiösen Gesellschaft, so wird uns erzählt. Damals hat der ehemalige Bundespräsident am 3. Oktober in Bremen die Rede gehalten und gesagt: „Der Islam gehört zu Deutschland." Viele haben damals noch protestiert, aber mittlerweile gehört er ja dazu. In allen Schulen werden dann gemeinsame religiöse Feiern gemacht, da wird alles zusammengemanscht, ein Gott.... Über den lieben Gott können wir alle sprechen, aber Jesus passt da nicht mehr rein, der stört eben, der wird dann auch eliminiert bei all den Dingen. Das ist das Joch dieser Welt. Das ist das, was der Teufel will! Zieht nicht am Joch mit den Gottlosen, das ist ganz wichtig!

Übermorgen lasse ich in der Lukas-Schule eine Klausur der Jahrgangsstufe 11 schreiben über die Barmer Theologische Erklärung, die vor fast 80 Jahren damals aufgesetzt wurde, als Männer und Frauen der Kirche erkannt haben: „Das, was die Nazis machen, das ist widergöttlich!" Da sind sie aufgestanden und haben eine Erklärung verfasst und gesagt: „Nur Jesus! Mit euch können wir nicht mehr weitermachen!", und die Bekennende Kirche hat sich von den „Deutschen Christen" getrennt und gesagt: „Wir können selbst in der Kirche nicht mehr weitermachen."

Dazu müssen wir immer wieder bereit sein als gläubige Gemeinde, aber auch im Einzelnen: dass wir immer wieder aufpassen und uns nicht verführen lassen zum gemeinsamen Handeln mit der Welt. In der Bibel, bei Paulus, heißt es immer wieder mal, wenn er über Menschen spricht, die abgeirrt sind: ***Er hat die Welt lieb gewonnen*** (2. Timotheus 4,10). Da müssen wir uns entscheiden: Ziehen wir am Joch Jesu Christi, dieses Joch ist leicht; oder ziehen wir am Joch des Widersachers, das ist ein furchtbares Joch. Ein Joch, das wissen vielleicht die Jüngeren nicht, das war früher so ein Zuggeschirr, in das man die Ochsen einspannte, da war immer für zwei Ochsen Platz und der Wagen oder der Pflug wurde von den zwei Ochsen gezogen. Und da wollen wir uns nicht neben die Welt stellen, neben die gottlose Welt, sondern wir wollen immer wieder aufpassen, dass wir am Joch Jesu Christi ziehen und es nicht machen wie der Joschafat, der sich hier für den einen Moment hat verführen lassen und am Joch mit dem gottlosen König Ahasja gezogen hat. Die Sünde verführt zum gemeinsamen Handeln mit der gottlosen Welt!

Ein Drittes: Die Sünde gaukelt denen Unfreiheit vor, die auf Gottes Wort hören! Da haben sie die Schiffe gebaut, Ahasja und der Joschafat, die erste Marge. Die sind nicht mal ausgelaufen, die Schiffe sind direkt zerschellt. Gott hat sie noch im Hafen zerstört. Ein großes Wunder! Er erklärt es auch dem Joschafat. Er schickt den Propheten Elieser und er sagt ihm: „Die sind kaputt gegangen, weil du mit diesem Ahasja gemeinsame

Sache gemacht hast." Das versteht Joschafat. Er nimmt das Wort Gottes an und sagt: „Jetzt kann ich an diesem Joch nicht mehr weiterziehen. Das war ein Fehler, sich unter dieses Joch gestellt zu haben." Und er sagt: „Ich mache nicht mehr weiter." Aber die gottlose Welt, was interessiert sie die Zeichen und die Worte Gottes? Sie ignoriert das alles. Die Gerichtsworte, alles Blödsinn, wie zu Zeiten Noahs! Und der Ahasja will sofort wieder neue Schiffe bauen. Er kommt dahin - das macht dieser Text deutlich - und dringt in den Joschafat ein: „Nun komm, deine und meine Leute, wir machen es nochmal!" Ich stell mir vor, wie das gelaufen ist. Das war ja nicht nur der eine Satz, den er hier gesprochen hat, wie er den bearbeitet hat. Er hat gesagt: „Komm, wir hatten doch diesen gemeinsamen Traum, wir schaffen so viel Gold ran und dann können wir uns so ein reiches Königreich bauen. Lass es uns nochmal versuchen!" Und da lockt die Sünde wieder. Ich nehme an - das kann ich jetzt nicht direkt aus dem Text nehmen -, dass er sich auch geäußert hat dazu, dass Joschafat abgelehnt hat, als der sagte: „Ich hab aber Weisung bekommen von dem Elieser." Der kleine Prophet sagt dem großen König etwas und der hört darauf. Und wie Ahasja darauf reagiert hat, so nach dem Motto: „Ich hab da auch Hunderte von Propheten und ich folge denen nur, wenn mir das passt. Mensch, da lass mal Fünfe gerade sein, kein Problem. Du bist ein unfreier Mensch!" So wird der das vielleicht gesagt haben.

Das ist das, was uns die Welt als Christen immer wieder vorwirft, wenn wir die Grenzen ziehen und sagen: „Da können wir nicht mitmachen." - „Du bist ja unfrei! Dein Glaube bindet dich!" Das ist die älteste Flöte des Widersachers, die er immer wieder spielt, dieses direkt Ausgesprochene oder so Unterschwellige „Du bist unfrei". Schon im Paradies hieß es: ***Sollte Gott wirklich gesagt haben?*** Also: „Sollte er euch zu Unfreien machen, dass er euch irgendwie reglementiert? Euch doch nicht! Ihr seid freie Menschen und könnt doch essen, was ihr wollt!" - Zack! Und sofort, wenn man dem nachgibt, dann ist man in Sünde gefallen.

Oder denken wir an Goliath, diese wunderbare Szene bei Socho, als sich das Heer der Philister sammelt gegen das Heer der Israeliten. Da sind die ganz Starken, die damals Herrschenden, die freien Menschen, die Philister; und da sind die Unterdrückten, die Israeliten. Und als Goliath hingeht, lästert er nicht nur Gott, sondern er sagt einen wichtigen Satz (1. Samuel 17,8b): ***Bin ich nicht ein Philister?*** Und er meint damit: „Bin ich nicht ein Freier?" Dann sagt er: ***Ihr seid Sauls Knechte!*** Der Goliath ist auch ein Werkzeug des Teufels. Immer wieder spricht das die Welt uns gegenüber aus, die wir zu Christus gehören: Ihr seid doch nur Knechte des Gesetzes. Nicht nur bei David und Goliath. Die Religionskritik aller Zeiten hat das dem Christentum vorgeworfen: „Ihr knechtet die Menschen!" Da waren die schlauen Religionskritiker wie ein Nietzsche, Sklavenmoral hat er das genannt. Da sind die weniger Schlauen wie ein Feuerbach, und da sind die ganz Primitiven wie ein Rosenberg: „Das ist alles nur eine Untermenschen-Moral, die ihr vertretet. Ihr seid doch geknechtet. **Wir** machen euch frei, **wir** befreien euch!" Das haben wir immer wieder erlebt, wo das hingeführt hat, wenn Menschen so aufgetreten sind, um die Menschheit vom Christentum und von unserer vermeintlichen Knechtsreligion zu befreien. Der Mythos des 20. Jahrhunderts: das befreite deutsche Volk. Wie sind wir geknechtet worden am Ende! Oder eben auch der Kommunismus, was sind die Völker geknechtet und unterdrückt worden durch diese vermeintlich freiheitsbringende menschliche Ideologie?

Liebe Brüder und Schwestern, lasst euch niemals vom Widersacher einreden wir seien Knechte, wir seien unfrei. Das Gegenteil ist die Wahrheit. In Galater 5,1 heißt es:

> ***Zur Freiheit hat uns Christus befreit. So steht nun fest und lasst euch nicht wieder das Joch der Knechtschaft auflegen!***

In Wirklichkeit knechtet uns der Widersacher, aber nicht Jesus Christus! Wir haben alle Freiheit. Wir können auch Nein sagen zu diesem Gott, wir können umkehren. Niemand **muss** ihm nachfolgen, niemand **muss** seine Gebote halten, das stellt ER uns frei. Eins aber dürfen wir wissen: Wenn wir uns gegen seine Gebote wenden, dann gehen wir sofort unter das Joch des Widersachers, dann wird es brutal und hart - immer, immer!

Ich erinnere mich an eine Konfirmandin aus meiner alten Gemeinde. Sie hatte einen guten Anfang gemacht, hat mitgearbeitet in der Gemeinde. Hat auch alles übernommen, was wir erzählt haben, auch zu den Dingen, die man jungen Menschen sagt, wie beispielsweise: „Seid sehr vorsichtig, dass ihr euch nicht direkt mit dem Erstbesten einlasst und lasst es mit dem vorehelichen Geschlechtsverkehr bleiben." Dann hatte sie mit 17 ihren ersten Freund kennengelernt. In einer langen E-Mail hat sie mir dann erklärt, dass das alles Quatsch sei, was wir erzählen würden. Das sei so wunderbar, was sie jetzt gefunden hätte mit ihrem Freund, das sei die Erfüllung. Sie würde auch nicht mehr in den Gottesdienst kommen und all das Bla Bla Bla... Es waren nicht ihre Worte! Da hat man richtig gemerkt, wie der junge Mann sie so richtig verführt hat. Sie war natürlich total glücklich für den Moment. Das war ja so schön und so toll, als junges Mädchen das zu erleben und die Liebe geschenkt zu bekommen; und sie hat sich dem ganz hingegeben. Nach einem halben Jahr hatte der eine Schönere, Nettere gefunden und hat sie fallen lassen wie eine heiße Kartoffel. Da weiß ich noch, wie sie bei mir gewesen ist und war fix und fertig. Sie hat gesagt: „Ich fühle mich so schmutzig, ich fühle mich so benutzt." Sie war echt wirklich ganz tief unten! Da hatte sie im Moment die vermeintliche Freiheit gefunden, aber dann erleben müssen, wie sie geknechtet wurde.

Das macht der Widersacher. Er gaukelt uns vor: „Ihr seid unfrei!" und lockt uns dann mit diesen Freiheiten: „Komm doch, komm doch, komm doch! Probiere es aus!" Wenn wir ihm auf den Leim gehen, dann merken wir ganz schnell, wie es zu den Katastrophen kommt. Die Sünde gaukelt uns die Unfreiheit vor. Die alten Brüder erzählten früher immer so eine Warngeschichte in der Sonntagsschule, im Kindergottesdienst, in den Gemeinschaften, um deutlich zu machen, wie das mit den Gesetzen ist. Mit Gott ist das wie mit einer liebevollen Mutter, die dem Sohn, der morgens am Tisch sitzt und ein weißes Hemd anhat, sagt: „Pass schön auf, dass du dich nicht bekleckerst, damit du dich nicht umziehen musst." Und wo die Mutter das nochmal sagt, erwidert der Sohn: „Ich kann mit meinem Hemd und mit meiner weißen Weste machen, was ich will", packt in die Marmelade und schmiert sich von oben bis unten voll. Als alles vollgeschmiert ist, muss er feststellen, dass er da tatsächlich jetzt dreckig ist und sich umziehen muss.

So ist der Widersacher, der sagt immer: „Ist nicht schlimm, mach's ein bisschen!" Gott warnt uns, ER will das nicht, ER will das Gute für uns und möchte uns bewahren. Wir sind nicht unfrei, wir können frei entscheiden. Wir können uns die Weste vollschmieren, aber es tut uns nicht gut. Deshalb Vorsicht! Lasst euch nicht von der Sünde Unfreiheit vorgaukeln, sondern hört immer wieder auf das Wort Gottes, so wie Joschafat das getan hat. Das ist das Tolle an dieser Geschichte. Er ist zwar in Sünde gefallen, aber er hat es erkannt und dann will er nicht mehr, dann widersteht er.

Ein Viertes und Letztes, was die Sünde tut: **Die Sünde führt in den Tod!** Das ist hier sinnbildlich gezeigt an dem, was getan worden ist. Man hat Schiffe gebaut und diese Schiffe zerstört Gott, ER schlägt sie einfach knitterkaputt. Das ist das, was Gott mit Sünde tut. Da, wo Sünde ist, da schlägt der heilige Gott rein und zerstört sie. Und ich darf euch sagen: Nichts, was Sünde ist, wird bleiben. Alles, sei es hier in dieser Welt oder dereinst in der Ewigkeit, wird vom heiligen und lebendigen Gott brutalst zerschlagen, so wie diese Schiffe hier, die gebaut worden sind. Auch alles, was an uns Sünde ist, das nimmt dieser Gott nicht an, sondern zerschlägt es. Das Gute ist, dass wir von Sünde rein werden können. Sünde ist etwas ganz Furchtbares. Das ist anders als mit diesem radioaktiven Element, wovon ich zu Beginn der Predigt erzählt habe. Wenn Sie radioaktiv verseucht sind, wenn Sie erst einmal so eine Strahlendosis aufgenommen haben, die kriegen Sie nicht aus sich heraus. Aber mit der Sünde ist das anders. Sobald Sünde in Kontakt mit dem Blut Jesu Christi kommt, ist sie gelöscht. Dann ist alles vorbei und sie hat keine Kraft mehr. Wenn Sünde aber nicht in den Kontakt mit dem Blut Jesu Christi kommt, da ist sie in uns drin und führt uns in den Tod. In Römer 6,23 heißt es:

> ***Der Sünde Sold ist der Tod; die Gabe Gottes aber ist das ewige Leben in Christus Jesus, unserem HERRN.***

Deshalb ist es so wichtig, dass wir auch im Advent darüber nachdenken sollen und dürfen, dass wir Sünder sind. Nicht, dass ich damit irgendeinem heute Nachmittag das nette Kaffeetrinken vermiesen möchte oder den beschaulichen Gang über den Weihnachtsmarkt, das dürfen Sie gerne alles tun. Was ich Ihnen aber anraten möchte, ist: Denken Sie in dieser Adventszeit 2013 auch über die Sünde nach, die Sie persönlich tun, auf dass Sie ganz bewusst sich neu unter das Kreuz stellen, sich reinigen lassen vom Blut unseres HERRN Jesus Christus. Auf dass all das, worauf Gott einen Zorn hat in Ihrem Leben, dass das getilgt ist und dass Sie es abgeben können. Die Sünde führt in den Tod und es ist wichtig für uns, dass wir allem Todbringenden immer widerstehen, wenn der Widersacher uns lockt, so wie den König Joschafat.

Ich weiß nicht, wo der Widersacher momentan an deinem und Ihrem Leben dran ist oder gerade Unfreiheit vorgaukelt, wo er dich mit irgendeinem Schönen und Guten lockt, gemeinsame Sache mit dieser Welt zu machen. Ich möchte dir Mut machen, dass du widerstehst wie der König Joschafat und dass du es einfach nicht willst, dass der Widersacher dich in und unter die Sünde zieht. Da möchte ich noch einmal warnen vor der Sünde. Das ist nichts Nebensächliches! Das ist das Schlimmste, was es in dieser Welt gibt: Der Sünde Sold ist der Tod! Das wollen wir immer bedenken und immer vorsichtig sein. Aber wir dürfen uns auch freuen darüber, dass die Sünde zerstört ist, dass wir die Gabe Gottes in Christus Jesus haben und ER uns das ewige Leben schenkt. Möge unser HERR und Gott diese Predigt an deinem Leben segnen. Amen.

Und der Friede unseres allmächtigen Gottes, der sehr viel höher ist als alle unsere menschliche Vernunft, ER bewahre unsere Herzen und Sinne in Christus Jesus, unserem auferstandenen und lebendigen HERRN. Amen.

Manasse - Sünder und Büßer

2. Chronik 33,9-17

Gnade sei mit euch und Friede von dem, der da war und der da ist und der da sein wird in alle Ewigkeit, unser HERR, Jesus Christus, Amen.

Liebe Gemeinde, für diesen Gottesdienst am Buß- und Bettag habe ich eine Geschichte der Buße und der Sündenerkenntnis mitgebracht aus dem Alten Testament. Wir wollen hören auf 2. Chronik 33, die Verse 9 bis 17. Dort heißt es:

Manasse verführte Juda und die Einwohner von Jerusalem, dass sie es ärger trieben als die Heiden, die der HERR vor den Israeliten vertilgt hatte. Und wenn der HERR zu Manasse und seinem Volk reden ließ, merkten sie nicht darauf. Darum ließ der HERR über sie kommen die Obersten des Heeres des Königs von Assur; die nahmen Manasse gefangen mit Fesseln und legten ihn in Ketten und brachten ihn nach Babel. Und als er in Angst war, da flehte er zu dem HERRN, seinem Gott, und demütigte sich vor dem Gott seiner Väter. Und als er bat, ließ sich der HERR erbitten und erhörte sein Flehen und brachte ihn wieder nach Jerusalem in sein Königreich. Da erkannte Manasse, dass der HERR Gott ist. Danach baute er die äußere Mauer an der Stadt Davids westwärts vom Gihon im Tal und wo man zum Fischtor hineingeht und führte sie um den Ofel und machte sie sehr hoch. Und er legte Hauptleute in alle feste Städte Judas. Er entfernte die fremden Götter und den Götzen aus dem Hause des HERRN und alle Altäre, die er gebaut hatte auf dem Berge des Hauses des HERRN und in Jerusalem, und warf sie hinaus vor die Stadt. Und er stellte den Altar des HERRN wieder her und opferte darauf Dankopfer und Lobopfer und befahl Juda, dass sie dem HERRN, dem Gott Israels, dienen sollten. Aber das Volk opferte noch auf den Höhen, jedoch dem HERRN, ihrem Gott. Amen.

Wir wollen beten: Lieber HERR und Heiland, du schenkst uns diese Verse von Manasse, der so tief in der Sünde, in der Schuld war und der durch dein Gericht zur Buße geführt wurde. Wir wollen dich jetzt bitten für die Predigt über diese Verse, dass du sie uns öffnen wollest für unser Leben, für die Bedeutung, die diese Botschaft heute hat. Damit das gelingt und wir deine Stimme vernehmen, dazu brauchen wir deine Hilfe, HERR. Und darum wollen wir dich jetzt bitten für diese Predigt: Segne du selber durch deinen Heiligen Geist das Reden und das Hören deines heiligen und lebendigen Wortes an uns allen. Amen.

Liebe Gemeinde, das ist eine Plattitüde, dass manche Dinge aus der Mode kommen. Das kennen wir alle, wenn wir zurückdenken an die letzten Jahrzehnte. Es gab eine Zeit, da waren diese Schlaghosen ganz in, aber mit einem Mal hat die kein Mensch mehr getragen. Ich erinnere mich als Schüler, so Anfang der Achtzigerjahre, da war das in Mode, egal wo man hinkam in die Bäckerei, da konnte man ein sogenanntes „Schülerbrötchen" kaufen. Das war ein Brötchen mit Mohrenkopf. Da wusste jeder, was gemeint war. Fragen Sie heute mal Schüler, was ein Schülerbrötchen ist. Oder gehen Sie in die Bäckerei, da werden die Verkäuferinnen nicht wissen, was damit gemeint ist. Oder auch die sogenannten Hollywoodschaukeln, die sind komplett aus der Mode gekommen. Auch die kennen Sie sicherlich alle noch. Also bei meinen Eltern und in der Nachbarschaft hat jeder Ende der 70er Jahre so ein Ding im Garten stehen gehabt. Heute sehen Sie die kaum noch. Das ist auch nicht weiter schlimm, wenn solche Dinge in Mode waren und dann aus der Mode kommen.

Es gibt aber leider etwas in der Theologie, was derzeit komplett aus der Mode gekommen ist, nämlich über Sünde und Buße zu sprechen. Heute an diesem Tag wird uns das besonders deutlich, dass es schon über 23 Jahre her ist, dass der Buß- und Bettag als Feiertag abgeschafft wurde. Man hätte ja auch den Pfingstmontag nehmen können oder den Ostermontag. Doch nein, auf den Buß- und Bettag hat man mehr oder weniger gerne verzichtet, damals zur Finanzierung der Pflegeversicherung. Nicht nur, dass man den Tag als gesetzlichen Feiertag abgeschafft hat. Nein! Hören Sie mal auf die Verlautbarungen von unserer Kirche, von unseren Bischöfen und Präsides. Wenn da von Sünde die Rede ist, da geht es natürlich nicht um eine Verfehlung vor dem lebendigen Gott, sondern fast immer nur um irgendwelche „Umweltsünden", wenn die CO2-Bilanz nicht mehr stimmt. Aber dass wirklich davon gesprochen wird, dass der Mensch vor dem lebendigen Gott schuldig ist, dass er Sünder ist, dass er gar nicht anders kann als zu sündigen, dass er das Blut des Heilandes Jesus Christus braucht und dass er Buße tun muss, das ist aus der Mode gekommen. Aber auch wenn es aus der Mode ist, so ist es doch die Aufgabe der bibeltreuen Gemeinde, immer wieder darauf hinzuweisen, wie wichtig dieses Bedenken von Buße und Sünde ist. Und so wollen wir heute schauen auf diesen Text und uns an diese wichtigen beiden Topoi (Schlüsselthemen) der Theologie erinnern, an Sünde und Buße. Und wir wollen schauen, was uns dieser Text für unser Leben und auch für unser Vaterland zu sagen hat. **Manasse - Sünder und Büßer**, so habe ich diese Predigt überschrieben und fünf kurze Punkte mitgebracht:

1. Die Verfehlungen Manasses
2. Die Strafe Manasses
3. Die Erkenntnis Manasses
4. Die Buße Manasses
5. Der Schaden Manasses

Das Erste: Die Verfehlungen Manasses. In dem Predigttext ist nur davon die Rede, dass es hier heißt:

> ***Manasse verführte Juda und die Einwohner von Jerusalem und sie trieben es ärger als die Heiden.***

Wenn Sie einmal sich die Mühe machen wollen und die Verse zuvor lesen, dann wird ausführlich und sehr lang beschrieben, was dieser Manasse getan hat. Er war Sohn des gläubigen Königs Hiskia, aber er hat furchtbaren Götzendienst betrieben. Er baute fremde Altäre, für viele Götter des Himmels baute er Altäre in Jerusalem. Er stellte hölzerne Götzenbilder der Aschera auf. Er achtete, so erzählt die Bibel, auf die Zeichen der Zauberei und auf den Vogelschrei. Und er machte das nicht nur alleine, sondern er hielt auch seine Untergebenen dazu an, ebensolches zu tun. Er war nicht nur selbst ein Götzendiener, sondern verführte mit seiner falschen Ausrichtung auch Juda und die Einwohner von Jerusalem, so heißt es hier in unserem Predigttext. Er ließ auch seine Söhne durchs Feuer gehen und beachtete einfach das Wort Gottes nicht. Es spielte für ihn keine Rolle. Das war aus der Mode gekommen, das Wort Gottes.

Das waren die Verfehlungen Manasses. Und diese Verfehlungen Manasses, liebe Brüder und Schwestern, die sind leider Gottes nicht aus der Mode gekommen. Diese Verfehlungen, die der König des Volkes damals getan hat, sind brandaktuell! Sie werden genauso heute noch praktiziert. Der Bau fremder Altäre. Da wollen wir mal schauen auf Deutschland, wie viele fremde Altäre gebaut werden, fremde Gotteshäuser, die nicht den lebendigen Gott in Jesus Christus, Vater, Sohn und Heiligen Geist meinen. Da werden allerorten Götzenbilder aufgestellt. Wenn Sie vor 50 Jahren durch unsere Hansestadt gegangen sind, da haben Sie keine Buddha-Statue irgendwo im Schaufenster oder im Restaurant oder in irgendeinem Wohnzimmer gesehen. Aber überall werden heute solche Statuen aufgestellt, irgendwelche indischen Götterbilder an die Wand gehangen. Auch das Achten auf die Zauberei, oh, das ist ganz groß in Mode! Horoskope, das Berechnen von Mondphasen, Wahrsagen. Ich darf Ihnen versichern, in Bremen verdienen viele Scharlatane gutes Geld mit diesen okkulten Praktiken. Auch das Achten auf die Natur, den Vogelschrei, da kann ich Ihnen als Jäger einiges dazu erzählen. Mir haben gestandene Jäger-Kollegen erzählt, dass das mit dem Glauben alles Blödsinn sei, sie aber gleichzeitig alle möglichen okkulten Dinge in das Jagdhandwerk hineinpacken.

Auch das Verführen des Volkes, was Manasse getan hat, erleben wir von unseren politischen Oberen. Keine klare Ausrichtung mehr auf den lebendigen Gott in Jesus Christus, sondern die Erklärung, dass eben auch andere Religionen ganz selbstverständlich dazugehören. Ein CDU-Bundespräsident - nicht ein Politiker der Grünen, nicht ein Politiker der SPD - der in Bremen als Erstes erklärte: „Der Islam gehört zu Deutschland."

Auch das Durch-das-Feuer-gehen der Söhne Manasses. Was da an Schuld und Sünde an Kindern passiert, beispielsweise über das Besprechen, wenn Kinder krank sind; da wird nicht der Arzt aufgesucht, sondern irgendwelche Wunderheiler. All das ist nicht aus der Mode, sondern hat derzeit Hochkonjunktur. Und die größte Hochkonjunktur aller Sünden ist das Nichtbeachten des Wortes Gottes. Wir sehen: Was die Verfehlungen Manasses waren, seine Sünde und Schuld, das ist nicht nur ein Problem von vor zweieinhalbtausend Jahren im alten Israel. Es ist etwas, was topaktuell ist!

Wir kommen **zum Zweiten: die Strafe Manasses.** Der treibt's ganz wild mit dem Götzendienst und der Abgötterei in Jerusalem. Er tut Dinge, die Gott missfallen, die Gott zum Zorn reizen. Und irgendwann ist bei Gott Ende der Fahnenstange. Da heißt es hier im Vers 11:

> ***Darum ließ der HERR über sie kommen die Obersten des Heeres des Königs von Assur; die nahmen Manasse gefangen mit Fesseln und legten ihn in Ketten und brachten ihn nach Babel.***

Die Assyrer fallen ein und weil Gott den Schutz vom Volk weggezogen hat ob ihres Götzendienstes, können sie sich nicht wehren. Das ist mitnichten nur so gewesen, dass die Assyrer gekommen sind, den König nur weggeführt und sich dann ganz gentlemanlike aufgeführt haben. Wir wissen, was mit all dem passiert, wenn ein fremdes Heer in ein fremdes Land einfällt; was die Soldaten tun, was die Bevölkerung zu leiden hat, nicht nur an Vergewaltigung und Mord, sondern auch an finanziellen Verlusten. Aber das, was Juda, was die Einwohner Jerusalems und was Manasse erleben, das ist ein Strafgericht des lebendigen Gottes. Dieser Gott lässt sich nicht für alle Zeiten spotten, sondern ER bestraft. Auch das ist etwas, was heute kaum mehr verkündigt wird. Ja, wir haben einen Gott der Liebe, überhaupt gar keine Frage. Aber wir haben auch einen Gott, so sagt es uns die Bibel, der - wenn die Sünde überhandnimmt - irgendwann den Punkt setzt und ein furchtbares Strafgericht kommen lässt.

Das war nicht nur bei Noah so, wo er fast die gesamte Menschheit ausgerottet hat ob ihrer Boshaftigkeit. Das war in Sodom und Gomorrha so. Das war in Ninive so, wo allerdings das Urteil abgewendet wurde, weil die Bevölkerung Buße tat. Das war aber auch im Neuen Testament so. Hananias und Saphira müssen sterben, weil sie Gott betrügen, weil sie Sünde tun. Das geschah mit Kapernaum, Betsaida und Chorazin. Die Bibel sagt uns, dass es auch bis zum Ende der Zeiten so weitergehen wird, dass am Ende der Zeiten es ganz furchtbar werden wird, wenn Gott nämlich seinen Engeln Anweisungen geben wird, dass sie seine Zornesschalen über dieser Welt ausgießen werden. Ich bitte Sie, lesen Sie es einfach mal nach in Offenbarung 15 und 16, wenn Sie ein Problem damit haben, dass Gott ein strafender Gott war und ist und bleibt. Das ist die Wahrheit des Evangeliums. Weil ER straft, deshalb musste Golgatha geschehen, damit wir eine Möglichkeit haben. Niemand wird Golgatha annehmen mit freudigem Herzen, wenn er nicht weiß, dass es einen strafenden Gott gibt.

Ich habe an diesem Punkt gehangen und habe überlegt: „Bringst du den so mit?“, weil es ein hartes Wort ist. Und ich weiß auch, dass die Gemeinde das nicht unbedingt hören will. Ich habe darüber gebetet und wie ich darüber gebetet habe, machte ich meinen Computer an und ging die E-Mails durch, die angekommen sind. Da hatte mich ein befreundeter Pfarrer angeschrieben, der mir immer wieder Bibelworte und Predigten zuschickt. Und heute hatte er eine Predigt von einem

Pastor aus Königsberg über Lukas 13 angehangen an seine E-Mail. Sie begann mit den Worten „Krieg, Krankheit, Armut, Unwetter, Erfolglosigkeit, Not und der Tod - das alles sind Äußerungen des Zornes Gottes über die Sünde". - Ich frage Gott, ob ich das so sagen darf und bekomme eine E-Mail mit dieser sehr, sehr harten Antwort, die aber die Wahrheit der Bibel ist. Es gibt auch die andere Wahrheit, dass Gott ein Gott der Liebe ist und dass ER uns annimmt - unstrittig! Aber ich muss es wiederholen: Wenn die Sünde überhandnimmt, dann straft Gott!

Wenn ich Leute durch unsere Kirche führe, ihnen die Kirche zeige, ihnen erzähle von der Geschichte unserer Kirchengemeinde und dann auf das Jahr 1944 komme, von der Zerstörung unserer Kirche, dann spreche ich auch immer vom Strafgericht unseres Gottes. Weil in unserem Volk die Juden verfolgt wurden, ermordet wurden, hat Gott vom Himmel Schwefel regnen lassen, hat furchtbares Elend über die Deutschen gebracht. Zerstörung, Schutt und Asche. Warum? Weil wir Gott gelästert haben. Bis zu einem gewissen Grade ging es noch gut, aber irgendwann hat Gott das Stoppschild gesetzt. Auch das sage ich immer wieder (auch wenn mir dann vorgeworfen wird, der Pastor Latzel vereinfacht die Weltgeschichte, so kann man das ja nicht sehen): Niemand soll meinen, dass wir nach dem Zweiten Weltkrieg nur durch die finanzielle Hilfe des Marshallplans, durch die deutsche Ingenieurskunst und durch unser Wissen dazu gekommen sind, was wir heute sind: die führende Nation in der Weltwirtschaft mit den Japanern und Amerikanern zusammen. Nein, das hat nicht nur damit etwas zu tun, sondern vor allen Dingen mit dem Segen Gottes, dass wir unter der Führung Konrad Adenauers zum größten Förderer Israels geworden sind, zum Segen für die Juden. Es bestätigt das, was in der Bibel steht: Wer Israel segnet, wird gesegnet, wer Israel flucht, wird verflucht. Gottes Wort ist wahr! ER segnet die, die sich zu IHM halten; aber die meinen, IHN nicht zu brauchen, die IHM spotten und die klar gegen Seine Gebote leben, die müssen mit der Strafe Gottes rechnen, so wie Manasse. Aber dieser Manasse erkennt das.

Damit kommen wir zum **dritten Punkt** der Predigt: **die Erkenntnis Manasses.** Das versteht er jetzt dort, in Assur im Gefängnis. Er versteht auf einmal, dass alles falsch war. So heißt es hier in Vers 12 und 13:

> ***Und als er in Angst war, flehte er zu dem HERRN, seinem Gott, und demütigte sich vor dem Gott seiner Väter. Und als er bat, ließ sich der HERR erbitten und erhörte sein Flehen und brachte ihn wieder nach Jerusalem in sein Königreich. Da erkannte Manasse, dass der HERR Gott ist.***

Das hat er erkannt. Sein ganzer Götzendienst hat nichts gebracht. All die Altäre, die er gebaut hatte, das Standbild der Aschera. Als es jetzt hart auf hart ging, da half ihm das alles überhaupt nichts. Es wird zwar nicht expressis verbis gesagt, aber da können wir davon ausgehen, dass er, als die Assyrer kamen, erst einmal versucht hat, bei seinen Götzen Schutz zu bekommen. Aber das sind ja tote Götter, die antworten nicht, die helfen auch nicht und das muss er erleben. Er musste erkennen, dass da doch ein Gott ist, der ihn jetzt in die Hände der Assyrer gegeben hat, und vor IHM demütigt er sich jetzt. Das erkennt er: Ich brauche den HERRN! Das ist so wunderbar, in unserem Text heißt es: ***Da flehte er zu dem HERRN, seinem Gott.*** Er erkennt, dass es der Gott seines Volkes gewesen ist. Er findet zurück zum lebendigen Gott und dann heißt es: ***Da erkannte Manasse, dass der HERR Gott ist.*** Auf ihm lag die Strafe des Lebendigen. Er war im Gefängnis in Ketten und war dem Tode preisgegeben. Aber dann erkennt er, dass der HERR Gott ist. Und das ist etwas ganz, ganz, ganz Wichtiges! Da sehen wir das Kreuz schon vorleuchten im Alten Testament. Wer ist der HERR? JESUS ist der HERR, JESUS ist der HERR! Wer immer erkennt, dass JESUS der HERR ist, wer das erkennt in seiner Not, in seinem Elend, in den Ketten seiner Sünden, der wird befreit. Das ist die wunderbare Erkenntnis, die Manasse geschenkt wird. Auch das ist Gnade Gottes, wenn man das erkennt und dann nicht in seinem Götzendienst verharrt. Das ist das Tiefe, was ihn befreit und was ihn schließlich wieder nach

Jerusalem bringt. Dort in Jerusalem, da fällt er nicht in das alte Verhaltensmuster zurück, sondern er vollendet seine Buße.

Das ist **der vierte Punkt dieser Predigt: die Buße Manasses.** Es ist nicht nur die Erkenntnis, dass man sagt, ich brauche den lebendigen Gott und wende mich diesem Gott zu. Nein! Das ist nur der eine Teil von Buße. Die Hinwendung zum lebendigen Gott, das Einhalten des Ersten Gebotes ist der erste Teil der Buße. Der zweite Teil ist die Abkehr vom Götzendienst und die Beachtung des Wortes Gottes. Das lesen wir hier in den Versen 15 und 16:

> ***Er entfernte die fremden Götter und den Götzen aus dem Hause des HERRN und alle Altäre, die er gebaut hatte auf dem Berge des Hauses des HERRN und in Jerusalem, und warf sie hinaus vor die Stadt. Und er stellte den Altar des HERRN wieder her und opferte darauf Dankopfer und Lobopfer und befahl Juda, dass sie dem HERRN, dem Gott Israels, dienen sollten.***

Er warf die Altäre raus. Er wendet sich nicht nur dem lebendigen Gott zu, sondern er kehrt sich auch ab von all dem, was falsch ist. Das ist immer so, wenn Menschen erkennen, dass Gott der HERR ist, dass JESUS der HERR ist. Denken Sie an die andere große Bekehrungsgeschichte, wo ein furchtbarer Sünder zum Glauben findet. Wie der Saulus zum Paulus wird, der die Gemeinde verfolgt, Christen getötet und gefoltert hat und wo ihm vor Damaskus der HERR begegnet. Er darf erkennen: JESUS ist der HERR, JESUS ist Gott. Nicht nur, dass er sich dann Gott zuwendet. Nein! Er kehrt sich auch radikal von seinem alten Weg ab. Und wenn er bis dato der größte Verfolger und Zerstörer der Gemeinden gewesen ist, wird er nun zum größten Förderer und größten Missionar der Christenheit. Und das braucht es, wenn man erkennt, dass Gott der HERR ist, dass JESUS der HERR ist. Buße geht nicht ohne diese radikale Umkehr, ohne die Bankrotterklärung über das Bisherige, wo man gemeint hat, aus eigener Kraft oder mit den Kräften anderer

Götter, anderer Größen irgendwas zu sein. Wer verstanden hat, Gott ist der HERR, dann gibt es nur noch eins: in sich zu schlagen, sich dem lebendigen Gott zuzuwenden und sich abzukehren von allem Götzendienst.

Dazu muss ich euch, Brüder und Schwestern, nicht aufrufen, die ihr heute Abend hier seid. Ihr alle seid mit dem ganzen Herzen bei unserem HERRN und Heiland Jesus Christus. Aber wir leben mittlerweile in einem Vaterland, das aus meiner Sicht nicht mehr zum christlichen Abendland gehört. Wir leben in einer zunehmend areligiösen Gesellschaft, in einer zunehmend synkretistischen Gesellschaft. Was wir brauchen, ist die Rückkehr zum lebendigen Gott. Und wenn auch wir Buße tun und zum HERRN zurückkehren, so ist es auch wichtig, dass unser Volk es als Ganzes tut. Wenn wir in den letzten Buß- und Bettag-Gottesdiensten häufig über individuelle Schuld gesprochen haben, so ist es wichtig, dass wir auch Buße tun und Schuld bekennen für das, was in unserem Volk passiert, das sich zunehmend abkehrt von dem lebendigen Gott. Das wird nicht folgenlos bleiben und das ist heute schon zu spüren. Ob das nun bei den Ehen ist mit den Scheidungshöchstständen oder all den anderen Problematiken, die wir in unserer Gesellschaft erleben. Wir müssen uns wieder dem lebendigen Gott in Jesus Christus zuwenden, sonst hat unser Volk, sonst hat Deutschland keine Zukunft. Die Buße Manasses ist das, was unser Volk braucht. Wenn wir eins mitnehmen wollen aus diesem Gottesdienst, dann ist es das Gebet auch für unser Vaterland, für diese Stadt, für Deutschland, um Erweckung, dass wieder Buße getan wird.

Wir kommen **zum fünften Punkt: der Schaden Manasses.** Das Falsche, was die Führer des Volkes tun, führt zum Schaden bei dem Volk. Manasse bekehrt sich. Er tut Buße. Aber das ist der Bibel wichtig, festzustellen, dass die Folgen seiner Schuld und Sünde weitergehen. Aber, so heißt es im Vers 17:

> ***...das Volk opferte noch auf den Höhen, jedoch dem HERRN, ihrem Gott.***

Das heißt, diese Sünde und diese Schuld, die dort getan worden ist, die hat Folgen. Manasse wendet sich zwar vom falschen Götzendienst ab, aber die Veränderung kommt bei dem Volk nicht an. Sie opfern weiter auf den Höhen und tun etwas, was Gott nicht wohlgefällig ist.

Und es geht weiter. Als Manasse stirbt, wird sein Sohn Amon König und er lebt genau denselben Mist aus, den sein Vater getan hat. Amon lebt diese Sünde weiter. Er ist vielleicht der gräulichste Götzendiener aus dem ganzen Alten Testament; einer, von dem wir nicht hören, dass er zur Buße gelangt, sondern in diesen Sünden geblieben ist. Er, den sein Vater hatte durchs Feuer gehen lassen. Das, was Manasse getan hatte am Volk und an seinem Sohn, das hat weitergehende Folgen, obwohl Manasse zum HERRN gefunden hat, obwohl er sich bekehrt hat und obwohl er Vergebung für seine Schuld und Sünde empfangen hat. Und das ist etwas, was wir uns auch merken müssen für Schuld und Sünde, die wir tun. Wenn wir Vergebung erlangen, heißt das nicht, dass die Folgen unserer Schuld und Sünde dann auch in dieser Welt getilgt sind. Vor Gott ja, da sind sie gelöst für Zeit und Ewigkeit. Aber das, was wir an Falschem anrichten in dieser Welt, das hat Folgen, die häufig weitergehen.

Da bricht ein Mann die Ehe, er hat drei Kinder, ist verheiratet, lernt dann die neue Frau kennen und geht mit dieser Frau zusammen, verlässt seine angetraute Frau, lässt sich scheiden, die Kinder bleiben ohne Vater, die Häuser gehen über die Wupper, es wird gestritten und sonstwas. Dann kommt dieser Mann zum Glauben, der nun in einer zweiten Ehe ist. Er kann natürlich für diesen Fehltritt die Vergebung des lebendigen Gottes erhalten, gar keine Frage, aber seine Schuld geht weiter an den Kindern. Auch das sind Dinge, die viel zu wenig bei uns gesagt werden. Heute wird ja alles schöngeredet, der Ehebruch, wenn Familien zerbrechen. Nein! Da leiden Menschen drunter, zum Teil zeitlebens, sie sind zum Teil durch die Schuld selber bindungsunfähig geworden. Da geht Schuld weiter, das hört nicht auf!

Wir können das auch bei Paulus sehen. Paulus hat sich bekehrt und ist zum lebendigen Glauben gekommen, aber zuvor hat er Menschen umgebracht. Da müssen Kinder aufwachsen in Jerusalem und der Umgebung ohne ihre Eltern, weil der Paulus sie getötet hat. Da hat er Menschen zum Abfall verführt, das schreibt die Bibel und das berichtet er selber von seinem Leben, dass er sagt: Er hat Leute so gequält, dass sie abgefallen sind vom Glauben. Er hat die Verantwortung dafür, dass Menschen verloren sind für Zeit und Ewigkeit. Ja, ihm ist Schuld vergeben, aber er hat Unglaubliches angerichtet, was im Leben anderer weitergeht. So stark ist Schuld und Sünde! Paulus berichtet davon, dass es ihm ein ***Stachel im Fleisch*** ist; er spricht vom Teufel, der ihn quält. Manche Theologen meinen, das wäre ein Magenleiden, was der Apostel hatte. Ich glaube nicht, dass der harte Apostel ein Magenleiden hatte. Ich bin fest der Überzeugung, dass diese Schuld, von der er wusste, ihm zwar geistlich vergeben ist, aber eine Auswirkung hat in dieser Welt.

Das wollen wir heute und immer wieder bedenken am Buß- und Bettag. Es ist eine große Gnade, etwas Wunderbares, dass Gott uns Schuld und Sünde vergibt. Aber das müssen wir wissen: Wenn wir Schuld und Sünde tun, dass diese Schuld und Sünde in dieser Welt häufig weiter Schaden anrichten. Geistlich mag uns vergeben sein. Aber das, was wir anrichten damit, bringt häufig für andere Leute Leid, Elend und zum Teil auch den Tod. In Römer 6, 23 heißt es:

> ***Der Sünde Sold ist der Tod, die Gabe Gottes aber ist das ewige Leben in Jesus Christus, unserem HERRN.***

Wir dürfen uns freuen darüber, dass Jesus uns Vergebung schenkt, dass er die Strafe des lebendigen Gottes von uns abwendet durch Sein Blut. Aber wir wollen uns auch immer wieder bewusst sein, was passiert, wenn wir gegen die Ordnungen Gottes leben. Wenn wir Sein Wort missachten, wenn wir nicht so leben, wie ER das möchte, dann wird nicht nur uns

Schaden zugefügt, sondern häufig viel stärkerer Schaden an anderen. Das sage ich auch deshalb so deutlich, weil wir gleich das Abendmahl miteinander feiern wollen. Da wollen wir vorher in die ganz persönliche Buße gehen und noch einmal drüber nachdenken, was wir falsch gemacht haben vor Gott und vor unserem Nächsten. Mögen wir das auch noch einmal vor Augen haben, was es bedeutet, wenn wir sündigen und welche Auswirkungen damit für andere Menschen in Verbindung stehen können.

Manasse - Sünder und Büßer. Die Verfehlungen Manasses, die Strafe Manasses, die Erkenntnis Manasses, die Buße Manasses und der Schaden Manasses. Vielleicht wird der ein oder andere denken: „Naja, diese Predigt hätte doch besser ins letzte Jahrhundert gepasst. Das war so eine typische Buß-Predigt. Die war so hart, die war so deutlich, die war so wenig aufer-bauend!“ Aber so ist es mit uns Sündern. Ab und an brauchen wir dieses klare Wort Gottes, das uns sagt: Wir sind Sünder und wir müssen immer wieder in die Buße gehen. Ob das nun weltlich in Mode ist oder nicht. Ich jedenfalls brauche das, dass mir der Heiland immer wieder sagt: Du bist ein Sünder, du wirst schuldig und du, Olaf Latzel, brauchst Buße. Amen.

Und der Friede unseres allmächtigen Gottes, der sehr viel höher ist als alle unsere menschliche Vernunft, ER bewahre unsere Herzen und Sinne in Christus Jesus, unserem auferstandenen und lebendigen HERRN. Amen.

Nehemia - unbekümmert für den HERRN

Nehemia 8,10

Gnade sei mit euch und Friede von dem, der da war und der da ist und der da sein wird in alle Ewigkeit, unser HERR, Jesus Christus. Amen.

Liebe Gemeinde, der Predigttext besteht heute nur aus drei kurzen Worten. Ein kurzer Halbvers aus dem Alten Testament, Nehemia 8, im Vers 10 heißt es:

Seid nicht bekümmert! Amen.

Wir wollen beten: Lieber HERR und Heiland, du schenkst uns diese Aufforderung, diesen Befehl in unser Leben hinein, wie wir jetzt hier in deiner Kirche sind und vor den Geräten sitzen. Wir wollen jetzt die Predigt hören über dieses Wort. Wir wollen dich bitten, HERR, dass du selber uns das Verständnis dieser Worte öffnest in dieser Predigt. Dieses Wunder wird nur dann geschehen und gelingen, wenn du selber mit deinem Heiligen Geist diese Predigt segnest. Und darum wollen wir dich jetzt bitten, HERR: Segne du selber Reden und Hören deines heiligen und lebendigen Wortes an uns allen. Amen.

Liebe Gemeinde, ***seid nicht bekümmert!*** So sagt es uns der lebendige Gott nicht nur hier im Buch Nehemia, sondern immer und immer und immer wieder. Wenn das stimmt, was die Bibel sagt, dass es einen Gott gibt, der über allem thront; der mit seinem gewaltigen Schöpferwort die Möglichkeit hatte, unendliche Galaxien mit einem Mal zu schaffen, die Sterne, die Sonne; der uns das Leben gegeben hat; der all das Leben erhält in seiner Weisheit und Kraft; und wenn das stimmt, dass dieser Gott uns in Liebe zugetan ist, dann brauchen wir uns um nichts mehr Sorgen zu machen, dann brauchen wir keinen Kummer zu haben. - Wenn das stimmt! - Und das stimmt!

Jetzt könnte ich viel davon erzählen, dass du dich nicht zu sorgen brauchst um das, was in deinem Privaten ist, in deiner Familie, in deiner Ehe; dass du dich nicht zu sorgen brauchst um dein Geld, um deine Zukunft, wie sie sich finanziell ausgestaltet; dass du dich nicht sorgen musst um deine Krankheit. Ich könnte vieles davon erzählen. Die Bibel tut das. Wir haben das zum Teil auch schon gehört, eben in den Lesungen. Ich möchte in dieser Predigt auf etwas ganz besonderes Wert legen und einen besonderen Schwerpunkt setzen, wo wir uns unbekümmert immer wieder nach vorne bewegen sollen: nämlich im Dienst für den HERRN. Das ist etwas, was die Kinder Gottes, was die Nachfolger Jesu Christi immer wieder bekümmert, dass sie hingehen und überlegen: „Oh, wie wird es denn werden, wenn ich hier ganz klar bezeuge und für das Evangelium eintrete? Wie wird es denn werden, wenn ich da tatsächlich mal eine ganz große Spende fürs Reich Gottes tue?" All diese Gedanken, sie sind den Männern und Frauen der Bibel nicht fremd.

Und der Mann, der dieses Wort in Nehemia 8, Vers 10 gesagt hat, nämlich Nehemia selber, der kannte all diese Kümmernisse. In seinem Leben war es so wie bei uns, dass er immer wieder wählen musste, den Verheißungen Gottes zu glauben oder sich ködern zu lassen vom Widersacher. Der Teufel kommt und hält uns, wie mit so einer Angel, immer wieder den Köder hin. Und wir sind immer wieder geneigt, da reinzubeißen. Nehemia, ist so ein Beispiel dafür, wie man nicht in den Köder reinbeißt, in den Köder der Sorgen, des Kümmerns und des Angsthabens, sondern wie man ein Leben fröhlich und frei im Dienst für den HERRN führt. So habe ich diese Predigt überschrieben mit: **Nehemia - unbekümmert für den HERRN.**

Wir wollen an Nehemia lernen, wie man wirklich unbekümmert Dienst tun kann und darf in dieser Welt, in der uns - das verschweigt er nicht, das werden wir gleich sehen - der Teufel immer wieder Kümmernisse und Sorgen anbietet und wir reinbeißen sollen. Wir wollen das ganze Leben von Nehemia, fast das ganze Buch, einmal betrachten. Deshalb haben Sie heute auch so einen langen Predigtzettel, es gilt da einiges mitzulesen und einfach anzuschauen. Ich habe vier Punkte mitgebracht:

1. Unbekümmert für die Sache des HERRN einsetzen
2. Unbekümmert die Sache des HERRN verteidigen
3. Unbekümmert in die Sache des HERRN investieren
4. Unbekümmert den Sabbat des HERRN halten

Das Erste: Unbekümmert für die Sache des HERRN einsetzen! Ich lese aus dem zweiten Kapitel Nehemia fünf Verse vor. Da sehen wir, dass da Kümmernisse sind. Also wer weiß, was Kummer und Sorgen sind, der kennt auch unsere Situationen. Denn dieser Nehemia ist Mundschenk beim König, beim Perserkönig gewesen. Der Artahsasta war damals der mächtigste Mann der Welt. Und ein Mundschenk, das müssen wir wissen, war damals nicht irgend so ein besserer Hilfskoch, der eben die Sachen abschmecken musste, sondern das war eins der höchsten Ämter. Das wurde früher nur Adeligen gegeben. Auch beim deutschen Kaiser, da war beispielsweise der böhmische König Mundschenk. Halt ein ganz, ganz hohes Amt. Und der Nehemia vollzieht dieses hohe Amt und wir lesen jetzt, wie er sich in diesem Amt einsetzt für die Sache des HERRN (Nehemia 2,1-5):

> ***Im Monat Nisan des zwanzigsten Jahres des Königs Artahsasta, als Wein vor ihm stand, nahm ich den Wein und gab ihn dem König, und ich stand traurig vor ihm. Da sprach der König zu mir: Warum siehst du so traurig drein? Du bist doch nicht krank? Das ist's nicht, sondern sicher bedrückt dich etwas. Ich aber fürchtete mich sehr und sprach zum König: Der König lebe ewig! Sollte ich nicht traurig dreinsehen? Die Stadt, in der meine Väter begraben sind, liegt wüst und ihre Tore sind vom Feuer verzehrt. Da sprach der König zu mir: Was begehrst du denn? Da betete ich zu dem Gott des Himmels und sprach***

zum König: Gefällt es dem König und hat dein Knecht Gnade gefunden vor dir, so wollest du mich nach Juda reisen lassen, in die Stadt, wo meine Väter begraben sind, damit ich sie wieder aufbaue.

Wir befinden uns etwa im Jahr 540 vor Christus. Jerusalem ist zerstört. Der Perserkönig hat ein Edikt erlassen, dass einige Leute zurückkehren können von den deportierten Juden. Aber die Stadt ist noch nicht wieder aufgebaut. Das weiß Nehemia, und es ist ihm ein Herzensanliegen. Er weiß, die Stadt Gottes, Jerusalem, dieser besondere Platz muss wieder aufgebaut werden. Und jetzt steht er in der Zwickmühle. Er merkt: Das ist meine Sache, da muss ich mich einsetzen. Aber der, bei dem er sich einsetzen muss, ist der mächtigste Mann dieser Welt. Wie jeder Despot, wie jeder mächtigste Mann dieser Welt kann er das eine oder das andere tun. Die Bitte, die dann Nehemia vorträgt, die hätte ihn den Kopf kosten können. Der König hätte einfach sagen können: „Was du da willst, das ist Aufruhr, du willst wieder da so ein Widerstandsnest aufbauen, dafür schmeiß ich dich vor die Löwen." Das wäre überhaupt gar kein Problem gewesen und damit rechnet Nehemia auch. Die Bibel verschweigt das nicht. Da heißt es hier: ***Nehemia fürchtete sich sehr.*** Und trotzdem, trotzdem setzt er sich für die Sache Gottes ein. Er steht vor dem mächtigsten Mann der Welt, dem Perserkönig. Aber - und das merken wir - während er mit ihm spricht, verortet er sich bei einem, der noch viel, viel mehr Macht hat, nämlich bei Gott. Noch während er spricht, heißt es: ***Da betete ich zu dem Gott des Himmels und sprach zum König...***

Und das ist die Sache, vor der wir immer wieder stehen, wenn wir uns einzusetzen haben für Jesus Christus und dann Angst haben vor Menschen, vor unserem Arbeitgeber, vor irgendwelchen Leuten in unserer Familie, in der Schule, an der Universität, wo auch immer Leute vielleicht über uns Macht haben, so wie der Perserkönig über Nehemia. Da muss uns immer wieder klar sein: Über dem steht noch ein viel, viel

Größerer. Wenn wir nur auf Menschen schauen, dann gelingt es dem Widersacher, uns zu ködern. Dann kriegen wir all die Kümmernisse und dann wird unsere Nachfolge ganz schnell kümmerlich, weil wir uns nämlich all die Sorgen machen: „Oh, was wird er wohl denken? Werde ich jetzt berufliche Nachteile haben? Kriege ich einen auf den Deckel?" Und schon ist die Luft aus der Nachfolge raus. Wie gesagt: Wenn ich da anfange, bekümmert zu sein, wird die Nachfolge ganz kümmerlich.

Deshalb immer, immer den Blick ausrichten auf DEN, der die Macht wirklich hat. Der Perserkönig ist längst schon tot, verfault und vergammelt in seinem Grab. Und unser Heiland Jesus Christus lebt immer noch von Ewigkeit zu Ewigkeit. Und dass der Perserkönig lebte, verdankte er alles in allem auch nur einem Einzigen, dem lebendigen Gott. Das ist ganz, ganz wichtig! Und wenn man das weiß, dann kann man sich auch unbekümmert einsetzen, was letztlich Nehemia auch getan hat. Am Ende seines Lebens, als er dieses Wort sagt: ***Seid nicht bekümmert!***, da hat er das reflektiert. Er kennt die Situation, in die wir auch immer wieder hineingestellt werden. Wir müssen überlegen: Jetzt wirklich klare Sache mit Jesus machen, voller Einsatz, oder doch lieber die Rückwärtsgänge einlegen?! Und Nehemia macht uns Mut! ***Seid nicht bekümmert! Seid nicht bekümmert!*** Voller Fronteinsatz für Jesus Christus. Das ist nicht das Problem für den lebendigen Gott, dass er nicht mit irgendwelchen Menschen in dieser Welt fertig würde. Jesus sagt einmal (Matthäus 10,28): ***Fürchtet euch nicht vor denen, die den Leib töten und danach nichts mehr tun können***, sondern ***...fürchtet viel mehr den, der Leib und Seele verderben kann in der Hölle.*** Ich will euch sagen, vor wem ihr euch zu fürchten habt: vor dem, wenn der Leib gestorben ist, der die Macht hat, euch in die Hölle zu werfen. Das ist ein Problem, das viele Christen haben: Sie haben zu viel Menschenfurcht, zu wenig Gottesfurcht und deshalb bekümmert sie auch all das, was in dieser Welt vermeintliche Spielregeln sind.

Das wollen wir an einem Nehemia als Erstes heute lernen. Wenn die Möglichkeit gegeben ist, uns fürs Reich Gottes einzusetzen, wollen wir nicht gucken auf diejenigen, die uns irgendetwas tun können. - Ja, das können Menschen tun, gar keine Frage, bis hin, dass sie uns töten können. - Trotzdem, über ihnen steht der lebendige Gott, und deshalb: unbekümmert einsetzen! Einer, der das auch kannte: Martin Luther. 1521, Reichstag zu Worms. Da stehen sie alle gegen ihn, die ganzen Theologen, die Kardinäle, die Bischöfe, selbst der Papst, die ganzen weltlichen Potentaten - bis auf einige wenige -, die Fürsten, selbst der Kaiser! Jetzt muss er überlegen und er weiß genau: Wenn ich bei dem bleibe, beim Reich Gottes, beim Evangelium, bin ich ein toter Mann, alle ihre Bekundungen des freien Geleits hin oder her, und dann - widerruft er nicht! Und als er schließlich herauskommt aus dieser Verhandlung in Worms, da schreit er fröhlich: „Ich bin hindurch, ich bin hindurch!" Ganz unbekümmert ist er, weil er nämlich gemerkt hat, es gibt noch einen Größeren, bei dem er gehalten ist. Er darf jetzt in der Ewigkeit sehen, was dieser unbekümmerte Einsatz von ihm auf dem Reichstag zu Worms gebracht hat. Wie wäre die deutsche Geschichte, wie wäre die Reformationsgeschichte abgelaufen, wenn dieser Mann sich nicht eingesetzt hätte fürs Reich Gottes? Würde man Luther jetzt aus der Ewigkeit fragen können: „Sehr geehrter Herr Luther, wie ist es denn? Muss man sich wirklich Sorgen machen, wenn man gegenüber den Potentaten dieser Welt steht?" Da würde er ganz genauso sagen wie Nehemia: „Seid nicht bekümmert, was euch Menschen tun wollen. Bleibt immer bei der Sache Gottes, setzt euch immer wieder unbekümmert für sein Reich ein." Das ist das Erste: sich unbekümmert für die Sache des HERRN einsetzen.

Das Zweite lautet: unbekümmert die Sache des HERRN verteidigen! Wenn man dann erst einmal Stellung bezogen und sich eingesetzt hat fürs Reich Gottes, wenn die wissen, dass man Christ ist und für Jesus Christus, für das Evangelium in dieser Welt streitet, dann muss man damit rechnen, dass man brutalst angegriffen wird. Davon spricht auch das Nehemia-Buch, Nehemia 4,1-5:

Als aber Sanballat und Tobija und die Araber und Ammoniter und Aschdoditer hörten, dass die Mauern Jerusalems ausgebessert wurden, weil die Lücken angefangen hatten sich zu schließen, wurden sie sehr zornig, und verschworen sich alle miteinander hinzuziehen, um gegen Jerusalem zu streiten und bei uns Verwirrung anzurichten. Wir aber beteten zu unserm Gott und stellten gegen sie Tag und Nacht Wachen auf zum Schutz vor ihnen. Und das Volk von Juda sprach: Die Kraft der Träger ist zu schwach und der Schutt ist zu viel; wir können an der Mauer nicht weiterbauen. Unsere Widersacher aber dachten: Sie sollen's nicht erfahren noch sehen, bis wir mitten unter sie kommen und sie töten und dem Werk ein Ende machen.

Nehemia geht dann schließlich, vom Hof des Perserkönigs, nach Jerusalem. Er hat alle Rechte, wird vom Perserkönig zum Statthalter eingesetzt und darf die Stadtmauern wieder aufbauen. Man muss dazu wissen: Eine Stadt ohne Stadtmauern in der damaligen Zeit, das ist etwa so wie ein Flughafen ohne eine Landebahn oder wie ein Fußballfeld ohne Tore, das funktionierte damals nicht. Eine Stadt ohne Stadtmauern war schutzlos den Angriffen des Feindes ausgeliefert. Jetzt fängt Nehemia an, die Stadtmauern wieder aufzubauen in der Stadt Gottes, und sofort kommen die Feinde. Das ist ein Bild für den Bau am Reich Gottes, das ist eine geistliche Wahrheit.

Wenn ihr anfangt, im Reich Gottes zu bauen, mitzuhelfen, wie es im Petrusbrief steht, Steine aufs Baugerüst zu tragen, kommen sofort die Angriffe. Sofort! Das geht nicht anders, klare Nachfolge muss immer wieder angegriffen werden. Ohne dem geht es nicht. Die Angriffe können ganz unterschiedlicher Art sein. Das muss auch nicht immer so brutal sein wie hier, dass der Sanballat - der Statthalter der Nachbarprovinz Samaria - tatsächlich plant die umzubringen, zu töten. Das kann manchmal auch mit Mobbing, dummen Sprüchen, oder Ausgrenzung geschehen. Das ist ganz unterschiedlich, wie Verfolgung kommt. Aber eins ist klar, wenn wir im Reich Gottes dienen, wenn wir uns einsetzen, dann werden wir angegriffen und dann müssen wir eins machen: Wir müssen uns verteidigen! Das ist etwas ganz Wichtiges: Wir müssen uns verteidigen! Nicht mit den Kalaschnikows und M16's, wie das andere tun. Wir verteidigen uns mit dem lebendigen Gott. Auch hier: Da gehen die hin und beten zum lebendigen Gott, und zur Verteidigung stellen sie dann ihre Wächter auf. Wir verteidigen uns mit Jesus Christus. ER ist unser Wächter. ER ist unser Hüter. Wir werden immer wieder die Notwendigkeit der Verteidigung haben. Wir werden immer wieder angegriffen, wenn wir uns einsetzen fürs Reich Gottes. Wir werden angegriffen von der Politik, davon spricht die Bibel. Jesus ist angegriffen worden - schon zu Beginn seines Lebens - von Herodes, der versuchte ihn umzubringen. Die Christen sind verfolgt worden von Nero, dem Kaiser. Die Christen sind verfolgt worden von Hitler, von Stalin. Die Politik verfolgt immer Gemeinde Jesu.

Auch heute verfolgt die Politik Gemeinde Jesu. Wir leben in einem vermeintlich christlichen Land. Aber ganz viele Dinge, die in unserem Vaterland passieren, sind nicht christlich. Die Politik sagt: Ehe für alle. Es sei in Ordnung, wenn Schwule heiraten und gleichbedeutend mit dem, wenn Mann und Frau zusammenkommen. Schriftwidrig! Eine vermeintlich christliche Partei tut solches! Da müssen wir uns verteidigen, da müssen wir sagen: Das stimmt nicht! Nochmal: Nicht in irgendeiner Aggressivität, nicht mit irgendwelchen Gewalttaten, aber mit dem Wort Gottes dagegenhalten. Auch, wenn nicht nur die Politiker, sondern auch die Theologen kommen, das ist ja das Schlimme! Von außen die Feinde sind häufig nicht schlimm. Das Schlimmste an Feinden sind immer die Supertheologen! Die Supertheologen sind ganz häufig in der Kirchengeschichte die schlimmsten und ärgsten Feinde der Sache Jesu Christi gewesen.

Wer ist es, der Jesus Christus zum Tode verurteilt? Es ist der Hohepriester. Er zerreißt seine Kleidung und sagt: „Er ist des Todes." Er treibt den Pontius Pilatus.

Wer ist es gewesen, den Martin Luther für den Antichristen hielt? Das ist der Papst Leo X. gewesen. Der war sein ärgster Feind und sagte: „Das ist das Ziel, das ist der Antichrist." Der höchste protestantische Würdenträger, den wir jemals hatten, Reichsbischof Ludwig Müller, von 1934 bis 1945 war er Reichsbischof über alle Landeskirchen, der hatte viel mehr Macht als jeder EKD-Ratsvorsitzende, der gekommen ist. Die sind ja total machtlos, die können in Wirklichkeit nichts tun. Aber dieser Ludwig Müller war ein Christenhasser. Müller trug auf seinem Talar einen Orden, den er im ersten Weltkrieg bekommen hatte, da stand drauf: Tod allen Christenhunden. Und das war der oberste protestantische deutsche Geistliche, den wir jemals hatten.

Und auch heute, ich sage das ganz deutlich: Die schlimmsten Feinde, die wir fürs Evangelium haben, sind unsere Bischöfe, die da hinlaufen, Kreuze ablegen und anderen Göttern huldigen. Da sagen die Gläubigen: „Ja, von den Politikern, da erwarte ich ja keine theologische Führung, aber von unseren Bischöfen." Und auf einmal erzählen diese: „Ja, es ist genauso richtig zu Jesus Christus zu beten, wie zu irgendeinem anderen Gott." Es sind mittlerweile auch die Bischöfe, die erzählen: „Homosexualität ist keine Sünde." Abtreibung? „Ja, da müssen wir letztlich auch dafür sein, wir tragen das alle mit." Das ist Unrecht! Wir müssen die Sache Jesu Christi verteidigen. Und wenn man das tut, dann wird man angegriffen. Das ist einfach so. Aber da wollen wir uns nicht zurücknehmen lassen, weil: Wir verteidigen ja nicht uns selber. Wir stehen nicht in irgendeinem Scharmützel, wie bei einem Boxkampf Mann gegen Mann, sondern wir stehen ein für die Sache des Lebendigen, des Ewigen! Und da möchte ich euch Mut machen, wie eben hier der Nehemia, der gesagt hat: „Ich setze mich ein und ich verteidige auch das, was ich hier zu tun habe. Da bleib ich dran."

Man nennt das in der Theologie übrigens Apologetik, das ist ein eigenes Fach: die Verteidigung. Auch das ist ein gutes protestantisches Erbe. Als die Katholiken anfingen, die Protestanten 1530 am Reichstag in Augsburg zu beschimpfen, da ist Melanchthon mit Luther zusammen hingegangen und sie haben die Confessio Augustana geschrieben, ein Bekenntnis zur Verteidigung. Dann ist das wieder lächerlich gemacht worden von den Katholiken. Dann schrieben sie die sogenannte Apologetik, die Apologie der Confessio Augustana. Das sind die Bekenntnisschriften, das ist unser Erbe als Protestanten. Immer wieder verteidigen, das ist ganz, ganz wichtig!

In einer Gesellschaft, in der der Wertewandel eine solche Erosion erfahren hat wie bei uns - ob das die Sonntagsruhe, das Familienbild, die Verehrung fremder Götter ist -, sind wir gefordert, die Sache Jesu Christi zu verteidigen. Wir sind für die Zeit in diese Welt gesandt, mit all den Irrnissen, mit all den Wirrnissen, auch mit all dem Guten, was wir momentan haben. Es ist an uns, die Fackel des Evangeliums zu tragen. Ich als Pastor, aber ihr auch als Christen, die wir alle miteinander Priestertum aller Gläubigen leben, sind gerufen, die Sache Jesu Christi zu verteidigen. Dazu möchte ich euch aufrufen, unbekümmert nach vorne zu gehen, wo immer ihr gefordert seid. In eurer Familie, an eurem Arbeitsplatz, in eurer Nachbarschaft, wo immer die Wahrheit des Evangeliums klein und kaputt geredet wird, wo Leute nicht mit Waffen, aber mit Worten und mit Lehren kämpfen gegen die Sache Jesu Christi. Das ist häufig erst das Vorspiel. Erst wird nur eine andere Theologie hingesetzt und irgendwann wird militärisch und brutal dagegen vorgegangen. Setzt euch ein! Haltet nicht den Mund, wenn gegen das Evangelium geredet wird, sondern verteidigt es zur Ehre Jesu Christi! In 1. Petrus 3,15 heißt es:

> ***Seid allezeit bereit zur Verantwortung vor jedermann, der von euch Rechenschaft fordert über die Hoffnung, die in euch ist…***

Die Bibel verheißt uns: Wenn wir das tun, wenn wir uns einsetzen für die Sache Jesu Christi, müssen wir uns keine Gedanken darüber machen, was unsere Worte sein werden. Der

Heilige Geist wird uns geben, was wir zu sagen haben, aber wir müssen bereit sein! Wir müssen bereit sein, das unbekümmert zu tun und uns nicht von den Sorgen, Kümmernissen und Ängsten, mit denen der Widersacher uns packen will, zum Schweigen bringen zu lassen; weil wir ja befürchten, wenn wir dies und das tun, dann gibt's ja Schwierigkeiten. Nein! Seid unbekümmert! Seid unbekümmert und verteidigt die Sache des HERRN. Das ist das Zweite, was wir von Nehemia lernen: die unbekümmerte Verteidigung der Sache des HERRN.

Ein Drittes dürfen wir von ihm lernen: **unbekümmert in die Sache des HERRN investieren!** Er setzt sich nicht nur ein, dass er seinen Einfluss als hoher Politiker geltend macht, er verteidigt nicht nur die Sache des HERRN, nein, er investiert auch ganz brutal sein Geld. Davon spricht die Bibel in Nehemia 5,14:

> ***Und von der Zeit an, als mir befohlen wurde, ihr Statthalter zu sein im Lande Juda, nämlich vom zwanzigsten Jahr an bis in das zweiunddreißigste Jahr des Königs Artahsasta, das sind zwölf Jahre, verzichtete ich für mich und meine Brüder auf meine Einkünfte als Statthalter.***

Er hatte damals als Spitzenbeamter im persischen Reich ein super Gehalt bekommen. Wir wissen, was sein Vorgänger bekommen hat. Er bekam als Statthalter 40 Silberstücke täglich, dazu jeden Tag einen Stier, Schafe, Geflügel und Wein, so viel er brauchte. Das war seine Versorgung, die er täglich bekommen hatte. Ein super Gehalt. Aber dieses Gehalt belastete natürlich die Menschen in Jerusalem, die gerade wieder neu angekommen waren, die Rückkehrer aus dem Exil. Sie hatten ja eh nicht viel, die mussten neu anfangen. Was macht er da? Er verzichtet eben auf diese Dinge. Er sagt: Ich nehme nichts und zwar nicht nur für einen Tag, oder für ein Jahr, sondern zwölf Jahre lang. Und das ist ganz toll, einige Verse später sagt er dann auch im Gebet (5,19): ***Gedenke, mein Gott, zu meinem Besten an alles, was ich für dies Volk getan habe!*** Er hätte natürlich durchrechnen können: Zwölf Jahre, was kriege ich jetzt die nächste Zeit? Er hätte sich ausmalen können, welchen Palast er sich bauen kann, wie er seine Frau versorgt, die Kinder und Enkelkinder, was er für ein sorgenfreies Leben führen könnte. Da war sicherlich bei ihm auch der Gedanke: „Na ja, wenn ich auf alles verzichte, was bleibt dann übrig? Es muss ja nur im Perserreich ein anderer König kommen, da bin ich ja arbeitslos, was passiert dann mit mir?" Aber das tut er nicht. Er investiert unbekümmert! Das ist etwas, was wir aus der Bibel kennen: Wenn wir in Gott investieren, in Sein Reich, so lässt er dieses nicht unbelohnt.

Petrus kommt einmal zu Jesus und fragt ihn: „Was kriegen wir eigentlich dafür? Für all das, was wir gemacht haben? Häuser verlassen, unsere Firma aufgegeben, Eltern und Kinder zurückgelassen. Was kriegen wir denn dafür?" Da sagt Jesus in Matthäus 19,27f, Sie können das nachlesen: „Ihr kriegt das ewige Leben, ihr werdet mit richten und alles, was ihr investiert, bekommt ihr hundertfach zurück." Hundertfache Vergeltung! Ich habe schon mal erklärt, damit sind nicht 100 Prozent gemeint, sondern hundertfach! 100 Prozent wären bei 100 Euro 200 Euro. Hundertfach ist das Hundertfache, also 100 mal 100. Wenn Sie 100 Euro investieren würden, bekämen Sie 10 000 Euro zurück. Und das sagt Jesus Christus!

Jetzt weiß ich, dass einige von uns, wenn es ans Spenden geht, und zwar nicht nur das Spenden von Geld, sondern auch das Spenden von Zeit und Liebe, die Handbremse ganz schön fest angezogen haben, weil sie Angst haben, sie könnten das eines Tages bereuen, dass sie etwas investiert haben. Ich garantiere euch, ihr werdet eines Tages bereuen, dass ihr nicht investiert habt. Ihr werdet bereuen, dass ihr Angst hattet.

Wenn das stimmt, was in der Bibel steht, dass der HERR alles nicht nur 100 Prozent, sondern hundertfach zurückzahlt, ist das das beste Investment, was ihr machen könnt, wo ihr wirklich unbekümmert reinhauen könnt. Es kommt nicht irgendeine verlogene Deutsche Bank oder eine andere verlogene Bank, die euch irgendetwas garantiert, was sie letztlich nicht halten können, sondern da kommt der lebendige Gott und sagt euch: „Ich werde euch alles zurückzahlen." Da können wir unbekümmert investieren. Wir sind in dieser Welt ja so schlau, wo wir einen dicken Schnapper machen können, da sind wir dabei.

Ich habe vor einiger Zeit mit jemandem gesprochen aus der ehemaligen DDR. Der erzählte mir dann noch voller Stolz, wie er und seine Familie gedealt haben bei der Währungsumstellung 1990, als es zur Währungsunion gekommen ist. Da wurde ja das DDR-Vermögen, die DDR-Mark, die eigentlich nichts wert war, für einen gewissen Satz eins zu eins umgestellt. Kinder bis 14 Jahren kriegten 2000 Euro eins zu eins, Erwachsene bis 60 bekamen 4000 D-Mark eins zu eins und Menschen über 60 bekamen 6000 Ostmark eins zu eins in 6000 D-Mark umgewandelt. Da haben alle Leute geguckt, dass sie das möglichst ausnutzten, denn alles, was drüber war an Sparguthaben, wurde nur eins zu zwei umgetauscht! Ja, da hat man natürlich geguckt, wenn da noch Oma und Opa oder irgendein Patenonkel waren und die nur 2000 Ostmark hatten, da hat man bei denen schnell von seinem Geld noch etwas rüber geschoben, damit man dann ja viel davon hatte. Das hat er mir alles erklärt, so etwa eine Viertelstunde, wie die taktiert hatten, das war ganz interessant. Das war ein schlauer Mann, denn das waren die Vorgaben und er hat nichts Ungesetzliches getan. Der hat einfach nur den Rahmen ausgenutzt, weil er wusste, Westdeutschland garantiert, wenn er das und das an Sparvermögen hatte, dann kriegte er das rüber. Und er hat sich genauso aufgestellt, damit er möglichst einen guten Schnitt machte. Da hab ich mir gedacht, wie der mir das erzählte: „Würden wir Christen nur so rechnerisch denken!" Der Mann hatte gehört, dass damals die Regierung Kohl das so gesagt hat, und er hat komplett darauf vertraut.

Uns sagt der lebendige Gott: „Alles, was du investierst, kriegst du hundertfach zurück. Mach dir bloß keine Gedanken, kümmere du dich gar nicht um all die anderen Dinge, ich bin doch da als liebender Vater." Wir haben es in der Lesung gehört, ER kümmert sich um die Lilien auf dem Felde und ER ernährt auch die Vögel unter dem Himmel und ER sagt: „Viel, viel mehr tue ich für dich. Mach mal ein bisschen die Handbremse los, investiere Zeit, Geld, Liebe in mein Reich, es lohnt sich!" Ich weiß nicht, wie es eines Tages in der Ewigkeit sein wird, liebe Brüder und Schwestern. Ich weiß nicht, wie und in welcher Form wir uns wiedererkennen werden. Aber wenn wir da zusammen sind, wird es vielleicht passieren, dass ihr dann auch auf mich zukommt und sagt: „Ja, du warst ja damals unser Pastor. Du hast vielleicht einen ganz angenehmen Dienst getan, der vielleicht auch bibeltreu war. Aber eins, das hast du vergessen: Du hast uns nicht genug Druck gemacht! Du wusstest es doch richtig gut. Du hättest uns sagen müssen: ‚Investiert rein, das ist das Geschäft eures Lebens, das sind Ewigkeitswerte!' Warum hast du nicht viel, viel mehr von der Kanzel runter geschimpft und gesagt: ‚Mensch, sammelt euch Ewigkeitswerte, Schätze, die der Rost nicht frisst!'" - Das will ich heute nochmal tun. Ich will es euch nochmal sagen: Sammelt euch Ewigkeitswerte, investiert unbekümmert in die Sache des HERRN. Das heißt nicht, dass ihr in dieser Welt schon die Rendite abschöpft, aber eines Tages werdet ihr sie bekommen. Macht es wie Nehemia! Der guckt auch nicht auf das, was seine Zukunft ist, auf die Menschen in Jerusalem, der guckt auf den lebendigen Gott und sagt: „Jawohl, für den investiere ich mein ganzes Gehalt." Er ruft auf, unbekümmert das zu tun: Seid nicht bekümmert! Ich möchte auch dich dazu aufrufen, unbekümmert in die Sache des HERRN, in Sein Reich zu investieren.

Ein Viertes und Letztes, was Nehemia tut und wozu er uns auch Mut macht, es unbekümmert zu tun: **unbekümmert den Sabbat des HERRN halten!** In Nehemia 13, 15-18 lesen wir:

> ***Zur selben Zeit sah ich in Juda, dass man am Sabbat die Kelter trat und Getreide herbeibrachte und auf Esel lud und auch Wein, Trauben, Feigen und allerlei Last nach***

Jerusalem brachte am Sabbattag. Und ich verwarnte sie an dem Tage, als sie die Nahrung verkauften. Es wohnten auch Tyrer dort; die brachten Fische und allerlei Ware und verkauften sie am Sabbat den Leuten in Juda und in Jerusalem. Da schalt ich die Vornehmen von Juda und sprach zu ihnen: Was ist das für eine böse Sache, die ihr da tut und entheiligt den Sabbattag? Taten das nicht auch eure Väter und unser Gott brachte all das Unheil über uns und über diese Stadt? Und ihr bringt noch mehr Zorn über Israel dadurch, dass ihr den Sabbat entheiligt!

Ich kann mir sehr gut vorstellen, wie das damals in Jerusalem gewesen ist, als die ersten Juden dort ankamen. Ihre Häuser, die ihren Vorfahren gehört hatten, waren zerstört, die Felder nicht bestellt, die Stadtmauer kaputt. Sie mussten wieder neu anfangen, da war Arbeit zuhauf. Die mussten bauen, bestellen und das ist ja nicht so wie heute. Das waren ja Menschen, die kämpften ums Überleben. Wenn da mal eine Ernte nicht reinkam, dann drohten die zu verhungern. Aber Gott hatte ihnen gesagt: ***Sechs Tage sollst du arbeiten, einen Tag musst du ruhen.*** (2. Mose 31,15 u.a.) Natürlich, in so einer Aufbauphase, wo es gerade losgeht, wo wir ums Überleben kämpfen, ums nackte Überleben, ja, da kann man nicht mal Fünfe gerade sein lassen, da müssen wir eben nicht sechs Tage, sondern sieben Tage durcharbeiten, damit wir noch ein bisschen weiterkommen, damit es schneller vorangeht, damit das Haus schneller fertig ist. Da haben die den Sabbat ignoriert, am Sabbat die Kelter getreten, das Getreide eingebracht, einfach weitergearbeitet ohne Ende und da kriegen sie einen richtigen Rüffel von Nehemia. So kann es nicht funktionieren! Was dahintersteckt, ist nicht, dass man Gott nicht die Ehre geben will. Das schiebt man aber so ein bisschen in den Hintergrund. Das ist dann aufgehoben für die Zeit, wenn man eines Tages in Pension ist, dann werde ich den Sabbat halten. Aber solange ich im Berufsleben stehe, solange ich meine Existenz aufbauen muss, da muss ich richtig reinhauen. Sie merken, dass es nicht nur ein Problem vor 3000 Jahren gewesen ist, sondern das ist auch heute so. Da gelten andere Gesetze! Das sind so die Köder, die der Widersacher auslegt, zu sagen: „Wenn ihr jetzt auch am Sonntag noch arbeitet, dann schafft ihr mehr!" Dann tun wir es und die Falle schnappt zu und dann hat er uns. Dann haben wir das Gebot gebrochen, was in den Zehn Geboten das längste ist. Interessanterweise werden die Gebote ja zweimal überliefert und sie werden auch zweimal unterschiedlich begründet. Gott sagt es einmal in 2. Mose 20, wir sollen den Sabbat halten, also den siebenten Tag, den Sonntag feiern, weil ER auch am siebenten Tag geruht hat. Also er begründet ihn von der Schöpfung her.

Ich sage mal, wenn Sie zum Beispiel ein Fahrrad kaufen wollen - Sie sind so ein ambitionierter Radsportler - und sagen sich: „Ich will ein richtig gutes Fahrrad kaufen" und machen sich Gedanken, „was kann es denn für eines sein?" Da sind Sie gut beraten, wenn Sie eins von den Fahrrädern kaufen, auch wenn die immens teuer sind, die das Team Sky fährt. Sie wissen, momentan läuft die Tour de France, die geht heute zu Ende auf den Champs-Élysées. Team Sky ist mit Abstand das beste Team. Der Vorjahressieger, Chris Froome, der hat auch die letzten vier Touren gewonnen, kommt aus dem Team Sky und auch der diesjährige Sieger Geraint Thomas kommt da her. Wenn Sie ein Fahrrad haben, das die fahren, dann dürfen Sie eins wissen, da haben Sie mit Abstand das beste Fahrrad, was man kriegen kann auf dieser Welt. Da müssen Sie sich keine Sorgen machen. Sie können unbekümmert in die Pedale treten, dann haben Sie das Beste, was es gibt auf dem Markt. Also, als Fahrradfahrer sich an den besten Fahrradfahrern zu orientieren, macht Sinn.

Als Geschöpfe Gottes wollen wir uns nicht an Mitgeschöpfen orientieren, sondern am Schöpfer. Wenn er sagt: „Ich habe sechs Tage geschafft, um die Welt entstehen zu lassen, aber dann habe ich geruht", dann wollen wir es ganz genauso machen. Er sagt das ja auch noch, dass wir es tun sollen. Das ist das, was du tun sollst. Dir kommen dann immer wieder Gedanken wie „Wie soll ich das in den nächsten sechs Tagen denn schaffen, mit dem Garten, mit dem Haus, mit meinem Studium, mit all diesen Dingen?" Der Widersacher lockt uns wieder, es ist wieder die Angel, die er heraushält. Bitte haltet unbekümmert den Sabbat. Gott lässt sich nichts schenken, glaubt es mir, ganz im Gegenteil. Je intensiver und je treuer ihr beim Sonntagsruhe-Gebot seid, desto mehr Leistungsfähigkeit werdet ihr haben.

Gott begründet es aber nicht nur eben von sich aus, dass er selber geruht hat, nein, er begründet es auch damit, dass wir es brauchen, dass wir von diesen Zwängen und Kümmernissen befreit sind. In 5. Mose 5,13f, wo ein zweites Mal die 10 Gebote überliefert sind und dort eine andere Begründung gegeben ist für das Sabbat-Gebot, dort heißt es: ***Denn du sollst daran denken, dass auch du Knecht im Ägyptenland warst und der HERR, dein Gott, dich von dort herausgeführt hat mit mächtiger Hand und ausgerecktem Arm.*** Das heißt nichts anderes als: Unser HERR und Heiland hat uns einen kummerfreien Tag verordnet. Sechs Tage sollen wir rackern und tun und machen, da können wir uns anstrengen; wir sollen auch fleißig sein, gar keine Frage. Aber an einem Tag, da lassen wir alles fallen, nicht nur arbeitstechnisch, sondern auch allen Kummer und alle Sorge. Der Sabbat, der Sonntag, ist dafür geschaffen, damit wir darüber nachdenken: Es gibt einen anderen HERRN! Es gibt andere Gesetzmäßigkeiten als die, die mir die Welt einflüstert! Der Sonntag, der Sabbat ist dafür da, dass Gott uns den Blick neu ausrichtet auf IHN hin. Weil wir die Woche über nur arbeiten und studieren und machen und tun, uns beschäftigen mit der Familie und mit all den Dingen, dann sind wir in all den Spielen drin, die der Widersacher mit uns tut. Es ist so wichtig, einmal in der Woche komplett die Stecker zu ziehen, sich neu ausrichten zu lassen und zu sehen, dass wir befreit sind von dem Frondienst dieser Welt; befreit von dieser „Schuhkarton-Existenz", wie ich das immer wieder nenne, die nur ein ganz kleines Leben möglich macht mit all ihren Kümmernissen. Ihr könnt unbekümmert Sabbat halten. Glaubt es mir, vertraut darauf!

Ein guter Freund von mir, ein brillanter, intellektueller, schlauer Mann, der hat zusätzlich zu seiner Arbeit nebenbei noch promoviert. Ich hab die Geschichte schon einmal erzählt. Er hat die ganze Woche gearbeitet und dann angefangen, am Sonntag auch noch an seiner Promotion zu arbeiten. Und irgendwann gibt er seine Doktorarbeit seinem Doktorvater ab. Da streicht dieser ihm alle die Sachen raus, die er seltsamerweise am Sabbat gemacht hatte, am Sonntag. Danach wusste er: „Meine Aufgabe ist es, die Sonntagsruhe zu halten." Seitdem gilt für ihn tatsächlich das, was in der Bibel steht: sechs Tage arbeiten, einen Tag ruhen - Stecker ziehen! Glaubt es mir, das könnt ihr unbekümmert tun. Ich kenne all diese Gedanken, die der Widersacher einem einflößt: „Hier musst du noch was machen. Das musst du noch vorbereiten. Wenn du das jetzt nicht am Sonntag machst, kriegst du es die Woche nicht hin..." - Es stimmt nicht! Unbekümmert, unbekümmert einfach den Sabbat halten, genauso wie es Nehemia getan hat.

Nehemia - unbekümmert für den HERRN. Vier Punkte wollten wir lernen. Erstens wollten wir schauen, dass wir uns unbekümmert für die Sache des HERRN einsetzen. Zweitens, unbekümmert die Sache des HERRN verteidigen. Drittens, unbekümmert in die Sache des HERRN investieren und viertens, unbekümmert den Sabbat des HERRN halten. Das, was ihr jetzt gehört habt für euren Glauben, was ihr verstanden habt, tut es und tut es unbekümmert! Weil ihr wisst: Ihr tut es nicht deshalb, weil Pastor Latzel es gesagt hat, sondern weil der lebendige Gott es euch gesagt hat. So möchte ich euch das noch einmal zurufen, dieses Wort, das euch gegeben und geschenkt ist für diesen Gottesdienst und die nächste Zeit: ***Seid nicht bekümmert!*** Amen.

Der Friede unseres allmächtigen Gottes, der sehr viel höher ist als all unsere menschliche Vernunft, Er bewahre unsere Herzen und Sinne in Christus Jesus, unserem auferstandenen und lebendigen HERRN. Amen.

Ein großartiger und unbegreiflicher Gott

Hiob 37,5

Gnade sei mit euch und Friede von dem, der da war und der da ist und der da sein wird in alle Ewigkeit - unser HERR, Jesus Christus. Amen.

Liebe Gemeinde, wir wollen hören als Predigttext einen Vers aus dem Buch Hiob aus dem Kapitel 37 den Vers 5:

Gott tut große Dinge, die wir nicht begreifen. Amen.

Wir wollen beten: Lieber HERR und Heiland, wir wollen dir Dank sagen für diesen Predigtvers, den du uns schenkst heute Morgen in diesem Gottesdienst für unser Leben und für unseren Glauben. Wir wollen dich bitten für die Predigt über diesen Vers, dass du sie uns öffnest und dass du sprichst aus dieser Predigt, damit wir Dinge recht verstehen und lernen können für unser Leben und unseren Glauben. Damit dieses Wunder geschieht, dass wir deine Stimme vernehmen können, dazu brauchen wir deine Hilfe. Darum wollen wir dich jetzt bitten für diese Predigt, HERR: Segne du selber durch deinen guten Heiligen Geist das Reden und das Hören deines heiligen und lebendigen Wortes an uns allen. Amen.

Liebe Gemeinde, am vergangenen Reformationstag durften wir eine hervorragende Predigt von dieser Kanzel von Prof. Dr. von Wachter hören, der in dieser Predigt zu Recht die zerstörerische und liberale Theologie im Gefolge Schleiermachers angegriffen hat. Schleiermacher ist so, man sagt das in Anführungszeichen, der „Kirchenvater“ des 19. Jahrhunderts. Er hat mit seiner furchtbaren Theologie, die da sagt „Wir können nur das glauben, was wir mit dem Verstand ergreifen können“, vieles zerstört. Das war doch das Ansinnen der liberalen Theologie und ist auch heute noch in der modernen Theologie, dass man sagt „Ja, von Gott können wir nur das gelten lassen, was wir auch begreifen, berechnen können“. Diese liberale Theologie beherrschte über 100 Jahre die deutsche Theologie, die Universitäten, und sie fand ein Ende in einem epochemachenden Aufsatz und Vortrag, den ein kleiner Pfarrer aus der Schweiz hielt, damals noch ganz unbekannt, Karl Barth. Dieser Aufsatz, genau vor 100 Jahren gehalten, war überschrieben mit dem Titel „Das Wort Gottes als Aufgabe der Theologie." Gegen diese liberale Theologie gesetzt, formulierte Barth in aller Schärfe und Klarheit drei Thesen. Die erste These lautete: „Wir (und er hielt diesen Vortrag vor Pfarrern) als Theologen müssen von Gott reden, das ist unsere Aufgabe." Die zweite These hieß: „Wir aber sind Menschen und können als solche gar nicht von Gott reden." Und die Synthese aus dieser These und Antithese lautete dann im dritten Satz: „Wir sollen beides, unser Sollen und Nichtkönnen, wissen und damit Gott die Ehre geben. Das ist unsere Bedrängnis. Alles andere ist daneben Kinderspiel."

Daran musste ich denken, als ich am 25. Oktober, nämlich vor zehn Tagen, diesen Losungstext gelesen habe: ***Gott tut große Dinge, die wir nicht begreifen.*** Es war so wichtig, dass Karl Barth vor 100 Jahren das nochmal neu, nicht nur der deutschen Theologie, sondern weltweit ausgerufen hat in diesem zweiten Satz: Wir können gar nicht von Gott reden, weil wir diesen allmächtigen großen Gott überhaupt nicht begreifen können. Das funktioniert gar nicht. Ja, Gott offenbart sich in der Schrift uns ein Stück weit. Aber wenn wir denken, dass wir durch diese Offenbarung und mit unserem Verstand auch nur im Ansatz von dem lebendigen Gott verstehen könnten, dann sind wir auf dem Holzweg. Das ist wichtig für alle Theologie, für jeden Pfarrer, für jeden Pastor, für jeden Prediger, aber auch für jeden Gläubigen in seiner Situation. Unsere Micky Maus - Theologie, sei es von den Hauptamtlichen, sei es von den Gläubigen, wo wir meinen, wir haben jetzt ein Gerüst gezimmert und mit diesen fünfundzwanzig Erkenntnissen können wir den lebendigen Gott erklären - das schaffen wir nicht! ER ist schlechterdings nicht zu begreifen! Und darum soll es in dieser Predigt gehen: ***Gott tut große Dinge, die wir nicht begreifen.*** Ich habe diese Predigt überschrieben mit: **Ein groß-**

artiger und unbegreiflicher Gott und ich möchte uns diese Unbegreiflichkeit und Großartigkeit von IHM an vier Punkten deutlich machen, um dieses Hiobswort Ihnen und euch nahezubringen:

1. In Seinen Wundern
2. In Seiner Vorherbestimmung
3. In Seinem Zulassen
4. In Seiner Liebe

Alle vier Dinge sind so großartig, so gewaltig, dass wir sie gar nicht begreifen können.

Das Erste: Die Unbegreiflichkeit und die Großartigkeit Seiner Wunder. Unsere Bibel beginnt mit dem ersten Satz in 1. Mose 1,1: ***Gott schuf Himmel und Erde.*** Da muss man schon mal stehenbleiben. Übrigens auch im Glaubensbekenntnis, da fängt es ja so an: „Ich glaube an Gott, den Vater, Schöpfer Himmels und der Erde." Da muss man mal drüber nachdenken, was unser Gott getan hat. ER hat Himmel und Erde gemacht, nicht nur diese Erde, sondern die ganze Schöpfung. Übrigens, ein Kapitel später, als Gott sich Hiob erklärt, rekurriert er genau darauf, dass er der Schöpfer ist. Als Hiob (38,3-5) Antworten verlangt, kommt Gott und sagt:

> ***Gürte deine Lenden wie ein Mann! Ich will dich fragen, lehre mich! Wo warst du, als ich die Erde gründete? Sage mir's, wenn du so klug bist! Weißt du, wer ihr das Maß gesetzt hat oder wer über sie die Messschnur gezogen hat?***

Da verweist ER genau auf Seine Schöpferkraft und es ist wichtig, dass wir da immer wieder dran denken. Deshalb ist es der erste Satz in der Bibel und deshalb ist es auch der erste Satz im Glaubensbekenntnis, dass ER der Schöpfer Himmels und der Erde ist. Wenn wir das verstanden haben, dann wissen wir, dass wir IHN gar nicht begreifen können. Gott hat die Erde geschaffen, diesen Planeten in diesem Sonnensystem, wo wir sind, in unserer Milchstraße. Unsere Milchstraße ist die Galaxie, in der wir leben, und diese Galaxie hat, die Astronomen wissen das gar nicht ganz genau, etwa 150 Milliarden Planeten. Aber das ist nicht die einzige Galaxie. Wir Menschen wissen mittlerweile, dass es etwa 150 Milliarden weitere Galaxien gibt und das ist nur das, was wir mittlerweile kennen, sehen und messen können.

Ich will Ihnen mal ein paar Eindrücke geben von dem, was allein in unserer Galaxie, in dieser Milchstraße los ist. In unserer Milchstraße ist es so, dass unsere Erde sich um sich selbst dreht. Also wir sitzen hier ja ganz ruhig in der Kirche oder Sie zu Hause vor den Geräten, aber unser Planet dreht sich mit einer affenartigen Geschwindigkeit um sich selbst, mit 1600 Kilometer pro Stunde. Das ist etwa so schnell, wie so ein richtiger Düsenjet fliegt, also das ist absoluter Wahnsinn. So dreht sich die Erde um sich selber. Aber nicht nur das. Wir als Erde drehen uns nicht nur um uns selber, wir drehen uns auch um die Sonne mit noch größerer Geschwindigkeit, nämlich mit ca. 100 000 Kilometer pro Stunde. Und nicht nur, dass wir uns um die Sonne in unserem Sonnensystem drehen. Unser ganzes Sonnensystem, in dem wir leben mit unserer Sonne, mit den paar Planetchen, die es hier gibt, das dreht sich auch noch um den Mittelpunkt unserer Galaxie. Und das mit einer Geschwindigkeit von 900 000 Kilometer pro Stunde. Dafür, dass unser Sonnensystem diese ganze Galaxie einmal umrundet hat, braucht es schlappe 240 Millionen Jahre. Also wir bewegen uns mit drei affenartigen Geschwindigkeiten. Und keiner weiß, worum sich die Galaxie vielleicht noch dreht. Alles absoluter Wahnsinn! Wenn wir über die Größe unserer Galaxie nachdenken, da sagt man: Das sprengt ja alles! Aber seien Sie versichert, wir sind in einer relativ kleinen Galaxie. Unsere Galaxie hat einen Durchmesser von 120 000 Lichtjahren. Also 120 000 Jahre ist das Licht unterwegs, das sich mit 300 000 Kilometern pro Sekunde bewegt von dem einen zum anderen Ende. Es gibt aber noch ganz andere Galaxien. Die Latsch Quasar Group beispielsweise, die ist etwa vier Milliarden Lichtjahre groß. Das alles hat unser HERR und Heiland gemacht! Das kannst du schon mal physikalisch gar nicht verstehen, diese Zahlen, die ich Ihnen jetzt vor den Kopf geworfen habe. Auch wenn man sie jetzt aufschreibt und dann darüber nachdenkt: „Was ist das für eine Größe, für eine Dimension!“, wenn man weiß, dass das Weltall sich noch weiter ausdehnt, dass es unendlich ist, da kann man nur staunen! Ja, es ist unfassbar, unbegreiflich und das hat unser Gott und HERR mit einem Wort gemacht. Wenn man das auch nur im Ansatz verstanden hat und dann auch noch weiß, was er nicht nur im Großen, sondern auch im Kleinen tut, da kann man sich nur vor seiner Größe verneigen. Also ich stehe hier vor Ihnen mit meinen satten 110 Kilogramm und mein Körper besteht aus über 100 Billionen Zellen, die sich permanent erneuern. Nach sieben Jahren ist keine Zelle in meinem Körper mehr, wie sie vorher war. Die Bibel sagt uns, dass von meinem Haupt kein Haar fällt, was nicht der HERR und Heiland bestimmt hat. Das übertrage ich jetzt auf die Zellen - das hätten die Leute vor 3000 Jahren nicht verstanden: Auch keine Zelle teilt sich oder geht kaputt in meinem Körper, wenn der HERR das nicht will. ER steuert das alles und nicht nur bei mir, weil ich der Pastor bin, nein, auch bei euch, bei Ihnen, bei allen Lebewesen, nicht nur bei den 7,5 Milliarden Menschen, auch bei allen Tieren, bei allen Pflanzen auf unserer kleinen Erde. Wahnsinn, was da passiert! Das ist gigantisch, das ist unbegreiflich!

Wer das auch nur im Ansatz verstanden hat, was der Schöpfer getan hat und permanent tut, was ER in Seinen Händen hält und eines Tages diese ganzen Galaxien wieder mit einem Wort zusammenfallen lässt und alles beendet, der hat auch kein Problem damit, wie es die liberale Theologie hatte, wenn sie fragt: „Ja, konnte Jesus, der wahre Gott, wirklich aus ein paar Broten ganz viele Brote machen? Konnte der wirklich auf dem Wasser gehen? War das wirklich möglich, dass er auferstanden ist von den Toten?“ Ja, das kann unser Gott! Unser Gott kann Wunder tun, die können wir gar nicht denken. Selbst wenn wir das Größte denken würden, was wir uns vorstellen, wie Gott wäre, darf ich euch versichern, dass er milliardenfach stärker, größer und herrlicher ist.

Wer immer mit dem lebendigen Gott zu tun hat, der wird das bezeugen können, so wie es die Jünger eben in der zweiten Lesung (Markus 4,35ff) getan haben. ***Jesus war hinten im Boot und schlief auf einem Kissen***, und dann steht ER nur auf, spricht ein Wort und der Wind ist still. Dann bleibt dir als kleiner Mensch in Demut nur eins zu sagen: Wer ist dieser Gott? Wie groß, wie stark, wie herrlich! Gott tut große Dinge, die wir nicht begreifen, die wir nicht verstehen können. Das war das Erste: in seinen Wundern.

Ein Zweites: Gott tut große Dinge, die wir nicht begreifen, in seiner Vorherbestimmung. Ich denke, wir alle kennen die Rahmenbedingungen der Hiobsgeschichte, dass das Leben des Hiobs nicht durch Zufälle in solch ein Elend gekommen war. Die Kinder waren gestorben, er hatte seine Ernten verloren, das Vieh war gestorben, er selber war krank geworden, hat furchtbares Elend erlebt. Das hatte Gott vorherbestimmt in einem Beschluss, den er mit dem Teufel geführt hatte, aber das war alles geplant. Das ist etwas, was Gott getan hat. ER hat das ganze Leben, die ganze Welt vorherbestimmt! Wir glauben ja immer, wir leben in irgendwelchen Kausalitäten, die sich zum Teil zufällig ergeben würden, aber das stimmt nicht. Alles in dieser Welt, alles ist determiniert, ist vorherbestimmt. Ich erinnere noch einmal an den Psalm 139, den ich als erstes vorgelesen habe. Da heißt es:

> ***Es war dir mein Gebein nicht verborgen, als ich im Verborgenen gemacht wurde, als ich gebildet wurde unten in der Erde. Deine Augen sahen mich, als ich noch nicht bereitet war, und alle Tage waren in dein Buch geschrieben, die noch werden sollten, von denen keiner da war.***

Das gilt nicht nur für den David, das gilt auch für uns. Wir sind von Gott gekannt worden, noch bevor ER diese Welt geschaffen hat. Und alle Tage, die in unserem Leben werden sollten, die kannte ER. ER kannte den Tag der Geburt, er kennt auch den Tag unseres Todes, alles ist ihm bekannt. Viele Menschen haben Probleme mit dieser Vorherbestimmung, aber wir müssen ganz klar sagen, das wird hier in der Bibel bezeugt. Das sehen wir immer wieder. Ich lese einige Bibelstellen vor, um es mal deutlich zu machen. In Jesaja 65 heißt es über unsere Gebete: ***Ehe sie rufen, will ich antworten. Wenn sie noch reden, will ich hören.*** Gott kennt unsere Gebete und es ist auch kein Wort auf unserer Zunge, das der HERR nicht schon wüsste. In Römer 8 heißt es:

> ***Wir wissen aber, dass denen, die Gott lieben, alle Dinge zum besten dienen, die nach seinem Ratschluss berufen sind. Denn die er ausersehen hat, die hat er auch vorherbestimmt, dass sie gleich sein sollten dem Bild seines Sohnes, damit dieser der Erstgeborene sei unter vielen Brüdern. Die er aber vorherbestimmt hat, die hat er auch berufen, die er aber berufen hat, die hat er auch gerecht gemacht, die er aber gerecht gemacht hat, die hat er auch verherrlicht.***

Oder in Epheser 1:

> ***In Christus hat er uns erwählt, ehe der Welt Grund gelegt war, dass wir heilig und untadelig vor ihm sein sollten. In seiner Liebe hat er uns dazu vorherbestimmt, seine Kinder zu sein durch Jesus Christus, nach dem Wohlgefallen seines Willens zum Lobe seiner herrlichen Gnade, mit der er uns begnadet hat in dem Geliebten. In ihm sind wir auch zum Erben eingesetzt, die wir dazu vorherbestimmt sind nach dem Vorsatz dessen, der alles wirkt nach dem Ratschluss seines Willens, damit wir etwas seien zum Lob seiner Herrlichkeit, die wir auf Christus gehofft haben.***

Also immer und immer wieder: Vorherbestimmung. Lesen Sie im Buch der Offenbarung, wie es mit unserer Welt zu Ende geht und was mit dem Teufel passiert. Es ist alles vorherbestimmt, da ändert der Teufel nichts dran. Gar nichts passiert da und diejenigen, die zu dem gehören, werden auch in der Verdammnis enden. Übrigens, das ist auch ganz wichtig, auch das hat Gott getan! ER erwählt und vorherbestimmt nicht nur zum Heil und zur Rettung, er vorherbestimmt auch zur Verdammnis. Da können viele Christen nicht mit, das passt dann in ihre Micky Maus - Theologie nicht hinein: „Das kann ich nicht denken! Wie passt das denn zum Rettungswillen des lebendigen Gottes?" - Ja, das sage ich ganz deutlich, das lesen wir auch in der Bibel (1. Timotheus 2,4), dass Gott sagt: „Ich möchte, dass alle Menschen zum lebendigen Glauben finden, dass alle gerettet werden." Das ist Sein Wille und deshalb ist ER auch noch nicht wiedergekommen. Trotzdem hat ER alles auch schon vorherbestimmt. Wir sagen: „Ja, das können wir nicht denken, das geht ja nicht übereinander, das kriege ich nicht gepackt, also kann es nicht stimmen!" Ja, aber so ist es bei Gott nicht. Gott denkt nicht in so einer Dreidimensionalität wie wir. ER ist größer! Wir können das nicht verstehen, auch die Frage im Hiob-Buch nicht. Das versuchen dann in über 30 Kapiteln die Freunde dem Hiob zu erklären, warum er denn im Leid ist, warum die Dinge passieren. Er hat ja nun nichts getan, er ist fromm, gottesfürchtig, da ist tatsächlich nichts. Wir können es nicht verstehen!

Es ist genau das, was sich hier in diesem Predigtvers ausdrückt: ***Gott tut große Dinge.*** Die Vorherbestimmung ist etwas Gewaltiges und Großartiges und ich bin dankbar und lobe den HERRN dafür, dass er mich Sünder auserwählt und vorherbestimmt hat, dass ich zu IHM gehören darf. Aber ich weiß eben auch, dass ER andere auserwählt hat zur Verdammnis. In Römer 9,15 lesen wir:

> ***Wem ich gnädig bin, dem bin ich gnädig; und wessen ich mich erbarme, dessen erbarme ich mich. So liegt es nun nicht an jemandes Wollen oder Laufen, sondern an Gottes Erbarmen. Denn die Schrift sagt zum Pharao (2. Mose 9,16): » Eben dazu habe ich dich erweckt, dass ich an dir meine Macht erweise und dass mein Name ver-***

kündigt werde auf der ganzen Erde. « So erbarmt er sich nun, wessen er will, und verstockt, wen er will. Nun sagst du zu mir: Was beschuldigt er uns dann noch? Wer kann seinem Willen widerstehen? Ja, lieber Mensch, wer bist du denn, dass du mit Gott rechten willst? Spricht etwa ein Werk zu seinem Meister: Warum hast du mich so gemacht? Hat nicht der Töpfer Macht über den Ton, aus demselben Klumpen ein Gefäß zu ehrenvollem und ein anderes zu nicht ehrenvollem Gebrauch zu machen? Da Gott seinen Zorn erzeigen und seine Macht kundtun wollte, hat er mit großer Geduld ertragen die Gefäße des Zorns, die zum Verderben bestimmt waren, auf dass er den Reichtum seiner Herrlichkeit kundtue an den Gefäßen der Barmherzigkeit, die er zuvor bereitet hatte zur Herrlichkeit. (Römer 9,17-23)

Jetzt fragen Sie mich bitte nicht, wie das im Verhältnis zum Rettungswillen Gottes zu verstehen ist. Das kann ich nicht begreifen! Das ist genau das, was ich bei der Einführung zu diesem Wort sagte, das kriegst du nicht übereinander. Aber so ist Gott! Wir können Gott nicht verstehen!

Oder nehmen wir die Prädestination. Denken Sie an Judas. Da wird schon in Sacharja prophezeit, dass er den Heiland verraten wird und dass er keine Chance hat. Jesus ruft ihn auf: „Tu das, was du geheißen bist zu tun." Der Mann arbeitet ein Programm ab mit einem furchtbaren Ende und geht in die Verdammnis. Da stehst du mit großem Schrecken vor dem lebendigen Gott. Wenn du das erkennst, da sagst du: „Wie groß ist dieser Gott, ich kann es nicht begreifen!" Ich wiederhole es noch einmal, beides gilt: Gott bestimmt die Menschen vor - und zwar alle zum Heil wie zum Unheil - und trotzdem will ER, dass alle gerettet werden. Wir kriegen das nicht übereinander, und trotzdem müssen wir in der bibeltreuen Verkündigung beides immer wieder sagen.

Auch das ist ein Problem in frommen Kreisen bei den Evangelikalen, dass man häufig sagt: Wir wollen nur noch über den

Rettungswillen sprechen. Das andere, die Vorherbestimmung, lassen wir draußen. Man kann sie nicht begreifen und klammert sie aus. Nein, sie ist Teil der Bibel! Ich habe Ihnen das eben vorgelegt, da gibt es viele Bibelstellen mehr. Da ist etwas, was wir zu verkündigen und zu glauben haben, auch wenn wir es nicht begreifen! Darum geht es ja in der Nachfolge Jesu Christi: nicht um Verstehen, sondern um den Glaubensgehorsam, den wir annehmen müssen. Das muss übrigens auch Hiob in seinem Leben erfahren: den absoluten Glaubensgehorsam gegenüber dem lebendigen Gott, auch wenn wir IHN nicht verstehen. Die Vorherbestimmung ist etwas ganz Großes. Es gibt Menschen, die begeistern sich für das Physikalische: „Ich kann das auch machen, wie Gott die Welt geschaffen hat mit all den Gesetzen, wie sie funktioniert." Aber die Vorherbestimmung, wenn man darüber nachdenkt, ist noch etwas viel Größeres, die wir aber auch nicht begreifen können.

Ein Drittes: *Gott tut große Dinge, die wir nicht begreifen!* In Seinem Zulassen! Hiob ist der Mann Gottes. Gott sagt gegenüber dem Teufel: „Hast du meinen Knecht gesehen, der treu und gehorsam so lebt vor mir?" Und dann sagt eben der Teufel: „Ja, dem geht es eben gut, weil du ihn so gesegnet hast." Gott erwidert dann: „Alles sei in deiner Hand." Gott lässt es zu, dass Hiob all das Elend erlebt in seinem Leben, was dann kommt, diese furchtbaren Tiefen, von denen die Bibel ausdrücklich schreibt. Aber das musste am Thron Gottes vorbei, ER hat es zugelassen. So ist es mit allem Leid in dieser Welt. Wenn wir auf die Geschichte des Volkes Gottes schauen, die Zerstörung des ersten Tempels 587 vor Christus. Das waren nicht irgendwelche militärstrategischen Fehler der Heerführer in Israel, sondern Gott hatte die Israeliten - das hat ER ankündigen lassen - in die Hand der Babylonier gegeben. 70 nach Christus, als der zweite Tempel zerstört wurde, da hat Gott eine andere Entscheidung getroffen, dass die Juden vertrieben wurden in alle Welt. Das war Seine Entscheidung, ER hat es zugelassen.

In Amos 3, Vers 6 heißt es:

Ist etwa ein Unglück in der Stadt, das der HERR nicht tut? Oder Psalm 46, Vers 9: ***Kommt her und schaut die Werke des HERRN, der auf Erden solch ein Zerstören anrichtet, der die Kriege steuert in aller Welt, der Bogen zerbricht, Spieße zerschlägt und Wagen mit Feuer verbrennt. Seid stille und erkennt, dass ich Gott bin.***

Jetzt können wir in die zweitausend Jahre Kirchengeschichte gucken. Was hat Gott nicht alles zugelassen: in den Christenverfolgungen im Römischen Reich, in dem Elend, was die Kirche im Mittelalter den Gläubigen angetan hat, den Waldensern und den Hussiten, wem auch immer. Wir können schauen auf den Genozid, der den Armeniern angetan worden ist Anfang des letzten Jahrhunderts. Oder denken wir an die furchtbarste Katastrophe der Menschheitsgeschichte, dass das Volk Gottes von den Deutschen im Holocaust fast ausgerottet wurde. Sechs Millionen Tote. Es ist alles Zulassen des lebendigen Gottes, das wir nicht verstehen können. Hiob kann es nicht verstehen. Die Menschen damals, als der Tempel zerstört wurde vor 2000 Jahren, konnten es nicht verstehen. Die Juden, die ins Gas gegangen sind, konnten es nicht verstehen, wie der lebendige Gott das zulässt. Die Armenier, die zu ihrem HERRN geschrien haben und von den Muslimen massakriert wurden, die konnten es nicht verstehen. Eins aber dürfen wir wissen, auch wenn wir Dinge nicht verstehen in dieser Welt, warum Gott schlimmes Elend zulässt: ER sitzt im Regiment und steuert!

Bei dieser furchtbaren Katastrophe, dem Holocaust, da haben wiedergeborene Christen in Deutschland gefragt: Wie kann Gott das zulassen? Und dann hatten sie auf einmal gesehen, wie vor 70 Jahren der Staat Israel sich wieder gegründet hat und dann meinten, erkannt zu haben, das Eine müsste sein, damit das Andere wieder wurde. Übrigens, auch viele Juden sagen das, dass Gott es getan habe, damit der Staat wieder gemacht würde. Ich weiß es nicht, ich kann es nicht erklären! Ich kann Gott nicht begreifen, weiß aber nur eins: ER sitzt im Regiment und ER steuert. Das Einzige, was ich tun muss: Ich muss das demütig annehmen! Ich weiß, wie hart das klingt, aber du hast keine andere Möglichkeit! Das ist auch das Ergebnis des Hiob-Buchs. Als Gott ihm all das Elend schickt, da sagt er (1,21): ***Der HERR hat's gegeben, der HERR hat's genommen; der Name des HERRN sei gelobt!*** Dann heißt es weiter: ***In diesem allen sündigte Hiob nicht und tat nichts Törichtes wider Gott.*** Außerdem sagt Hiob: ***Haben wir Gutes empfangen von Gott und sollten das Böse nicht auch annehmen? In diesem allen versündigte sich Hiob nicht mit seinen Lippen.***

In unserem Wochenspruch aus Micha 6,8 heißt es:

> ***Es ist dir gesagt, Mensch, was gut ist und was der HERR von dir fordert: nichts als Gottes Wort halten und Liebe üben und demütig sein vor deinem Gott.***

Das ist etwas ganz Wichtiges! Wenn Gott etwas Schlimmes und Furchtbares in eurem Leben zulässt, dann klagt diesen lebendigen Gott nicht an, so nach dem Motto: „Jetzt will ich mit dir Schluss machen, ich kann nicht mehr." So wie man im Gericht in der Feindschaft gegen seinen Gegner dasteht. Sondern demütigt euch unter die Hand des lebendigen Gottes, denn: final wird ER für seine Kinder alles gut machen. Wenn ich jetzt hier ein „Amen" machen würde, dann müsstet ihr rauslaufen und sagen: „An so einen Gott will ich nicht mehr glauben. Das ist ein Gott, den andere Religionen verkündigen, der Leute einfach quält und ins Elend stürzt."

Aber jetzt kommen wir zu dem unbegreiflich Größten des lebendigen Gottes - dem **vierten Punkt** der Predigt: **Gott tut große Dinge in Seiner Liebe!** Gott tut große Dinge, die wir nicht begreifen. Wir begreifen nicht Seine Schöpfung, auch nicht im Ansatz. Wir begreifen nicht Seine Vorherbestimmung. Wir begreifen häufig auch nicht das furchtbare Zulassen dessen, was in dieser Welt passiert. Aber es gibt noch etwas viel, viel, viel Größeres, was wir nicht begreifen: das ist die Liebe dieses lebendigen Gottes. Das darf Hiob erfahren. Wenn man diese Geschichte liest, dieses Buch, das ist so fantastisch. In den ersten Kapiteln nur das Elend und all die Auseinandersetzung, es passiert nichts, es gibt keine Antworten. Dann gibt es die Antwort von Gott, die ihn letztlich auch nicht befriedigt. Aber dann gibt Gott ihm alles zurück und ER segnet ihn überreich. Dann kommt dieser Satz in Hiob 42,17: ***Und Hiob starb alt und lebenssatt.*** Es sind nur fünf Männer in der Bibel, von denen das gesagt wird. Hiob, der so viel Elend erlebt hat, durfte einer davon sein. Warum? Weil er der Knecht Gottes war, weil Gott ihn lieb hat, weil er zum lebendigen Gott gehört. Deshalb wurde sein Leben final gut, weil dieser Gott ihn geliebt hat.

Wisst ihr, nicht nur Hiob war geliebt von Gott. Jeder, der Jesus nachfolgt, wird geliebt vom lebendigen Gott. Du, wenn du an Jesus glaubst, bist geliebt. Das darfst du wissen, das musst du wissen! Eine Liebe, die so groß ist, wie sie größer nicht sein kann! Das müssen wir wieder vor Augen haben, wer dieser Gott ist, der diese Welt geschaffen hat, alles gemacht hat, der außerhalb dieser Welt sitzt, ja alles in seinen Händen hält. Dieser Gott wird für dich Mensch und stirbt für dich auf Golgatha. Daran erinnert uns die Bibel immer wieder, dass es keine größere Liebe gibt als die, ***dass ER sein Leben lässt für seine Freunde*** (Johannes 15,13). Wer das Leben für dich lässt, wer bereit ist für dich zu sterben - vielleicht eine Mutter für ihr Kind -, da wissen wir, größere Liebe gibt es nicht! Diese Liebe hat der lebendige Gott gezeigt. Er hat sich all seiner Göttlichkeit entäußert, ist für dich Mensch geworden und für dich gestorben. Johannes 3,16:

> ***Denn also hat Gott die Welt geliebt, dass er seinen eingeborenen Sohn gab, auf dass alle, die an ihn glauben, nicht verloren werden, sondern das ewige Leben haben.***

Aus lauter Liebe hat ER das getan. Das ist tatsächlich das Unbegreiflichste und Großartigste, was Gott getan hat, das können wir nicht fassen. Das kann man einem zusprechen, man kann es vielleicht auch ein bisschen erkennen, aber das ist das ganz, ganz Große. Darin darfst du dich geborgen wissen in dieser Welt, in der du in manches Leid hinein musst, wo du manches Schwere erleben wirst, wo Gott manches zulässt in deinem Leben und wo du sagst: „Warum denn das?" „Wieso denn dieses?" „Warum hat das mit meiner Ehe nicht geklappt?" „Warum bin ich überhaupt nicht verheiratet?" „Warum bin ich krank geworden?" „Warum wurde ich arbeitslos?" „Warum bin ich so hässlich, alle anderen sind hübsch?" „Warum hab ich so wenig Geld, die anderen haben so viel?" „Warum ist mein Leben so kaputt?" - In all dem, was zugelassen worden ist in deinem Leben, darfst du wissen: ER, der lebendige Gott ist da! ER hält dich in Seinen Händen, in den Händen, die für dich auf Golgatha durchbohrt worden sind. Diese Liebe ist so groß, dass das Happy End deines Lebens feststeht wie hier im Hiob-Buch.

Auch wenn du es jetzt nicht begreifen kannst, eins darfst du sicher wissen: Wenn du IHM nachfolgst und wenn du an IHN glaubst, dann kommt für dich das Happy End, das himmlische Jerusalem. Da, wo es heißt (Offenbarung 21,4), dass ER alle Tränen abwischen wird. Alles Leid, was dich hier quält, alles, was wir hier nicht verstehen, wird überhaupt keine Rolle mehr spielen. Es ist so gigantisch, super klasse, was wir da erleben, dass das alles überstrahlen wird und uns eine fantastische Existenz erwartet. Das möchte ich gerade denen zurufen, die momentan in so einer Leidsituation sind, die nicht verstehen und begreifen können, warum der große Gott das zulässt in ihrem Leben, warum sie so eine Vorherbestimmung haben, dass Dinge so passieren im Leben, wie sie sind. Seid gewiss, das ist nicht das Ganze! Das alles Überstrahlende ist die Liebe Gottes, die denen - die an IHN glauben, sich vor IHM demütigen - alles gibt und über das hinaus, was sie sich wünschen.
Wir werden gleich, wenn die Predigt zu Ende sein wird, ein Instrumentalstück hören vom Klavier. Ich habe gebeten, dass das Lied von Margret Birkenfeld gespielt wird: „Für mich gingst du nach Golgatha". Da heißt es: „...für mich hast du das Kreuz getragen. Für mich ertrugst du Spott und Hohn, für mich hast

du dich lassen schlagen." Und dann heißt es im Refrain: „HERR, deine Liebe ist so groß, dass ich sie nie begreifen kann, doch danken will ich dir dafür. HERR, deine Liebe ist so groß, dass ich sie nie begreifen kann, ich bete dich an."

Es ist wichtig, dass wir schauen auf die Wunder, die Gott tut, die wir nicht begreifen können, aber an denen wir seine Großartigkeit lernen. Es ist wichtig, dass uns klar ist, dass wir vorherbestimmt sind, dass wir uns nichts einbilden auf unsere Wiedergeburt. Wir können das nicht verstehen, wie das alles funktioniert. Es ist wichtig, dass wir es vor Augen haben. Es ist auch wichtig, dass wir die Unbegreiflichkeit des Zulassens Gottes vor Augen haben. Aber das Wichtigste, was wir wissen müssen, ist: dass der lebendige Gott uns liebt mit einer Liebe, die so groß und großartig ist, dass wir sie nicht begreifen können, damit wir getröstet sind in all dem, was uns in diesem Leben anficht. Gott tut große Dinge, die wir nicht begreifen. Wir können es nicht begreifen, was dieser lebendige Gott tut. Wenn du im Herzen verstanden hast, durch den Heiligen Geist, dass ER, der lebendige Gott, dich liebt, dann bleibt dir nur noch eins, IHN zu loben und zu preisen und IHN anzubeten, und das wollen wir immer wieder tun. Diesen Gott, der uns das Leben gegeben hat, den wir nicht begreifen können, wollen wir loben und preisen bis in alle Ewigkeit. Amen.

Und der Friede unseres allmächtigen Gottes, der sehr viel höher ist als all unsere menschliche Vernunft, Er bewahre unsere Herzen und Sinne in Christus Jesus, unserem auferstandenen und lebendigen HERRN. Amen.

Von richtiger und falscher Theologie

Hiob 42,1-10

> Gnade sei mit euch und Friede von dem, der da war und der da ist und der da sein wird in alle Ewigkeit, unser HERR, Jesus Christus. Amen.

Liebe Gemeinde, als Hinführung zur Predigt möchte ich Ihnen eine Anekdote erzählen, die sich so vor 100 Jahren hier in Bremen abgespielt haben soll.

Ein Bremer Pastor besucht eines seiner Gemeindeglieder, das hier als Kaufmann tätig ist in unserer Hansestadt. Sie kommen ins Gespräch und der Kaufmann berichtet dem Pastor, dass es momentan nicht so gut steht mit den Geschäften. Da haut der Pastor erst mal eine richtige wirtschaftliche Empfehlung heraus und sagt: „In Kaffee, Sie sollten was mit Kaffee machen. Da habe ich gehört, das läuft." So investiert der Kaufmann in Kaffee. Ein Vierteljahr später treffen sie sich wieder und der Pastor fragt: „Nun, wie läuft es denn jetzt so mit den Geschäften?" Der Kaufmann erwidert: „Nee, richtig gut ist das nicht geworden, es hat sich eher verschlechtert." Da sagt der Pastor: „Tee. Ich habe gehört, Tee - ist nun wirklich der letzte Tipp. Machen Sie mal in Tee." Der Kaufmann geht wiederum hin und setzt all sein Geld nun auf Tee statt auf Kaffee. Nach einem Vierteljahr trifft man sich und wiederum kommt die Frage des Pastors: „Wie läuft es denn?" - „Es wird immer schlimmer und schwieriger, ich weiß nicht..." Der Pastor, der wieder ´ne Idee hat, sagt: „Tabak! Das ist wirklich der letzte und ultimative Tipp. Machen Sie in Tabak!" Und der Kaufmann geht hin und setzt sein ganzes Geld in den Tabak. Wiederum ein Vierteljahr später treffen sich die beiden am Marktplatz. Der Pastor fragt: „Nun, wie ist es gelaufen?" Da sagt der Kaufmann: „Ich bin am Ende, ich bin bankrott! Ich habe kein Geld mehr, alles verspekuliert." - „Schade", sagt da der Pastor, „ich hätte noch so viele gute Geschäftsideen für Sie gehabt."

Eine lustige Geschichte, eine Anekdote, die uns hinführt zu einer Predigt, wo auch Menschen Anderen Empfehlungen geben, so einfach mal dahingesprochen, die aber die totale Katastrophe werden. Diese Geschichte von den Menschen, die jemand anderem in Not Empfehlungen gegeben haben, die wollen wir hören. Der Predigttext für heute ist Hiob 42, die Verse 1 bis 10:

> ***Und Hiob antwortete dem HERRN und sprach: Ich erkenne, dass du alles vermagst, und nichts, das du dir vorgenommen, ist dir zu schwer. Wer ist der, der den Ratschluss verhüllt mit Worten ohne Verstand? Darum hab ich unweise geredet, was mir zu hoch ist und ich nicht verstehe. So höre nun, lass mich reden; ich will dich fragen, lehre mich! Ich hatte von dir nur vom Hörensagen vernommen; aber nun hat mein Auge dich gesehen. Darum spreche ich mich schuldig und tue Buße in Staub und Asche. Als nun der HERR diese Worte mit Hiob geredet hatte, sprach er zu Elifas von Teman: Mein Zorn ist entbrannt über dich und über deine beiden Freunde; denn ihr habt nicht recht von mir geredet wie mein Knecht Hiob. So nehmt nun sieben junge Stiere und sieben Widder und geht hin zu meinem Knecht Hiob und opfert Brandopfer für euch; aber mein Knecht Hiob soll für euch Fürbitte tun; denn ihn will ich erhören, dass ich nicht töricht an euch handle. Denn ihr habt nicht recht von mir geredet wie mein Knecht Hiob. Da gingen hin Elifas von Teman, Bildad von Schuach und Zofar von Naama und taten, wie der HERR ihnen gesagt hatte. Und der HERR erhörte Hiob. Und der HERR wandte das Geschick Hiobs, als er für seine Freunde Fürbitte tat. Und der HERR gab Hiob doppelt so viel, wie er gehabt hatte.*** Amen.

Wir wollen stille werden und beten: Lieber HERR und Heiland, du schenkst uns diese Worte aus dem Buch Hiob für unser Leben. Du willst und wirst in dieser Predigt mit uns reden über unser Leben, über das, was richtig und was falsch ist. Wir wollen dich bitten für das, was wir erkennen, dass wir das nicht nur hören, sondern dass wir das auch umsetzen. Aber dass wir Dinge erkennen, dass wir sie verstehen für unser Leben in dieser Predigt, dazu brauchen wir dich, dazu brauchen wir deinen Heiligen Geist. Und so wollen wir dich bitten, HERR: Segne du selber das Reden und das Hören deines heiligen und lebendigen Wortes an uns allen. Amen.

Ich habe die Predigt überschrieben: **Von richtiger und falscher Theologie.** Wie so oft habe ich drei Punkte mitgebracht.

1. Die Theologie der Schwätzer
2. Die Theologie der Anfechtung
3. Die Theologie der Demut

Das Erste: Die Theologie der Schwätzer! In diesem Predigttext geht es darum, dass Gott knallhart sagt, dass eine Theologie komplett falsch ist, dass eine Theologie nicht stimmt: „Das, was ihr geredet habt von mir, das ist nicht so gewesen. ***Ihr habt nicht recht von mir geredet.*** Zweimal taucht das in unserem Predigttext auf. Drei Freunde sind Theologen der Schwätzerei. Es gibt zwei Gründe, warum Theologie zum Geschwätz wird. Der erste Grund ist: Theologie wird zur Schwätzerei, wenn sie sich in ihrer Lehre menschlicher Weisheit, Philosophie und Erkenntnis unterwirft. Das ist der erste Punkt. Das haben wir im letzten Jahrhundert in Deutschland in der evangelischen Theologie ganz häufig erlebt. Deutsche Christen haben sich in ihrer Theologie der Blut- und Bodenideologie unterworfen, dem Nationalsozialismus mit all seinem Germanentum, all diesem Gequatsche und auch mit ihrem Judenhass. Was ist da für eine kranke - sie ist nicht mal geschwätzig - perverse Theologie daraus geworden. Denken wir an die historisch-kritische Theologie im Gefolge Bultmanns. Rudolf Bultmann unterwirft sich der Existenzialphilosophie eines Martin Heidegger, da stellt er alles drunter, alles dekliniert er davon durch. Was für einen Schaden hat diese furchtbare Theologie angerichtet. Es ist nur Geschwätz, zwar intelligent, aber es ist nur Geschwätz! Oder denken wir an die Theologie der 70er und 80er Jahre in weiten Bereichen unserer evangelischen Kirche, wo die Umweltbewegung und friedensbewegte Menschen Gutes wollten; aber auf einmal hat sich die Kirche der Lehre dieser Leute unterworfen, ich nenne sie Energiesparlampen-Theologie. Eine Katastrophe, was die angerichtet hat! In dem Kirchenkreis, wo ich lange Pfarrer war in dieser Landeskirche, da hatte man in allen Kirchenkreisen einen Pfarrer, der zuständig war für Umweltfragen und Bewahrung der Schöpfung, aber keinen einzigen mehr für Evangelisation. Furchtbar! Furchtbar, wenn sich die Theologie in ihrer Lehre menschlicher Weisheit unterwirft!

Wenn Sie in der letzten Woche im Spiegel das Interview mit dem Präses Schneider gelesen haben - Katastrophe! Da wird er gefragt von den Spiegel-Journalisten: „Glauben Sie an die Jungfrauengeburt?" Das, was wir eben bezeugt haben, was wir alle glauben, was ganz wichtig ist, wir haben schon häufig darüber gesprochen. Da sagt Präses Schneider: „Ja, das ist nicht so wichtig für meinen Glauben"; eine ausweichende Antwort, die können ja schlau antworten. Da haken die Journalisten aber nach und dann sagt er, es sei für ihn nicht entscheidend, aber - und jetzt kommt der entscheidende Satz: seine Frau, die Mathematikerin sei, die habe gemeint, vielleicht könnte Gott es doch so gemacht haben. Was ist das für eine Sache? Der Präses unterwirft sich dem, was seine Frau sagt. Das haben wir ja auch schon erlebt bei der Geschichte zur Sterbehilfe. Der Mann führt eine glückliche Ehe, das sei ihm gegönnt, gar kein Thema. Aber das ist eine Katastrophe, wenn Theologie abhängig ist von menschlicher Erkenntnis. Wenn man erst fragt, was sagt denn die Wissenschaft, was sagt die existenzielle Philosophie, was sagt denn meine Ehefrau? Und dann bin ich auch bereit, irgendwie eine theologische Aussage zu machen. So wird Theologie zum Geschwätz. Davon haben wir schon häufig gesprochen, darüber wird auch vermutlich immer wieder - leider, leider! - zu reden sein.

Theologie wird noch an einem anderen Punkt zum Geschwätz und das ist das, was wir hier in dieser Geschichte haben. Theologie wird nicht nur zum Geschwätz, wenn sie sich in ihrer Lehre menschlicher Weisheit unterwirft, sondern wenn sie in ihrer Seelsorge den Menschen nicht als Individuum wahrnimmt. Das ist die andere Seite der Medaille, wo Theologie zum Geschwätz wird. Das ist etwas, da stehen wir Frommen in der Gefahr. Wir, die wir - ich sage das jetzt einfach mal so pauschal - ganz klar bei Jesus sind, ganz klar auf dem Boden der Bibel stehen, stehen nicht so sehr in der Gefahr, dass wir uns irgendwelche anderen Lehren antun, eine Abraham-Ökumene oder irgendwelche islamischen Vorstellungen, wir könnten mit den Muslimen zusammen Gottesdienste feiern. Da sind wir klar, da merken wir, wie es funktioniert. Wir haben ein anderes Problemfeld, wo unsere Theologie zum Geschwätz wird, nämlich da, wo wir in der Seelsorge den Menschen nicht als Individuum annehmen.

Darum geht es hier in dieser Hiob-Geschichte. Ich denke, die meisten von euch und Ihnen haben schon mal das Hiob-Buch gelesen. Das ist ja ein bisschen langatmig. Die Rahmenhandlung ist spannend, aber relativ kurz. Das sind so die ersten drei Kapitel und dann nochmal zum Schluss. Aber dazwischen sind es über 30 Kapitel, wo nur geredet wird! Da kommen die Freunde, die halten Hiob was vor und dann kommen immer die Antworten. Die ersten drei Freunde, die kommen - Elihu, der Vierte, der wird so ein bisschen ausgenommen -, sprechen etwa bis Kapitel 32 in der Bibel und kommen mit allen möglichen Erklärungsversuchen für das Leid des Hiob. Das wissen wir: Hiob ist in ein tiefes Leid gefallen durch das, was der Teufel und Gott verabredet hatten, hat er viel Schlimmes erleben müssen; liebe Menschen, die gestorben sind, er hat sein Vermögen verloren, all diese Dinge. Und die Freunde kommen und sie erklären ihm dann, vermeintlich von Gott aus, warum das denn so ist. Mit einer Arroganz, mit einem Hochmut zum Teil, deklinieren sie das runter und nehmen den Hiob gar nicht mehr in seinem Elend, in seinem Schmerz, in seinem Kummer wahr. Die Theologie, mit der sie kommen, die ist nicht falsch, das muss man auch dazu sagen. Das sind schon Richtigkeiten, aber die werden so dahin geschlagen und dahin gepfeffert, dass sie letztlich falsch werden! Die kommen dann mit so einer Tun-Ergehen-Zusammenhangs-Theologie, die immer wieder dem Hiob unterstellt: Du musst irgendetwas falsch gemacht haben; für diese Strafe muss irgendetwas bei dir nicht in Ordnung sein, selbst wenn du das nicht weißt. - Und Gott sagt, dass das so nicht stimmt!

Ja, es stimmt, der Mensch, der mit Gott geht, der wird besonders gesegnet, gar keine Frage, das kann man positiv jemandem sagen. Also wenn er richtig im Lotto gewonnen hat oder wenn die Ehe funktioniert, darf man wirklich sagen: „Du bist gesegnet von Gott!" Aber der Umkehrschluss, der ist - so sagt die Bibel - nicht zulässig: „Wenn es dir schlecht geht, dann hat Gott dich nicht mehr lieb, dann musst du etwas Schlimmes getan haben und wirst dafür bestraft." Das stimmt nicht! Das macht die Bibel immer wieder deutlich. Nicht nur hier in dem Hiob-Buch, wo eben dieser Tun-Ergehen-Zusammenhang, was das Schlechte angeht, aufgebrochen wird. Auch im Neuen Testament sagt Jesus das immer wieder. Etwa bei der Geschichte mit dem Turm von Siloah, der da umfällt und 18 Menschen tötet, wo Jesus klar sagt: Die sind nicht schlechter gewesen als sie alle. Da gibt es keinen Tun-Ergehen-Zusammenhang! Und wenn ich dann aber mit so einer Theologie komme und das dann behaupte, was bei Gott gar nicht richtig ist, dann wird es zum Geschwätz. Gott sagt das so und das ist ja richtig kritisch: Die Freunde müssen Opfer bringen und das Opfer von ihnen wird nur dann angenommen, wenn Hiob für sie Fürbitte tut. So schlimm und so schlecht und so falsch ist das gewesen, was sie erzählt haben. Davor müssen wir uns hüten, dass wir in der Seelsorge den Menschen nicht als Individuum, als geliebtes Kind Gottes wahrnehmen, sondern dem erklären wollen, warum er denn jetzt so furchtbar leidet. Dem können wir theologische Richtigkeiten sagen, aber damit trotzdem falsch liegen.

Es gibt eine andere Geschichte in der Bibel, in Johannes 8,3ff. Da kommt eine Frau, die hat Ehebruch betrieben. Da kommen die Pharisäer und sagen: „Jesus, was steht denn im Gesetz?"

Die wollen diese Frau umbringen. Natürlich ist das richtig, natürlich steht das im Gesetz. Das weiß Jesus auch. Jesus gibt übrigens nicht direkt eine Antwort, sondern schreibt erst mal mit dem Finger auf die Erde. Das ist ein ganz interessantes Motiv in der Bibel. Er malt auf die Erde und die Pharisäer lassen nicht locker: „Was ist jetzt los? Was soll mit ihr passieren?" Nach deren Vorstellung hätte sie die Todesstrafe verdient, das steht auch im Gesetz. Da sagt Jesus zu den Pharisäern: ***Wer unter euch ohne Sünde ist, der werfe den ersten Stein auf sie.*** Und hinterher sagt er zu der Frau: ***Geh hin und sündige hinfort nicht mehr.*** Das ist wirkliche Seelsorge. Natürlich stand auf Ehebruch die Todesstrafe! Das ist das, was man auch in der Lehre zu verkündigen hat, dass Ehebruch falsch ist. Die Frage aber des Umgangs mit dem Individuum in der konkreten Situation muss nicht nur die Lehre kennen, sondern auch das Wahrnehmen des Individuums, sonst wird Theologie zum Geschwätz. Ja, und das werden wir immer wieder tun hier in Martini, zumindest solange ich hier Verantwortung trage: Wir werden immer wieder klar die Lehre der Bibel als Bekenntnis ausrufen und uns keinerlei, keinerlei menschlichen Ordnungen unterwerfen. Wenn Menschen dagegen sprechen, werden wir protestieren, gar keine Frage! Aber wir wollen auch immer wieder schauen, dass wir das nicht in Unbarmherzigkeit gegenüber dem Nächsten tun. Es ist ein Unterschied, ob ich hier von der Kanzel sage: Homosexualität ist Sünde. Das werde ich immer wieder tun, ob der NDR protestiert oder nicht, das ist so. Aber im Umgang mit dem Sünder in der Seelsorge, da darf ich nicht dabei stehenbleiben. Ohne die Lehre in Frage zu stellen, muss der Homosexuelle mir als Pastor abspüren, dass er ein geliebtes Kind Gottes ist und dass er genauso Sünder ist wie ich auch. Wir sind nur eine Gemeinschaft von Sündern, nichts anderes. Eben haben wir in der Epistel aus Römer 15,7 gehört: ***Nehmt einander an, wie Christus euch angenommen hat.*** Das ist ganz wichtig! Wenn wir das nicht tun, sondern wenn wir vermeintlich anderen Leuten erklären wollen, warum sie Strafe leiden, warum es bei ihnen nicht läuft, warum die Ehe gescheitert ist, warum das mit den Kindern nicht klappt, warum es beruflich nicht läuft, dann erheben wir uns drüber. Da können wir zwar theologische Richtigkeiten sagen, die werden dann aber zum Geschwätz. Das ist das Erste von falscher Theologie, die Theologie der Schwätzer, von denen hier die Rede ist, von diesen Menschen, die einfach über den Kopf Hiobs hinwegreden.

Ein Zweites: Die Theologie der Anfechtung! Theologie muss erlebt sein. Sie darf sich nicht darin erstrecken, dass man sagt: „Ich kenne die gesamte Bibel in- und auswendig". Das ist wichtig, Theorie und Praxis gehören im Glauben zusammen. Ich muss auch die Bibel kennen. Es gibt nichts Schlimmeres, als wenn du einen Glauben hast, der nicht gebunden ist an die Bibel. Umgekehrt ist auch wichtig, dass Theologie auch erlebt und erfahren sein muss mit diesem Jesus Christus, mit dem lebendigen Gott. Theologie muss - jetzt kommt es - auch in den Tiefen in Berührung gekommen sein, sonst ist es letztlich nur Geschwätz. Hiob sagt das hier: ***Ich hatte von dir nur vom Hörensagen vernommen***, nur vom Hörensagen! Er hatte denselben theologischen Hintergrund wie seine drei Freunde. Er kannte Gott nur vom Hörensagen und dann sagt er: ***Aber nun hat mein Auge dich gesehen.*** Er hat nicht Gott gesehen, sondern durch all die Tiefen erlebt, wie Gott wirklich ist. Und obwohl er unschuldig ist, was sagt er hier? ***Darum spreche ich mich schuldig und tue Buße in Staub und Asche.*** Das ist die Grundvoraussetzung für richtiges Theologie-Treiben: dass man Gott erlebt hat; dass man es durchlebt hat, dass Jesus wirklich lebt und auch mit IHM gelitten hat. Der Heiland hat am Kreuz gelitten! Und wenn wir Jesus wirklich nachfolgen, dann bleibt uns das Leiden nicht erspart, dann gehen wir auch da hinein. - Eine Theologie der Anfechtung.

Martin Luther schreibt 1539 über das Studium der Theologie, was einen Theologen ausmacht. Er legt den Psalm 119 aus, ein gewaltiger und wunderbarer Psalm; der längste Psalm der Bibel, der so ein Lobgesang auf das Wort Gottes ist. In der Auslegung schreibt Luther drei Dinge, die einen Theologen ausmachen, also einen Menschen, nicht nur einen Berufspastor, der eben über Gott nachdenkt. Jeder Christ ist letztlich Theologe. Es sind drei Dinge, die einen Theologen ausmachen: erstens die Oratio, das Gebet; zweitens die Meditatio, quasi das Studium der Schrift; und drittens die Tentatio, die Anfechtung. Oratio, Meditatio, Tentatio: Gebet, Studium, Anfechtung. Die Anfechtung gehört mit dazu. Er nennt das dann: „Die Anfechtung ist die notwendige Kehrseite des Glaubens". Wenn wir nicht angefochten werden, können wir nicht glauben! An anderer Stelle sagt Luther: „Die Anfechtungen sind die Umarmungen Gottes". Und es ist tatsächlich so - das wisst ihr, die ihr Anfechtungen erlebt habt -, dass wir gerade in den Tiefen, wenn wir schwach sind, wenn wir nicht mehr können, wenn die Trauer uns überrennt, merken, wie der Heiland da ist.

Tja, auf der glatten See zu segeln, wenn der Wind von hinten kommt, wenn alles nur vorangeht, wenn ein Erfolg nach dem anderen eingeheimst wird und abends dann noch so ein Dankgebet gesprochen wird, das ist eine wunderbare Sache. Aber da lernt man nicht den auf Golgatha gekreuzigten Jesus Christus kennen, der für uns gelitten hat. Corrie ten Boom hat gesagt: „Glaube wird stark im Dunkel der Anfechtung." Sie bringt da so ein tolles Beispiel, das wird in hundert Jahren keiner mehr verstehen: So wie Fotos in der Dunkelkammer entwickelt und erst da sichtbar werden, so ist es auch mit dem Glauben, erst im Dunkel der Anfechtung.

Ich könnte euch jetzt von Lebensbildern erzählen: von Paul Gerhardt, von Wilhelm Busch, von den vollmächtigen Predigern, die uns vorangegangen sind. Was sie vor allen Dingen ausgemacht hat, neben ihrer Treue zur Bibel, neben dem Gebet, das sind die Anfechtungen, in die sie der HERR hineingestellt hat: Kinder, die gestorben sind; Frauen, die gegangen sind; Jobs, die angefochten wurden; Landeskirchen, die gegen sie kämpften. Ein Wahnsinn! Aber das gehört zum wirklichen Christsein dazu und wir müssen sie annehmen, diese Anfechtungen.

Vor zwei, drei Monaten war Dr. Prill hier aus Namibia und da hat es nach seiner Predigt ein paar Proteste gegeben. Er fand ein paar klare Worte über das, was so Theologen vom Schlage Joyce Meyer machen mit ihrem Wohlstandsevangelium nach dem Motto: Wenn du krank bist, wenn deine Ehe nicht klappt, dann fehlt dir nur Glaube. Du musst nur mehr glauben, dann wird letztlich alles schon gut. Das ist gelogen, das stimmt so nicht, so steht es nicht in der Bibel! Wer Christus nachfolgen will, der muss sein Kreuz auf sich nehmen. Christsein bedeutet immer, angefochten zu sein. Du wirst im Glauben nicht weiterkommen, wenn du keine Anfechtungen hast.

Sie wissen, dass ich vor einiger Zeit einen Unfall hatte, bei dem ich mir den Bizeps abgerissen habe und mein Arm nicht mehr richtig funktioniert hat. Dann haben sie mir den Bizeps in einer Operation angeschraubt und da hat der Arzt zu mir gesagt: „Herr Latzel, wenn das Ding jetzt wieder funktioniert, dann müssen Sie den Muskel belasten, weil, wenn Sie den nicht belasten würden, dann kann er nicht wachsen, dann kann er sich nicht entwickeln, dann würde er verkümmern. Da muss Belastung ran!" Ich musste ihn trainieren. Genauso ist es mit dem Glauben. Ein Glaube, der keine Anfechtung kennt, der keine Belastung hat, verkümmert. Die Bibel sagt in Jakobus 1,2:

> ***Meine lieben Brüder, erachtet es für lauter Freude, wenn ihr in mancherlei Anfechtung fallt.***

Oder in 1. Petrus 1,6 lesen wir:

> ***Dann werdet ihr euch freuen, die ihr jetzt eine kleine Zeit, wenn es sein soll, traurig seid in mancherlei Anfechtungen, auf dass euer Glaube bewährt und viel kostbarer befunden werde als vergängliches Gold, das durchs Feuer geläutert wird, zu Lob, Preis und Ehre, wenn offenbart wird Jesus Christus.***

So, beschreibt die Bibel, sind Anfechtungen: wie bei Eisen, das man viel wertvoller macht, wenn man es brennt, wenn es in den Ofen hinein muss. Das wollen wir nicht. Wir wollen es alle bequem und schön haben und möglichst nur die guten Dinge im Leben mitnehmen. Aber die Bibel macht genau diesen umgekehrten Punkt deutlich: Gerade wenn unser Glaube in die Anfechtung kommt, gerade dann wird unser Glaube wachsen und wird gesegnet sein.

Hiob ist einer von nur fünf Männern im Alten Testament, von denen gesagt wird, sie ***starben alt und lebenssatt***, ganz gesegnet. Durch all die Anfechtungen hindurch wird es letztlich gut. Das dürfen wir auch wissen für unsere Anfechtungen, dass letztlich alles gut wird, wenn wir bei Jesus Christus sind. Das ist ganz wichtig! Übrigens ist es auch wichtig, wenn wir anderen Leuten entgegentreten wollen mit und in unserer Theologie, dass wir Anfechtungen durchlebt haben. Christus, so heißt es, hat all die Anfechtungen, all die Lasten getragen, damit ER uns trösten kann in dem, was wir zu tragen haben. Genauso ist es auch, wenn wir anderen Menschen entgegentreten. Das macht einen guten Theologen und einen guten Christen auch aus, dass er Anfechtung erfährt, wenn er anderen entgegentritt. Wenn du das nicht hattest, dann ist es häufig besser du schweigst.

Ich sage es mal konkret an einem Beispiel aus meinem Leben. Ich weiß noch, als ich als noch junger Pastor vom Kirchenvorstand zu einer Frau in unserer Gemeinde geschickt wurde, die schwer an Krebs erkrankt war. Ich bin natürlich hingegangen und habe mit ihr gesprochen. Ich habe eine Menge theologischer Richtigkeiten auf der Pfanne gehabt, aber ich habe eins gemerkt: Ich kann dieser Frau überhaupt gar nicht richtig begegnen. Ich war nicht in der Lage, ihr in diesem Moment das zu geben, was sie brauchte. Ich habe mit ihr gebetet, ihr ein Wort zugesprochen, aber ich habe gemerkt: Die Begleitung bei ihrer Anfechtung durch den Brustkrebs, da muss jemand anderes hin. Da hab ich eine liebe Schwester zu ihr geschickt, die das alles schon hinter sich hatte, die Chemotherapie, die Bestrahlung, all diese Dinge, die Ängste. Sie hat die Kranke dann begleitet. Das war die viel bessere Begleiterin, Seelsorgerin, als ich es hätte sein können.

Das ist ganz wichtig: Anfechtungen durchlebt zu haben, denn die braucht es wirklich, um auch richtige Theologie zu betreiben, diese Tentatio. Fürchtet euch nicht davor! Ich weiß ja nicht, in welchen Anfechtungen ihr momentan seid, aber ich möchte euch sagen, die gehören zum Glauben mit dazu, sie sind Teil des Glaubenslebens. Nehmt sie an und wisst, dass dadurch Gott einfach euch zubereitet für Dinge, die kommen. Vielleicht dafür, dass ihr euch ganz anders anderen Menschen zuwenden könnt, die euch begegnen. Anfechtung ist Teil des Glaubenslebens, wie uns der Jakobusbrief sagt (1,2): ***Erachtet es für lauter Freude, wenn ihr in mancherlei Anfechtung fallt.***

Ein Drittes: Die Theologie der Demut! Eins sehen wir hier bei Hiob: Er ist demütig. Die Freunde, die waren hochmütig. Die dachten, die haben den lieben Gott in der Tasche und da können sie einfach erklären, wie es funktioniert: „Also wir können die Dinge erklären, sagen, tun und machen." Das ist übrigens auch ein Punkt, den Gott mir zeigen musste. Als ich Theologie studiert habe, habe ich angefangen, ein ganz großes Plakat zu zeichnen. Das war DIN A1, glaube ich, wo ich alles aufgeschrieben habe, was ich verstanden hatte: mit Jesus in der Mitte und wie sich alles zuordnet, die Heiligung, der Heilige Geist, wie der Vater ist, wie die Schöpfung ist, wie die Dinge alle zusammengehören. Ich hatte wirklich ein tolles, tolles Bild gemacht. Da kam so viel zusammen, je nachdem, was man so alles gehört hat in sechs Jahren Studium. Aber am Ende des Studiums war mir eins klar: Ich hab's zusammengepackt und weggeschmissen. Heute bin ich traurig darüber, dass es nicht mehr da ist, weil auch viel Gutes drauf stand. Aber ich hatte versucht, Theologie und damit Gott zu verstehen. Ich dachte: „Dann kannst du IHN in die Westentasche packen" - gut, dafür war es zu groß, aber zumindest in dein Arbeitszimmer hängen - „und dann hast du die Welterklärung, dann hast du Gott verstanden". So wie die drei Freunde hier: „Wir haben doch den lieben Gott verstanden, da können wir dann auch in aller Klarheit den Menschen entgegentreten." - Dieser Gott ist nicht zu verstehen!

Das ist so gewaltig! Am Ende des Hiob-Buches tritt erst einmal Gott Hiob entgegen. Er sagt: ***Nun gürte dich wie ein Mann.*** Und dann dekliniert der Allmächtige runter: ***Wo warst du, als ich...?***, dann erzählt er von den ganzen Schöpfungsdingen. Man merkt wirklich, wie der Hiob immer kleiner wird. Wir können Gott nicht erkennen, wir können IHN nicht fassen, wir können IHN auch letztlich nicht erklären. Wir können nur die Offenbarung in Christus annehmen, aber wir werden Gott nie erkennen können. Hiob sagt hier: ***Ich habe unweise geredet, was mir zu hoch ist und ich nicht verstehe... Darum spreche ich mich schuldig und tue Buße in Staub und Asche.*** Hiob hat das verstanden. Er hat über Gott geredet und konnte gar nicht über Gott reden, da tut er Buße in Staub und Asche. Dich konnte ich nicht erkennen, das ist die tiefe Erkenntnis von Hiob. Übrigens nicht nur von Hiob, von allen Männern, die wirklich im Geist Gottes gegangen sind.

In 1. Korinther 13, diesem gewaltigen Hohelied der Liebe, ich würde es lieber das Hohelied auf die Erkenntnis vor Gott nennen, da sagt der Apostel Paulus:

> ***Denn unser Wissen ist Stückwerk und unser prophetisches Reden ist Stückwerk. Wenn aber kommen wird das Vollkommene, so wird das Stückwerk aufhören. Als ich ein Kind war, da redete ich wie ein Kind und dachte wie ein Kind und war klug wie ein Kind; als ich aber ein Mann wurde, tat ich ab, was kindlich war. Wir sehen jetzt durch einen Spiegel in einem dunklen Bild; dann aber von Angesicht zu Angesicht. Jetzt erkenne ich stückweise; dann aber werde ich erkennen, gleichwie ich erkannt bin.***

Das ist ganz wichtig für alles Theologie-Treiben, vor allem für alle Pastoren, aber auch für jeden gestandenen Christen, der sich theologisch äußert über all das, was wir auch im Bekenntnis in Klarheit und Wahrheit sagen müssen. In letzter Konsequenz ist unser Wissen von Gott nur - ich sage das mal so - „Bröckchen-Theologie“, mehr nicht! Sie hat Wahrheiten, gar keine Frage, und die müssen wir vehement vertreten. Aber wir dürfen uns niemals anmaßen, dass wir den „lieben Gott“ in der Tasche hätten. Das funktioniert nicht, das geht nicht! Das haben diese drei Männer gemacht und sind dafür scharf getadelt worden.

Hiob sagt: „Ich habe etwas getan, was ich nicht tun konnte.“ Er erkennt das an und geht dann in Demut und sagt: „Jetzt muss ich nur Buße tun.“ Obwohl er schon so viel Leid erfahren hat, geht er in die Buße, weil er sich angemaßt hat, über Gott zu reden, wie Gott nicht ist. Und das nimmt Gott an. So müssen wir immer wieder von Gott denken, dass ER groß und unbegreiflich ist, so heißt es in Hiob 36 und dass dieser Gott groß und von großer Kraft ist, unbegreiflich und wir Sein Regieren nicht erkennen können, so steht es im Psalm 147.

Der große Theologe Karl Barth hat im letzten Jahrhundert einen ganz, ganz wichtigen Aufsatz geschrieben, der steht auch im Internet und Sie können ihn mal durchlesen: „Das Wort Gottes als Aufgabe der Theologie“. Der Aufsatz umfasst nur zehn Seiten, ist aber ein ganz wichtiges theologiegeschichtliches Dokument. Es sind ganz tolle Sachen, die er da schreibt. Er hat drei Thesen in diesem Aufsatz. Als erste These schreibt er in seinem Vortrag, den er vor Pfarrern hält: „Wir sind Theologen und müssen von Gott reden.“ Das ist das Erste, das ist unsere Aufgabe. Das Zweite, was er sagt: „Wir sind aber Menschen und können als solche von Gott nicht reden.“ Es ist genau das, was Hiob erfahren hat. Wir können es gar nicht. Die Theologie, die es vor Barth gab, das war eine Theologie des Geschwätzes, das war die liberale Theologie in der Folge Schleiermachers. Die haben gedacht, sie können den lieben Gott erklären, herunterbrechen aufs Menschliche. Da kommt Barth mit diesem Aufsatz und sagt: „Wir sind Menschen, wir können gar nicht von Gott reden.“ Dann sagt er im dritten Punkt: „Wir sollen um beides wissen, unser Sollen - also von Gott reden - und unser Nichtkönnen, und damit Gott die Ehre geben. Das ist unsere Bedrängnis. Alles andere ist daneben ein Kinderspiel!“

So ist das mit der Theologie. Man kann letztlich von Gott gar nicht reden, weil wir es mit dem Allmächtigen zu tun haben. Wenn wir als Prediger oder als gestandene Christen von diesem Gott reden, dann können wir nur darüber verzweifeln und können IHN immer nur bitten: HERR, segne du meinen Mund, sei du bei mir, damit ich das richtig mache, weil ich nur ein kleiner, sündiger Mensch bin, ich kann das gar nicht! Wenn wir dieses Gefühl nicht mehr haben bei unserem Theologie-Treiben, sondern sagen „Was **wir** alles verstanden haben, was **wir** alles wissen und was **mir** besonders geistlichem Menschen der Heilige Geist offenbart hat und jetzt trete **ich** meinem Nächsten gegenüber", dann hat sich der Widersacher schon auf unseren Kopf, auf unsere Schultern, auf unseren Bauch gesetzt und dann regiert er uns. Wirkliches Theologie-Treiben heißt letztlich immer wieder, um die eigene Sündhaftigkeit wissen, um das eigene Nichtwissen, das eigene Nichtkönnen und damit Gott die Ehre geben. Und nicht meinen so nach dem Motto, „Na ja, **ich** bin hier so der halbe Stellvertreter Gottes auf Erden, das Papsttum lehne ich zwar ab, aber **ich** bin derjenige...". Sie merken, ich predige mir heute auch selber mit dieser Predigt, aber es ist wichtig für alle gestandenen Christen.

Wir können Gott nicht verstehen. Wir können das Weltall nicht begreifen, das der Schöpfer gemacht hat. Wir können es nicht begreifen, diese Milliarden von Galaxien. Wir begreifen auch den Menschen nicht, wie er funktioniert. Wir können Ewigkeit, Unendlichkeit nicht begreifen. Wir können Trinität nicht begreifen. Wir können Allmächtigkeit nicht begreifen. Und wir können erst recht nicht begreifen - und das sage ich uns - was die Liebe Gottes in Jesus Christus heißt. Das Größte über alledem ist das, was Gott in Christus auf Golgatha getan hat. Das können wir in letzter Konsequenz nie begreifen. Wir können davon Zeugnis geben, wir können uns davon füllen lassen mit all der Freude, aber was das wirklich bedeutet, das werden wir dereinst erleben, wenn wir in der Ewigkeit sind. So, wie es der Apostel Paulus hier schreibt: ***Wir können es nicht begreifen.***

Trotzdem soll man in dieser Welt davon Zeugnis geben. Wir müssen beides: eben dieses Wissen darum haben und auch den Drang, es weiterzugeben. Wenn wir Menschen begegnen, wenn wir uns Menschen zuwenden, dann ist es wichtig, dass wir das in dieser Demut tun. Nicht in diesem Hochmut, mit dem die Freunde zu Hiob kommen, sondern in der tiefen Demut, dass wir immer bei Menschen sind. Auch wenn wir manches den Menschen nicht erklären können, dann ist das besser, wir erklären es nicht, sondern sind einfach nur bei ihnen und leisten Fürbitte. Das ist ja auch so ein Schlüssel in dieser Geschichte. Hiob erklärt den Freunden ja auch nicht, wie sie jetzt zu glauben haben. Nachdem sie die Opfer bringen, da tut er nur eins für die Freunde: Er tut Fürbitte. Er betet zum Allmächtigen für diese Menschen und dann wiederum segnet Gott ihn. Das Geheimnis des Glaubens ist, nicht anderen Menschen als Herren des Glaubens zu erscheinen und ihnen zu begegnen, sondern fürbittend als Diener-Christen sich ihnen zuzuwenden. Das ist das, was Gott segnet, wenn wir es in Demut tun!

Von richtiger und von falscher Theologie: Die Theologie der Schwätzer, die Theologie der Anfechtung, die Theologie der Demut. Ich habe begonnen mit dieser Anekdote über den Bremer Kaufmann und den Pastor, der ihm da betriebswirtschaftliche Ratschläge gegeben hat, die ihn dann schließlich in den Konkurs getrieben haben. Von mir werden Sie in keiner Weise irgendwelche Hinweise bekommen darauf, wie Sie Ihr Geld anlegen, denn davon verstehe ich nichts. Was Gott mir so ein bisschen gezeigt hat, mir sündigem Menschen, sind drei Dinge. Erstens: Du, Olli, hüte dich davor, dass du in der Seelsorge zum Theologen des Schwätzers wirst! Zweitens: Du, Olli, freue dich auch über deine Anfechtungen, die du erlebst, denn es wird deinen Glauben weiterbringen. Und drittens: Du, Olli, strebe immer wieder in deinem Dienst, in deinem Reden von Gott nach der Demut vor dem Allmächtigen. Diese drei Erkenntnisse, die ich gefunden habe aus diesem Text, die möchte ich euch einfach nur so hinstellen. Möge der HERR und Heiland, unser HERR Jesus Christus, diese Predigt an eurem Leben und an eurer Theologie segnen. Amen.

Und der Friede unseres allmächtigen Gottes, der sehr viel höher ist als all unsere menschliche Vernunft, Er bewahre unsere Herzen und Sinne in Christus Jesus, unserem auferstandenen und lebendigen HERRN. Amen.

Was einen sicher schlafen lässt

Psalm 4,9

> Gnade sei mit euch und Friede von dem, der da war und der da ist und der da sein wird in alle Ewigkeit, unser HERR Jesus Christus. Amen.

Liebe Gemeinde, vor drei Jahren hat die Zeitschrift Stern eine Auflistung veröffentlicht: „Womit der Mensch seine Zeit verbringt." Das war natürlich ein Durchschnittswert, aber ich denke, wir finden uns da wieder. Man ist davon ausgegangen, dass ein Mensch 78 Jahre im Schnitt alt wird. Nun hat man gefragt: Womit verbringt er denn diese 78 Jahre? Das Erste, was genannt wurde, das war die geringste Zeit - leider die wichtigste Zeit. Aber so ist das manchmal, das Wichtigste kriegt die wenigste Zeit. Der Durchschnittsmensch betet in seinem ganzen Leben 2 Wochen, also 14 Tage. - Ich hoffe, dass wir sagen, dass es bei uns ein bisschen höher ist, hoffentlich eine ganze Ecke höher. Aber der Durchschnittsmensch betet 2 Wochen. - 4 Monate spielt er am Computer; also nicht jetzt Briefe schreiben, sondern einfach nur spielen. Das ist bei vielen Jugendlichen heute schon mit 18 viel, viel höher! 9 Monate, also fast ein ganzes Jahr, wird gebügelt und gewaschen und Wäsche aufgehangen. 16 Monate wird die eigene Wohnung gereinigt. 1 Jahr und 7 Monate wird Sport getrieben. 1 Jahr und 10 Monate ist man in der Schule oder beschäftigt sich mit Weiterbildung. 2 Jahre und 6 Monate verbringt man insgesamt im Auto. 5 Jahre ist man am Essen oder verbringt Zeit mit der Zubereitung des Essens. 8 Jahre arbeitet man. 12 Jahre redet man. 12 Jahre schaut man fern. Aber der Wert, den wir mit Abstand am meisten alle haben, ist das, was wir 24 1/2 Jahre machen, wenn wir 78 Jahre werden: das ist schlafen.

Also bei den anderen Dingen werden Sie vielleicht sagen, das wird ein bisschen weniger oder bisschen mehr. Aber das gilt für alle Menschen, dass wir ein Drittel unseres Lebens, mit Abstand die meiste Zeit unseres Lebens, mit Schlafen verbringen. Also quantitätsmäßig ist es das, was den meisten Raum in unserem Leben einnimmt. Aber nicht nur von der Quantität ist das etwas ganz, ganz Wichtiges in unserem Leben; auch die Qualität des Schlafens ist etwas ganz Entscheidendes. Das wissen wir alle. Wenn man gut geschlafen hat, so nach acht Stunden richtig tief und fest und springt auf, da kann der Morgen gut beginnen. Aber wenn man dann so nur fünf, sechs Stunden hatte und wälzte sich von einem Problem zum anderen und dann klingelt der Wecker, da ist der Start in den Tag hinein schon ganz furchtbar. Guter Schlaf ist etwas ganz Wichtiges, ich glaube, da wird niemand widersprechen. Da freut man sich auch darüber, wenn man gut geschlafen hat.

Jetzt ist es ganz interessant, dass die Bibel sich mit diesem quantitätsmäßig und qualitätsmäßig wichtigen Thema auch beschäftigt. Die Bibel sagt uns nämlich, wie man gut und sicher schlafen kann. Sie sagt nicht: ein halbes Glas Milch eine halbe Stunde vor dem Schlafengehen trinken, auch nicht die und die Matratze kaufen oder am Ende sogar irgendwelche Psychopharmaka schlucken, damit man dann wirklich in den Schlaf findet. Nein! Die Bibel gibt uns einen ganz klaren Tipp. Wir wollen hören auf Psalm 4, Vers 9. Ich finde, es ist ein ganz tolles Wort:

> **Ich liege und schlafe ganz mit Frieden; denn allein du, HERR, hilfst mir, dass ich sicher wohne.** Amen.
>
> **Wir wollen beten:** Lieber HERR und Heiland, danke für dieses tolle Wort, mit dem du uns sagst, wie man sicher und gut schlafen kann. Danke, dass du uns jetzt diesen Vers schenkst als Predigtvers. Wir wollen dich bitten, wenn wir jetzt die Predigt hören, dass du uns die Bedeutung dieses Verses öffnest, dass du hineinsprichst in unser Leben. Damit das gelingt, dass wir deine Stimme vernehmen, dass wir auf dein Wort hören, dazu brauchen wir deinen Segen für diese Predigt. Darum wollen wir dich jetzt alle miteinander bitten, HERR: Segne du selber Reden und Hören deines heiligen und lebendigen Wortes an uns allen. Amen.

Die Predigt habe ich überschrieben: **Was einen sicher schlafen lässt.** Drei Dinge:

1. Allein der HERR
2. Die Hilfe des HERRN
3. Die Wohnung des HERRN

Das Erste: Allein der HERR! David sagt hier: ***Ich liege und schlafe ganz mit Frieden*** - und dann kommt es: ***denn allein du, HERR...*** Nur der HERR! Nur Jesus! Hier spricht David von Jesus! (Und bitte jetzt nicht wieder nächste Woche zwanzig E-Mails schreiben, damit ich sie wieder beantworten muss, das sparen wir uns direkt.) Hier meint David Jesus! Auch wenn das 95% der Theologieprofessoren in Deutschland nicht verstehen! Dann schreiben die Leute immer: „Ja, aber der Professor sowieso in Heidelberg und in Tübingen hat gesagt, das stimme gar nicht, das seien die christologischen Rattenschwänze, die die evangelikalen Pastoren an die Texte dranhängen." - Quatsch! In der Bibel steht: Gott ist der HERR! Und in der Bibel steht: Jesus ist der HERR! Jesus ist der HERR, das ist unser Zeugnis. Wenn hier HERR steht, dann ist Jesus gemeint. - Dann sagen die Leute: „Ja, das konnte David doch nicht wissen, das hat doch der Professor XY gesagt." Da sage ich: „Dann ist der Professor XY schlauer als die Schrift selber und schlauer als Apostel Petrus."

Als Petrus die Pfingstpredigt hält, ist es genau das, was er der Gemeinde in Jerusalem erklärt, dass David von Jesus gesprochen hat: ***Denn David spricht von Jesus*** (Apostelgeschichte 2,25). Das ist ganz wichtig, dass das dieses Volk hören muss. Also ganz deutlich: Wenn wir hier vom ***HERRN*** sprechen, sprechen wir von Jesus und niemand anderem. Jesus lässt David ruhig schlafen, auch wenn er ihn mit Namen noch nicht kannte. Aber er wusste, dass Jesus kommen und ihm einen sicheren Schlaf geben würde. Es ist allein der HERR, es ist allein Jesus, der David ruhig schlafen lässt. Dieser David hätte eine Menge anderer Gründe gehabt und hätte sagen können: „Na, ich kann ja ruhig schlafen." David hat 1000 vor Christus gelebt und er war der mächtigste Mann der damaligen Welt. Der hätte sicher schlafen können, weil er eine Top-Leibwache hatte, das erzählt die Bibel. Er hat sich nicht verlassen auf das Heer Israels, wie Saul, wo die Soldaten aus den Bauern und aus den Handwerkern rekrutiert wurden. David hat sich Profi-Söldner geholt, er hatte so eine GSG-9-Truppe, die Krethi und Plethi mit Joab als Heerführer, eine ganz brutale Truppe. Das waren Schlächter, das waren richtig Top-Soldaten und die bewachten ihn. Da kannst du gut schlafen, wenn die GSG-9 so mit 100 Mann um dich herum ist, also da bricht niemand bei dir ein. Da hätte er ruhig schlafen können. Da musste er sich keine Sorgen machen um irgendwelche Streifenhorden, die bei ihm im Palast einbrechen. Er hätte auch ruhig schlafen können ob seiner finanziellen Dinge, denn er war unglaublich reich. Der hatte so richtig, richtig gutes Geld. Also der musste sich da keine Gedanken machen, auch nicht um das Auskommen seiner Söhne. Söhne hatte er eine Unmenge. Das war übrigens für den Juden damals ganz wichtig. Die größte Sorge des Juden damals war es, einen Sohn zu bekommen, dass man biographisch weiterlebte in der Linie. Und David hatte eine Unmenge Söhne. Er hätte viele, viele Gründe gehabt, dass er sagte: „Ha, jetzt kann ich mich schön ins Bettchen legen, dann die Augen zumachen. Probleme hab ich ja nicht. Ich bin der Herrscher dieser Welt und kann machen, was ich will." Aber davon spricht er nicht. Es ist ein anderer Grund, der ihn sicher wohnen lässt: „Allein du, HERR, allein du bist es, der mich sicher schlafen lässt." Keine anderen Größen, keine anderen Götter, nichts anderes. Auch keine anderen Menschen, dass er sagt „Ich verlasse mich jetzt auf meine Ehefrau", er hat ja mehrere gehabt, „oder eben auf meine tollen Soldaten oder auf irgendwelche Politiker, die mich beraten." Nix! Allein verlassen und vertrauen auf den HERRN. Das müsst ihr wissen: Wenn ihr euch auf andere Menschen verlasst, wenn ihr da Sicherheit sucht, dann werdet ihr immer schlecht schlafen. Wenn nicht allein Jesus Christus euer Fundament ist, werdet ihr immer schlecht schlafen. Wenn da Menschen eure Sicherheit sind, schlaft ihr früher oder später schlecht. Die Bibel warnt davor, Psalm 146,3:

Verlasst euch nicht auf Fürsten! - damit sind die Politiker gemeint - ***sie sind Menschen, die können ja nicht helfen.***

Auch im Hinblick auf nächste Woche, wenn gewählt wird: Verlasst euch nur nicht auf denjenigen, wo ihr das Kreuzchen macht. Das sind nur Menschen, die können euch nicht helfen. Die geben euch keine Sicherheit; keine CDU, keine SPD, keine GRÜNEN, niemand! Sicherheit gibt uns allein Jesus Christus.

Nicht nur die Politiker, auch unsere Ehepartner können uns nicht helfen. Sie machen uns häufig schlaflose Nächte, entweder weil sie verdorbene Menschen sind oder weil sie uns verlassen. Ich hatte da neulich ein Gespräch mit einer Frau, die erzählte mir: „Wir waren 26 Jahre verheiratet, es war alles super und ich dachte, dass ich einen Traumprinzen hatte. Auf einmal erklärt er mir, ich hab da eine andere gefunden, zehn Jahre jünger. Da war alles vorbei!" Sie hat ihr ganzes Leben drauf gesetzt, jetzt schlief die arme Frau nicht mehr richtig. Warum? Gesetzt hatte sie ihr Leben auf ihren Ehemann. Nochmal: Man soll dem Ehepartner vertrauen. Es ist wichtig, eine gute Ehe zu führen. Aber wenn ihr da eure Perspektive, euer Fundament drauf setzt, dann müsst ihr entweder erleben, dass sie euch vielleicht verlassen oder die sterben vor euch. Das kann es nicht sein! Menschen können es nicht! Die Bibel sagt (Psalm 118,8):

Es ist gut, auf den HERRN vertrauen und nicht sich verlassen auf Menschen.

Nicht auf die Kinder, nicht auf die Eltern, nicht auf die Arbeitskollegen. Da hatte ich auch neulich ein Gespräch. Der Mann war fast 20 Jahre im Betrieb, immer vorderste Spitze, alles eingesetzt und auf einmal gibt es die Kündigung. Totale Enttäuschung und man war doch so'n Kerl! Nicht auf Menschen verlassen! Das hat König David nicht getan, und er hätte noch viel, viel mehr Grund dazu gehabt als wir. Und wir wollen es auch nicht tun. Allein auf den HERRN!

Auch nicht aufs Geld verlassen. Die Bibel ist da knallhart, wenn Menschen meinen, ich habe einen Haufen Geld, dann kann ich sicher schlafen. Lukas 12, wir kennen die Geschichte vom reichen Kornbauern, der sagt dann auch: „Jetzt hat meine Seele Ruhe, jetzt kann sie gut schlafen, weil die Scheunen voll sind.“ „Du Narr, du Idiot!“ sagt die Bibel da. In Prediger 5,11 steht ein ganz tolles Wort, da heißt es:

Die Fülle lässt den Reichen nicht schlafen.

Es soll niemand meinen, der Hartz 4 bekommt: „Ja, wenn ich eine Million auf dem Konto hätte, dann könnte ich viel, viel ruhiger schlafen.“ Das ist ein Irrtum! Da kommen ganz andere Probleme! Wenn du dich aufs Geld verlässt, dann wirst du nicht ruhig schlafen können; schon gar nicht in so unsicheren Zeiten, in denen wir momentan leben.

Auch so ein Thema: Gesundheit. Viele leben ja so nach dem Motto: „Alle Wünsche werden klein, gegen den, gesund zu sein“. Wie oft höre ich, wenn man Geburtstagsbesuche macht, dass dann die Nachbarn kommen und sagen: „Ach ja, Hauptsache gesund!“ So ein Schwachsinn! Entschuldigt, dass ich das mal so deutlich sage. So ein Schwachsinn! Ich sage es mal in aller Deutlichkeit: Auch beste Gesundheit schützt nicht vor dem Sterben! Selbst die gesündesten Menschen, die es in dieser Welt gab und gibt, die sind alle tot oder werden noch sterben. Das ist so! Der König Hiskia war auch so ein Typ - das steht in Jesaja 38. Der war so dankbar, dass er reich und kerngesund war. Auf einmal kommt die Krankheit und er muss sterben. Dann kommen die schlaflosen Nächte. Die Bibel spricht davon, könnt ihr nachlesen, da heißt es so wunderbar:

Entflohen ist all mein Schlaf (Jesaja 38,15).

Hiskia hatte Angst zu sterben, weil die Gesundheit auf einmal nicht da war. Nochmal: Wenn ihr euch auf andere Größen verlasst als auf Jesus Christus, als auf den HERRN allein, dann kommen die Sorgen und die schlaflosen Nächte - garantiert! Aber ihr werdet dann sicher schlafen, wenn ihr euch allein auf Jesus Christus konzentriert und auf IHN verlasst, allein auf Jesus Christus. Der erste Punkt: Allein der HERR!

Jetzt kommt das so Wunderbare. In unserem kurzen Predigtvers wird nochmal erklärt, was passiert, wenn man sich auf Jesus verlässt und dann ganz ruhig die Augen zumachen kann, weil dieser HERR einem die Hilfe schenkt. So sagt das hier David. **Zweiter Punkt: Die Hilfe des HERRN!** ***Ich liege und schlafe ganz mit Frieden; denn allein du, HERR, hilfst mir.*** Wenn ich allein beim HERRN bin, werde ich erleben, dass ich die Hilfe des HERRN bekomme. Wir haben eben den Psalm 4 zu Beginn des Gottesdienstes gelesen. Das Wunderbare ist, dass dieser Psalm in den Versen 2 bis 8 genau den Vers 9 auslegt. Er sagt genau, worin die Hilfe des HERRN besteht und warum er dann sicher schlafen kann. Da spricht nämlich dieser Psalm von Trost, Führung und Hoffnung. Das ist das, was Gott schenkt in der Hilfe: dass ER uns tröstet. Da heißt es nämlich im Vers 2: ***...Gott meiner Gerechtigkeit, der du mich tröstest in Angst...*** Also wenn ich allein bei Jesus bin, bekomme ich Seine Hilfe und die wird greifbar im **Trost**, den ich habe. Das hämmert die Bibel uns an ganz, ganz vielen Stellen ein. Da haben wir ja auch schon Gottesdienste allein darüber gehalten, was es heißt, dass wir in Gott einen Tröster haben. 2. Korinther 1,3:

> ***Gelobt sei Gott, der Vater unseres HERRN Jesus Christus, der Vater der Barmherzigkeit und Gott allen Trostes...***

Gott wird hier gekennzeichnet als Gott allen Trostes, der uns tröstet in aller unserer Bedrängnis,

> ***...damit wir auch trösten können, die in allerlei Bedrängnis sind, mit dem Trost, mit dem wir selber getröstet werden von Gott.***

In 2. Korinther 5 sagt Paulus über den Christenstand: ***So sind wir denn allezeit getrost...*** Das heißt: Wenn du Christ bist - das ist der Hintergrund - hast du den Heiligen Geist. Christ wirst du ja nicht durch die Kirchenmitgliedschaft. Christ wirst du dadurch, dass du den Heiligen Geist hast. Und der Heilige Geist ist der Tröster, so heißt er im Griechischen. Hast du den Heiligen Geist, hast du Trost. Und dann erlebt man, wenn man ganz allein bei Jesus ist, wie Gott einen, so schreibt die Bibel auch, tröstet wie eine liebende Mutter (Jesaja 66,13). Das ist etwas Wunderbares!

Ich habe vor einiger Zeit jemanden aus unserer Gemeinde beerdigt, aber die Angehörigen waren nicht im Glauben. Sie hatten ein gutes Verhältnis und waren sehr traurig. Dann sagte auf einmal die Tochter: „Ja, Sie haben es gut, Herr Latzel, Sie haben ja einen Gott." Da habe ich gesagt: „Ja, ich habe einen Gott und ER gibt mir Trost." Da hab ich aber auch sagen dürfen: „Wissen Sie, den können Sie auch haben, gerade in Ihrer Situation." Sie hatte kein Verhältnis zu Jesus und deshalb hatte sie in dieser Situation keinen Halt. Um keinen Irrtum zu erwecken, auch Christen sind traurig, wenn sie ihre Angehörigen verlieren. Aber sie haben Trost, etwas, woran man sich festhalten kann. Das ist ein Trost, wenn du hier Abschied nehmen musst in dieser Welt und weißt, ich sehe meinen Vater, meine Mutter, ich sehe meine Frau, mein Kind wieder in der Ewigkeit. Halleluja! Weil mein Kind, meine Mutter, meine Ehefrau auch geglaubt haben und ich auch glaube und Jesus uns ewiges Leben schenkt. Das ist Trost! Denjenigen, die momentan Leid tragen, sage ich jetzt ein Wort. Vielleicht seid ihr heute nur gekommen, um dieses eine Wort zu hören, im Auftrag Jesu Christi rufe ich es euch zu. (Ich könnte euch jetzt lange erzählen, wie ich gestern zu diesem Wort gekommen bin, das war irre! Aber glaubt es mir bitte, dass es von Jesus kommt, auch wenn ihr es aus meinem Mund hört.) Jesus sagt in Matthäus 5, Vers 4:

> ***Selig sind, die da Leid tragen, denn sie sollen getröstet werden.***

Wenn du jetzt Leid trägst, darf ich dir sagen: Dein Trost ist da und du wirst final getröstet werden durch Jesus Christus. Das ist Hilfe des HERRN, dass man Trost hat. Das sagt dieser Psalm und er sagt noch mehr. Er sagt nicht nur, dass wir Trost haben, wir haben auch Führung. Es heißt im Vers 4 unseres Psalms:

> ***Erkennt doch, dass der HERR seine Heiligen wunderbar führt. Der HERR hört, wenn ich ihn anrufe.***

Das durfte David erfahren. Das wissen wir von seinem Leben. Es gab viele Situationen, wo er dachte, jetzt geht's nicht weiter. Er stand in Todesgefahr, wo Menschen ihm nach dem Leben trachteten, wo er politische Entscheidungen treffen musste über Krieg und Frieden, wahnsinnige Dinge. Das waren Sachen, die ihn als Menschen überforderten. Aber er erlebt die Führung Gottes. Schon, als es mit ihm los geht in der Bibel. Die Geschichte mit dem Goliath - was ist das für ein Problem, das sich vor ihm da auftut. Da steht dieser Riesen-Super-Krieger und ihm gegenüber der kleine Hirtenjunge mit gerade mal einer Steinschleuder. Als die Israeliten ihm sagen: „Das kannst du nicht machen, der wird dich sofort wegputzen." - Alle haben die Hosen voll vor diesem Goliath, da geht David hin und sagt: „Weißt du was? Der HERR hat mir gegen Löwen und Bären geholfen, der wird mir auch helfen gegen diesen lästernden Philister." Er weiß, er geht in eine schwere Situation hinein, aber der HERR wird ihn führen und der HERR hat ihn geführt. Das ist die Hilfe des HERRN. Nicht nur, dass man Trost erlebt, sondern eben auch, dass man **Führung** erlebt. Glauben Sie mir, das darf ich sagen in über 20 Jahre Pfarrersein in der Gemeinde: Wenn man Seelsorgegespräche führt, da kommen viele Menschen, die nicht wissen, wie es weitergeht. Sie gucken nach morgen, sie gucken in die nächste Woche, sie gucken in den nächsten Monat und sind fix und fertig, weil sie keinen Weg mehr sehen. Dann kommen die schlaflosen Nächte. Das berichten diese Menschen immer wieder. Das kennen viele von euch auch vielleicht, dass man guckt und sagt: „Ich weiß nicht, wie es weitergehen soll." Dann sitzen die da und dann soll man als kleiner Pastor - manchmal sind das doppelt so alte Geschwister wie man selber - denen sagen, wie es weitergeht. Da muss ich ganz häufig sagen: „Ich weiß es auch nicht. Aber der, der es weiß, den kenne ich - Jesus Christus." Im Vers 4 unseres Psalms heißt es: ***Der HERR führt seine Heiligen wunderbar.*** Wir wissen häufig nicht, was morgen oder nächste Woche sein wird. Das kann manchmal ganz schön übel sein. Wir wissen nicht, was kommt, aber eins dürfen wir wissen: Wenn wir allein Jesus vertrauen, brauchen wir keine Angst zu haben, wie es werden wird, weil ER uns führt.

Vielleicht bist du heute Morgen in diesen Gottesdienst gekommen oder bist übers Internet zugeschaltet und bist genauso ein Mensch, der sich fragt: „Wie wird es denn werden?" Da möchte ich dir auch ein Wort zurufen aus Psalm 23, da heißt es:

> ***ER führet mich auf rechter Straße um seines Namens willen. Und ob ich schon wanderte im finstern Tal, fürchte ich kein Unglück, denn du bist bei mir. Dein Stecken und Stab trösten mich.***

Ja, wir müssen manchmal durch schwere und dunkle Zeiten hindurch, aber da ist ein Gott, der uns Hilfe schenkt, Jesus Christus, dem dürfen wir vertrauen. Das ist wunderbar, wenn man das erlebt, dann kann man wieder - selbst in schweren Zeiten - sicher schlafen.

Ein anderes, was David hier sagt, ist die **Hoffnung**. Er ruft uns im Vers 6 unseres Psalms zu: ***Hoffet auf den HERRN!*** Wenn man hoffnungslos ist und keine Perspektive mehr hat, da schläft man schlecht. Wenn man aber Hoffnung hat und sagt: „Jawohl! Es gibt ein Morgen, es wird weitergehen", dann weiß man, dass man sicher und gut schlafen kann. Wir Christen, so sage ich immer, wir sind eine echte GmbH. Keine Gesellschaft mit beschränkter Haftung. Wir sind eine Gemeinschaft mit begründeter Hoffnung, eine GmbH! Unsere Hoffnung ist Jesus Christus und sie ist begründet, wir haben immer wieder eine Perspektive. Egal wie dunkel dein Tag sein mag, du darfst wissen, du hast Hoffnung. Das war die Erfahrung, die David machen durfte, dass es immer wieder Hoffnung gab, und er hat hoffnungslose Situationen erlebt: Kinder sind gestorben, Freunde sind abgefallen, es gab vieles Furchtbare, aber er hat immer wieder Hoffnung gehabt. Das ist etwas Wunderbares. Das unterscheidet uns von dieser buckligen Welt, von Menschen, die Jesus nicht haben. Die sind letztlich hoffnungslos! Wenn da der Arzt sagt, wir können leider nichts mehr tun, sieht ganz schlecht aus; wenn da auf einmal der Konkurs vor der Haustür steht; wenn einen die Ehefrau verlassen hat - dann ist die Welt am Ende. Aber wir haben immer Hoffnung! Paulus ruft den Thessalonichern zu (1. Thessalonicher 4,13):

> ***Wir wollen euch aber, liebe Brüder, nicht im Ungewissen lassen über die, die entschlafen sind, damit ihr nicht traurig seid wie die anderen, die keine Hoffnung haben.***

Da sind Menschen traurig, weil ihre Angehörigen gestorben sind. Die, die ohne Jesus sind, die müssen traurig sein, die haben Probleme. Wir nicht, weil wir Jesus haben, unsere Hoffnung! Das hat David verstanden, deshalb konnte er ruhig schlafen, weil er die Hilfe des HERRN gefunden hat, in Hoffnung, in Trost und Führung. Und ich möchte es dir sagen: Genau wie David Hilfe im HERRN hatte, darfst du das wissen, dieser HERR hat dich genauso lieb wie David und genauso darfst du **Hoffnung**, **Trost** und **Führung** haben. Du musst nur Jesus vertrauen. Das ist das Zweite, was es braucht, damit man sicher und ruhig schläft, die Hilfe des HERRN.

Jetzt kommt noch **ein Drittes: Die Wohnung des HERRN!** ***Ich liege und schlafe ganz mit Frieden***, sagt David, ***denn allein, du, HERR, hilfst mir***, und dann kommt es, ***dass ich sicher wohne.*** Das meint jetzt nicht, dass er da einen schönen Palast in Jerusalem hat, sondern dass er Wohnstätte bei Gott hat und weiß, dass, auch wenn er stirbt, er bei Gott sein würde. Das ist wichtig, dass man weiß, wo man wohnt!

Das ist ja meistens so: Heute kommen wir aus dem Urlaub zurück und sofort geht's mit der Planung des neuen Urlaubs los. Das wird bei meiner Frau nicht anders sein wie bei den meisten von Ihnen, es wird immer wieder geguckt. Eins der wichtigen Dinge, wenn man in den Urlaub fährt, ist, dass man weiß, wo man denn nachts schläft. Keiner von uns fährt wohl in Urlaub und sagt, so nach dem Motto: „Ich steige mal in den Flieger, dann komme ich an und dann gucke ich erst mal, ob ich am Strand oder irgendwo im Wald schlafe oder vielleicht doch irgendwie ein Zimmer kriege." Also, wenn ich zu meiner Frau gehe und sage: „Du, Schatz, wir fahren morgen in Urlaub, ich hab da was gebucht, hier sind die Tickets." Da sagt sie als erstes: „Wo werden wir übernachten?" Da sage ich: „Übernachtungen haben wir nicht." Da wird sie die Tickets nehmen und wegschmeißen. Das ist wichtig, im Urlaub zu wissen, wo man wohnt. Noch wichtiger ist es, dass man weiß, wo man heute Abend schläft, wo man wohnt. Ich hoffe, Sie alle wissen, wo Sie heute Abend schlafen werden, dass Sie eine Wohnung haben. Wenn Sie kein Dach über dem Kopf haben, da werden Sie nicht gut schlafen. Das haben wir ja letzte Woche gesehen, die furchtbaren Bilder aus Amerika, in Florida, wo dieser Wirbelsturm kam und so viele Menschen obdachlos wurden. Das ist ein großes Problem, wenn man kein Zuhause, kein Dach über dem Kopf hat. Da schläfst du im wahrsten Sinne des Wortes schlecht, weil du dir Gedanken machst über die Kinder und mit all den Dingen. Also es ist wichtig zu wissen, wo man nachts schläft, nicht nur im Urlaub. Aber wisst ihr, was das Allerwichtigste ist? Das Allerwichtigste ist, dass du weißt, wo du in der Ewigkeit bist, wo du Wohnung hast, wenn hier dein letztes Stündlein geschlagen hat. Da muss man wissen, wo man wohnt!

Wisst ihr, da bin ich so dankbar, dass ich wissen darf, was passiert, wenn ich die Augen zumache. Jesus sagt in Johannes 14,2: „Wenn ihr an mich glaubt, dann werdet ihr einziehen in meine Wohnung. In meines Vaters Hause sind viele Wohnungen und ich bin vorausgegangen, euch die Stätte zu bereiten."

Nicht irgendein Stararchitekt, nicht irgendein Maurer, Jesus selber hat für mich im himmlischen Jerusalem Wohnstätte bereitet. Und nicht, weil ich mal Theologie studiert habe und was weiß ich, ein mehr oder weniger anständiger Pastor war oder auch nicht, sondern allein, weil ich IHM vertraue. Dasselbe gilt für euch. Wenn ihr Jesus Christus vertraut, dann dürft ihr wissen, ihr habt Wohnstätte im himmlischen Jerusalem, da könnt ihr ganz ruhig in dieser Welt schlafen. Wenn du das weißt, dann ist alles erledigt. Da kannst du auch durch die Tiefen dieser Welt gehen, du weißt ja was kommt, das Happy End kommt ja noch!

Wir haben gestern hier die missionarische Aktion „The Turning" („Die Wende") gestartet. Ganz tolle Sache! Gestern sind hier 150 Leute nach draußen gegangen und haben mit Menschen gesprochen auf der Schlachte, am Marktplatz, in der Sögestraße, im Schnoor, in der Neustadt. Erste Frage: „Wissen Sie, dass Gott Sie liebt und einen Plan mit Ihrem Leben hat?" Dann spricht man mit den Leuten und die letzte Frage ist: „Wissen Sie ganz sicher, wo Sie sein werden, wenn Sie heute Abend sterben?" Genau in die Zwölf rein. Nicht so drum herum, sondern die Leute genau das fragen. Genau um diese Frage geht es: Weißt du 100%ig - und nicht so ein bisschen - wo du bist? Auf einer Skala von 1 bis 10; 1 „Ich bin noch am Zweifeln" und 10 „hundertprozentige Sicherheit". Weißt du da mit einer 10, wo du sein wirst oder musst du noch sagen „Ich bin bei 7 oder 6"? Das musst du mit einer 10 wissen, dann kannst du ruhig schlafen. Wenn du da nicht die 10 hast, wirst du immer wieder unruhig schlafen. Wenn man Christus hat, wenn der Heilige Geist in einem ist, da kann man ganz ruhig schlafen. Das muss man den Leuten auch sagen, wenn sie fragen: „Ja, Pastor Latzel, was gibt es denn, wenn man eines Tages stirbt?" Da sage ich: „Das kann ich Ihnen gar nicht genau sagen, das hängt nämlich davon ab, wie Sie zu Christus stehen." Die Bibel spricht davon, dass es einen dreifachen Ausgang gibt, wenn man stirbt. Die Ersten, das sind die Wiedergeborenen, die Jesus haben. Sie können sicher schlafen. Sie werden sofort unmittelbar postmortal im himmlischen Jerusalem sein, sie werden ihre Wohnung beziehen, die Wohnung des HERRN. Aber das ist nur für die, die in Christus sind. Die ohne Christus sterben, die gehen zuallererst in den Scheol, in den Hades, in das Totenreich, so sagt es die Bibel. Ein furchtbarer Ort, ein ganz furchtbarer Ort! Da bleiben sie, bis der Heiland Jesus Christus wiederkommt. Und wenn ER wiederkommt, wird ER das Gericht halten. Die, die schon bei IHM in der Wohnung sind, die werden dann mit IHM das Gericht halten, sagt die Schrift. Im Gericht gibt es dann den zweifachen Ausgang. Da gibt's einige, die werden noch gerettet werden ob ihrer Taten über das, was sie Gutes an der Gemeinde getan haben (Matthäus 25). Aber die Mehrzahl von den Menschen, die wird in die Hölle fahren. Die Hölle ist nicht das Totenreich. Das Totenreich ist schlimm, aber das ist Kindergeburtstag und Paradies gegen dem, was in der Hölle sein wird, im feurigen Pfuhl. Auch das Totenreich wird übrigens in die Hölle geworfen. Ein furchtbarer Ort! Gott sei Dank habe ich damit nichts zu tun, aber das muss man den Leuten sagen! Also ich könnte nicht ruhig schlafen, wenn ich nicht hundertprozentig sicher wüsste: Ich werde in der Wohnung sein im himmlischen Jerusalem. Das ist etwas ganz Wunderbares, das lässt einen ganz, ganz ruhig schlafen. In Psalm 84,5 heißt es:

Wohl denen, die in deinem Hause wohnen.

Damals hat ja keiner im Tempel gewohnt in Jerusalem, sondern da ging es tatsächlich darum - das sagt die Bibel uns hier: Denen geht es gut, die Wohnung haben. Wenn du zu Jesus gehörst, dann ist deine Wohnung schon eingerichtet im himmlischen Jerusalem. Das ist etwas Wunderbares, wenn du weißt, dass du da sicher wohnst. Darum geht es ja in diesem Text, ***dass ich sicher wohne.***

Ich bin vor einigen Monaten in Namibia gewesen zur Jagd. Da bin ich durch die Steppe gepirscht und auf einmal kommen wir mitten im Busch - da war sonst nichts - an einen kleinen

Friedhof, da waren nur zwei Gräber. Das waren so holländische Buren gewesen, die versucht haben sich da anzusiedeln, es hatte aber nicht geklappt. Da war dann der Grabstein einer Frau, die ist 1935 gestorben. Mein Jagdführer erzählte mir so ein bisschen den Hintergrund, denn diese Frau hatte ein ganz schweres, ganz hartes Leben. Da standen die Lebensdaten dieser Frau, Hester Grobler hieß sie, und unten drunter stand nur Psalm 4, Vers 9: ***Ich liege und schlafe ganz mit Frieden, denn allein du, HERR, hilfst mir, dass ich sicher wohne.*** Das war so eine Predigt, wie ich da im Busch gestanden und dieses Wort gesehen habe. Da habe ich nur gedacht: „Wahnsinn!" Ich konnte ja nur schemenhaft sehen, was diese Frau damals erlebt hatte, wie schwer, wie hart ihr Leben da gewesen ist. Aber es hat mich fasziniert, mit welcher Gewissheit diese Frau sich da in die Erde von Namibia hat legen dürfen mit dem Wissen, sie wohnt sicher bei Jesus Christus. Wunderbar! So kann man gut einschlafen nachts. Deshalb ist dieser Psalm auch in der Lutherbibel als Abendgebet überschrieben. Aber so kannst du auch sterben, wenn du weißt, dass du sichere Wohnstätte bei Jesus Christus hast. Du kannst jede Nacht gut die Augen zumachen, es ist alles in Ordnung. Und da kannst du eines Tages auch für immer einschlafen in dieser Welt, weil du weißt, dann geht's erst richtig gut los.

Was einen sicher und gut schlafen lässt: 1. Allein der HERR! 2. Die Hilfe des HERRN! 3. Die Wohnung des HERRN! So will ich noch einmal diesen wunderbaren Vers zurufen: ***Ich liege und schlafe ganz mit Frieden, denn allein du, HERR, hilfst mir, dass ich sicher wohne.*** Möge unser HERR und Heiland dieses Wort, diese Predigt an deinem Glauben und deinem Leben segnen. Amen.

Und der Friede des lebendigen Gottes, der sehr viel höher ist als alle unsere menschliche Vernunft, bewahre unsere Herzen und Sinne in Christus Jesus, unserem auferstandenen und lebendigen HERRN. Amen.

Mit dem HERRN fröhlich dem Tod entgegen

Psalm 16,8-10

> Gnade sei mit euch und Friede von dem, der da war und der da ist und der da sein wird in alle Ewigkeit, unser HERR, Jesus Christus. Amen.

Liebe Gemeinde, mit Superlativen muss man bekanntlich vorsichtig sein. Also wenn Sie als Pastor eingeladen werden zum Kaffeetrinken, und das ist Teil meines Berufsalltages, da macht man in der Regel ein Kompliment für den Kuchen. Wenn man sich dann aber im Superlativ verliert und sagt: „Also, Frau Müller, das ist das leckerste Stück Schwarzwälder Kirsch, das ich je gegessen habe!“, dann können Sie unter Umständen Probleme kriegen. Denn Sie haben das ein paar Wochen zuvor nämlich schon Frau Schröder, Frau Schmidt und Frau Fischer gesagt; und da kann es dann vorkommen, dass der Pastor nicht mehr ernst genommen wird.

Was am Kaffeetisch mit den Superlativen nicht so angebracht ist, auf der Kanzel ist das was anderes. Auf der Kanzel darf man nicht nur einmal oder zweimal einen Superlativ benutzen. Bei den fantastischen Worten unseres HERRN und Heilandes kann es dem Pastor schon mal passieren, dass er mehrere Wochen hintereinander einen Predigttext annonciert und sich dann wirklich verliert in der Schönheit und ihn preist über alles. Aber das ist einfach beim Wort Gottes so, da ist eines schöner als das andere, man kann es gar nicht hoch genug loben.

Heute möchte ich auch einmal drei Verse so ein Stück weit „annoncieren“. Und da muss ich auch sagen, das sind so wundervolle Predigtverse, die sind so schön, die sind so wichtig! Das ist so ein fantastisches Wort, das wir heute Morgen bekommen. Ich kann es nur in den allerhöchsten Tönen loben, kann es aber am heutigen Tag auch nochmal von der Bedeutung und Schönheit theologisch untermauern und belegen, warum ich es denn so lobe. Die drei Verse, die wir gleich hören werden, stehen nicht nur einmal in der Bibel. Sie stehen im Alten Testament im Buch der Psalmen. Sie werden in der Bibel mehrmals an ganz, ganz wichtigen Stellen zitiert von den ganz Großen des Glaubens. Als Petrus die Pfingstpredigt hält (Apostelgeschichte 2) und erstmalig in aller Vollmacht des Heiligen Geistes sprechen kann zur Gemeinde, da nimmt er ausdrücklich Bezug zu diesem Text, den wir gleich hören werden. Der andere große Apostel, Paulus, hält die erste große Missionspredigt, die wir in der Bibel überliefert finden. Auch in ihr nimmt er Bezug auf eben diesen Text und erläutert den Zuhörern von diesem Text aus, wer Jesus Christus ist und wie gewaltig der Sieg über den Tod ist. So darf ich Ihnen drei wunderbare Verse vortragen, die in ihrer Schönheit, in ihrer Bedeutung kaum zu übertreffen sind. Wir wollen hören auf Psalm 16, Verse 8 bis 10. Dort heißt es:

> ***Ich habe den HERRN allezeit vor Augen; er steht mir zur Rechten, so wanke ich nicht. Darum freut sich mein Herz, und meine Seele ist fröhlich; auch mein Leib wird sicher liegen. Denn du wirst mich nicht dem Totenreich überlassen und nicht zugeben, dass dein Getreuer die Verwesung sehe.*** Amen.

> **Wir wollen beten:** Lieber HERR und Heiland, wir wollen dir Dank sagen für diese drei Verse, die du uns jetzt schenkst aus dem Psalm 16 in unser Leben hinein für unseren Glauben. Und wir wollen nun die Predigt hören über diese wunderbaren, tollen Verse. Wir wollen dich bitten, dass du die Predigt segnen wollest, dass du zu uns sprichst durch diese Verkündigung und dass wir dann deine Stimme vernehmen. Dazu brauchen wir deine Hilfe, dein Geleit und deine Führung. Darum wollen wir dich jetzt bitten für diese Predigt, HERR: Segne du selber das Reden und das Hören deines heiligen und lebendigen Wortes an uns allen. Amen.

Liebe Gemeinde, ich habe diese Predigt überschrieben: **Mit dem HERRN fröhlich dem Tode entgegen.** Ich habe drei Punkte mitgebracht:

1. Die furchtbare Realität des Todes
2. Die wunderbare Rettung vom Tod
3. Die fröhliche Haltung angesichts des eigenen Todes

Das Erste: Die furchtbare Realität des Todes. David, der diesen Psalm aufgeschrieben hat, reflektiert hier sein eigenes Sterben. Und von den vielen Psalmen, die er geschrieben hat zum Ende seines Lebens, wissen wir, dass er dort nachdenkt über den Tod. Auch hier reflektiert er das, was Totenreich bedeutet und was es heißt, wenn der Körper verfällt und in der Erde und verwest. Der, der hier schreibt und nachdenkt über den Tod, der hat den Tod gut gekannt. Er hat ihn deshalb gut gekannt, weil er immer wieder vom Tod betroffen war in seinem Leben. Die Bibel erzählt von all den Sterbefällen, mit denen er konfrontiert war. Sein guter Freund Jonathan, seine Söhne Amnon, Absalom, der Sohn der Bathseba. Es wird berichtet, wie dieser große und sonst so harte und brutale Mann tief in Trauer geht. Er weint, er ist betroffen vom Tod. Er, der so alt werden durfte, musste miterleben, wie Menschen, die ihm wertvoll und wichtig waren, gestorben sind. Er kannte den Tod, weil er davon betroffen war und der Tod ihm viele, viele Menschen genommen hatte. Aber es war nicht nur so, dass er passiv vom Tod betroffen war, nein, auch aktiv kannte er den Tod, auch das verhehlt die Bibel nicht. David ist in jungen Jahren ein erfolgreicher Soldat und Söldnerführer gewesen. Er hat selber vielen den Tod gebracht. Mit eigener Hand, mit eigenem Schwert oder - wie bei Goliath - mit eigener Schleuder hat er Menschen das Leben genommen. Menschen, die eben noch ganz fidel, ganz lebendig, ganz gesund waren, starben durch seine Hand. Er wusste, was es heißt, in einem Moment noch den Odem in sich zu tragen und im nächsten Moment gestorben zu sein. Es waren nicht nur irgendwelche brutalen Riesen, gegen die er gekämpft hat. Nein, es wird von ihm erzählt, wie er ganze Städte ausgerottet hat, die Geschuriter, die Gersiter, die Amalekiter, und es heißt von ihm in der Bibel, ***er ließ weder Frau noch Mann leben*** (1. Samuel 27,9). Da wusste er, was Tod bedeutet. Nicht nur den Tod zu erleben, wenn liebe Menschen sterben, sondern selber auch als Schlächter durch diese Welt zu gehen. Aber nicht nur das weiß er vom Tod. Er, der so stark war, der zu dem Zeitpunkt, als er das schreibt, der mächtigste Mann der Welt ist, spürt, wie die Kraft von ihm geht. Er ist zwar noch nicht gestorben, aber der Tod kündigt sich immer mehr an. Er weiß um den Tod. Auch davon berichtet die Bibel. In 2. Samuel 21 wird berichtet, wie er noch einmal gegen die Philister in den Krieg zieht und wie dann wieder ein Riese aufsteht. In 1. Samuel 17 hat er den Goliath, den ersten Riesen besiegt. Da war er der kleine Hirtenjunge und hatte keine Macht. Das ist so ein bisschen das Paradoxon. Jetzt, auf der Höhe der Macht, wo er mächtiger ist als jeder andere Mensch zu seiner Zeit, da schafft er es nicht mehr, diesen zweiten Riesen zu überwinden, da müssen seine Männer ihm beispringen. Sie töten dann den Riesen und sagen: „Bitte zieh nie wieder mit uns ins Feld", weil sie merken, der hat das nicht mehr drauf wie früher. Sie sagen: „Wenn du bei uns bist und weiterkämpfst, da wird das Licht Israels verlöschen und wir kommen nicht mehr mit". Das war die erste Endgültigkeitserfahrung und er merkt: Ich bin alt geworden, ich kann nicht mehr in die Schlacht gehen. Das setzt sich dann in seinem Leben fort. Die Bibel berichtet darüber ganz offen. David wird schwächer und schwächer und seine Leute um ihn herum sagen: „Was können wir denn machen?" Da wird berichtet, dass er zittrig und klapprig im Bett liegt und da wollen sie ihm einen Gefallen tun. Da sagt man: „Wir wollen eine schöne junge Frau holen, damit sein Körper nochmal warm wird." Die denken dann: „Naja, mit dem jungen Mädchen im Bett, da kriegt er nochmal Kraft." Aber da schreibt die Bibel: „Aber sein Körper wurde nicht mehr warm." Der blieb kalt. Also das heißt: Er hat gespürt, wie die Kräfte schwinden und der Tod immer stärker wird. Das Herz hat zwar noch geschlagen, aber er wusste, er geht auf den Tod zu. Also der, der hier schreibt, der wusste etwas von der Realität des Todes, er hat sie nicht verdrängt. In diesem Psalm reflektiert er Tod und Totenreich und er wusste, wovon er sprach. Es ist wichtig - wenn wir gleich von der Rettung und von der Fröhlichkeit hören - zu wissen, dass das nicht irgendwie ein verträumter Spinner gewesen ist, sondern ein ganz realer Mann, der Tod gebracht hatte, der Tod erleben musste und der nun selber vor den Pforten des Todes stand.

Auch wir sind von der Realität des Todes betroffen, von der furchtbaren Realität des Todes. Gott sei Dank sind wir keine Schlächter wie David, aber dieses passive Erleben des Todes, das erfahren wir auch. Wir haben vorhin die 16 Namen der verstorbenen Gemeindeglieder gelesen. Es sind einige unter uns heute, die die Mutter, den Vater, die Ehefrau, den Ehemann betrauern. Und nicht nur die, die wir gelesen haben. Jeder von uns, der jetzt in sich geht, weiß etwas von der furchtbaren Realität des Todes. Davon, dass da ein lieber Mensch gewesen ist und dass er in den Tod musste. Manche ganz plötzlich, manche nach langem Siechtum. Die Realität, die furchtbare Realität des Todes.

In dieser Welt sterben jährlich 55 Millionen Menschen. Jeden Tag etwa 150 000, jede Sekunde zwei Menschen. In unserem Vaterland, um das runterzubrechen, sind es im letzten Jahr 955 000 Menschen, fast eine Million gewesen, die gestorben sind. 2600 pro Tag, jede Minute zwei Menschen und davon sind wir betroffen, weil wir Menschen kennen, wir wissen um die furchtbare Realität.

Wir haben es eben auch noch einmal gehört, auch unsere Gemeinde ist betroffen. Von unseren 1200 Gemeindegliedern sind im letzten Jahr 16 gestorben. Menschen, die zum Teil am letzten Ewigkeitssonntag noch hier gesessen und gehört haben, wer im Kirchenjahr zuvor gestorben ist; die noch ganz gesund waren und es vielleicht gar nicht auf der Uhr hatten, dass sie im nächsten Jahr auf diesem Zettel stehen und verlesen würden als solche, die nicht mehr dabei sind. Das ist die furchtbare Realität des Todes. Eine Realität, die die Welt nicht wahrhaben will. Jeder weiß natürlich, dass wir sterben müssen, aber die Welt will das nicht. Der Mensch ohne Jesus wehrt sich gegen diese Realität!

Ich habe Ihnen hier eine Zeitschrift mitgebracht, das ist der „Spiegel“ von gestern, die neue Ausgabe. Titelstory: „Sterben? Ohne mich! Forscher können erstmals das Altern aufhalten und sogar umkehren“. So steht es hier auf dem „Spiegel“, einem führenden deutschen Meinungsmagazin. Ich habe gestern Abend den Artikel gelesen und gesagt: „Wie? - Forscher können das Altern aufhalten oder sogar umkehren?“ Dann liest man den Artikel und da stellt man fest, dass irgendwelche Forscher irgendwelche Genmanipulationen an Fischen gemacht haben, an irgendwelchen Strängen; und sie wurden dann 30 Prozent älter, wo man aber nicht weiß - weil die unter Laborbedingungen gelebt haben - wie das tatsächlich ist. Sie müssen sich den Spiegel nicht kaufen! Da steht nicht drin, wie man länger lebt! Aber mit so einer Schlagzeile können sie natürlich sehr einfach Auflagen machen! Auf einmal ist das Altern aufgehalten. Das ist ein Thema, das interessiert uns ja alle sozusagen, das wird dann gekauft. Aber es stimmt nicht! Wir können das Altern nicht aufhalten! Wir können uns ein bisschen gesünder ernähren, wir können uns ein bisschen mehr bewegen und werden vielleicht das ein oder andere Jährchen hinzufügen können. Vielleicht! Wobei das auch eine Wahrheit der Bibel ist: Gott setzt den Endpunkt! Wir sind betroffen von der furchtbaren Realität des Todes - wie David, so auch wir - und können dem nicht ausweichen, auch wenn uns das unangenehm ist. Das ist der erste Punkt dieser Predigt: Die furchtbare Realität des Todes.

Jetzt kommt **der zweite Punkt: Die wunderbare Rettung vom Tod.** Also wenn ich nur den ersten Punkt hätte, dann hätte ich diese drei Verse nicht so annoncieren können, wie ich sie annonciert habe. Nein, es ist etwas ganz Wunderbares, das hier angesichts der Realität des Todes gesagt wird: dass es eine Rettung gibt! Da heißt es hier: ***Du wirst mich nicht dem Totenreich überlassen und nicht zugeben, dass dein Getreuer die Verwesung sehe.*** Da legt die Bibel ganz viel Wert drauf. Hier sagt David prophetisch auf Jesus hin, dass Jesus genau das tut. Er wird nicht in der Verwesung bleiben, sondern er wird den

Tod überwinden. (Das wird in diesen beiden Predigten, Apostelgeschichte 2 und Apostelgeschichte 13, gesagt, dass das natürlich auf Jesus hin verstanden sein muss.) Aber weil Jesus auferstanden ist, so wie wir es eben in 1. Korinther 15 gehört haben, werden wir auch auferstehen:

> ***Denn wenn die Toten nicht auferstehen, so ist Christus auch nicht auferstanden.*** (1. Korinther 15,16)

Deshalb sagt David diese Verse eben auch für sein eigenes Leben, weil er weiß, dass Christus auferstehen wird und weil er weiß, dass er an diesen HERRN glauben wird. Deshalb wird er auch auferstehen und deshalb kann er diese Sätze so sagen in dieser doppelten Bedeutung, dass er nicht dem Totenreich überlassen wird und dass Gott nicht zugeben wird, dass er die Verwesung sehe. Das ist das Wunderbare! Die Bibel sagt in Apostelgeschichte 13, David hat die Verwesung gesehen und David ist ja ins Totenreich gegangen. Bis zur Kreuzigung sind auch alle Heiligen, alle, die im Glauben gestorben sind, bei Gott ins Totenreich gegangen. Ein Samuel, ein Abraham und eben auch ein David. Aber dann hat es das Kreuz gegeben. Da berichtet die Bibel in Matthäus 27, dass dann die Heiligen durch Jerusalem gehen. Das Kreuz die hat die Macht des Totenreiches gebrochen und die Heiligen laufen durch Jerusalem. Seit Golgatha hat das Totenreich auch keine Macht mehr über diejenigen, die im Glauben an Jesus Christus sterben. Wenn wir sterben, so haben wir sofort ewiges Leben, ich betone das immer wieder! Jesus Christus sagt (Johannes 5,24):

> ***Wahrlich, wahrlich, ich sage euch: Wer mein Wort hört und glaubt dem, der mich gesandt hat, der hat das ewige Leben und kommt nicht in das Gericht, sondern er ist vom Tode zum Leben hindurchgedrungen.***

Wir **haben** das ewige Leben, wenn wir an Christus glauben. Die im Alten Bund bekamen es erst, als Christus gestorben ist; und wir, weil wir teilhaftig sind an der Auferstehung, weil wir

Glieder am Leib Christi sind, haben es jetzt schon! Uns gilt dieses Wort! Ich lese dieses Wort jetzt noch einmal, diesen Vers 10, in unterschiedlichen Übersetzungen, damit Sie wissen und hören, was für uns kein Thema mehr ist. Zerfall, Verwesung, Totenreich haben für die von uns, die wir in Christus sterben, keine Bedeutung!

Züricher Bibelübersetzung: ***Du wirst meine Seele nicht dem Totenreich preisgeben und wirst nicht zulassen, du lässt deinen Getreuen das Grab nicht schauen.***

Schlachter schreibt: ***Du wirst meine Seele nicht dem Totenreich preisgeben und wirst nicht zulassen, dass dein Getreuer die Verwesung sehe.***

Menge übersetzt: ***Du gibst meine Seele dem Totenreich nicht preis. Du lässt deinen Frommen nicht schauen die Vernichtung.***

Alle diese Übersetzungen sind vom hebräischen Urtext her möglich, aber sie machen deutlich in ihrer Vielfältigkeit, was für uns kein Thema mehr ist: Vernichtung, Verwesung, Grab, Zerfall. Alles kein Thema für uns! Wenn, ja wenn wir an Jesus Christus glauben, dann dürfen wir diese wunderbare Rettung in Anspruch nehmen. Die Rettung ist da, aber wir müssen uns auch retten lassen!

Dieser Predigttext zeigt uns, wer gerettet wird. David gibt hier zwei Dinge von sich preis. Er sagt einmal, dass er den HERRN allezeit vor Augen hat und dem HERRN treu ist. Kannst du das für dein Leben sagen, dass du dem HERRN treu bist? Treue ist ja heute etwas, was nicht mehr die große Rolle spielt, leider, ob es in der Ehe oder in Geschäftsbeziehungen ist. Heute guckt ja nur jeder auf seinen eigenen Vorteil. Was nützt mir am allermeisten? Was gilt ein Wort? Was gilt eine Unterschrift? Treue ist leider etwas, was in unserem 21. Jahrhundert mehr und mehr verkommen ist. Das ist eine Katastrophe! Nicht deshalb, weil die alten Preußen uns Treue eingebläut haben, nein, weil Treue eine Eigenschaft des lebendigen Gottes ist und die

Beziehung zum lebendigen Gott vor allen Dingen davon lebt, dass wir treu sind. Treue ist das unbedingte Festhalten an einer persönlichen Beziehung.

Und das müssen wir machen: Wir müssen treu zum lebendigen Gott sein, egal was passiert, egal was uns in dieser Welt eingeflüstert wird. In 1. Korinther 4 heißt es:

> ***Dafür halte uns jedermann für Diener Christi und Haushalter über Gottes Geheimnisse. Nur fordert man nicht mehr von den Haushaltern, als dass sie für treu befunden werden.***

Ich werde eines Tages vor unserem HERRN und Heiland - davon bin ich hundertprozentig überzeugt - nicht darauf angesprochen werden, ob ich eine gute Rhetorik hatte oder ob ich ganz viel Geld gegeben habe. Der HERR wird mich eines fragen: Bist du mir treu gewesen? ER muss mich auch nicht fragen, weil er das weiß. Und das ist das Wichtigste für den Christenmenschen: dass er treu ist! In der Offenbarung (2,10) heißt es:

> ***Sei getreu bis an den Tod, so will ich dir die Krone des Lebens geben.***

David ist treu gewesen. ***Du wirst nicht zulassen, dass dein Getreuer die Verwesung sehe.*** Darauf können wir uns hundertprozentig verlassen! Sind wir dem lebendigen Gott treu, so wie er uns treu ist, so haben wir nichts zu befürchten. Es ist das eine, was David über sich sagt, dass er dem HERRN treu ist. Und das andere, was er über den HERRN sagt: ***Ich habe den HERRN allezeit vor Augen***, das heißt, ER spielt in meinem Leben die allererste Rolle. Nicht meine Ehefrau, nicht meine Gesundheit, nicht all die Dinge, die mir mein Chef auf der Arbeit einflüstert, sondern der HERR. Ich habe IHN allezeit vor Augen, in allen Lebensbereichen. Ob ich meine Stimme bei der Wahl abgebe, ob ich meine Steuererklärung mache; egal was ist in meinem Leben, ich habe den HERRN allezeit vor Augen. Das ist wichtig, dass wir IHN mit hineinnehmen und nicht nur sagen: „Jawohl, ich glaube an IHN“, den aber so auf den dritten und vierten Platz zurückschieben. Königsherrschaft Jesu Christi bedeutet in allen Bereichen meines Lebens: ER ist der HERR, ich habe IHN allezeit vor Augen. Das wird übrigens auch den ersten Gemeinden immer wieder vorgehalten, dass sie den HERRN nicht vor Augen haben. Die Gemeinde Laodizea bekommt vorgeworfen in Offenbarung 3,17:

> ***Du sprichst: Ich bin reich und habe mehr als genug und brauche nichts!, und weißt nicht, dass du elend und jämmerlich bist, arm, blind und bloß.***

Sie schauen nicht auf den lebendigen Gott. Sie sind natürlich sehend, aber schauen nicht. Das ist ganz wichtig, dass wir den HERRN vor Augen haben. Das sind die beiden Dinge, die beiden Voraussetzungen, die wir zu tun haben, dass wir treu zum HERRN Jesus stehen und dass wir den HERRN Jesus immer wieder vor Augen haben. Ich erinnere nochmal daran: Hier in diesen drei Versen geht es um Jesus! Das sagt David voraus. Und wenn das bei uns so ist, dann dürfen wir wissen, dass Zerfall, Verwesung, Grab und Totenreich für uns, Gott sei Dank, keine Themen sind! Das ist genauso, als wenn du geimpft bist gegen Tetanus. Du hast da eine kleine Wunde, musst dir aber keine Gedanken mehr machen, dass du an Wundstarrkrampf erkrankst. Da bist du immun dagegen. Wisst ihr, wenn das Blut des Heilandes Jesus Christus über unseren Sünden ist, dann ist das unser Serum gegen den Tod. Super! Es gibt Rettung durch unsere Treue und das Vor-Augen-haben des HERRN und Heilandes Jesus Christus. Es gibt Rettung vom Tod in Jesus Christus. Und die können wir haben!

Jetzt kommen wir **zum dritten Punkt: Die fröhliche Haltung angesichts des eigenen Todes.** Wenn du geimpft bist gegen den Tod, also wenn du dem Heiland Jesus Christus treu bist und wenn du IHN vor Augen hast allezeit, dann kannst du fröhlich in den Tod hineingehen. So sagt das hier David: ***Darum freut sich mein Herz und meine Seele ist fröhlich.*** Er könnte ja auch sagen: „Ooch, nach all den Kriegen, nach so vielen Jahrzehnten des Kampfes bin ich nun endlich der mächtigste Mann auf der ganzen Welt. Ich habe so viele Reichtümer angehäuft, ich habe so viele Frauen, ich habe so viel Macht. Jetzt bin ich so krank, werde bald sterben." Und dann könnte er anfangen, traurig zu sein. Nein, das tut er nicht! Er ist fröhlich, weil er weiß, da gibt es einen Gott in Jesus Christus und ER gibt mir ewiges Leben. Dann schreibt er: ***Darum freut sich mein Herz und meine Seele ist fröhlich.***

Wer den Kern der christlichen Botschaft verstanden hat, der muss fröhlich sein! David, 1000 Jahre vor Christus, wurde das vom Heiligen Geist gegeben als besondere Offenbarung. Wir sind weiter als David! Er konnte ja nur nach vorne prophetisch schauen und erahnen, was passiert. Wir wissen heute, was passiert ist! Das, was David noch nicht wissen konnte, nur prophetisch durch den Heiligen Geist geschenkt bekam, haben wir als feste Zuversicht. Christus ist gestorben, ist auferstanden und deshalb haben wir ewiges Leben, wenn wir IHM treu sind und IHN vor Augen haben. Das ist das Evangelium, das „eu-angé lion", die fröhliche Botschaft, so heißt das ganze ja. „Eu-angé lion" ist ein griechisches Wort und bedeutet fröhliche Botschaft. Warum fröhliche Botschaft? Weil der Inhalt, wenn man ihn verstanden hat, einen in die Fröhlichkeit führt, und das führt zu einer total neuen Auffassung vom Tod. Wenn das Evangelium durch den Heiligen Geist in deinem Herzen geöffnet wurde, dann hast du einen neuen Blick auf dein Leben, weil du ein anderes Verhältnis zum Tod hast!

Die Welt hat Schiss vorm Tod und glauben Sie nicht, was Ihnen Ihr Nachbar da erzählt: „Ich fürchte mich nicht vor dem Sterben, es soll nur schnell gehen." Die wollen alle nicht sterben. Das hat zu tun mit der weit verbreitetsten Religion weltweit. Die weit verbreitetste Religion ist nicht das Christentum, auch nicht der Islam und auch nicht der Buddhismus. Die weit verbreitetste Religion, die Volksreligion der gesamten Welt, und vor allen Dingen in Deutschland, ist der Materialismus. Meine Gesundheit, mein Geld, meine Urlaube, meine Häuser - der Materialismus. Die Menschen ohne Jesus erwarten alles von einem Leben vor dem Tod. Für das Leben nach dem Tod haben sie überhaupt keine Antworten. Sie sind allein gefangen in der Diesseits-Hoffnung. Alle Träume hier und jetzt. Jenseits? Keine Ahnung! Das führt dann bei dieser Volksreligion dazu, dass die Jahre, die den Menschen hier auf Erden gegeben werden - so sagen das die Philosophen - zur letzten Gelegenheit werden. Man hat ja nur dieses eine Leben und das gibt so einen gewaltigen Erwartungsdruck. Da fahren die Leute heute achtmal im Jahr in Urlaub, wenn sie Rentner sind, sie müssen ja alles noch mitnehmen. Man muss die ganze Welt gesehen haben, so Dinge, die man irgendwie erfüllen muss. Dann ist der Mensch dazu verdammt, sein Glück in den Tagen des irdischen Lebens zu suchen. Leben wird reduziert auf das irdische Glück, auf die Diesseitsbindung. Vor 200 Jahren, da lebten die Leute im Schnitt nur 40 Jahre. Heute werden wir im Schnitt alle 80 Jahre alt. Früher, als die Leute im Schnitt noch gläubiger waren, da hatten sie 40 Jahre plus ewig. Heute haben sie nur noch 80 Jahre. Aber wenn du weißt, dass der Tod nicht das Ende ist, sondern dass es da erst richtig losgeht, dann kriegst du einen ganz anderen Blick auf dein Leben. Dann musst du in dieser Welt nicht mehr all diesen Wahnsinn mitmachen, der uns hier von der Werbung, von den Nachbarn und Mitmenschen erzählt wird. Sondern du wirst befreit zu einem ganz anderen Leben, wenn du weißt, so wie der Apostel Paulus es sagt, dass Sterben dein Gewinn ist (Philipper 1,21). Sterben ist unser Gewinn! Ja, wenn wir es aus dem Diesseits betrachten, dann ist Tod etwas ganz Furchtbares. Tod ist was Furchtbares, wenn liebe Menschen sterben; Tod ist etwas Furchtbares, wenn wir selber in den Tod müssen. Aber wenn wir es vom Jenseits her sehen und wissen, was uns erwartet im himmlischen Jerusalem, dann können wir nur sagen: Hoffentlich passiert es bald! Und wer angesichts des eigenen Todes fröhlich ist, der wird auch in allen Lebenslagen fröhlich sein; egal was für Niederschläge kommen, egal was dann kommt. Dann hat man eine bleibende Freude und Fröhlichkeit, das ist das Wunderbare!

Ich habe in der letzten Woche mit einer lieben Schwester gesprochen. Die berichtete von der Reaktion ihrer drei Kinder auf den Tod einer geliebten Tante. Und sie sagte: Die Ältesten, die das schon ein bisschen reflektierter wahrgenommen haben, die schon fast erwachsen sind, die waren sehr traurig und betroffen und haben auch geweint. Nun hat die Frau noch ein kleines Mädchen, die hatte ganz anders darauf reagiert. Es sagte: „Ich bin richtig eifersüchtig auf die Tante." Da wurde sie gefragt: „Ja, warum denn eifersüchtig?" - „Ja, weil die jetzt in der Ewigkeit ist!" Das Mädchen hat in seinem kindlichen Glauben verstanden: Hey, die Tante hat es geschafft! Die Kleine hat das wörtlich genommen, was in der Bibel steht, was ihre Eltern und Großeltern bezeugt haben, dass Sterben unser Gewinn ist. Nur je älter wir Menschen werden, da verlieren wir dieses Kleinkindliche und dann glauben wir, dass wir hier alles verlieren. Das kleine Mädchen mag uns wirklich ein Vorbild im Glauben sein. Hey, da können wir eifersüchtig sein auf die, die gestorben sind, wenn..., ja wenn wir in Christus Jesus sterben. Das ist die Wahrheit des Lebens!

Glaubt mir, wir sind keine Minute in der Ewigkeit, da werden wir sagen: „Was ist das für ein Elend in dieser buckligen Welt gewesen und wie herrlich ist es hier!" Davon spreche ich ja immer wieder. Ich wünschte, einer von unsern im Glauben verstorbenen Geschwistern, die wir eben vorgelesen haben, könnte jetzt zurückkommen und für zwei Minuten erzählen, wie es da ist und wie bucklig hier. Das wünschte ich, um uns deutlich zu machen, wie herrlich das ist. ***Was kein Auge gesehen hat und kein Ohr gehört hat...*** (Jesaja 64,3), was unser HERR und Heiland für uns bereithält. Einfach nur fantastisch!

Nach einer Evangelisation, wo ich auch nochmal so richtig für Jesus Christus versucht habe, die Werbetrommel zu rühren, weil es wunderbar ist, in der Ewigkeit zu sein, da kommt ein junger Mann zu mir und sagt: „Wissen Sie, wenn man Ihnen zuhört, ist man krass selbstmordgefährdet. Also wenn das stimmt, was Sie hier erzählen, dann ist es ja das Beste, dass ich mir tatsächlich den Strick nehme." Da habe ich gesagt: „Das nicht, weil die Schrift das erstens verbietet und zweitens, weil der HERR noch eine Aufgabe für Sie hat. Aber den Kern haben

Sie tatsächlich verstanden. Wir können uns wirklich freuen auf den Tod. Das ist etwas Wunderbares!" So wie eben hier David. Er sagt: „Ich weiß, dass ich sterben werde, das ist eine furchtbare Realität; aber das ist nur die Diesseits-Perspektive. Es wartet auf mich ja die Herrlichkeit." Und deshalb ist sein Herz freudig und seine Seele fröhlich.

Das wünsche ich Ihnen und euch allen auch. Ich wünsche euch wirklich ein gesegnetes Leben bis hin zu eurem irdischen Tod. Aber ich wünsche euch die feste Gewissheit darin, dass ihr wisst: Wenn ihr treu zu Jesus Christus steht, dass das Beste dann erst losgeht; dass es dann richtig wunderbar wird und dass ihr euch wirklich freut, von Herzen freut über euren Tod, weil ihr dann nämlich in der Ewigkeit seid. Das kann nur Gott schenken durch Seinen Heiligen Geist, dieses Verständnis des Evangeliums, und das wünsche ich euch von ganzem Herzen.

Ich habe ja begonnen, indem ich gesagt habe, manchmal annonciere ich hier die Texte mit blumigen Worten. Aber glaubt mir bitte eins: Wenn ihr das im Herzen habt durch den Heiligen Geist, dass es ewiges Leben gibt für die, die treu zu Jesus Christus stehen, dann wisst ihr, wie wunderbar dieser Text ist und dann könnt ihr diese Verse genauso mitsprechen. Das wünsche ich jedem Einzelnen, der heute hier ist. Wenn ich jetzt diesen Predigttext noch einmal lese, dass ihr sagen könnt: „Jawohl, das ist das Zeugnis des David gewesen, aber da kann ich mich genauso drunterstellen und ich freue mich ebenfalls auf meinen Tod." In Psalm 16 ruft der HERR durch den Mund des David und ich hoffe, wir können es alle mitsprechen:

> ***Ich habe den HERRN allezeit vor Augen; er steht mir zur Rechten, so wanke ich nicht. Darum freut sich mein Herz, und meine Seele ist fröhlich; auch mein Leib wird sicher liegen. Denn du wirst mich nicht dem Totenreich überlassen und nicht zugeben, dass dein Getreuer die Verwesung sehe.***

Alle Ehre, Lob und Preis unserm HERRN und Heiland, der uns, im Glauben an IHN, Sieg über den Tod geschenkt hat. Amen.

Und der Friede des lebendigen Gottes, der sehr viel höher ist als alle unsere menschliche Vernunft, bewahre unsere Herzen und Sinne in Christus Jesus, unserem auferstandenen und lebendigen HERRN. Amen.

Von verborgener und unerkannter Sünde

Psalm 19,13 und 90,8

Gnade sei mit euch und Friede von dem, der da war und der da ist und der da sein wird in alle Ewigkeit, unser HERR, Jesus Christus. Amen.

Liebe Gemeinde, vor einigen Monaten habe ich über den Psalm 90 gepredigt und habe im Zusammenhang dieser Predigt auch etwas über Sünden gesagt, weil die darin thematisiert werden und eben auch zum Thema verborgene Sünde, unerkannte Sünde. Danach hat es relativ viele Reaktionen auf diese Predigt gegeben mit dem Tenor: „Das ist uns gar nicht bewusst gewesen, dass es sowas wie verborgene und unerkannte Schuld und Sünde gibt. Das war uns neu!" Und doch ist das Teil der Hamartiologie - so nennen die Theologen die Lehre von der Sünde -, dass es eben nicht nur die Dinge gibt, die uns klar vor Augen stehen, sondern es gibt eben auch unerkannte und verborgene Sünden. Und als ich mir dann überlegt habe, welchen Predigttext ich wählen soll, sind mir zwei Verse der Bibel vor Augen gestanden. Und weil die beiden genau das thematisieren, möchte ich uns diese beiden Verse einmal vorlesen. Einmal Psalm 19, Vers 13, da heißt es:

Wer kann merken, wie oft er fehlet? Verzeihe mir die verborgenen Sünden!

Und zum anderen: Psalm 90, Vers 8. Da heißt es:

Unsere Missetaten stellst du vor dich, unsere unerkannte Sünde ins Licht vor deinem Angesicht. Amen.

Wir wollen beten: Lieber HERR und Heiland, wir wollen uns jetzt in dieser Predigt damit auseinandersetzen, was es heißt, dass es Dinge in unserem Leben gibt, die wir gar nicht vor dich gebracht haben, obwohl sie Schuld sind. Wir wollen in dieser Predigt nachdenken über verborgene und unerkannte Sünde, auch in unserem Leben. Wir wollen dich bitten, HERR, dass du uns das erkennen lässt, welche Bedeutung dies hat für unser Glaubensleben. Damit das aber geschieht und wir die Bedeutung dieser beiden Predigtverse auch erkennen können, dazu brauchen wir jetzt deine Hilfe, deine Führung in dieser Predigt. Und darum wollen wir dich alle miteinander bitten: Segne du selber Reden und Hören deines heiligen und lebendigen Wortes an uns allen! Amen.

Von verborgener und unerkannter Sünde. So habe ich dann auch diese Predigt überschrieben. Es gibt vier Punkte:

1. Verborgen und unerkannt - weil nicht bewusst
2. Verborgen und unerkannt - weil bagatellisiert
3. Verborgen und unerkannt - weil verdrängt
4. Verborgen und unerkannt - weil verleugnet

Das Erste: Verborgen und unerkannt - weil nicht bewusst. Es gibt Dinge in unserem Leben, die sind uns nicht bewusst. Und zwar Dinge, die wir falsch gemacht haben, wo wir gesündigt haben. Die Bibel erzählt beispielsweise vom Volk Israel. Die werden bestraft für eine Schuld, die ihnen gar nicht bewusst ist. Israel hat Jericho eingenommen - Josua 6. Und dann ziehen sie weiter. Und Gott hatte gesagt: „Wenn ihr Jericho einnehmt, weil ich sie jetzt erobert habe, müsst ihr alles verbannen, ihr müsst alles verbrennen! Nichts darf übrigbleiben." Und ohne, dass es das Volk Israel merkt, geht einer hin und übertritt dieses Gebot Gottes, es ist der Achan. Der geht hin und nimmt Silber an sich und verbirgt es in seinem Zelt. Keiner hat's mitgekriegt, keiner weiß davon. Jetzt steht die nächste Stadt zur Eroberung an: Ai. Das ist so eine kleine Stadt und da sagen die Kundschafter: „Also da müssen wir gar nicht mit der ganzen Heeresmacht hin. Zwei- bis dreitausend Leute reichen." Und dann ziehen die los und wollen eben, so wie sie es eingeschätzt haben, diese kleine Stadt erobern. Aber es geht fürchterlich schief. Die Israeliten erleben eine furchtbare Niederlage, sie werden gestraft und Josua versteht das nicht. Er geht ins Gebet und er bringt das vor Gott und sagt: „Was ist denn jetzt los? Du hast uns ins Gelobte Land gebracht und jetzt geht alles schief." Da macht Gott ihm klar: „Hier ist Schuld bei euch." Und dann müssen sie hingehen und müssen den Schuldigen suchen. Da musste dann ausgelost werden. Ganz Israel tritt an. Da wird gelost, in welchem Stamm ist denn die Schuld in Juda? Dann wird geguckt in welcher Sippe? Und schließlich fällt das Los auf Achan. Wir müssen richtig suchen nach dieser nicht bewussten Schuld. Und da wird es klar, er ist es gewesen und dann wird er umgebracht. Er muss ausradiert werden, dann können sie auch Ai erobern. Die Schuld ist Israel nicht bewusst gewesen, aber die hat dazu geführt, dass sie bestraft worden sind, dass sie diese Stadt Ai nicht einnehmen konnten.

Und so etwas gibt's auch in unserm Leben. Es gibt Schuld, davon wissen wir nichts. Und es sind Dinge in unserem Leben, die gehen schief und wir wissen gar nicht, warum es passiert. Wir würden vielleicht sagen: „Ja, das kann doch nicht sein! So ungerecht kann Gott doch nicht sein!" Doch, so etwas gibt es. Das gibt's übrigens auch im Zwischenmenschlichen. Das wissen Sie auch, das ist ein juristisches Grundprinzip: „Unwissenheit schützt vor Strafe nicht". Wenn Sie auf die Autobahn auffahren und nicht wahrnehmen, dass hier Tempo 80 ist, und fahren dann mit 150, haben das Schild wirklich nicht gesehen und fahren dann in eine Radar-Kontrolle; da können Sie nicht sagen: „Ich wusste es ja nicht. Mir war das Schild verborgen, da war ein LKW davor. Tut mir leid." Das hilft Ihnen nicht vor Gericht. Sie werden dann Ihren Führerschein los sein. Verborgen und unerkannt - weil nicht bewusst. Und auch bei bester Kontrolle gehen uns Dinge durch. Das möchte ich mit dieser Predigt vor Augen stellen. Das sagt ja der Predigttext: ***Wer kann merken, wie oft er fehlet?*** Niemand kann das! Unerkannte Schuld, unerkannte Sünde gibt es halt!

Ich mache mir das immer deutlich, wenn ich das Protokoll für den Kirchenvorstand schreibe. Dann gehe ich das in aller Sorgfältigkeit nochmal durch und gucke nochmal: „Aha, so hab ich es geschrieben", also in den Computer reingehauen. Ich druck's dann aus, lese es und dann verschicke ich das an die Presbyter, an die Kirchvorsteher. Bei der nächsten Sitzung muss dann das Protokoll abgenommen werden, und dann melden sich immer die Geschwister und sagen: „Oh, hier ist ein Rechtschreibfehler, hier fehlt ein Komma, da hast du das nicht richtig geschrieben." Das sind Fehler, die waren mir gar nicht bewusst. Aber die sind da drin, die sind da, verborgen und unerkannt, aber mir nicht bewusst gewesen. Und sowas gibt's leider eben auch im Theologischen. Wenn Sie jetzt fragen: „Was machen wir denn damit?" Da möchte ich Ihnen und euch einen Tipp geben: Immer wieder benennen, so wie eben der Psalmist hier: Verzeihe mir die verborgenen Sünden! Gerade das, was du nicht weißt, wo du einem Menschen wehgetan hast, wo du ihn verletzt hast, wo du nicht genügend Liebe geübt hast, was dir aber gar nicht bewusst ist, aber was Schuld ist. Bring das immer wieder kollektiv, immer mal wieder im Gebet vor den lebendigen HERRN und sage: ***Verzeih mir meine verborgenen und unerkannten Sünden!*** Wenn wir gleich vor dem Abendmahl auch diese Besinnung haben, bitte denkt einfach dran und bringt Gott auch das, was ihr in den letzten Jahren einfach falsch gemacht habt, was ihr gar nicht vor Augen habt, wo du schuldig geworden bist gegenüber Gott und gegenüber dem Nächsten und es dir gar nicht bewusst gewesen ist. Verborgen und unerkannt - weil nicht bewusst.

Ein Zweites: Verborgen und unerkannt - weil bagatellisiert. Auch das kann zu einem Verbergen von Sünde führen, weil man die Sünde bagatellisiert. Wenn wir unser Handeln angucken, da sind wir ja sehr schnell dabei, Dinge zu rechtfertigen, zu entschuldigen. Wenn wir - ich spreche jetzt virtuell - so ein „Sündometer" hätten und das dann anschalten würden, würden wir häufig feststellen: Nicht schuldig! Nicht schuldig! Keine Sünde! „War ja alles gar nicht so gemeint: diese frechen Worte, die ich gesprochen habe und die Lieblosigkeit. In Wirklichkeit bin ich doch ganz anders." Wir bagatellisieren Dinge. Das ist etwas, mit dem sich Jesus auseinandersetzt. In der

Bergpredigt sagt er: ‚Es geht nicht nur um ‚Du sollst nicht töten', wenn du in actu jemanden umgebracht hast; selbst wenn du nur denkst ‚Das ist ein Narr, den könnte ich jetzt aber...', dann hast du schon gegen dieses Gebot ‚Du sollst nicht töten' verstoßen! Es geht nicht nur darum, dass du in actu die Ehe brichst. Wenn du eine andere Frau anguckst und dir vorstellst, mit ihr die Ehe zu brechen oder einen Mann anguckst, mit ihm die Ehe zu brechen, schon dann ist das Sünde und Schuld." Und Jesus legt in der Bergpredigt ganz bewusst den Finger in die Wunde, weil er weiß, wie wir sind. Da sind wir häufig so und sagen: „Ja, das ist doch keine Sünde - das ist eine Kleinigkeit!" „Dass ich diese Frau da jetzt mal so ein bisschen zu lange angeguckt habe beim Autofahren; die hat aber einen kurzen Minirock an - da muss man ja hingucken! Für meine Gedanken kann ich doch nichts!" Genau das ist dieses Bagatellisieren! Und das gibt's nicht nur im Bereich des Sexuellen. Das haben wir in allen Bereichen, auch wenn wir zu jähzornig geworden sind. Wir entschuldigen immer wieder Dinge. Das können wir vielleicht in der Welt, in der Auseinandersetzung mit einer anderen juristischen Partei, aber nicht vor dem lebendigen Gott! Egal wie klein unsere Sünde, egal wie klein unsere Verfehlung ist. Es ist Trennung von Gott und es ist Sünde, die uns schuldig macht gegenüber dem ganzen Gesetz. So heißt es im Jakobusbrief 2,10:

> ***Denn wenn jemand das ganze Gesetz hält und sündigt gegen ein einziges Gebot, der ist am ganzen Gesetz schuldig.***

Das heißt, egal wie klein die Bagatelle ist, die wir vermeintlich tun; sie führt dazu, dass wir des ganzen Gesetzes schuldig werden. Vor Gott spielt es keine Rolle - ganz deutlich - ob wir jemanden umgebracht haben oder nur denken, wir wollen ihn umbringen. Ob wir nun denken, wir wollen das Geld an uns nehmen und klauen, oder es in actu tun. Ich weiß, dass es in dieser Welt ein himmelgroßer Unterschied ist, ob man etwas macht oder nicht macht. Aber die Trennung von Gott ist bei beiden Dingen dieselbe. Von daher ist es wichtig, dass wir Dinge nicht bagatellisieren: „Es ist ja nur so klein!“ Wenn Sie einen Eingriff im Krankenhaus vor sich haben, Ihnen wird die Bauchdecke geöffnet, dann werden ja Unmengen an Operationsbestecke benötigt und die werden vorher alle sorgfältig desinfiziert. Und wenn Sie da eine Palette mit 50 Instrumenten haben und neunundvierzig sind desinfiziert, aber eins nicht richtig, dann sagen Sie auch nicht „Naja, Schwamm drüber, ist ja nicht so schlimm, halt das eine nicht desinfiziert. Macht ja nichts, dafür sind neunundvierzig desinfiziert!“ Nein, da würden Sie sagen: „Das geht nicht!“ Und genauso ist es bei unserer Schuld und Sünde. Es reicht nicht, dass wir ganz, ganz, ganz, ganz vieles erfüllt haben, dass ganz vieles durch die Gnade Gottes gelaufen ist. Nein, wenn wir an einer kleinen Stelle fehlen, dann sind wir, um noch einmal Jakobus zu zitieren, ***am ganzen Gesetz schuldig***. Wenn man das aber tut, wenn man Schuld und Sünde bagatellisiert, dann erkennt man sie nicht, dann bleibt sie verborgen. Dann kann sie nicht unters Kreuz gebracht werden, dann kann der Heiland nicht Sein Blut drübertun. Und auch da möchte ich einen Tipp geben: Bitte geht immer wieder hin und bittet Gott, dass ER das Gewissen in euch anschlagen lässt, falls ihr in der Gefahr seid, Sünde zu bagatellisieren. Falls der alte Adam in euch hochkommt und den Heiligen Geist ein bisschen dämpft - und man will das nicht so richtig wahrhaben -, dann bittet Gott immer wieder: „Bitte, HERR, bitte zeige mir, was richtig ist!“ David hat gebetet, Psalm 51,14, um einen ***willigen Geist***. Bittet Gott, dass ER euch wirklich einen ***willigen Geist*** gibt, der auch bereit ist, die kleinen Sünden anzuerkennen und nicht zu bagatellisieren, damit sie nicht verborgen und unerkannt und damit unvergeben bleiben. Verborgen und unerkannt - weil bagatellisiert.

Ein Drittes: Verborgen und unerkannt - weil verdrängt. Auch das gibt es, dass Menschen einfach richtig gesündigt haben. Sie lagen richtig daneben, die wissen das, aber sie verdrängen das einfach. Ihnen ist das klar und bewusst, das ist nicht bagatellisiert. Sie wissen, dass es groß ist, was sie getan haben, aber sie verdrängen das. David und Bathseba - das ist so ein Beispiel. Deshalb wird diese Geschichte, die so hässlich und schmutzig ist, auch ausführlich erzählt. David begeht einen furchtbaren Ehebruch. Er nimmt die Frau eines anderen. Er betrügt nicht nur seine Frau, sondern auch eben den Uriah. Und dann geht er hin, versucht alles zu kaschieren, und als das nicht gelingt, da lässt er den Uriah töten. Da macht er aber weiter, als wäre nichts geschehen. Er geht einfach zur Tagesordnung über. Er verdrängt das einfach, bis schließlich der Prophet Nathan zu ihm kommt. Nathan erzählt diese Geschichte von zwei Männern: Der eine Mann hat nur ein Schaf, der andere hat ganz viele Schafe. Und als der eine Mann mit den vielen Schafen Besuch kriegt und ein Schaf schlachten will, nimmt es nicht von seinen eigenen, sondern nimmt das Schaf von dem Mann, der nur ein Schaf hatte, dass er so lieb gehabt hat. Und dann sagt David in aller Prasslichkeit, in allem Jähzorn: ***So wahr der HERR lebt: Der Mann ist ein Kind des Todes, der das getan hat!*** (2. Samuel 12,5-6) Und dann sagt Nathan: ***Du bist der Mann!*** Bis dahin hat David das alles verdrängt. Aber jetzt wird ihm klar, er steht vor Gott mit seiner Schuld. Und das reflektiert er eben in diesem Psalm 51. Bis dahin war die Schuld verborgen, die er gehabt hat. Er hatte sie verborgen, vor der Welt sowieso, aber auch vor seinem eigenen Gewissen. Das wollte er nicht wahrhaben.

Das haben wir in der Seelsorge in den 70er, 80er, 90er Jahren ganz viel erlebt: Verborgene Schuld, die verdrängt wurde bei Leuten aus dem Zweiten Weltkrieg. Wenn man da ältere Brüder hört, die dann erzählen von ihren Erfahrungen; wenn ehemalige Soldaten, SS-Angehörige ihnen dann Dinge erzählt haben, wo die nach Jahrzehnten erstmalig angefangen haben zu sprechen und auf einmal gesagt haben: „Ja, auch ich bin da schuldig geworden. Ich habe dutzende, manchmal hunderte Menschen getötet. Aber damals hab ich gar nicht nachgedacht, als junger Mensch halt.“ Aber dann bricht es irgendwann raus. Diese Schuld war verborgen, die war da, man war sich dessen bewusst, aber man hatte sie eben verdrängt. Wichtig ist, dass wir das immer wieder vor Augen haben und uns da nichts vormachen. Wir sind als Sünder geboren, wir können nicht nicht sündigen, nicht nur mit den großen Sünden, auch mit den kleinen Sünden. Bitte verdrängt nichts, sondern - und das ist mein Tipp an diesem Punkt -, nehmt es immer wieder und bringt es unter das Kreuz! Alles was ihr tut, alles was ihr falsch gemacht habt, seid immer wieder bereit zur Buße! Früher war es den alten Brüdern und Schwestern im Glauben klar, wie wichtig das ist, immer wieder Buße zu tun. Es gab in früheren Jahrhunderten nicht nur einen Buß- und Bettag. Früher gab es hier in Norddeutschland vier Buß- und Bettage. In jedem Quartal war es ein gesetzlicher Feiertag, dass die Leute zur Buße geführt werden sollten, damit sie ihre Schuld nicht verdrängen, nicht wegschieben, sondern wirklich an das Kreuz bringen. Das haben wir leider eingestampft, bis hin auf nur einen Buß- und Bettag, der nun nicht mehr gesetzlicher Feiertag ist. Aber dieses Reduzieren dieser Anlässe, Buße zu tun, führt auch dazu, dass Leute sich gar nicht mehr mit Schuld und Sünde auseinandersetzen. Tut das nicht, sondern tretet immer wieder vor den lebendigen Gott und verdrängt eure Schuld nicht! Verborgen und unerkannt - weil verdrängt.

Und **ein Viertes ist: Verborgen und unerkannt - weil verleugnet.** Es gibt auch Schuld, die wird einfach geleugnet; wo der Mensch rotzfrech ist und sagt: „Es ist gar keine Schuld. Es ist gar keine Sünde.“ Wir haben das Glaubensbekenntnis gesprochen, und da wird das thematisiert. „Gelitten unter Pontius Pilatus. Gekreuzigt, gestorben...“ Das hat der Pilatus davon gehabt, der wollte seine Schuld leugnen. Der hat zwar auch ein bisschen versucht, Jesus zu retten, gar keine Frage; die juristische Verantwortung für den Tod Jesu, die juristische Schuld, trägt er. Die moralische Verantwortung aber trägt das Hedrion, die jüdischen Hohepriester. So ist Pilatus hingegangen, als das alles gelaufen war und hat dann gemerkt, dass das alles nicht gut gewesen ist. Da hat er sich die Hände gewaschen und gesagt: „Ich wasche meine Hände in Unschuld, ich bin nicht schuldig. Ich bin nicht schuldig, es war keine Schuld und Sünde. Ging nicht anders, alles in Ordnung!" So denkt die Welt! Die wäscht auch immer wieder ihre Hände in Unschuld. Es ist das Kennzeichen der Welt, dass sie Sünde und Schuld immer wieder leugnet. Da müssen Sie mal mit Menschen sprechen, die sich haben scheiden lassen. Da ist ganz häufig immer nur der andere Schuld. Wenn ich diesen Satz immer wieder höre: „Ja, aber es ist ja auch besser für die Kinder gewesen. So kann man ja auch nicht weitermachen..." Da wird das alles gutgeheißen. Nein, es ist nicht gut, wenn Ehen auseinandergehen! Es ist nicht richtig, wenn Mann und Frau sich scheiden, das ist furchtbar für die Kinder! Die schlimmste Ehe ist für Kinder besser als die beste Scheidung. Glauben Sie mir das! Das ist eine Erfahrung, die ich in 20 Jahren Seelsorge gesammelt habe an kaputten Kinderseelen, die durch Scheidung kaputt gehen. Aber die Welt, die findet das ja alles heute in Ordnung. Gucken Sie unsere Politiker an, die es vorleben, und unsere Kirchenführer, dass man die dritte, vierte und fünfte Frau dann hat. Serielle Monogamie, oder wie man das nennen möchte. Alles überhaupt gar kein Problem. Das wird nicht als Schuld und Sünde gesehen. Oder die Abtreibungen in unserem Vaterland. Das ist dann „rechtens", zwar mit einigen Einschränkungen halt; aber dass wir seit 1970 acht Millionen Menschen im Mutterleib getötet haben, das wird nicht als Schuld und Sünde gesehen. Und als wir im September mit der Gemeinde in Berlin gewesen sind und da demonstriert haben, da haben die Geschwister erzählt, wie sie beschimpft und bespuckt worden sind, weil man uns für Leute hält, die sie „nicht mehr alle haben". Weil wir das benennen, dass das Unrecht ist, dass das Sünde ist, wenn ungeborenes Leben im Mutterleib getötet wird. Oder die Homosexualität, wenn gesagt wird - wie damals der regierende Bürgermeister - „Ich bin schwul und das ist auch gut so!" Nein, es ist Schuld und Sünde - das müssen wir sagen! Und wir müssen auch der Leugnung der Sünde und Schuld entgegentreten. Wenn wir dem nicht entgegentreten als Kirche, wenn wir nicht deutlich die Finger in die Wunde legen, dann macht die Welt so weiter. Wenn ich sage „die Kirche sagt ja auch nichts", dann können wir ja alle so weitermachen.

Verleugnete Schuld. In 1. Johannes 1,9 heißt es, das haben wir eben als zweite Lesung gehört:

> ***Wenn wir sagen, wir haben keine Sünde, so betrügen wir uns selbst und die Wahrheit ist nicht in uns. Wenn wir aber unsere Sünden bekennen, so ist er treu und gerecht, dass er uns die Sünden vergibt und reinigt uns von aller Ungerechtigkeit.***

Das ist wichtig: dass, wenn Schuld und Sünde verleugnet wird - im öffentlichen Bereich, aber auch von uns -, dass wir immer wieder bereit sind, dagegen vorzugehen. Entweder, dass wir protestieren oder aber, dass wir selber in uns schlagen und einfach dazu stehen, was wir falsch gemacht haben. Verborgen und unerkannt - weil verleugnet. Von verborgener und unerkannter Sünde.

Wenn wir nun davon wissen, dass es Sünde gibt, nicht nur die, die wir erkennen, sondern dass es eben auch verborgene und unerkannte Sünde gibt, dann bleibt uns im Endergebnis nur eins: immer wieder unters Kreuz und immer wieder Buße tun; nicht nur für das Bewusste, sondern eben auch für das Unbewusste, Verborgene und Unerkannte. Psalm 19, Vers 13: ***Wer kann merken, wie oft er fehlet? Verzeihe mir die verborgenen Sünden.*** Psalm 90 Vers 8: ***Unsere Missetaten stellst du vor dich, unsre unerkannte Sünde ins Licht vor deinem Angesicht.*** Amen.

Und der Friede des lebendigen Gottes, der sehr viel höher ist als alle unsere menschliche Vernunft, bewahre unsere Herzen und Sinne in Christus Jesus, unserem auferstandenen und lebendigen HERRN. Amen.

Macht die Tore weit und die Türen in der Welt hoch, dass der König der Ehre einziehe!

Psalm 24,7

Gnade sei mit euch und Friede von dem, der da war und der da ist und der da sein wird in alle Ewigkeit, unser HERR, Jesus Christus. Amen.

Liebe Gemeinde, das Wort, das über dieser Predigt steht, kommt eben aus dem Wochenpsalm 24, den wir zu Beginn des Gottesdienstes schon gehört haben. Es ist der Vers 7:

Macht die Tore weit und die Türen in der Welt hoch, dass der König der Ehre einziehe. Amen.

Wir wollen beten: Lieber HERR Jesus Christus, HERR und Heiland unseres Lebens, König dieser Welt, wir danken dir für dieses Wort. Wir danken dir dafür, dass du uns noch einmal neu rufst zu Beginn dieses neuen Kirchenjahres, dass wir die Tore und die Türen in dieser Welt, in unserem Leben aufmachen sollen, hoch machen sollen, damit du einziehen kannst. Wir wollen uns jetzt in dieser Predigt über diesen Befehl von dir Gedanken machen und wir wollen dich bitten, dass du ihn uns erläuterst durch deinen guten Heiligen Geist für unser Leben; dass wir das recht verstehen und annehmen können, was du uns durch diesen Vers zu sagen hast. Das wird nur gelingen können, dass dein Wort uns erreicht, wenn du diese Predigt segnest durch deinen Heiligen Geist. Darum wollen wir dich bitten, HERR: Segne du selber das Reden und das Hören deines heiligen und lebendigen Wortes an uns allen. Amen.

Liebe Gemeinde, auch heute Morgen habe ich drei Punkte zu diesem Bibelvers, drei kurze Punkte, die sich darüber Gedanken machen, dass es einen König gibt für und über diese Welt und was das mit uns zu tun hat:

1. Es gibt einen König dieser Welt, Jesus
2. Dieser König begehrt um Einlass in dieser Welt
3. Diesem König über die Welt gebührt alle Ehre

Der erste Punkt: Es gibt einen König der Welt, Jesus! Liebe Gemeinde, stellen wir uns vor, ich hätte mich bei Günther Jauch beworben bei „Wer wird Millionär?“ und ich würde da sitzen und mir würde die 32000 Euro-Frage gestellt. In dieser Frage steht dann drin: Was ist die Staatsform in der Bundesrepublik Deutschland? Und da steht dann drin „Parlamentarische Demokratie“, „Diktatur“, „Monarchie“ und ich müsste einloggen. Ich wüsste, wenn ich „Parlamentarische Demokratie“ einlogge, dann komme ich zwar eins weiter, das ist die richtige Antwort; aber ich wüsste auch als Theologe, dass ich damit meinem HERRN und Gott Jesus Christus die Unehre geben würde. Da wäre ich in dem Zwiespalt, zu sagen: Jetzt sitze ich da vor einem Millionenpublikum, könnte da Zeugnis ablegen, aber das kostet mich was; oder ich verzichte aufs Zeugnis und streiche das Geld ein. Für mich wäre es klar, ich würde auf das Geld verzichten und würde dem Millionenpublikum sagen: „Jawohl! Wir haben eine Monarchie und unser König ist Jesus Christus! Jesus Christus ist unser König!“ Ich könnte gar nicht anders. Denn ich würde das verraten, worauf ich lebe, wovon ich lebe: das Wort Gottes. Das Wort Gottes bezeugt immer - wovon auch hier die Rede ist -, dass es eben diesen König der Ehre gibt und dass wir gerufen sind, die Tore und die Türen weit aufzumachen, um diesen König einziehen zu lassen.

Die Bibel spricht im Alten wie im Neuen Testament immer davon, dass Jesus der König ist. In 2. Mose 15, einem der ältesten Texte der Bibel überhaupt, steht: ***Der HERR wird König sein, immer und ewig.*** Psalm 146,10: ***Der HERR ist König ewiglich, dein Gott, Zion, für und für.*** In den Vorgeschichten zur Weihnachtsgeschichte in Lukas 1,32.33, steht: ***Jesus wird groß sein und Sohn des Höchsten genannt werden, und Gott wird ihm den Thron seines Vaters David geben.*** Dann kommt das, was der Engel hier sagt: ***Er wird König sein über das Haus Israel***

und über das Haus Jakob in Ewigkeit und sein Reich wird kein Ende haben.

Was interessiert mich die Verfassung der Bundesrepublik Deutschland? Der bin ich treu gehorsam als Staatsbürger, aber wir haben einen König und leben in einer Monarchie. Jesus Christus ist der König! Das Wort Gottes hat für mich oberste Priorität. Das gilt es der Gemeinde Jesu immer wieder neu zu sagen, dass wir das wirklich vor Augen haben. Wir haben einen Höheren über uns, als eine ostdeutsche Bundeskanzlerin, als einen Bundespräsidenten, der nicht einmal seine Ehe hinkriegt. Wir haben einen König, der perfekt ist: Jesus Christus! Das ist unser König, das ist unser Oberster und das wurde nicht nur von dieser Kanzel immer wieder gesagt. Immer wieder in der Kirchengeschichte haben die Väter im Glauben das betont: ein Augustinus, ein Luther, ein Calvin. Ich hätte beinahe gesagt - wie die jungen Leute jetzt sagen - die sind geradezu drauf abgefahren, das immer wieder zu betonen, dass Jesus Christus der König ist. Ein Friedrich Hiller hat dieses Lied geschrieben:

Jesus Christus herrscht als König,
alles wird ihm untertänig,
alles legt ihm Gott zu Fuß.
Aller Zunge soll bekennen,
Christus sei der HERR zu nennen,
dem man Ehre geben muss.

Karl Barth, der größte Theologe des letzten Jahrhunderts, hat das in seiner Theologie formuliert „Die Königsherrschaft Jesu Christi" und hat das auch den Politikern ins Stammbuch geschrieben, dass sie das anzuerkennen haben. Er hat damals gewarnt, Anfang der 30er Jahre: „Vergottet nicht diesen Hitler, sondern ihr habt einen anderen König und Führer." Was wäre unserem Volk alles an Leiden erspart geblieben? Was hätte anderen an Leiden erspart geblieben, wenn diese Wahrheit tatsächlich befolgt worden wäre. Aber Menschen wussten es wieder besser als die Bibel und haben sich dem nicht unterworfen.

Letzte Woche wurde im schlesischen Schwiebus eine 40 Meter hohe Christus-Statue eingeweiht. Damit haben katholische polnische Glaubensgeschwister deutlich gemacht: Es gibt einen König über Polen, und das ist nicht dieser Kaczynski oder wer auch immer, das ist Jesus Christus. Ich habe mich richtig gefreut, als sie es zeigten im Fernsehen, wie die Krone auf dieses Haupt gesetzt wurde. Ein deutliches Zeichen, um zu zeigen: Es gibt einen König über Polen. Es gibt auch einen König über Deutschland. Es gibt einen König über mein Leben, über dein Leben, über diese Welt. Der war von Ewigkeit, der wird immer bleiben und das ist Jesus!

Der Psalm, den wir eben gelesen haben, der hat das deutlich gemacht: Jesus Christus hat die Welt gemacht, alles; Bremen geschaffen, den Roland, das Rathaus, diese Kirche. Er hat diesen Planeten gemacht, die Sonne, den Mars, den Merkur, unsere Galaxie mit etwa 300 Milliarden Sternen und die anderen Abermilliarden Galaxien. Das ist unser König! Nicht so ein kleiner Mensch, irgendwie so eine Dynastie, die sich dann so drei- bis vierhundert Jahre zurückverfolgen lässt. Nein, wir haben den Ewigen - Jesus Christus. Er ist unser König! Daran scheidet sich's - nicht nur, wenn man bei Günther Jauch auf dem Stuhl sitzt, das wäre so eine Sondersituation -, nein, da scheidet sich's auch heute Morgen, hier und heute.

Ist Jesus dein König oder ist das nur eine leere Wortfloskel für dich? Es gibt Menschen unter uns, für die ist Jesus der König. Die haben ihm die Herzenstür aufgemacht und ihn hineingelassen. Das ist ihr HERR und Gott, für die ist alles in Ordnung. Aber es gibt andere heute Morgen unter uns, die wissen, dass es einen Gott gibt. Die leben in einer Gottfrömmigkeit. Aber dass dieser Gott in Jesus auf der Welt war und dass wir Jesus ins Herz hineinlassen müssen durch den Heiligen Geist, weil wir sonst nicht zu Gott kommen, das haben einige noch nicht angenommen. Für die ist Jesus noch nicht der König. An die wende ich mich im zweiten Punkt der Predigt. Denn dieser König über alle Welt begehrt um Einlass in dieser Welt.

Zweiter Punkt: Dieser König begehrt um Einlass in dieser Welt! Diesen Punkt 1 müssen alle Menschen anerkennen, wenn sie ewiges Leben haben wollen. Wenn sie nicht anerkennen, dass Jesus der König ist, dann werden sie dereinst verloren gehen. Aber dieser Gott hat die Menschen lieb und deshalb ist er als König in diese Welt gekommen, damit wir IHN aufnehmen, damit wir alle gerettet werden. Aber ER tut das nicht mit Zwang, sondern ER klopft an und bittet um Einlass. In Johannes 1, Verse 11 und 12, lesen wir das im Johannesprolog:

> ***Er kam in sein Eigentum*** (also in seine Schöpfung) ***und die Seinen nahmen ihn nicht auf. Wie viele ihn aber aufnahmen, denen gab er Macht, Gottes Kinder zu werden, denen, die an seinen Namen glauben.***

König der Welt! Wir müssen uns das mal vorstellen: Der diese ganze Galaxie geschaffen hat, der sie eines Tages beendet, der alles gemacht hat, der ist in diese Welt gekommen und bittet und bettelt dich an, dass du IHN hineinlässt in dein Leben. ER klopft an deine Herzenstür, denn davon ist hier die Rede. Ursprünglich war das mal gedacht oder wurde das gesungen für den Tempel. Da hat David das geschrieben für den Einzug in das Heiligtum, als die Lade hineinkam. Heute haben wir keinen Tempel mehr und Gott wohnt nicht mehr in Jerusalem am Zion. ER wohnt hier in meinem Herzen durch den Heiligen Geist oder ich habe keinen Anteil an IHM, wie wir gerade eben im ersten Lied gesungen haben. In diesem wunderbaren Lied aus Ostpreußen von Georg Weissel heißt es in der 5. Strophe:

Komm, o mein Heiland Jesu Christ,
meins Herzens Tür dir offen ist.
Ach zieh mit deiner Gnade ein;
dein Freundlichkeit auch uns erschein.
Dein Heilger Geist uns führ und leit
den Weg zur ewgen Seligkeit.
Dem Namen dein, o HERR,
sei ewig Preis und Ehr.

Georg Weissel hat das genau auf den Punkt gebracht. Er hat ja diesen Vers aus Psalm 24,7 vertont und sagt: Der Heiland klopft an meine Herzenstür an und du sollst deine Herzenstür weit aufmachen, dass ER einziehen kann. Du musst bei den Temperaturen nicht deine Fenster weit aufreißen und die Haustür offen stehen lassen. Das will der HERR Jesus nicht, das kostet dich viel Geld und irgendwann wirst du an Grippe erkranken. Der HERR Jesus will, dass du ihm deine Herzenstür aufmachst! Da haben wir genau die Trennlinie zwischen den Menschen. Die einen Menschen haben dem HERRN Jesus die Herzenstür schon aufgemacht, das sind die Wiedergeborenen. Die anderen haben die Herzenstür für den HERRN Jesus noch fest verschlossen. Sie haben den Heiligen Geist noch nicht und sind auch noch keine Königskinder. Übrigens das ist das Wunderbare, wenn man die Herzenstür dem HERRN Jesus aufmacht, dann werden wir zu Königskindern.

Der beliebteste Politiker derzeit ist hier Theodor Karl zu Guttenberg mit „25 Vornamen". Da gucken alle ein bisschen neidisch. Er hat so viele hundert Millionen und ist ein altes Adelsgeschlecht. Also davon träumt ja heimlich jede Frau: Mensch, das wäre doch auch so ein Ehemann oder so ein Top Schwiegersohn, nicht? Er ist sehr, sehr beliebt. Das stimmt so alles und das ist ja so ein Wunsch von vielen, die wollen Adelstitel haben, wollen in ein Geschlecht rein. Einige lassen sich das viel Geld kosten, damit sie da reinadoptiert werden, ist aber dann nichts Halbes und nichts Ganzes. Aber wisst ihr, wir kriegen den größten Adel, wirklich den größten Adelstitel als Königskind Jesu Christi, wenn wir IHN nur reinlassen in unser Herz. Denn wenn der HERR Jesus nämlich in unser Herz kommt, dann passiert der wunderbare Tausch. Dann schickt ER uns die Gotteskindschaft und nimmt unsere Schuld und unsere Sünde weg. Wenn ich den HERRN Jesus im Heiligen Geist in mein Herz reinlasse, dann werde ich zum Gotteskind und meine Schuld wird getilgt. Das ist ein Tauschgeschäft, das ist so schlecht von Gottes Seite aus und so hervorragend für uns, das muss man einfach machen. Nur wenn man es nicht macht, diesen wunderbaren Tausch nicht annimmt, dann bleibt man verloren, dann bleibt man unter der Sünde, dann kann man vor Gott nicht bestehen. Das will eben Gott nicht und deshalb kommt Gott und bettelt dich an. Lass IHN hinein in dein Leben! Wenn du den HERRN Jesus noch nicht in dein Herz hineingenommen hast, dann ruft er dich heute neu auf und bittet dich. Er bittet um Einlass und sagt dir diesen Predigtvers: Mach die Türen weit auf, dass ich, der König der Ehre, in dich einziehen kann, damit du auch zu einem ehrbaren Gefäß wirst für Gott und dass du nicht unter der Sünde bleibst. Hast du dem König Jesus schon Einlass gegeben in dein Herz? Wenn nein, dann lass dich bitte von IHM anrühren und in Bewegung setzen. Wenn ja, dann gilt dir jetzt der dritte Teil der Predigt.

Der dritte Punkt. Das, was gleich kommt, das kann nur jemand tun, der den HERRN Jesus schon hineingelassen hat in sein Herz, nämlich **diesem König über die Welt gebührt alle Ehre!** Wir sollen diesem König die Ehre geben, aber wir können IHM natürlich nur dann die Ehre geben, wenn wir durch den Heiligen Geist verstanden haben, dass ER der König ist. Aber das sind wir gerufen zu tun. Du, der du wiedergeboren bist, der du den HERRN Jesus schon in dein Herz gelassen hast, du darfst neu hören für dein Leben; du sollst IHM heute, morgen und im ganzen folgenden Kirchenjahr die Ehre geben. Gib dem HERRN Jesus die Ehre! Das hab ich mir nicht ausgedacht, das ist die Botschaft der Bibel und das ergibt sich auch aus unserem Predigtvers, wenn es da heißt: Er ist der ***König der Ehren***. Jesus ist der, dem alle Ehre gebührt. Das lesen wir auch immer wieder in der Bibel an ganz vielen Stellen. Ich hätte euch hier dutzende, hunderte Bibelstellen mitbringen können, ich sage nur einige wenige. Psalm 72,19: ***Alle Lande sollen seiner Ehre voll werden.*** In Lukas 2,14 kommt die Schar der himmlischen Heerscharen, die Engel, und sie singen über dem Stall - was? ***Ehre sei Gott in der Höhe!*** In vielen Kirchen steht das noch auf lateinisch über dem Predigtstuhl oder über dem Altar: Soli Deo gloria - Allein Gott in der Höhe sei Ehre! Paulus ruft das im 1. Korintherbrief 10,31 der Gemeinde in Korinth zu: ***Was***

ihr auch tut, das tut alles zu Gottes Ehre. Das ist das, was der HERR uns, den Wiedergeborenen, als Befehl gibt. Wir sollen alles tun zu Seiner Ehre, und alles, was Seiner Ehre nicht gereicht, das sollen wir nicht tun. Davon sollen wir die Hände lassen. Nochmal, nicht ich fordere das von euch, sondern ich stehe wie ihr unter dem Befehl Gottes, IHM die Ehre zu geben.

Wenn ihr bei der Deutschen Bank arbeiten würdet und wäret hier Geschäftsstellenleiter in Bremen; und der Ackermann, der Chef der Deutschen Bank, würde zu euch kommen und würde euch eine Anordnung geben. So, wie ich euch in der Mehrzahl kenne, was würdet ihr tun? Egal was er fordern würde, und wenn er sagen würde „Morgen fliegt ihr nach Neuseeland oder nach Grönland“, ihr würdet genau das tun, was der Ackermann sagen würde. Er ist ja der Chef! Ein viel höherer Chef sagt uns, wir sollen IHM die Ehre geben, unser allmächtiger Gott.

Wie geht das denn, unserem HERRN und Gott die Ehre geben? Wie können wir das machen? Ich möchte da zwei Dinge sagen. Das Erste, was wir tun sollen: Wir sollen IHN anbeten; das ist die Sprachrichtung gegen Gott, IHN anbeten. Das haben immer wieder die Männer der Bibel getan, die Psalmisten, die Hirten, ein Paulus. Gott anbeten, IHN loben und preisen. Ich möchte dich aufrufen für die nächste Woche, für diese Adventszeit, für den Rest deines Lebens: Tritt immer wieder in den Lobpreis Gottes ein. Du musst dafür kein Lied singen. Das kannst du im ganz normalen Gebet machen, dass du dich in deinem Kämmerlein vor den HERRN stellst, die Hände faltest und sagst: „Gott, ich lobe dich für alles, was du bist, dass du die Erde geschaffen hast, dass du mir das Leben gegeben hast; und ich bin dir dankbar und gebe dir die Ehre.“ Das ist unserem Gott wohlgefällig. Und wenn wir das nicht tun, dann ist das etwas, was Gott nicht mag, weil wir IHM die Ehre verweigern, die IHM, dem ***König der Ehre***, zusteht.

Vorgestern war der 80. Geburtstag von einem lieben Bruder. Da hab ich den besucht, der macht die Tür auf und was mache ich natürlich? Ich gratuliere ihm, mache eine Verbeugung und wünsche ihm alles Gute. Das ist ganz selbstverständlich, nicht? Er war das Geburtstagskind und man bringt ihm Gratulation vorbei. Noch viel, viel selbstverständlicher muss es für uns sein, dass wir dem ***König der Ehre*** die Ehre geben. Und ich bin durch diesen Predigtvers genau dazu gerufen, das in nächster Zeit nochmal intensiver zu tun. Das kann man gar nicht genug tun. Auch du bist dazu gerufen, Gott zu loben und zu preisen, wenn du mit IHM sprichst und zu IHM betest. Das ist das Erste und Wichtigste. Das Zweite und Nachfolgende ist, das ist die Sprachrichtung gegen den Mitmenschen, dass du Seinen Namen auch lobst und preist vor der Welt; dass du Menschen das weitererzählst, dass es diesen Jesus gibt, dass ER der König ist, der in die Welt gekommen ist und der wiederkommen wird als Richter dieser Welt. Das sollst du tun. Es ist kein Advent, wenn du das nicht tust! Du kannst Advent 2010 vielseitig verbringen. Da kannst du Geschenke kaufen für deine Verwandtschaft im Hinblick auf Weihnachten; du kannst dich mit Stollen vollessen; du kannst Glühwein trinken und du kannst dein Haus schmücken mit Kränzen und anderen Dingen - meine Güte! Aber das alles hat nichts mit Advent zu tun! Wenn du nicht anderen Menschen davon weitererzählst, dass Jesus Christus der König ist, denn dadurch gibst du Jesus die Ehre; wenn du das - und ich spreche jetzt vom Advent - vier Wochen nicht über die Lippen bringst, dann stimmt was mit deinem Glauben nicht! Ich sage das so deutlich: Dann stimmt was mit deinem Glauben nicht! Entweder hat der HERR Jesus Eingang gefunden in dein Herz und hat dich im Heiligen Geist wirklich froh und glücklich gemacht, dann kannst du nicht mehr schweigen, dann wirst du anderen Menschen weitererzählen müssen. Wenn aber deine Lippen verschlossen sind, dann stimmt etwas nicht mit dir. Dann bist du, wie Paulus das sagt, noch so ein Baby im Glauben. Dann brauchst du noch die Milch und hast noch nicht die feste Speise. Aber wenn du wirklich wiedergeboren bist (dann brauche ich dir das gar nicht zu sagen), dann bricht das automatisch aus dir heraus. Aber das gibt es eben bei vielen wiedergeborenen Christen. Die haben die

Handbremse angezogen, die haben sich von der Diesseitigkeit so gefangen nehmen lassen und dann wollen und können die das auf einmal nicht mehr, irgendwie vom HERRN Jesus sprechen. Die wissen zwar, dass es richtig ist, aber sie sind dann doch irgendwie gedämpft. Dämpft den Heiligen Geist in euch nicht, sondern erzählt von dem, was er in euch bewegt. Und wenn euch das nicht bewegt, dann müsst ihr neu unters Wort, dann müsst ihr euch neu füllen lassen vom Heiligen Geist. Dann wird das geschehen, dass ihr das weitererzählen könnt. Wir erzählen so viel „Mist" den ganzen Tag über, dass Werder Bremen so schlecht dasteht, dass wir kaltes Wetter haben, dass ich mir zu Weihnachten eine Handtasche von Louis Vuitton wünsche..., wie der Weihnachtsmarkt ist und und und... weiß der Kuckuck. Alles unnützes Geschwafel! Das müssen wir wissen, Matthäus 12:

Ich sage euch aber, dass die Menschen Rechenschaft geben müssen am Tage des Gerichts von jedem nichtsnutzigen Wort, das sie reden.

ER wird uns auch vergeben, da brauchen wir keine Angst zu haben; aber alles, was zu nichts nutze war zu Seiner Ehre, das hat keinen Wert vor IHM. Wir sollen davon reden, dass Jesus der ***König der Ehre*** ist. Das sollst du tun in deiner Verwandtschaft, vor deinen Kindern und Enkeln, deinen Patenkindern, an deinem Arbeitsplatz, überall. Jesus ruft dich auf. Lass die Leute dich verlachen! Das spielt doch keine Rolle, du gibst Jesus die Ehre! Der HERR im Himmel sieht das und ER wird dich dafür segnen. Er gebraucht dich dann, wenn Jesus wieder anklopft, dann wirst du sagen: „Es gibt einen König, es gibt diesen Jesus, der über aller Zeit steht." Also wie geht das, Gott die Ehre zu geben? Indem wir IHM im Gebet immer wieder Lob und Dank sagen für das, was ER ist, was ER uns gegeben hat und dass wir es anderen weiter erzählen, dass ER der ***König der Ehre*** ist.

Aber was haben wir denn davon? Was haben wir eigentlich davon, wenn wir Jesus die Ehre geben? Wir fragen ja heute immer nach dem: Was kommt hinten bei raus? Also wenn ich der Bank Geld gebe, dann frage ich, wie viel Zinsen ich kriege. Wenn ich irgendwas mache, z.B. in den Urlaub fahre, dann gucke ich, was habe ich davon? Ich frage immer danach, was ich rausziehen kann, wenn ich etwas investiere. Ich will jetzt Ehre in diesen Jesus investieren, was kriege ich denn? Es ist ein Dreifaches, was du bekommst, wenn du dem ***König der Ehre*** die Ehre gibst. Erstens: Du kriegst ein besseres Leben. Ich könnte hier jetzt Verse aus den Psalmen anführen, Psalm 37,37 oder auch Psalm 1, wo wir lesen, dass die, die wirklich bei IHM sind, gesegnet werden, auch wenn es im Moment nicht so aussieht.

Ich war ja Anfang letzter Woche unten im Erzgebirge und hab da Bibelabende gemacht, Evangelisation; und da haben mir die Brüder, das waren Gemeinschaftsbrüder, erzählt, wie das zu Zeiten der DDR war. Die Kirche war schon nicht gut gelitten, aber die Gemeinschaften, die wurden gegängelt, gegeißelt, unterdrückt und das war ganz schwer. Sie haben immer wieder Repressalien erleiden müssen; aber sie haben gesagt „Der HERR hat sich nie irgendwas schenken lassen. ER hat uns immer bewahrt und hat den Mangel immer wieder gutgemacht." Dann haben sie berichtet, wie der HERR sie gesegnet hat, was ER alles getan hat und was ER nach der Wende getan hat. Das ist so großartig! Sie haben gesagt: „Es ist so wichtig, treu zu bleiben. Es ist so fantastisch, wie der HERR die Dinge uns gegeben hat." Also man ist reich gesegnet für ein besseres Leben, ein viel besseres Leben, wenn man mit Jesus geht.

Es gibt einen unmittelbaren Zusammenhang zwischen der Gottesverehrung und dem, was der HERR einem schenkt. Es können auch hier in der Runde viele von euch bezeugen und sagen: „Ich bin mit meinem HERRN gegangen und ER hat mich immer wieder bewahrt und behütet, ER hat mir ein besseres Leben geschenkt." Wenn da einer was anderes sagen will, der mag aufstehen, der mag Widerrede halten, aber guck auf dein Leben und du wirst sehen, es ist so! Du hast nicht nur ein besseres Leben, du hast auch ein sinnerfülltes Leben. Auch das ist etwas ganz Wichtiges. Nicht nur, dass es dir gut geht an Gesundheit, materiell, all die Dinge; nein, du führst auch ein sinnerfülltes Leben. Wenn ich wirklich weiß, dass Jesus der König ist und wenn ich IHM die Ehre gebe, dann weiß ich, wofür ich lebe, das hat einen Sinn. Es gibt so viele Dinge, die wir machen und tun, womit wir so viel Zeit verschwenden. Das hat dann in letzter Konsequenz keinen Sinn oder es wird irgendwann der Sinn genommen: das Geld, die Gesundheit, das lange Leben, auch Familie. Wenn das das oberste Ziel und der Sinn meines Lebens ist, werde ich immer wieder die Erfahrung machen müssen, dass der Widersacher einbrechen und mir Dinge nehmen kann. Da wird er mir immer wieder zeigen, dass ich ein nichterfülltes, sinnloses Leben geführt habe. Spätestens am Ende meines Lebens, wenn dann der Tod kommt oder der Tod von lieben Menschen, da werde ich merken, dass es das nicht gewesen ist. Wenn aber die Ehre von Jesus Christus Sinn meines Lebens gewesen ist, wenn ich danach trachte und versuche, das zu tun, dann habe ich etwas, was hinüber kommt in die Ewigkeit. Davon wird dereinst die Rede sein, im himmlischen Jerusalem. Da werden sie alle stehen, ein Abraham, ein Mose, ein Daniel, ein Petrus, ein Paulus und auch ein Olaf Latzel. Es wird von meinem Leben die Rede sein, wie auch von eurem Leben. Ihr werdet auch dabei sein, wenn ihr wiedergeboren seid. Ganz vieles aus meinem Leben hat keine Bedeutung gehabt. Wie viele Böcke ich geschossen habe und Wildschweine, das ist vollkommen irrelevant. Da, wo ich Jesus die Ehre gegeben habe, das bleibt in Ewigkeit!

Also, wir führen ein besseres Leben, wenn wir Jesus die Ehre geben. Wir führen ein sinnerfülltes Leben, wenn wir Jesus die Ehre geben und wir kriegen ewiges Leben. Nur der, der Jesus Christus die Ehre gibt, der kriegt ewiges Leben. Niemand anderes! Da sind wir wieder bei dem zweiten Punkt zu sagen: Das müsst ihr wissen, die ihr Jesus noch nicht hineingelassen habt, die ihr IHM die Herzenstür noch nicht aufgemacht habt, für euch gibt es kein ewiges Leben. Auch wenn ich das schon tausendmal gesagt habe, ich werde es noch 5000mal sagen -

auch dem Letzten, der hier Jesus noch nicht hineingelassen hat in seine Herzenstür: Lasst IHN herein! Lass dich vom Heiligen Geist füllen und dann bekommst du ewiges Leben!

Das wünsche ich mir, dass das wirklich irgendwann so ist, dass alle, die hier sitzen heute Morgen, in der Ewigkeit dabei sind, dass keiner verloren geht. Aber das gelingt nur, wenn du Jesus Christus, dem König dieser Welt, deine Herzensstür aufmachst und IHM die Ehre gibst.

> ***Macht die Tore weit und die Türen in der Welt hoch, dass der König der Ehre einziehe.***

Es gibt einen König in dieser Welt, Jesus! Dieser König begehrt um Einlass in dieser Welt. Diesem König über die Welt gebührt alle Ehre. Lasst uns dem König der Ehre, Jesus Christus, alle Ehre geben. Amen.

> Und der Friede des lebendigen Gottes, der sehr viel höher ist als alle unsere menschliche Vernunft, bewahre unsere Herzen und Sinne in Christus Jesus, unserem auferstandenen und lebendigen HERRN. Amen.

Harre des HERRN Jesus!

Psalm 27,14

Gnade sei mit euch und Friede von dem, der da war und der da ist und der da sein wird in alle Ewigkeit - unser HERR Jesus Christus. Amen.

Liebe Brüder und Schwestern, das Wort, das der HERR uns heute schenkt als Predigttext, ist nur ein einziger Vers. Er kommt aus dem Psalm, den wir eben zu Beginn gelesen haben. Dort steht im letzten, im 14. Vers, in Psalm 27:

Harre des HERRN! Sei getrost und unverzagt und harre des HERRN! Amen.

Lassen Sie uns zusammen beten: Lieber HERR und Heiland, wir wollen dir von Herzen Dank sagen für dieses Wort des Trostes, das du uns schenkst heute Morgen, für dieses Wort, mit dem du jetzt sprichst zu uns, zu jedem Einzelnen, der gekommen ist. Ich möchte dich bitten, dass du durch dieses Wort jedem Einzelnen in der Predigt begegnest, dass du ihn anredest in seiner ganz speziellen Situation. Das wird nur dann gelingen können, HERR, wenn du uns deine Gegenwart in dieser Predigt schenkst. Darum wollen wir gemeinsam bitten, HERR, dass du durch deinen guten Heiligen Geist diese Predigt, das Reden und das Hören deines heiligen und lebendigen Wortes an uns allen segnen wollest. Amen.

Liebe Gemeinde, in der Medizin gibt es ein Allheilmittel. Wenn Sie zum Arzt gehen, Sie haben eine Lungenentzündung oder Sie leiden unter Scharlach, haben eine Mittelohrentzündung oder eine Angina wirft Sie aufs Bett, Sie haben eine Gelenkentzündung oder Sie haben Keuchhusten, ob Sie eine Zahnentzündung hinten am Weisheitszahn, eine Harnwegsinfektion, eine Bronchitis oder ein Magengeschwür haben - ich könnte jetzt hier weitermachen -, dann wären wir noch heute Mittag um 12 Uhr hier: Es gibt für alle diese Krankheiten, die zum Teil lebensbedrohlich sind, ein Allheilmittel - Antibiotika. Wenn Sie mit diesen und anderen Krankheiten zum Arzt gehen und es richtig schlimm aussieht, dann schreibt der Arzt Ihnen Antibiotikum auf und da wird Ihnen geholfen. Das hilft! Es ist ein Allheilmittel für viele körperliche Krankheiten. Gott sei Dank gibt es dieses Antibiotika.

Es gibt aber auch ein Allheilmittel für die seelischen, für die geistlichen Gebrechen: Das Harren auf den HERRN Jesus Christus. Da gibt es auch ganz unterschiedliche Situationen, wie es ganz unterschiedliche Krankheitsbilder in der Medizin gibt, aber diese Situationen bekommen alle ein und dieselbe geistliche Therapie: das Harren auf den HERRN Jesus Christus. Ich möchte uns heute Morgen, von unserem Predigttext ausgehend, fünf solcher geistlicher seelischer Krankheitssituationen schildern, die Sie alle zum Teil schon durchgemacht haben. Es gibt jedes Mal dieselbe Therapie, dasselbe Medikament: das **Harren auf den HERRN Jesus Christus**.

1. In deiner Hilflosigkeit: Harre des HERRN
2. In deiner Kraftlosigkeit: Harre des HERRN
3. In deiner Depression: Harre des HERRN
4. In deiner Katastrophe: Harre des HERRN
5. In deiner Glaubenskrise: Harre des HERRN

Die erste Situation, die erste geistliche seelische „Krankheit" ist die Hilflosigkeit. **Gott sagt dir in deiner Hilflosigkeit heute Morgen zu: Harre des HERRN!** Menschen sind hilflos. Das geht schon los, wenn wir geboren werden als Säuglinge. Wenn da nicht andere uns helfen, wenn Gott nicht Segen gegeben hat, dann können wir nicht leben. Wir brauchen Hilfe in der Schule, Hilfe durch unseren Ehepartner, all das Zwischenmenschliche. Wenn wir alt geworden sind, dann brauchen wir Hilfe. Aber wir brauchen noch ganz andere Hilfe. Angesichts unserer Sündhaftigkeit brauchen wir die Hilfe Gottes, sonst können wir gar nichts tun. Angesichts unserer Sterblichkeit brauchen wir die Hilfe Gottes, sonst bleiben wir im Tod. Wenn wir nach Japan gucken, angesichts durchschmelzender Kernreaktorstäbe, wissen wir, Menschen können nicht helfen. In Japan kann nur noch einer helfen, unser HERR und Gott in Jesus Christus. Das ist keine neue Erkenntnis, das steht schon im Alten Testament. In Jeremia 17,5+7 lesen wir:

> ***Verflucht ist der Mann, der sich auf Menschen verlässt und hält Fleisch für seinen Arm und weicht mit seinem Herzen vom HERRN. ... Gesegnet ist der Mann, der sich auf den HERRN verlässt und dessen Zuversicht der HERR ist.***

Wir Menschen sind hilfsbedürftig, immer und immer wieder; und es gibt Hilfe bei unserem HERRN Jesus Christus. ER ist der Gott der Hilfe. Ich habe uns Psalm 25 als Erklärung und Weiterführung mitgebracht. Da macht David diese Erfahrung, dass Gott ein Gott der Hilfe ist. Es heißt hier (5b): ***Denn du bist der Gott, der mir hilft; täglich harre ich auf dich.*** Weil unser Gott und HERR ein Gott der Hilfe ist, ist jeder, der Hilfe braucht, gut beraten, immer wieder auf den HERRN zu harren, so wie David. ***Täglich harre ich auf dich.***

Wisst ihr, die Geburtsstunde unserer evangelischen, unserer protestantischen Kirche hat genau damit zu tun, dass das die Männer des Glaubens erkannt haben, dass nur bei Gott Hilfe ist. Für mich ist die Geburtsstunde der evangelischen Kirche nicht der 31. Oktober 1517, wo Luther die Thesen angenagelt hat; da ist er noch im Diskurs mit der alten Kirche. Die Geburtsstunde und der Bruch ist für mich am Reichstag in Worms 1521. Die ganze Welt ist gegen Luther. Er wird vorgeladen, er muss kommen. Die sichern ihm zwar freies Geleit zu, aber er weiß, ihm wird es gehen wie hundert Jahre vorher Johannes Hus - er wird umgebracht werden. Dann fordern sie ihn auf und sagen: „Du, Luther, lass den ganzen Quatsch, widerrufe, widerrufe! Du musst doch glauben, was wir auch glauben, was seit Hunderten von Jahren Konzilien und Synoden festgelegt haben!“ Und dann hält Luther diese flammende Rede, wo er dann sagt, dass Synoden, dass Konzilien irren können. Er sagt: „So ich nicht durch die Stellen der Heiligen Schrift widerlegt werde, bin ich gebunden in meinem Gewissen im Wort Gottes. Daher kann und will ich nicht widerrufen", und dann kommt es, „hier stehe ich, Gott helfe mir! Amen." So geht's los, dass Luther, dieser kleine erbärmliche Mönch da steht und nur Eins hat gegen die ganze Welt: das Rufen um die Hilfe Gottes. Die Hilfe Gottes ist gekommen, weil es die Sache Gottes war. Irdisch war diese Sache zum Scheitern verurteilt, aber geistlich war das der Triumphzug, und deshalb sitzen wir als evangelische Christen heute Morgen hier. Die Hilfe Gottes!

Das gilt nicht nur für einen David, das gilt nicht nur für einen Luther, der Hilfe erfahren durfte, das gilt auch für dich, für deine Hilfsbedürftigkeit, die du momentan vielleicht spürst und die dir zu schaffen macht. Du darfst wissen, da ist Hilfe - bei Gott! Gott ist der Gott der Hilfe und du brauchst nur eins zu tun: ***Harre des HERRN!*** Das hebräische Wort für harren, „qavah", heißt so viel wie „gespannt erwartet sein". Sei in gespannter Erwartung dessen, was Gott dir schenken wird. Wenn du in dieser gespannten Erwartung lebst, dann tut Gott auch etwas in deinem Leben. Aber wenn du diesem großen Gott, der Himmel und Erde gemacht hat, die Sonne geschaffen hat, nichts zutraust, wirst du in deinem Leben auch nichts zu erwarten haben. Deshalb, wenn du Hilfe brauchst, harre des HERRN! Vielleicht brauchst du keine Hilfe, sondern dir fehlt es an Kraft, und damit kommen wir **zum Zweiten, was Gott dir zuruft in deiner Kraftlosigkeit: Harre des HERRN!** Harre des HERRN, wenn du kraftlos bist, denn Gott ist ein Gott der Kraft, einer unglaublichen Kraft. Auch das durften und mussten die Männer und Frauen der Bibel immer wieder erfahren, wie Gott neue Kraft schenkt, selbst wenn es äußerlich ganz unmöglich aussah. Ich habe für Sie ein Wort mitgebracht aus Jesaja 40, Vers 31:

> ***Die auf den HERRN harren, kriegen neue Kraft, dass sie auffahren mit Flügeln wie Adler, dass sie laufen und nicht matt werden, dass sie wandeln und nicht müde werden.***

Das ist ein Wort, gesprochen vor zweieinhalbtausend Jahren in die totale Kraftlosigkeit des Volkes Israel hinein. Ihr Land Juda existiert nicht mehr, ihre Stadt Jerusalem ist zerstört. Die meisten ihrer Volksgenossen sind getötet, die Babylonier haben sie deportiert und das Schlimmste - neben der Zerstörung ihrer sozialen Strukturen und dem Ende der staatlichen Existenz - ist die Zerstörung ihrer religiösen Mitte. Der Tempel ist kaputt, der Ort der Anwesenheit Gottes - kaputt! Und dann sitzen sie in Babel und sind total kraftlos, sie wissen nicht mehr weiter. Da ist auch irdisch nichts mehr. Kein Volk der Welt hat so ein Desaster überlebt. Aber der HERR schickt seinen Propheten Jesaja, und dieser sagt ihnen: ***Die auf den HERRN harren, kriegen neue Kraft, dass sie auffahren mit Flügeln wie die Adler, dass sie laufen und nicht matt werden, dass sie wandeln und nicht müde werden.*** Und guckt sie euch heute an, 2500 Jahre später. Die Existenz des Staates Israel ist ein lebendiger Beweis der Wahrheit der Verheißungen Gottes; wie da neue Kraft ist; wie dieses kleine, zerstörte Volk heute noch da ist. Und das ist die starke Macht jetzt im vorderen Orient, Gott sei Dank!

Das gilt nicht nur im Alten Testament, auch im Neuen Testament kriegen immer wieder die Menschen, die auf Gott vertrauen, die ihm harren, **neue** Kraft. Da gibt es in Markus 5,18-26 so eine wunderbare Geschichte. Jesus ist am See Genezareth auf dem Weg in das Haus des Synagogenvorstehers Jairus. Ihn umgibt eine riesige Menschenmenge. Und da ist auch eine Frau, die seit 12 Jahren krank ist, sie hat Blutfluss. Das können wir uns vorstellen, das wissen wir, wenn ein Mensch sehr viel Blut verliert, dann hat er keine Kraft mehr. Diese Frau hat ihr ganzes Geld und Gut aufgewandt bei den vielen Ärzten, und es ist alles noch viel schlimmer geworden. Die ist fix und fertig und hat keine Kraft mehr. Und dann kommt Jesus. Die Frau denkt sich dann, so steht das da: ***Wenn ich nur seine Kleider berühre, so werde ich gesund.*** So harrt sie auf den HERRN, erwartet etwas, nur den Saum seines Gewandes berühren, das würde reichen. Dann schlängelt sie sich durch die Menge und greift an das Gewand von Jesus. Und dann steht da: ***Und so-***

gleich versiegte die Quelle ihres Blutes, und sie spürte es am Leibe, dass sie von ihrer Plage geheilt war, und weiter heißt es: ***Und Jesus spürte sogleich an sich selbst, dass eine Kraft von ihm ausgegangen war...*** Jesus spürt das. Er fragt dann: Wer hat meine Kleider berührt? Die Frau traut sich zunächst nicht und dann tritt sie nach vorne, und Jesus nennt auch ihren Glauben groß. Deshalb, weil diese Frau IHM etwas zugetraut hat, weil sie auf IHN geharrt hat, bekam sie diese Kraft. In 1. Korinther 4,20 steht: **Das Reich Gottes besteht nicht in Worten**, (schlimm wäre es, wenn es in menschlichen Worten bestünde), **sondern in Kraft.** Das ist das Reich Gottes! Es ist nicht das, was wir Menschen machen, reden, produzieren und aufbauen, sondern in der Kraft Gottes!

Ich habe das hier schon mehrfach gesagt, dass auch ich an diesem Wort, Jesaja 40, schon erleben durfte, wie es spürbar ist, die Kraft Gottes zu bekommen. Ich habe kurz vor meinem Studium einen Ferienjob gemacht, habe gearbeitet, um ein bisschen Geld zu verdienen. Das Abitur hatte ich hinter mir und ich hatte jetzt diese drei Monate Zeit. So acht Wochen vor dem Studium, bei dieser Arbeit beim Ferienjob, fährt mir ein Hubwagen hinten in die Beine und schneidet mir die Achillessehne durch. Das war eine sehr, sehr schlimme Verletzung und ich bin operiert worden. Aber dann kamen die Fragen, so nach dem Motto: „Wie wird's denn weitergehen?" Der Arzt sagte: „Oh, das wird schwer werden. Bei der Berufsgenossenschaft müssen wir gucken, vielleicht kriegen Sie eine Rente gezahlt, Sie sind ja versichert gewesen. Aber mit dem Gehen, das wird die nächsten zwei Jahre schwierig." Dann denkt man so: „Das kann doch alles nicht sein! Ich habe meinen Umzug noch nicht gemacht! Da werde ich nicht anfangen können zu studieren!" Ich weiß noch, wie ich abends - ich bin ambulant operiert worden - bei mir zu Hause in meinem Zimmer war; und das ist der letzte Moment, wo ich in meinem Leben geweint habe. Ich hatte Schmerzen, die Narkose ließ nach, ich hatte so all die Ängste „Wie wird es denn werden?" Da war so absolut gar keine Kraft in dem sonst so starken Olaf Latzel. Da war ich so am Ende, da habe ich geweint! Aber an meiner Wand, da hing mein Konfirmationsvers, dieses Wort aus Jesaja 40, Vers 31. Ich weiß noch, wie ich da ganz tief drin war und habe gebetet; und dann sehe ich auf und guck auf dieses Wort, auf dieses Bild, das an meiner Wand hängt: ***Die auf den HERRN harren, kriegen neue Kraft, dass sie auffahren mit Flügeln wie Adler, dass sie laufen und nicht matt werden, dass sie wandeln und nicht müde werden.*** Das war wie ein Lichtschalter. Batz! Eben noch Traurigkeit, Kraftlosigkeit, und jetzt hat der HERR mir dieses Wort gesagt. Ich habe dem Wort geglaubt, dass es die Wahrheit ist und habe geglaubt, dass alles gut wird. Was soll ich euch sagen: Nach sechs Wochen kriege ich den Gips ab. Ich habe am Vormittag den Gips abbekommen - meine Schwester hat mich damals ins Krankenhaus gefahren -, fuhr das Auto alleine zurück, bin vom Auto in mein Zimmer gegangen, habe mich umgezogen, bin in den Wald gegangen und bin gelaufen. Es war alles gut, der Fuß war wie vorher. Da war nichts! Das kann ich zu Gottes Ehre sagen: Gott hat alles gut gemacht. Keine einzige Stunde Krankengymnastik, nichts! Der HERR hat mich geheilt, hat mir **neue** Kraft gegeben und ich musste mir keine Sorgen machen, weil über mir der große HERR war, der für mich gesorgt und mir **neue** Kraft gegeben hat, sodass ich im wahrsten Sinne des Wortes laufen konnte.

Das darfst du auch wissen, angesichts deiner Kraftlosigkeit. Das gilt auch dir! Um die Kraft Gottes zu bekommen, brauchst du nur eins zu tun: Harre auf Gott, erwarte alles von IHM. Du musst gar nichts tun, sondern dich komplett, mit deinem Leben, mit allem auf IHN werfen. Vielleicht bist du nicht hilflos und kraftlos, sondern du bist depressiv. Auch das, liebe Brüder und Schwestern, gibt es unter Christen, und das sind manchmal die allerbesten. Die Bibel spricht davon, dass es Depressionen gibt, auch im Leben der Männer und Frauen, die mit Gott, mit Jesus gehen. Psalm 42, Vers 6:

Was betrübst du dich, meine Seele, und bist so unruhig in mir? Harre auf Gott, denn ich werde ihm noch danken, dass er meines Angesichts Hilfe und mein Gott ist.

Depressionen, liebe Brüder und Schwestern, sind nicht erst seit heute die Volkskrankheit numero eins. Man rechnet in Deutschland mit etwa acht bis zehn Millionen Menschen, die daran erkrankt sind. Depressionen gab es auch schon in der Bibel, die Söhne Korachs. Wir wissen nicht genau, was die Ursache ihrer Depression war, aber sie sprechen davon. Ihre Seele ist betrübt, sie sind unruhig. Aber sie geben sich gleich direkt auch die Medikation für ihre Depression, nämlich das Harren auf Gott, das ist das beste Antidepressivum, das es gibt.

Eine meiner Lieblingsstellen im Alten Testament ist 1. Könige 19, die Geschichte eines zutiefst depressiven Mannes, eines Topstars, des Topstars des Alten Testaments, Elia. Er ist so ein Großer gewesen, dass er sogar entrückt wurde. Und Elia, der große Prophet, der die Baalspriester ausrottet, kommt in eine Situation in seinem Leben, wo er depressiv wird, Angst hat vor der Isebel, die ihm nach dem Leben trachtet, und da läuft er weg in die Wüste und legt sich unter den Wacholderbusch. Dann heißt es, jetzt ist es genug, er will sterben. So tief ist seine Depression, dass er selbstmordgefährdet ist. Er geht in die Wüste und will da einfach nur sterben. Da schickt der HERR einen Engel, der rührt ihn an und sagt: ***Steh auf und iss!*** Diese Kraft der Auferstehung gibt es nicht erst nach dem Sterben - die gibt's da erst recht, wenn wir ewiges Leben kriegen -, aber die Kraft des Auferstandenen können wir auch hier in unserem Leben immer wieder spüren. Gerade in den Depressionen, wenn wir niedergeschlagen sind, kommt Gott und sagt: „Steh auf, mach weiter!" Dann steht Elia auf, kriegt von einem Engel zu essen und zu trinken und dann geht er 40 Tage durch die Wüste bis zum Berg Horeb. Da können wir sagen: „Naja, jetzt gestärkt durch den Engel und 40 Tage durch die Wüste gegangen, jetzt ist er doch wieder voll da." Nein! Die nächste Szene, als er am Berg Horeb ist, da kriegt Elia wieder so einen depressiven Schub: ***Ich bin allein übrig! Ich bin noch der einzige Gläubige in ganz Israel***, so klagt er da. Erbärmliches Gewinsel dieses depressiven Elia. Was macht der HERR? Der HERR stellt ihn auf den Berg und sagt: „Ich werde jetzt an dir vorbeigehen." Der da denkt, er wäre allein, darf die Gegenwart Gottes schauen. Dann kommt ***ein starker Wind, der Berge zerriss***, so heißt es da weiter, ***aber der HERR war nicht im starken Wind.*** Dann kommt ein ***Erdbeben***, dass alle Berge erzittern, heißt es, ***aber der HERR war nicht im Erdbeben.*** Dann kommt eine ***Feuer***sbrunst, die größer ist als alles andere, so steht es in der Bibel, und ***der HERR war nicht im Feuer.*** Und dann kommt das stille, sanfte Sausen und Elia muss sich verhüllen, muss in eine Bergspalte treten, und in diesem stillen, sanften Sausen ist der HERR. Dann kommt dieses ganz Großartige in dieser Gottesoffenbarung. Gott sagt zu Elia (ihr müsst das nachlesen!): ***Was hast du hier zu tun?*** Er macht da keine große Erklärung, sondern fragt den Propheten: „Was bitteschön hast du hier zu tun? Warum bist du depressiv? Was soll dieser ganze Mist mit dieser Wüstengeschichte? Was bitte hast du zu tun? Von wegen, du alleine. Ich bin hier!" Da braucht keiner mehr depressiv zu sein, wenn er in der Gegenwart Gottes ist!

Das ist das beste Antidepressivum, das es gibt: das Harren auf den gegenwärtigen Gott. Das müsst ihr mal lesen, wenn ihr ganz tief drin seid, Matthäus 6,19-34, diese Stelle von dem Reichtum und von dem Sorgen, wo Gott uns sagt: „Ihr braucht euch keine Gedanken um das Morgen zu machen, was ihr essen werden, wo ihr euch kleiden werdet, wie es werden wird. Euer himmlischer Vater weiß das alles, der ist für euch da, ER kümmert sich um euch." Dann brauchen wir keine Sorgen mehr zu haben, wenn wir da ganz gefangen drin sind. Das muss auch Elia hier hören. „Was tust du eigentlich hier als Mann Gottes? Ich bin doch bei dir. Was bitteschön ist dann die Ursache für irgendeinen Kummer, eine Sorge?" Wenn Gott, der Allmächtige, bei uns ist, um uns ist, dann brauchen wir uns keine Gedanken mehr zu machen. Was Elia hier in seiner Depression tröstend erfahren darf, nämlich dass das Harren auf Gott hilft, das darfst du auch wissen in deiner Niedergeschlagenheit, in deiner Traurigkeit. Du brauchst dir keine Gedanken zu machen. Du darfst froh in ein Morgen gehen, ganz gleich, was um dich herum passiert, weil der HERR da ist - vielleicht ganz anders, als du es dir vorstellst. Manchmal nicht in dem Gewaltigen, sondern im stillen, sanften Sausen. Aber ER ist da und du wirst IHN erleben, wenn du auf IHN harrst, wenn du IHM vertraust.

Vielleicht bist du ja - und damit kommen wir zum **vierten Punkt** - von einer richtigen Katastrophe betroffen, von etwas, was dich fix und fertig macht, was dein Leben ganz aus der Bahn geworfen hat, der Tod eines Menschen, eine schlimme Krankheit oder ein finanzieller Ruin. Vielleicht ist das dein Problem, dann darf ich dir auch dafür sagen: Harre des HERRN! David muss da eine Situation erleben, wo ihm der Boden unter den Füßen weggeht. Er beschreibt es im Psalm 40 (2+3):

> ***Ich harrte des HERRN und er neigte sich zu mir und hörte mein Schreien. Er zog mich aus der grausigen Grube aus lauter Schmutz und Schlamm und stellte meine Füße auf einen Fels, dass ich sicher treten kann.***

David hat auf den HERRN geharrt und Gott vertraut. Er kommt aus einer Situation, die wir nicht genau kennen; wir wissen nicht, was es jetzt genau war. Wir wissen aber, dass es viele schwere Situationen gab, wo er keinen Boden unter den Füßen hatte, wo irgendeine Katastrophe passiert war, wo der HERR ihn rausholte und wieder auf festen Fels stellte.

Auch das dürfen die Männer und Frauen der Bibel immer wieder erleben, dass sie nicht gefeit sind vor diesen Katastrophensituationen, wo uns in dieser Welt der Boden unter den Füßen wegbricht. Diese Dinge passieren! Das müssen schon die Emmaus-Jünger erleben, die Jesus so treu nachgefolgt sind. Auf einmal ist Jesus tot. Sie haben zwar die Botschaft der Auferstehung gehört (Lukas 24), aber sie glauben dem nicht. Da gehen sie weg aus Jerusalem und der HERR muss sich erst wieder zu ihnen stellen, muss sie begleiten, nochmal neu zurüsten, damit sie dann wieder verstehen, was geschehen ist. Sie hatten zunächst einmal den Eindruck, dass der Boden unter den

Füßen weg sei, und das passiert Männern und Frauen, die mit Jesus gehen.

Wir singen ja heute zweimal das Lied 506. Wir haben es zu Beginn gesungen und wir werden es nachher am Ende nochmal singen. Nicht, weil es nicht viele andere gute Lieder gibt. Aber das ist so das Lied, wo jemand wirklich eine totale Katastrophe in seinem Leben erlebt und dann gesagt hat: Da gibt's nur eins, auf den HERRN zu harren. Das Lied „Harre, meine Seele" hat der Dichter Johann Friedrich Raeder in einer furchtbaren Situation geschrieben. Zwar nicht lebensbedrohlich an Leiden, aber sein ganzer Besitz war scheinbar weg. Er war Kaufmann in Wuppertal - auch eine sehr gläubige Gegend -, und hatte gutes Geld verdient. Mitte des 19. Jahrhunderts hat er dort richtig investiert in das Indigo-Geschäft, also in so ein Farbgeschäft. Dann sollten Schiffer, Kapitäne ihm Waren bringen. Er hatte denen natürlich, wie das früher üblich war, Geld geben müssen und hatte Geld aufgenommen, weil er Geschäfte finanzierte. Das wissen wir ja hier aus der Bremer Tradition: Buten und binnen, draußen und drinnen, wagen und gewinnen, das war dann ein Risiko. Nicht wie heute bei uns, so nach dem Motto: Alles schön mit Überweisungen, was man nachvollziehen und auch mit Gerichten zurückverfolgen kann; sondern damals vor 150 Jahren waren die Geschäfte mit viel Unwägbarkeit verbunden. Man konnte sehr viel gewinnen, aber auch alles verlieren, es musste nur so ein Schiff untergehen. Jetzt hatte Raeder unwahrscheinliche Geldsummen investiert und wartete auf den Riesengewinn, aber es gab keine Nachricht. Nichts! Über Monate, über Jahre keine Rückmeldung, und er hatte kein Geld mehr. Nicht nur, dass er selber kein Geld hatte, sondern von denen er es geliehen hatte, die kamen jetzt auf einmal und forderten ein: „Gib mir die Kredite zurück!" Und da war nichts mehr! Keiner gab ihm Geld. Und es kamen keine Nachrichten von dem, worin er investiert hatte. Da war dieser Mann richtig fertig in dieser Situation, wo er keinen Boden mehr unter den Füßen hatte. Und da schreibt er dieses Lied „Harre, meine Seele, harre des HERRN" und vertont unsern

Predigttext heute Morgen. Das vertont er und lässt sich selbst das Lied als Therapie zusprechen. Und es hat sich gelohnt! Es ist alles gut geworden, das Lied hatte ihm neue Kraft gegeben. Das darfst du auch wissen für deine Katastrophensituation, das darf ich dir heute Morgen zusprechen, nicht wissend, was dir den Boden unter den Füßen wegzuziehen droht oder vielleicht schon weggezogen hat. Ich kann dir sagen, was dir wieder neuen Boden gibt: das Harren auf unseren HERRN, Jesus Christus. In deiner Katastrophe: Harre auf den HERRN!

Ein Fünftes und Letztes. Ich möchte dir das auch zusprechen **in deiner Glaubenskrise.** Denn auch die Männer und Frauen, die schon lange vielleicht mit Jesus Christus gehen, kommen immer wieder auch ab und an in Glaubenskrisen. Und aus einer Glaubenskrise kommen wir nur durch eines raus: nicht durch irgendwelche asketischen Maßnahmen; nicht dadurch, dass wir irgendwelche Dinge spenden würden oder die Bibel abschreiben, sondern indem wir neu auf den HERRN Jesus harren. Das Tröstliche ist, dass die Bibel uns erzählt von den Männern, die auch Probleme haben in ihrem Glauben.

Habakuk, ein großer Prophet! Einer der „kleinen Propheten" im Alten Testament, ein Zeitgenosse Jeremias. Er hatte eine Glaubenskrise. Er lebte kurz vor dem Untergang Judas, kurz vor der Zerstörung Jerusalems. Habakuk kann das alles nicht mehr verstehen. Gott hatte doch Abraham ein großes Volk ohne Ende verheißen; und jetzt kommt das Ende. Die Babylonier rücken an und belagern die Stadt Jerusalem. Es ist klar, das können sie nicht militärisch überleben. Wie soll das alles werden? Stimmen die Verheißungen noch? Der Prophet Habakuk ist in einer tiefen Glaubenskrise. Und das berichtet die Bibel im ersten Kapitel, wie er seine Zweifel und seine Fragen ausführt.

Gott sagt dann: ***Schreib auf, was du schaust, deutlich auf eine Tafel, dass es lesen könne, wer vorüberläuft, damit du es weißt und das ganze Land Juda, ganz Jerusalem.*** Und dann kommt genau dieses Wort, das ich uns mitgebracht habe:

> ***Die Weissagung wird ja noch erfüllt werden zu ihrer Zeit und wird endlich frei an den Tag kommen und nicht trügen. Wenn sie sich auch hinzieht, so harre ihrer; sie wird gewiss kommen und nicht ausbleiben.***

Dann stellt er sich hin und schreibt es auf die Tafel zum Zeichen. Das, was Habakuk bekommt in seiner Glaubenskrise, das ist nicht irgendwie ein magischer Stab, mit dem er vor dem Volk Wunder tun könnte, nein, sondern nur die Aussage: „Harre darauf, die Weissagungen erfüllen sich, Gottes Wort ist zuverlässig!" Das dürfen auch wir wissen, wenn wir in einer Glaubenskrise sind; da gibt's nur eins: wieder neu zu Jesus, auf IHN harren, auf IHN vertrauen!

Ein anderer Großer des Glaubens: Johannes der Täufer. Von ihm sagt Jesus in Matthäus 11,11a:

> ***Wahrlich, ich sage euch: Unter allen, die von einer Frau geboren sind, ist keiner aufgetreten, der größer ist als Johannes der Täufer.***

Als er im Gefängnis sitzt, obwohl er vorher geschrieben hat ***das ist Gottes Lamm*** (Johannes 1,29) und Jesus getauft hat, kommen ihm Zweifel. Dieser große Mann schickt seine Mitarbeiter zu Jesus (Lukas 7,19f) und lässt fragen: Bist du, der da kommen soll, oder sollen wir auf einen andern warten? Glaubenskrise bei Johannes dem Täufer! Dann sagt Jesus nochmal, was passiert ist, dass ***Blinde sehen, Lahme gehen*** und sagt: ***Selig ist, wer sich nicht an mir ärgert.*** Das wollen wir tun, nicht ärgern, nicht zweifeln an Jesus, sondern neu harren. Eine andere Antwort kriegt Johannes der Täufer auch nicht. Eine andere Antwort kann ich auch niemandem geben, der in der Glaubenskrise ist. Da gibt es nicht irgendwelche Taschenspieler-Tricks, mit denen man das so umgehen kann. In der Glaubenskrise hilft nur eins, neu auf Jesus Christus harren. Das möchte ich dir zusprechen, wenn du vielleicht in deinem Glauben so ein bisschen müde geworden bist. Wenn dir heimlich im Hinterstübchen Fragen kommen - was ja keiner weiß. Dir kommen vielleicht Fragen wie „Stimmt das alles wirklich? Vielleicht machen wir uns doch alle was vor? Ist das alles hier nur so eine fromme Fassade? Vielleicht haben Marx und Nietzsche, die ganzen Religionskritiker, recht gehabt?" Wenn diese Fragen bei einem kommen, hilft nur eines, um rauszukommen: Neu auf den HERRN harren! Auf einmal gilt all das nicht, was man vierzig Jahre mit dem HERRN erlebt hat und man zweifelt bei einem kleinen Windhauch. Da hilft nur eins: neu auf den HERRN harren. ER wird sich neu erweisen, es wird neu gut werden. Das sollst du tun, wenn du in Glaubenskrisen kommst oder wenn du vielleicht momentan drin bist: dem HERRN harren!

Ich habe die Predigt damit begonnen, dass ich gesagt habe, es gibt ein Allheilmittel in der Medizin, das bei so vielen Krankheiten angewandt wird: Antibiotika. Es wird immer wieder verschrieben, aber mit Antibiotika ist das so eine Geschichte - das wissen wir auch. Da muss man sehr vorsichtig sein, sehr behutsam dosieren. Denn wenn man zu viel davon nimmt, gibt's irgendwann die Resistenzen. Da ist ein diametraler Unterschied zur geistlichen Medizin: das Harren auf den HERRN. Während wir das Antibiotika nur sehr, sehr selten nehmen sollen; beim Harren auf unseren HERRN Jesus Christus sollen wir das immer wieder täglich tun, in allen Lebenssituationen, wenn wir in Krisen sind oder wenn es uns gut geht. Deshalb möchte ich uns zum Schluss dieser Predigt noch einmal den Predigttext zurufen, dass wir ihn möglichst häufig beachten in der nächsten Woche, in der Zeit, die vor uns liegt: ***Harre des HERRN! Sei getrost und unverzagt und harre des HERRN!*** Amen.

Und der Friede unseres allmächtigen Gottes, der sehr viel höher ist als all unsere menschliche Vernunft, ER bewahre unsere Herzen und Sinne in Christus Jesus, unserem auferstandenen und lebendigen HERRN. Amen.

Seid getrost und unverzagt alle, die ihr des HERRN harret!

Psalm 31,1-25

> Gnade sei mit euch und Friede von dem, der da war und der da ist und der da sein wird in alle Ewigkeit, unser HERR, Jesus Christus. Amen.

Liebe Gemeinde, ich habe Ihnen erzählt, dass mich in der letzten Woche dieser Wochenpsalm für die vor uns liegende Woche in ganz besonderer Weise angesprochen hat, Ihnen deshalb dieses Wort auch mitgebracht und wir deshalb jetzt auch über dieses Wort die Predigt hören werden. Aber Sie haben das eben schon gemerkt, bei der Psalmlesung und auch bei der Schriftlesung, das ist ein sehr langer Psalm. Da kann man nicht über alles predigen und könnte eine ganze Predigtreihe darüber machen. Deshalb habe ich das mitgebracht, wo ich am meisten hängengeblieben bin. Ich mache das beim Bibellesen häufig so wie ein Schiffer, wie ein Kapitän, der wirft seinen Anker aus, dann geht das Schiff weiter und dann bleibt er irgendwann hängen, so richtig hängen. Das sind meistens die für mich sehr fruchtbaren Stellen. Und so ist es auch in dieser Woche gewesen. An fünf ganz besonderen Stellen dieses Psalms bin ich hängengeblieben mit meinem Anker, mit meinem Glaubensanker, und diese fünf Stellen - ich habe sie auf den Zetteln fett gedruckt - möchte ich uns zu Beginn der Predigt noch einmal vorlesen, denn die werde ich in besonderer Weise vor dem Hintergrund des ganzen Psalms auslegen.

Das erste Wort ist im Vers 6, da heißt es:
Du hast mich erlöst, HERR, du treuer Gott.

Das zweite Wort ist im Vers 4, da heißt es:
Du bist mein Fels und meine Burg.

Das dritte Wort ist im Vers 9, da heißt es:
Du stellst meine Füße auf weiten Raum.

Das vierte Wort ist im Vers 16, da heißt es:
Meine Zeit steht in deinen Händen.

Das fünfte und letzte Wort ist im Vers 25, da heißt es:
Seid getrost und unverzagt alle, die ihr des HERRN harret!

Ich möchte mit uns beten: Lieber himmlischer Vater in Jesus Christus, du Heiliger Geist, wir wollen dir Dank sagen für diesen Psalm 31 - der dein heiliges und lebendiges Wort ist -, das du jetzt zu uns sprechen willst und wirst. Ich möchte dich bitten für diese Predigt, dass sie einen jeden Einzelnen erreichen, der heute hier ist, aber auch jeden Einzelnen, der über Internet diese Predigten hört oder in einiger Zeit die Kassette oder die CD hört. Ich möchte dich bitten, dass du ganz neu uns das Wunder schenkst, dass du durch diesen Psalm mit deinem Heiligen Geist zu einem jeden Einzelnen sprichst. Und so segne du nun selber das Reden und das Hören deines heiligen und lebendigen Wortes an uns allen. Amen.

Liebe Gemeinde, das, was ich verstanden habe für mein Leben, das möchte ich Ihnen, das möchte ich euch, das möchte ich dir ganz speziell zusprechen - ausgehend von diesen fünf Bibelstellen. **Das Erste**, was du neu hören darfst für dein Leben ist: Gott hat dich erlöst! Wir lesen das im Vers 6: ***Du hast mich erlöst, HERR, du treuer Gott.*** „Erlösung" ist ein Wort, das kennen wir heute nicht mehr so im alltäglichen Sprachgebrauch. Aber in der damaligen Zeit, vor 2000 Jahren, war das den Menschen bekannt, weil das im Griechischen steht. Da wusste jeder genau, was gemeint war. Die Erlösung bedeutete, dass jemand, der in einem Sklavendienst war, in einem Knechtschaftsverhältnis, dass der freigekauft wurde von den Ketten, von seiner Gefangenschaft und er frei war. Erlösung bedeutete den Freikauf eines Sklaven. Er wurde von einem anderen gekauft, erkauft und anschließend freigelassen.

Und so ist das bei uns. Wir sind auch freigekauft, durch das Blut unseres HERRN Jesus Christus. Das ist das Lösegeld, das gezahlt worden ist für die Knechtschaften, unter denen wir stehen und die uns binden auf und in dieser Welt: Knechtschaft des Geldes, die Knechtschaft unserer Ängste und auch die Knechtschaft des Todes, auf den wir zugehen. Wir sind erlöst und wir sind gestellt in eine neue Existenz. Wir dürfen frei leben! Da wird's gleich in den nächsten Punkten drum gehen. Aber erstmal müssen wir das richtig verstehen für unser Leben: dass wir erlöst sind, dass du erlöst bist! Denn wenn du das nicht verstanden hast, dann werden alle anderen Punkte, die gleich kommen, für dich nur leeres Gerede sein, ein frommer Wunsch; aber nicht das, was du annehmen kannst. Die Erlösung auf Golgatha in Jesus Christus ist für dich geschehen und das ist der Kernpunkt des Glaubens. Das musst du annehmen, das musst du glauben, sonst geht alles andere an dir vorbei, übrigens auch das ewige Leben. Und wäre Jesus tausendmal in Bethlehem geboren, doch nicht in dir, so bleibst du ewiglich verloren! Wenn Jesus nicht in dir geboren ist, das heißt, wenn der Heilige Geist nicht die Wiedergeburt in dir hervorgebracht hat und du nicht verstanden hast, dass die Erlösung auf Golgatha dir gilt, dann ist dir das nichts nütze, was da in Bethlehem und auf Golgatha geschehen ist; dann ist die ganze Bibel für dich letztlich nur ein Geschichtsbuch! Dann kannst du nicht erlöst werden und nicht bestehen vor dem ewigen und heiligen Gott. Die Erlösung, die muss man verstehen und das muss Gott in einem wirken. Aber wir müssen offen sein dafür! Im Johannesevangelium lesen wir:

Wahrlich, wahrlich, ich sage dir: Wenn jemand nicht von Neuem geboren wird, so kann er das Reich Gottes nicht sehen.

Wenn du das nicht wirklich für dich verstanden hast und das nicht wirklich glaubst und angenommen hast, dass du erlöst bist, dann bist du kein Kind Gottes! Dann fehlt dir das Wesentliche. Und dann sind auch all die Dinge, die ich gleich sagen werde, nur lose und leere Worte für dich. Das muss wirklich in dir drin sein: der Heilige Geist. Und der wird dann wirklich dir auch die Aufnahme seines heiligen und lebendigen Wortes schenken.

Wie merke ich nun das, dass ich erlöst bin? „Kann ich das festmachen?", wird sich jetzt vielleicht der eine oder andere fragen, und so denken „Ich bin mir nicht ganz so sicher, ob ich denn wirklich diesen Jesus schon angenommen habe; ob ich das wirklich angenommen habe, dass ich erlöst bin und nicht immer nur so die leeren dogmatischen Floskeln des Pastors oder meiner Frau nachgeplappert habe?“ Nun, man kann es an einer Sache feststellen, ob du wirklich erlöst bist von Jesus und das Blut Christi wirklich über dich drüber gekommen ist. Das merkst du an der Freude, die in dir ist! Wenn der Heilige Geist in uns ist, dann sind wir erlöst, weil wir ein Teil an Gott sind -, dann bekommen wir Freude. Das steht im Galaterbrief (5,22): ***Die Frucht des Heiligen Geistes ist ...Freude...*** Und wenn du dieses Wort hörst ***Du hast mich erlöst*** und du sitzt da und sagst „Hoffentlich kommt der nächste Punkt bald, denn den ***weiten Raum*** und die ***Hilfe*** kann ich gebrauchen...“, dann merkst du, da stimmt was nicht. Aber wenn du dich richtig in dir freust und sagst „Das gilt ja mir. Jawohl, ich bin erlöst vom ewigen Tod. Ich habe Freude darüber“, dann weißt du, dann hast du´s. Wenn dich das kalt lässt, dann sag ich einfach mal so, dann würde ich dem ganz, ganz schnell nachgehen. Ich kann niemandem den Glauben absprechen oder ihm sagen „Du bist gläubig“. Aber das ist so ein Kriterium, dass du das wirklich angenommen hast. Wenn Menschen Erlösung spüren, dann freuen sie sich!

Es hat vor mehr als 50 Jahren in Lengede mal ein furchtbares Grubenunglück gegeben. Die Älteren erinnern sich daran, das war 1963. Da wurden viele Bergleute verschüttet, viele starben. Aber man stellte fest nach über zehn Tagen: Da sind noch elf Bergleute am Leben dort unten! Und da hat die ganze Republik gekämpft, um das Leben dieser elf Menschen. Und die waren da unten 11 Tage unter der Erde, hatten kein Licht mehr und die mussten mit dem Tod rechnen. Dann ist es gelungen, einen Schacht zu ihnen zu bohren, und dann konnten diese Menschen gerettet werden. Als sie da rauskamen, da war eine Riesenfreude, nicht nur bei den elf Bergleuten natürlich, sondern bei allen, die gemerkt hatten: „Hey, da ist Erlösung geschehen!“ Erlösung von einem drohenden biologischen Tod.

Da war ganz klar, die haben sich alle gefreut darüber, dass diese elf Mann gerettet wurden.

Wisst ihr, so ist das, wenn man Rettung erfährt. Wenn ein Mensch, der schwer krank ist, gerettet wird; wenn man selber aus schwerer Krankheit, aus Todesnot herausgeführt wird, dann freut man sich, wenn man erlöst ist! So auch, wenn man die Erlösung Jesu Christi spürt. Da freut man sich! Da freut man sich darüber, dass es mir gilt! Und ich möchte dir das, der du schon so lange mit Jesus gehst, noch einmal neu zusprechen für dein Leben. Du darfst dich freuen, denn du bist erlöst! Du bist erlöst vom Leid durch den ewigen Gott, durch Sein eigenes teures Blut, das er in Seinem Sohn vergossen hat. Und weil du erlöst bist, deshalb gelten jetzt dir die nächsten Punkte, die kommen, weil du erlöst bist.

Das zweite Wort ist im Vers 4, da heißt es: ***Du bist mein Fels und meine Burg.*** Ja, liebe Brüder und Schwestern, weil ich - Olaf Latzel - erlöst bin durch Jesus Christus, hat mein Leben ein Fundament. Da habe ich einen Fels, auf dem ich stehen kann und eine Burg, in die ich immer wieder fliehen kann: Jesus Christus! Ich bin erlöst und deshalb hat mein Leben Grund und Halt. Das ist nicht nur die Erfahrung, die ich machen darf. Das ist nicht nur exklusiv für mich, das war auch die Erfahrung eines David. Auch der hatte Grund und Halt, weil er erlöst war in Jesus Christus. „Oh! Oh!", sagen jetzt vielleicht die einen oder anderen, „hat denn der Pastor Latzel im Theologiestudium nicht richtig aufgepasst? David war doch tausend Jahre vor Jesus Christus, der doch vielleicht nicht - oder?" Liebe Brüder und Schwestern, alles, was im Alten Testament steht über Gott, alles, was über den HERRN dort steht, da ist auch Jesus Christus gemeint. Und wenn hier David im Heiligen Geist vom HERRN spricht, der ihm Fels und Burg ist (das hat David ja nicht selber von sich aus geschrieben, sondern er ist gebraucht worden vom Heiligen Geist), dann ist das Jesus Christus, der da gemeint ist! Das ist nicht meine eigene Idee, meine eigene scharfe Auslegung und mein Blick aufs Alte Testament. Da müsst ihr mal nachlesen: 1. Korinther 10, Vers 3 und 4. Da wird uns das ganz genau gesagt, dass wir nur so das Alte Testament zu lesen haben, dass wir überall Jesus da drin sehen:

> ***...alle haben dieselbe geistliche Speise gegessen und haben alle denselben geistlichen Trank getrunken; denn sie tranken von dem geistlichen Felsen, der ihnen folgte; der Fels aber war Christus.***

Die wussten das zwar noch nicht direkt und konnten auch nicht erzählen von Kreuz und Auferstehung. Aber der Heilige Geist hat es ihnen schon verdeckt offenbart. Und der Fels, von dem hier David schreibt, das ist Jesus, auf dem dürfen wir stehen. Nicht nur im Korintherbrief, auch in dem Lied 362, das wir eben gesungen haben, von Martin Luther. Da ist man ja als protestantischer Theologe immer gut beraten, wenn man den als Zeugen heranziehen kann. Luther schreibt das in dem dritten Vers, den wir eben gesungen haben: „Fragst du, wer der ist? Er heißt Jesus Christ, der HERR Zebaoth und ist kein anderer Gott." Jesus Christus ist der HERR Zebaoth, der dreieinige Gott, der war von Anfang an schon da. Jesus ist unser Fels, auf dem wir stehen dürfen. Und das haben wir im ersten Lied gesungen: „Fels, auf dem ich stehe". Wenn du gespürt hast und weißt, dass Jesus Christus dich erlöst hat, wenn du ein Kind Gottes bist, wenn der Heilige Geist dir das offenbart hat; dann darfst du wissen, dass dein Leben ein sicheres Fundament hat. Es gibt einen Felsen, der dir sicheren Stand gibt: Jesus! Es gibt eine feste Burg, in die du flüchten kannst: Jesus! Es gibt ein Fundament, das deinem Leben Sicherheit und Schutz gibt. Das ist Jesus! ER trägt und hält dich!

Gestern Abend habe ich ziemlich spät, 24 Uhr, noch auf „Bibel TV" eine Sendung gesehen über die verfolgten Christen in China während der Kulturrevolution. Grausamste Dinge, die die erleben mussten. Da haben die berichtet von einem Pastor, der war über 23 Jahre im Gefängnis, nur weil er zu Jesus gestanden hat und weil er Jesus nicht leugnen wollte. Dem haben sie alles genommen, den haben die gefoltert! Es wurde berichtet, wie er über Jahre in Handschellen gewesen ist, wie sie ihn immer gequält haben, sodass er auch an Selbstmord gedacht hatte. Grausam! Der sagte: „Eins habe ich gehabt: Jede Nacht habe ich meine Bettdecke über mein Gesicht gezogen und dann ein Lied (das hat er auf Chinesisch vorgesungen) gesungen von Jesus, vom Kreuz." Das hat ihm Kraft gegeben, das hat ihm Kraft gegeben! Diese Behörden, die ihn gefoltert und gequält haben, waren so verzweifelt, dass die den entlassen haben und haben auf dem Entlassungsschein falsch angegeben, er habe Jesus geleugnet und deshalb habe man ihn entlassen. Da hat er gesagt „Das stimmt gar nicht", ist zum Gefängnis zurück und hat vor dem Gefängnis eine kleine Hütte gebaut und kundgetan: „Der Grund, warum ihr mich entlassen habt, der stimmt gar nicht, und deshalb bin ich weiter inhaftiert." Die konnten das nicht mehr ertragen, so einem Mann Unrecht zu tun, den die gequält haben, dem die alles genommen und alles zerstört haben. Aber eins ist ihm geblieben: Jesus! Das war das Fundament seines Lebens. Und obwohl er so lange gequält und gefoltert wurde, war der - das merkte man richtig - ein fröhlicher, frommer Mann. Er sagte: „Das war so wunderbar, was die mit mir gemacht haben, weil ich ja dem HERRN nachgefolgt bin. Ich bin Seinen Weg gegangen, den durfte ich gehen."

Irre! Es war so ein Zeugnis, wo ich gesagt habe: „Da schäme ich mich, Pastor hier in Bremen zu sein, mit all dem Luxus und mit all dieser Bequemlichkeit, die ich haben darf." Aber das ist eben so, wenn jemand festen Stand in Jesus hat, ganz gleich was dann kommt, dann steht man fest in den Lebensstürmen. Wenn es in der Familie nicht mehr geht, wenn da die Krankheit kommt, wenn Dinge über einen zusammenbrechen. Wenn ich Jesus habe, dann ist Gott mein Fels! Das möchte ich dir neu zusprechen für deine Situation, für die Lüftchen oder vielleicht auch für die Winde und Stürme, die dich momentan umwehen. Du darfst wissen, wenn Jesus dein Fels ist, dann wird dir nichts geschehen, dann wirst du stehenbleiben; dein Haus wird nicht einstürzen, wenn es auf Jesus gegründet ist! Das war das Zweite: Jesus ist mein Fels und meine Burg.

Ein Drittes wunderbares Wort, wo ich hängengeblieben bin, das mich unwahrscheinlich angesprochen hat: Du stellst meine Füße auf weiten Raum. Wir lesen das im Vers 9: ***Du stellst meine Füße auf weiten Raum.*** Ja, wenn man erlöst ist, wenn man freigekauft und freigelassen ist von den Knechtschaften dieser Welt, dann ist man wirklich von Gott auf einen weiten Raum gestellt. Aber dazu muss ich erst die Erlösung erfahren, sonst bleibe ich weiter in den Knechtschaften dieser Welt, in all den Fesselungen. Und die kennen wir ja alle!

Wir haben am letzten Sonntag über das Dornendickicht gesprochen, was über uns wächst (Lukas 8,11-15). Die Sorgen um die Familie, der Reichtum, die Freuden des Lebens. Ich bin dann ganz schnell gefangen in Dingen, und Gott kann gar nicht in mir wirken. Aber wenn ich die Erlösung Jesu Christi gespürt habe, dann bin ich frei von diesen Dingen. Nicht, dass ich mich nicht freuen darf über meine Familie, über mein Bankkonto, über eine gelungene berufliche Karriere. Das sind ja alles Geschenke - sicher! Aber dann brauche ich mich darin nicht mehr zu verlieren, letztlich bin ich frei von all den Zwängen. Da habe ich Möglichkeiten, da stellt Gott meine Füße auf weiten Raum.

Als Gott das Volk Israel aus Ägypten befreit, da holt ER sie aus der Knechtschaft raus. ER sagt ihnen das im Ersten Gebot: ***Ich bin der HERR, dein Gott, der ich dich aus Ägyptenland, aus der Knechtschaft, geführt habe. Du sollst keine anderen Götter haben neben mir*** (2. Mose 20,3; 5. Mose 5,7). Der HERR führt uns raus aus der Knechtschaft, aber wir gehen immer wieder zurück in die Knechtschaft. Wir sind frei durch Jesus am Kreuz, und Gott hat unserem Leben ganz andere Möglichkeiten gegeben; aber wir knechten uns selber immer wieder in und auf dieser Welt.

Ich habe vor einiger Zeit einen Bericht gesehen über Legehennen, die so furchtbar gehalten werden in ihren Gefängnissen. Also ich bin ja Jäger und einige schimpfen ja in meiner

Gemeinde und sagen „Sie dürfen nicht so viel über die Jagd erzählen, uns Städtern ist das alles fremd." Ich habe da kein Problem mit der Jagd, weil das artgerecht ist. (Das kann ich euch einfach auch mal ausführlich erklären, warum das so ist.) Aber womit ich ein Problem habe, das ist eine Massentierhaltung, die nicht artgerecht ist. Wenn man vier Hennen auf einem Stück hält, das noch kleiner ist als diese Kanzel, auf der ich stehe, dann ist das nicht artgerecht, dann ist das furchtbar. Aber man hat festgestellt, wenn man solche Hennen befreit, die da so anderthalb bis zwei Jahre in Käfigen waren, die laufen sofort wieder zurück in den Käfig, die sind nichts anderes gewöhnt. Die können gar nicht mit der Freiheit umgehen, die ihnen gegeben ist.

Und so ist es mit uns Menschen auch, wie mit dem Volk Israel. Gott hat die Israeliten befreit aus Ägypten. Dann waren sie auf dem Weg in dieses weite, wunderbare Land, in dem Milch und Honig fließen. Aber was haben die immer geschrien? „Wir wollen zurück nach Ägypten, wir wollen zurück zum Pharao in die Knechtschaft, da war es so gut!" So sind wir auch. Wir wollen uns immer wieder da hinbegeben, wo es eigentlich nicht gut ist und wo nicht unser Platz ist. Gott stellt unsere Füße auf weiten Raum. Und das darfst du neu hören für dein Leben. Ich weiß nicht, was deine Knechtschaften sind, wo du geknechtet bist mit all dem Weltlichen und Irdischen, was dich kaputt macht und wo du deine Sorgen hast. All die Dinge, die dich gefangennehmen. Gott ruft dir neu zu: Ich stelle deine Füße auf weiten Raum. Dein Leben hat ganz andere Dimensionen. Nur betrachte dein Leben bitte nicht immer aus dieser weltlichen Sicht, sondern betrachte einmal das geistliche Vorzeichen, was vor deinem Leben steht: dass du erlöst bist! Dann weißt du, dass du ganz andere Möglichkeiten hast, auch wenn dein Ehepartner gestorben ist, auch wenn du todkrank bist, auch wenn es beruflich nicht läuft. Wir bringen uns ja ganz häufig selber in diese Ecke: „Ich bin zu arm, ich bin zu schwach. Ich habe das und dieses..." Gott stellt deine Füße auf weiten Raum. Wer erlöst ist durch Jesus Christus, hat auch Schwierigkeiten und Probleme, aber für den gibt's letztlich keine Mauern mehr in dieser Welt. Mit Gott kann man über alle Mauern springen. Das darfst du wissen für deine Situation heute. Du darfst neu hören: Mit Gott kannst du über Mauern springen, weil dieser Gott deine Füße auf weiten Raum stellt.

Und ***ein Viertes***, an dem ich hängengeblieben bin, ein ganz wunderbares Wort. Wir lesen im Vers 16: ***Meine Zeit steht in deinen Händen.*** Gott hält deine Zeit in Seinen Händen. Meine Zeit, also meine Lebenszeit, alles, was mich ausmacht, mein Anfang und mein Ende, meine Geburt und mein Tod, alles ist in den Händen Gottes. ER hat dieses Leben gegeben, ER wird dieses Leben abrufen. Genauso ist es bei dir. Und auch alles, was dazwischen ist, gehört Gott. Deine ganze Zeit. Dieser Tag heute gehört nicht dir, er gehört Gott. Gott hat ihn dir geschenkt. Auch gestern der Tag, auch morgen der Tag, alles! Alles, was auf und in dieser Erde ist, gehört diesem HERRN! Psalm 24,1:

> ***Die Erde ist des HERRN und was darinnen ist, der Erdkreis und die darauf wohnen.***

Alles gehört diesem Gott. Dieses Mikrophon, das ganze Gebäude. Jeder gehört Gott, selbst der, der Gott ablehnt! Es gibt ja Menschen, die wollen von Gott nichts wissen, die lehnen Gott ab. Und die diskutieren mit einem dann darüber. Ihr kennt diese Leute in eurer Verwandtschaft und Bekanntschaft und Nachbarschaft, die mit einem diskutieren über Gott. Und manchmal ärgert man sich ja, manchmal wird man selber zweifelnd. Da kann ich nur sagen: Leute, lasst euch nur nicht von diesen Menschen irgendwie ins Bockshorn jagen! Die müssen alle eines Tages vor den Allmächtigen. Eines Tages werden die sehen, wer recht hat. Gott hält unsere Zeit in Seinen Händen; und wohl dem, der das hier schon anerkennt! Und wehe dem - das sage ich auch ganz deutlich - wer Gott ablehnt. Das muss man den Menschen auch sagen. Die Bibel sagt das ganz deutlich, das müsst ihr mal nachlesen: in Jeremia, bei Jesaja, im Römerbrief. Wehe dem, der sich als Ton gegen den Töpfer auflehnt. Das ist immer wieder das Bild, das Gott gebraucht:

Der Ton und der Töpfer. Wer da meint, er könnte irgendwie diesem Gott was erzählen und seine Zeit in die eigenen Hände nehmen; wenn wir meinen, wir sind die Herren unserer Zeit hier auf Erden, sollte das Erste Gebot lesen: ***du sollst keine anderen Götter haben neben mir.*** Wir sollen keine anderen neben Gott stehen haben, die Herren über unsere Zeit und unser Leben sind, auch nicht wir selber! Das hört der Mensch des 21. Jahrhunderts nicht gerne, denn der ist ja HERR seines Lebens. Wir wollen ja Herren sein am Anbeginn des Lebens. Da entscheiden wir: Wird ein Kind abgetrieben oder bleibt es am Leben? Am Ende bitteschön auch, da wollen wir auch die Herren sein. Euthanasie - da geht es weniger ums Sterben. Die Leute wollen Herren sein übers Leben im tiefsten Sinn und natürlich erst recht über die Zeit und Dinge, die zwischen Geburt und Tod sind, über die wir schon Herr sein wollen. Genau das ist die Auflehnung gegen Gott, gegen Sein Gebot und gegen Seine Allmacht, aber natürlich auch gegen die Zeit, die uns von IHM gegeben ist. Gott wird uns eines Tages fragen: „Was hast du gemacht mit deiner Zeit, die meine Zeit war, die in meinen Händen steht?" Lesen wir in dem Gleichnis von den anvertrauten Pfunden (Lukas 19,11-27). Wohl denen, die sagen können: „Du, HERR, ich habe zwar nicht viel gemacht, aber ein bisschen habe ich für dich investiert." Aber der sagt, so nach dem Motto „Hab ich nur für mich vergraben, ich hatte eigentlich gar keine Ahnung von dir", der wird abgestraft, der kann vor Gott nicht bestehen. Weißt du, da ist ein liebender Vater im Himmel, ER hat dich erlöst, ER ist in Jesus Christus für dich selber ans Kreuz gegangen, für dich gestorben. Deshalb dürfen wir in allem wissen, was uns geschieht: Wir brauchen uns keine Gedanken und keine Sorgen zu machen, wir brauchen keine Furcht zu haben, weil Gott, der im Regiment sitzt und der unsere Zeit in Seinen Händen hält, uns so unglaublich lieb hat, dass da alles am allerbesten aufgehoben ist, viel besser als bei uns. Das darfst du neu hören: Deine Zeit steht in Seinen Händen.

Jetzt, liebe Brüder und Schwestern, kommt das Grande Finale. Die ersten Akte waren ja schon sehr Mut machend. Ich denke, da durften wir Jesus, da dürfen wir Gott neu lieb gewinnen. Aber jetzt kommt es so richtig zum Paukenschlag, so, wie in einer guten Oper zum Schluss, wo es nochmal richtig knüppeldick kommt, nämlich **im fünften Wort**, im letzten Psalmvers. So hat Gott das auch im Heiligen Geist komponiert, diesen wunderbaren Wochenpsalm. Wenn man das erlebt hat, dass Jesus Christus einen erlöst hat, dass Gott ein Fels für sein Leben ist, dass Gott die Zeit in Seinen Händen hält, dass ER unsere Füße auf weiten Raum stellt, dann bleibt nur eins, dann können wir getrost und unverzagt in die vor uns liegende Zeit gehen, weil das so ist, was wir eben in den ersten vier Punkten hören durften. Deshalb dürfen wir getrost und unverzagt in das gehen, was vor uns liegt, weil du an diesen Gott, den Vater, den Sohn und den Heiligen Geist glaubst. Deshalb darfst du neu in deiner Situation getrost und unverzagt sein. Das steht hier, das ist dieses Wort, das ich zu Beginn des Gottesdienstes euch zugerufen habe:

> ***Seid getrost und unverzagt, alle, die ihr des HERRN harret!***

Das darfst du wissen für die nächste Zeit, dass Gott dir das zuruft und dir ganz neu deutlich macht an diesem Psalm 31, dass du getrost und unverzagt sein darfst, weil ER, unser allmächtiger Gott, in Jesus Christus im Regiment sitzt und weil ER über dich wacht. Alle Ehre diesem heiligen und allmächtigen Gott! Amen.

> Und der Friede unseres allmächtigen Gottes, der sehr viel höher ist als all unsere menschliche Vernunft, ER bewahre unsere Herzen und Sinne in Christus Jesus, unserem auferstandenen und lebendigen HERRN. Amen.

Vierfach geborgen in des HERRN Hand

Psalm 31, 15-16

Gnade sei mit euch und Friede von dem, der da war und der da ist und der da sein wird in alle Ewigkeit, unser HERR, Jesus Christus. Amen.

Liebe Gemeinde, das Wort, das ich herausgesucht habe für diesen Gottesdienst am Sonntag Rogate zum Thema Geborgenheit steht in dem Psalm, den wir zu Beginn des Gottesdienstes gehört haben. Wir wollen noch einmal hören aus Psalm 31 die Verse 15 und 16:

Ich aber, HERR, hoffe auf dich und spreche: Du bist mein Gott! Meine Zeit steht in deinen Händen. Amen.

Wir wollen beten: Lieber HERR und Heiland, du schenkst uns dieses Wort der Zuversicht, dieses Wort, das uns vermittelt, dass wir geborgen sind mit unserer Lebenszeit in deinen Händen und jetzt für diesen Gottesdienst, für diese Predigt. Wir wollen die Predigt hören über dieses Wort. Aber damit diese Predigt zu deinem Wort wird und dass du wirklich Menschen begegnest in dieser Predigt, dazu brauchen wir deinen guten Heiligen Geist. Und darum wollen wir dich bitten für diese Predigt: Segne du selber Reden und Hören deines heiligen und lebendigen Wortes an uns allen, HERR. Amen.

Liebe Gemeinde, wir befinden uns im Jahr 2017. Wir werden dieses Jahr das Luther-Jubiläum des Thesenanschlags gedenken, 500 Jahre Reformation. In diesem Jahr wird viel über Luther geschrieben. Aber nicht alles, was man von Luther sagt, kann man auch historisch belegen. Es gibt z.B. das Zitat von Luther: „Wenn denn Morgen die Welt unterginge, würde ich heute noch einen Apfelbaum pflanzen." Das kennen sehr viele Menschen. Allerdings können wir Kirchengeschichtler nirgendwo nachschauen, wo das steht. Man kann es historisch nicht belegen. Und doch passt es ganz hervorragend zur Theologie und zum Denken Luthers. Es passt auch sehr gut zu dem, was die Bibel sagt. Solch ein Zitat, das Luther zugeschrieben und immer wieder kolportiert wird, habe ich Ihnen in diesem Lutherjahr heute Morgen mitgebracht. Aber wir wissen nicht genau, wo es steht, wo es herkommt bzw. können es historisch nicht genau belegen. Dieses Zitat ist eingebettet in einen Kontext. Zu Beginn der Reformation, also unmittelbar nach dem Thesenanschlag Luthers, kam es zunächst einmal zu intensiven theologischen Auseinandersetzungen der Kirche mit Luther. Da hat man hervorragende Theologen geschickt, die die alte Linie vertreten und die Luther überzeugen sollten. Die wollten den nicht direkt unter einen Kirchenbann stellen, sondern ihn erst einmal überzeugen. Luther sollte widerrufen. Und da schickte man 1518/1519 Theologen zu ihm, unter anderem den Kardinal Thomas Cajetan, und da hat man Disputationen gehalten. Aber Luther hat da knallhart und ganz sauber von der Bibel her verteidigt und hat die sehr alt aussehen lassen. Da steht dieser kleine Mönch Luther gegen die mächtige Kirche. Diese Theologen waren in den Disputationen unterlegen. Sie bieten ihm so den Notausgang an: „Du kriegst jetzt noch die Kurve, du wirst nicht verbrannt werden. Aber wenn du dabei bleibst, egal wie scharf du theologisch von der Bibel her denken kannst, dann bist du verloren." Und nach so einer Disputation kam wieder ein ranghoher Geistlicher zu Luther und sagte ihm: „Bei allem, was Sie richtig erkannt haben, Herr Luther, Sie stehen gegen die Kirche. Und wenn Sie sich gegen die stellen, da wird alles über Sie hereinbrechen, was über Jan Hus, was über all die anderen gekommen ist. Das müssen Sie wissen, dass dann keine schützende Hand mehr über Ihnen ist, wenn Sie bei Ihren Thesen bleiben. Wissen Sie, in wessen Hand Sie dann sind?" Und es war so die Frage dieses Geistlichen danach: „Gibt's denn irgendwelche weltlichen Fürsten, die Sie vielleicht schützen?" Da gibt Luther folgenden Satz zur Antwort, wissend, dass er irdisch gesehen sich vollkommen ins Aus gesetzt hat und mit dem Tod rechnen muss. Er sagt auf diese Frage des Geistlichen hin: „Ich bleibe, wo ich immer war, in der Hand des allmächtigen, mich liebenden Gottes." Bei all den Anfechtungen, bei all den Problemen, die auf Luther zukamen, war das seine Gewissheit, seine Geborgenheit, dass er eben geborgen ist mit seinem Leben in der Hand des Allmächtigen. Das ist genau das, was unser Predigtvers sagt: ***Ich aber, HERR, hoffe auf dich und spreche: Du bist mein Gott! Meine Zeit steht in deinen Händen.*** Und das möchte ich Ihnen nun auslegen, von der Erfahrung Luthers her über dieses Wort, was es heißt, geborgen zu sein in des HERRN Hand, bei allen Schwierigkeiten und Problemen, die auf einen zukommen.

Ich habe diese Predigt überschrieben: **Vierfach geborgen in des HERRN Hand.**

1. Geborgen angesichts des Kummers
2. Geborgen angesichts der Angriffe
3. Geborgen angesichts der Sünde
4. Geborgen angesichts des Verfalls

Das Erste: Geborgen angesichts des Kummers. Der, der diesen Psalm vor 3000 Jahren geschrieben hat, war ein Mann, der vieles erlebt hat, viele Höhen, aber auch unglaublich viele Tiefen. Wir wissen von kaum einem Menschen so viel Biographisches aus dem Alten Testament, wie von David. Wenn er hier schreibt in diesem Vers 11 ***Denn mein Leben ist hingeschwunden in Kummer***, so können wir das mit vielen Geschichten belegen. Da sind furchtbare Dinge in seinem Leben passiert: Kinder sind gestorben, eigene Kinder, an denen er gehangen hat. Menschen, die ihm nahestanden, haben sich von ihm abgewandt und ihn bekämpft. Er hatte als Regierungschef des größten Reiches der damaligen Zeit mit vielen Schwierigkeiten zu tun. Einmal kam eine große Hungersnot über Israel, viele Tausende starben. Dieser König David wusste etwas von Kummer. Aber auch angesichts seines Kummers hat er immer wieder erfahren: Er war nicht allein. Da war ein lebendiger Gott, der bei ihm war, der hat ihm Geborgenheit geschenkt. Er wusste, dass seine Zeit in den Händen des lebendigen Gottes steht und nicht davon bestimmt wird, was in dieser Welt passiert.

Auch Luther war ein Mensch, der viele, viele, viele Kümmernisse hatte. Das war nicht nur ein hervorragender Theologe. Das war ja auch ein Mann, der immer wieder in seinen Briefen, in seinen Predigten offen von seinen Ängsten und Schwierigkeiten gesprochen hat. Und wir wissen auch von den Menschen um ihn herum, dass er zum Teil sehr depressiv war. Einmal will er einfach nicht mehr weiterleben. Da arbeitet er auch nicht mehr. Da geht seine Frau hin und lässt über die Tür in Wittenberg ein neues Portal anbringen und vom Steinmetz einmeißeln: „VIVIT – ER LEBT!" Da wird seine Frau für ihn zum Prediger. Da gründet er sich neu drin. Weil Jesus lebt, weil er das wieder neu hört und annehmen kann, fühlt er sich geborgen und kann weiterarbeiten. Er hat unglaubliche Kümmernisse gehabt. Viele seiner Glaubensgenossen wurden umgebracht. Wie wird das weitergehen? Was hatte er da veranlasst? Alles das war zu viel für diesen kleinen Menschen. Aber das durfte er immer wieder erleben bei all seinem Kummer: Da war ein lebendiger Gott und der schenkte ihm Geborgenheit. Wir haben eben vor der Predigt das Lied gesungen „Lobe den Herren, den mächtigen König der Ehren". Da haben wir gesungen: „In wieviel Not hat nicht der gnädige Gott über dir Flügel gebreitet?" Ich denke, das können wir alle erzählen, die wir hier sind, von unseren Kümmernissen, die wir erlebt und erfahren haben, wo wir geschrien haben zum lebendigen Gott. Und auf einmal war ER da und hat uns in neue Geborgenheit zurückgenommen. Wir durften erleben, dass unsere Zeit in Seinen Händen steht. Weil das im Leben von König David so gewesen ist, im Leben von Luther so gewesen ist und eben auch schon in unserem Leben, da dürfen wir froh nach vorne gucken. Wir dürfen wissen: Der Gott, der uns geholfen hat, der so vielen Milliarden Menschen schon geholfen und ihnen Geborgenheit geschenkt hat, ER ist auch da in dem, was uns jetzt aktuell Kummer schafft. Ich möchte das zusagen, angesichts deines Kummers, angesichts deiner Sorgen und Ängste, mit denen du heute Morgen gekommen bist, mit dem, was dich momentan quält, was dich umtreibt, was dich irdisch fertigmacht: ER ist da, Jesus Christus, und du stehst mit deinem Leben und deiner Zeit allein in seinen Händen! Lass dich fallen. Mach dir keine Gedanken. ER ist dein Gott und ER hält dich. ***Ich aber, HERR, hoffe auf dich und spreche: Du bist mein Gott! Meine Zeit steht in deinen Händen.***

Ein Zweites: Geborgen angesichts der Angriffe. Es ist nicht nur so, dass wir als Menschen Kümmernisse, Ängste und Sorgen haben. Nein, wir müssen auch viel Furchtbares in dieser Welt erleben, nämlich dass Menschen uns wirklich angreifen. Letzte Woche ist es politisch diskutiert worden, wie das ist mit Cyber-Mobbing. Auch im Internet passiert das, was zum Teil zwischen Nachbarn, was in Familien passiert, dass ein Mensch einen anderen Menschen angreift. Da wird gesucht, wie man das eingrenzen kann und es ist berichtet worden davon, dass jeder fünfte Schüler in Deutschland mittlerweile schon Erfahrungen damit gemacht hat, dass er furchtbar angegriffen worden ist, auch im Internet, dass er dieses Cyber-Mobbing erlebt hat. Das sind Dinge, die das menschliche Leben unglaublich zerstören können, wenn andere Menschen kommen und einem nach der Ehre, nach der Reputation, vielleicht sogar nach dem Leben trachten.

König David hat es auch erlebt. Er schreibt im Psalm 31, Vers 16: ***Errette mich von der Hand meiner Feinde und von denen, die mich verfolgen.*** Ja, was hat der nicht alles erleben müssen, wie Menschen ihm nach dem Leben trachteten? Der König Saul, der versucht hat ihn umzubringen. Als er später König ist, so viele Anschläge auf sein Leben. Oder als er noch ein kleiner Hirtenjunge ist, als er dem Goliath entgegentritt. Das ist so eine meiner Lieblingsszenen im Alten Testament. Wie dieser kleine, schwache, hilflose David gegen den hochgerüsteten Krieger, der ihm militärisch komplett überlegen ist, antritt. Wo dann David folgenden Satz spricht, als alle um ihn herum sagen: „Zu dem kannst du nicht hingehen, der ist viel stärker“, und ihm abraten, gegen diesen Goliath zu kämpfen. Da sagt er in 1. Samuel 17,37: ***Der HERR, der mich von dem Löwen und Bären errettet hat, der wird mich auch erretten von diesem Philister.*** Weil David sich geborgen wusste in der Hand des lebendigen Gottes, der ihn gerettet hatte vor anderen Angriffen, vor den wilden Tieren, der hatte das Vertrauen darauf, dass ER ihm auch helfen würde gegen diesen Philister, der den Namen des lebendigen Gottes gelästert hatte. Und dann hat David ihn weggeputzt, weil der lebendige Gott auf seiner Seite war, weil er geborgen war in Seinen Händen. Und das ist etwas Wunderbares, zu wissen: Ja, Menschen greifen mich an. Aber ich bin geborgen bei dem lebendigen Gott. Auch eine Erfahrung, die Luther gemacht hat in Worms. Da stand 1521 die ganze Welt gegen ihn. Und er geht nach Worms. Sie haben ihm freies Geleit versprochen, aber der weiß genau, das haben sie damals auch, hundert Jahre vorher, dem Jan Hus versprochen und sie haben ihn trotzdem verbrannt! Luther geht nach Worms und weiß: „Wenn ich bei meiner Lehre bleibe, werde ich brennen, es stehen alle gegen mich." Aber er wusste sich geborgen in den Händen des lebendigen Gottes, er konnte Zeuge sein. Und dann durfte er erleben, wie er nicht verbrannt wird, wie er den Feinden widerstehen konnte, weil er geborgen war, und hindurchgeführt wurde.

Wir haben das vor zwei Jahren, im viel kleineren Maßstab, auch hier erlebt. Auch Angriffe von Menschen, Leute, die Jesus Christus nicht kennen und uns unterstellen wollten, wir wären Hassprediger, wir wären eine verfemte Gemeinde und sonst irgendetwas. Und das darf ich sagen: Die intensivste Zeit des Erlebens der Geborgenheit bei Gott waren für mich diese Wochen, wo es nicht so ganz gut aussah und die Frage für mich stand: „Wie wird es denn weitergehen? Bleibe ich Beamter der Landeskirche? Ja oder nein?" Da durfte ich immer wieder durch viele Worte, durch Losungen, durch das, was mir Brüder und Schwestern geschrieben haben, erleben und erfahren: Ich bin geborgen in der Hand des lebendigen Gottes, und das ist ein unglaublich starkes Gefühl, wenn Menschen einen angreifen. Und das darfst du auch haben, wo du Angriffen von Menschen ausgesetzt bist. Vielleicht nicht, dass sie dir nach dem Leben trachten oder dich irgendwie aus der Firma schmeißen wollen. Vielleicht ist es ja nur ein Konflikt, wo du dich nicht mehr wehren kannst, wo dir ein Mensch zum Kummer geworden ist, wo dich jemand anderes fertigmacht. Da darfst du wissen, ER, Jesus Christus, ist bei dir! Du bist geborgen bei IHM und ER wird dich final retten aus dem, was dir jetzt Kummer ist, ob der Angriffe von Menschen, die gegen dich stehen. ***Ich aber, HERR, hoffe auf dich und spreche: Du bist mein Gott! Meine Zeit steht in deinen Händen.***

Ein Drittes: Die Geborgenheit angesichts der Sünde. David und Luther und jeder Christ hat nicht nur Angst und Schwierigkeiten in dieser Welt und wird nicht nur angegriffen von anderen Menschen; er ist und bleibt auch ein Sünder. David reflektiert das hier auch im Psalm 31. Er spricht davon, dass seine Kraft verfallen ist wegen seiner Sünde, durch seine Missetat. ***Meine Kraft ist verfallen durch meine Missetat, und meine Gebeine sind verschmachtet.*** David, davon erzählt die Bibel auch, war ein furchtbarer Sünder. Wir kennen alle diese Geschichte mit der Batseba, wo er nicht nur die Ehe bricht mit der anderen Frau, sondern, um den Ehebruch zu vertuschen, auch noch den Ehemann tötet. Eine furchtbare Sünde, die Gott ihm vorhält. Und wir lesen dann auch, wie er über diese Sünde gram geworden ist, wie er sich darunter beugt und wie er fast zerbricht unter dieser Last dessen, was er selber verschuldet hat. Aber er darf auch da erleben, weil er Buße tut: Er ist wieder geborgen bei Gott. Übrigens ist das interessant, dass von den sieben Bußpsalmen der Bibel sechs von David geschrieben sind. Da sehen wir, wie nötig der die Buße hatte und wie er immer wieder zurück wollte, ob seiner Sündhaftigkeit, in den Schoß des lebendigen Gottes.

Ich habe vor einiger Zeit ein Gespräch mit einem Mann geführt, der nach langer Zeit zum Glauben gefunden hat, der aber, als er noch in der Welt war und nicht im Glauben stand, seine Ehe katastrophal gegen die Wand gefahren hat. Er hatte seine Frau betrogen, seine Frau und seine Kinder verlassen, großen Schaden bei anderen Menschen angerichtet; und, obwohl er jetzt im Glauben steht, eben diesen Schaden nicht wiedergutmachen kann. Dann hat er den Satz gesagt: „Das kann ich mir nicht vergeben." Nachdem er zum Glauben gekommen ist, hat er verstanden, was er da Furchtbares getan hat, das Leben seiner Frau zerstört, das Leben seiner Kinder mit schwerer Hypothek belegt. Und das konnte er sich nicht vergeben. Er konnte es nicht wiedergutmachen, diesen Fehler, den er begangen hat. Da war ich froh, dass ich ihm sagen durfte: „Sie können sich vergeben, weil ein anderer Ihnen das vergibt, weil Sie nun unterm Kreuz sind in Jesus Christus. So schlimm und so furchtbar falsch das gewesen ist, was Sie getan haben, aber selbst dafür gibt es Vergebung bei Jesus Christus." - Und wenn wir diese Vergebung annehmen, wenn wir unter dem Blut des Heilandes stehen, wenn wir Buße getan haben, dann dürfen wir uns auch Dinge selbst im Leben vergeben.

Vielleicht bist du ja heute Morgen auch gekommen mit so einer Schuld, die du bei dir trägst, vielleicht ganz frisch, oder aber schon länger. Etwas, wo du weißt, da hab ich richtig danebengelegen, ich kann es auch nicht wiedergutmachen. Und vielleicht bist du auch schon häufig unterm Kreuz damit gewesen, aber du selber kannst es dir noch nicht vergeben. Da möchte ich dir sagen: Lass es gut sein! Wenn du Buße getan hast, wenn du unter dem Kreuz warst und wenn das Blut des Heilandes über dieser Schuld ist, dann darfst du dir auch selber vergeben, weil der Gott, der dich lieb hat und der für dich auf Golgatha gestorben ist, dir die Schuld vergeben hat und dir durch Seine Vergebung neu Geborgenheit schenken will.

Wir dürfen als Nachfolger Jesu Christi wissen, dass es da jemanden gibt, der uns vergibt, wenn wir IHN darum bitten und wenn wir Buße tun. Wir dürfen als Nachfolger Jesu Christi wissen, dass es da jemanden gibt, der unsere Schuld trägt, der sie wegnimmt von unseren Schultern. Das ist unglaublich entlastend! Wenn wir beim Abendmahl zusammenkommen, singen wir ein Lied von Luther: „Christe, du Lamm Gottes, der du trägst die Sünd der Welt, erbarm dich unser". Das ist das Wunderbare, dass Jesus unsere Schuld getragen hat und dass wir deshalb frei sein dürfen. Halleluja! Ob all des Mistes, den wir gemacht haben, ob all der Schuld. Wenn wir Buße getan haben und das Blut des Heilandes über unserer Schuld ist, dann dürfen wir neu geboren sein beim lebendigen Gott, der eigentlich keine Gemeinschaft mit dem Sünder hat. Er nimmt uns neu an. Und wenn wir das erleben, dann dürfen wir uns auch neu annehmen. Das möchte ich dir als frohe Botschaft sagen. Ob deiner Fehler, ob deiner Schuld, die du getan hast. Warst du am Kreuz? Da hat der HERR dir vergeben. Und dann darfst du dir selber auch vergeben. ***Ich aber, HERR, hoffe auf dich und spreche: Du bist mein Gott! Meine Zeit steht in deinen Händen.***

Und **ein Viertes und Letztes: Geborgen angesichts des Verfalls.** Davon spricht der König David hier ganz offen im Psalm 31: ***Meine Kraft ist verfallen, meine Gebeine sind verschmachtet.*** Im Vers 13 heißt es: ***Ich bin geworden wie ein zerbrochenes Gefäß.*** Er schreibt diesen Psalm am Ende seines Lebens. Und auch da berichtet die Bibel ausführlich darüber, wie er so schwach wird, im Bett liegt und nicht mehr warm wird. Da holen sie eine neue Frau, die legen sie dazu, aber auch die kann ihm nicht helfen. Der ehemalige starke Krieger, der in jungen Jahren alles weggehauen hat, was da war, ist alt geworden, krank geworden, kalt geworden. Er ist geworden, so sagt er, ***wie ein zerbrochenes Gefäß***. Auch er, der Mann Gottes, muss den Verfall des Lebens, den biologischen Verfall seines Körpers erleben. Und es ist nicht nur David so gegangen. Auch Luther schreibt offen in seinen Briefen zum Ende seines Lebens, dass es immer schlimmer wird, wie er unter all dem Verfall leidet, wie er nicht mehr richtig kann, wie er Magenprobleme hat und alles immer schlimmer wird. Vermutlich hat er auch unter Gicht furchtbar gelitten, schlimme Dinge, wo er einfach auch berichtet, wie der äußere Mensch verfällt. Und wir haben ja heute bei uns in unserer Gesellschaft so einen Altersverharmlosungs-Tick. Nach dem Jugendwahn, der lange da war, wird uns jetzt weisgemacht, wie wunderbar das Altern ist. In der Werbung siehst du da irgendwelche 75jährige grauhaarige Männer, die springen dann über die Bäume, weil sie irgendwelche Tabletten schlucken. Da wird gesagt, so wunderbar sei das Altern doch. Also die Bibel ist da offen und ehrlich. Sie sagt uns ganz klar: So ist das nicht! Nicht, dass ich das Altern irgendwie verdamme, auf gar keinen Fall, hat doch das Alter auch schöne Tage. Aber da hat doch keiner wirklich Spaß dran, wenn die Haare ausfallen, wenn man nicht mehr allein die Treppe hoch kommt und wenn man die Kisten nicht mehr aus dem Auto heben kann. Das sind Dinge, die nicht schön sind! Bitte lesen Sie Prediger 12. Der Sohn von König David, der reflektiert das, wie das Altern ist. Ganz tolle Bilder! Da heißt es:

...wenn die Hüter des Hauses zittern und die Starken sich krümmen und müßig stehen die Müllerinnen, weil es so wenige geworden sind, wenn finster werden, die durch die Fenster sehen, wenn die Türen an der Gasse sich schließen.

Wenn die Zähne nicht mehr wollen, die Leistungsfähigkeit der Augen abnimmt, wenn die Arme keine Kraft mehr haben und man nicht mehr richtig hören kann. Das ist nicht schön, da macht uns die Welt was vor! Die Welt, die mit dem Tod nicht umgehen kann, die verleugnet auch die Altersprozesse und will sie schönreden. Nein, das ist nicht schön! Und das weiß jeder alte Mensch, der mit 25 noch so richtig im Saft war, das war schöner als mit 85, wo man nicht mehr richtig kann. Und damit haben Leute auch Probleme, wenn sie alt werden, wenn der Verfall einsetzt. Gar keine Frage! Jeder möchte noch kerngesund sein und möchte, dass es besser geht, aber wir müssen in den Verfall rein. Der äußere Mensch verfällt. Und da ist es gut, dass wir in diesem irdischen Verfall, dem wir alle ausgesetzt sind, geborgen sind bei dem lebendigen Gott. Da gibt's ein tolles Wort in Jesaja 46,3b-4. Da heißt es:

Die ihr von mir getragen werdet von Mutterleibe an und vom Mutterschoße an mir aufgeladen seid: Auch bis in euer Alter bin ich derselbe, und ich will euch tragen, bis ihr grau werdet. Ich habe es getan; ich will heben und tragen und erretten.

Das ist ein Wort der Geborgenheit fürs Alter. Ja, das Alter ist manchmal sehr schwer, sehr hart und es ist furchtbar, dem Verfall bei lieben Menschen zuzusehen, aber vor allen Dingen den Verfall am eigenen Körper mitzuerleben, wenn es nicht mehr so geht wie früher. Da ist es toll, dass wir einen HERRN und Gott haben, der uns hält, auch in diesen Prozessen, auch wenn wir nicht mehr richtig können. ER ist mit Seiner Kraft und Seiner Stärke da. ER hält uns, auch wenn wir zerbrechen, wenn wir im Verfall sind. Wir haben einen Gott, der uns Geborgenheit gibt, nicht nur in den Alterungsprozessen dieser Welt. Auch wenn dieser Alterungsprozess final wird, wenn dann kein Arzt, kein Physiotherapeut, kein Pharmazeut mehr was machen kann, sondern wenn dann auf einmal Exitus ist, wenn der Körper final verfallen wird, in die Erde gelegt wird und wieder zur Erde wird. Selbst da schenkt uns Gott Geborgenheit, ja, da schenkt ER sie uns absolut!

Wenn wir diesem Gott vertrauen, dann dürfen wir erleben, dass unsere Zeit nicht nur für die Lebenszeit in Seinen Händen ist und ER uns Geborgenheit gibt bei allem, was hier in dieser Welt ist. ER schenkt uns die finale und absolute Geborgenheit, wenn wir die Augen zumachen und dann bei IHM sind - wenn wir IHM nachfolgen! Das ist etwas Wunderbares, dass wir geborgen sind angesichts des Verfalls. Das ist unser Trost im Leben und im Sterben, dass wir einen Gott haben, der uns lieb hat und der uns Geborgenheit schenkt. Und das möchte ich dir auch zusprechen, noch einmal ganz persönlich, angesichts deines körperlichen Verfalls. Und der setzt nicht erst mit 80 Jahren ein, über den du dich vielleicht momentan grämst, wo du Probleme hast. Du darfst wissen: ER, Jesus Christus, ist da und ER hält dich in deinem Altern, in deinem Verfall.

Ich aber, HERR, hoffe auf dich und spreche: Du bist mein Gott! Meine Zeit steht in deinen Händen.

Ich habe diese Predigt begonnen mit diesem Zitat von Luther: „Ich bleibe, wo ich immer war, in der Hand des allmächtigen, mich liebenden Gottes." Ich kann das nicht belegen, ob er es tatsächlich so gesagt hat. Aber ich darf Ihnen versichern, dass das, was mit diesem Zitat ausgedrückt wird, die Wahrheit ist. Wenn wir Jesus Christus nachfolgen, an IHN glauben, wie die Schrift sagt, da bleiben wir, wo wir immer waren, in der Hand des allmächtigen und liebenden Gottes. Und mit dieser Geborgenheit darfst du in die nächste Zeit gehen, angesichts deines Kummers; angesichts der Angriffe, denen du ausgesetzt bist; angesichts der Sünde, die du dir nicht selber vergeben kannst; und angesichts des Verfalls, dem du ausgesetzt bist. ER, Jesus Christus, ist für dich da und ER hält dich mit deiner Zeit in Seinen dich liebenden Händen!

Und so dürfen wir wie David sprechen: ***Ich aber, HERR, hoffe auf dich und spreche: Du bist mein Gott! Meine Zeit steht in deinen Händen.*** Alle Ehre, alles Lob diesem Gott und HERRN, der uns Geborgenheit schenkt. Amen.

Und der Friede unseres allmächtigen Gottes, der sehr viel höher ist als all unsere menschliche Vernunft, Er bewahre unsere Herzen und Sinne in Christus Jesus, unserem auferstandenen und lebendigen HERRN. Amen.

Eine Allianz fürs Leben - Wie man getrost und unverzagt lebt und stirbt

Psalm 31,25

> Gnade sei mit euch und Friede von dem, der da war und der da ist und der da sein wird in alle Ewigkeit, unser HERR, Jesus Christus. Amen.

Liebe Gemeinde, zu Beginn des Gottesdienstes habe ich das schon einmal gesagt. Ich möchte es zu Beginn dieser Predigt noch einmal wiederholen: Ich darf und ich muss euch und Ihnen heute eine frohe Botschaft verkündigen. Eine frohe Botschaft, die beinhaltet ist in unserem Predigtvers, eben dem letzten Satz aus dem Wochenpsalm. Ihn wollen wir noch einmal hören als Text für unsere Predigt:

> ***Seid getrost und unverzagt alle, die ihr des HERRN harret!*** Amen.
>
> **Wir wollen beten:** Lieber HERR und Heiland, du schenkst uns dieses Wort, diesen Vers in unser Leben hinein, an diesem Sonntag. Wir wollen nun die Predigt hören über diesen Vers. Und wir wollen dich bitten, HERR, dass du uns die Bedeutung dieser Worte erschließen wollest für unser Leben, für unseren Glauben, für unsere Sorgen und Ängste. Damit das passiert, damit das geschehen kann, HERR, dass deine Stimme in dieser Predigt erklingt, dazu brauchen wir allein deine Hilfe und deine Gnade. Und darum wollen wir dich jetzt bitten, HERR, für unser Reden und Hören: Du wollest dein heiliges und lebendiges Wort an uns allen segnen. Amen.

Liebe Gemeinde, die Allianz-Versicherung, so denke ich, ist uns allen ein Begriff. Sie ist eine der größten Konzerne, die wir in Deutschland haben. In den 80er Jahren hat dieser Allianz-Konzern seine Versicherungen beworben mit zahlreichen Spots. Die Älteren wissen jetzt sofort, von welchem Spot ich spreche. Die Jüngeren gucken bitte auf YouTube nach - nach der Predigt - und geben mal ein: „Allianz Tomatenstapel". Es war ein Werbespot. Da fuhr ein junger Mann mit einem VW-Käfer Cabriolet durch Italien. Die Sonne schien und dann bog er um die Ecke. Da war eine schöne Italienerin. Der guckte etwas zu lange hin, verliert die Kontrolle über sein Auto und fährt auf einem Marktplatz in einen Tomatenstapel hinein. Das Auto ist voller Tomaten. Das Auto ist kaputt. Was aber noch schlimmer ist: Eine aufgebrachte Menge von Italienern droht diesen jungen Mann zu lynchen, weil er alles zerstört hat. Es ist eine ganz bedrohliche Atmosphäre. Dann sitzt er da hilflos auf einem Stuhl, kramt in seinen Papieren, der Carabinieri kommt und auf einmal - bei den Ausweispapieren, beim Führerschein - ist die Allianz-Karte. Eben noch ist der Mob tobend, aber als die Italiener die Allianz-Karte wahrnehmen, da ist große Freudigkeit, man holt ihn aus dem Auto und setzt ihn zu Tische. Man feiert, alle lächeln, weil ja die Allianz da ist. Und das Ganze ist unterlegt mit einem Lied, das immer in diesem Spot kam: „Denn wer sich Allianz-versichert, der ist voll und ganz gesichert. Der schließt vom ersten Augenblick ein festes Bündnis mit dem Glück. Eine Allianz fürs Leben." Und so klang dann eben auch dieser Spot aus, so nach dem Motto: „Hast du nur die Allianz-Karte, dann hast du alles gesichert, dann kann dir nichts passieren." Voll und ganz gesichert und ein festes Bündnis mit dem Glück. Das verhieß damals die Werbeindustrie, die tätig war für diesen Allianz-Konzern. Doch wissen wir, dass nichts davon stimmt.

Was passiert denn, wenn man zwar bei der Allianz versichert ist mit all dem, was die zu bieten hat - Unfallversicherung, Lebensversicherung, Krankenversicherung, Rechtsschutzversicherung? Da gibt es einen ganzen Haufen, wofür man sein Geld ausgeben kann. Ja was passiert denn, wenn die Ehefrau einen verlässt, weil sie sagt: „Ich habe da einen anderen gefunden", und man vor der familiären Lebenszerstörung steht? Klar, die können einem den Anwalt bezahlen für den Scheidungsprozess. Aber voll und ganz gesichert und das Glück, das man hatte, kann auch die Allianz nicht zurückbringen. Was passiert denn, wenn man arbeitslos wird und 25 Jahre im Betrieb an vorderster Spitze war, aus eigener Sicht unabkömmlich. Dann wird einem erklärt: „Aufgrund von Umstrukturierung und wirtschaftlicher Veränderungen zahlen wir noch eine Abfindung, aber du musst jetzt in die Arbeitslosigkeit." Und man findet auf einmal keinen Job mehr und ist über Jahre arbeitslos. Da kann es vielleicht sein, dass man eine private Rentenversicherung abgeschlossen hat, dort bei der Allianz. Und die zahlen einem vielleicht auch ein paar Euro. Aber die soziale Lebenszerstörung, die können die nicht verändern. Die eigene Scham, die man dann vielleicht hat, wenn man sagt: „Mensch, ich bin zu nichts mehr nütze, ich liege der Gesellschaft nur noch auf der Tasche." Da kann die Versicherung nichts machen, weder eine Sicherung bieten, noch das Glück zurückschenken. Oder wenn wir an Krebs erkrankt sind und die Diagnose so schwer ist, dass wir wissen, da kann uns tatsächlich niemand helfen. Ja, so eine Krankenversicherung, die kann die eine oder andere Annehmlichkeit im Krankenhaus noch schenken, so eine Chefarztbehandlung oder vielleicht auch ein Einzelzimmer. Aber wenn die finale Lebenszerstörung ansteht und wir vom Krankenhaus ins Hospiz müssen, dann kann die Allianz nichts machen. Dann sind wir nicht gesichert. Und dann sehen wir eben auch, dass irgendwelche Geldleistungen eines Versicherungskonzerns kein festes Bündnis mit dem Glück geben. Und trotzdem: „Eine Allianz fürs Leben"? Irgendwann haben sie diesen Werbespot abgesetzt. Die haben wohl verstanden, dass es einfach ein Tacken zu viel ist, was sie hier versprechen: Eine Allianz fürs Leben.

Und jetzt möchte ich von der Allianz fürs Leben sprechen. Ich möchte euch sagen, wie man tatsächlich in allen Lebenslagen getrost und unverzagt leben und sterben kann; wie man tatsächlich voll und ganz gesichert ist; wie man tatsächlich in ein festes Bündnis mit dem Glück eintreten kann. Davon möchte ich, ausgehend von unserem Predigttext, sprechen. Denn dieses Glück haben alle, die in einem Bündnis, in einer Allianz mit Jesus Christus stehen, ***alle, die ihr des HERRN harret.*** Das ist nichts anderes als zu sagen, dass man IHM vertraut und sagt:

ER ist mein HERR. Dann stehe ich in einer Allianz mit dem lebendigen Gott. Und die das tun, die dürfen getrost und unverzagt sein. Darüber möchte ich sprechen. Ich möchte uns noch einmal vor Augen stellen, was wir für eine Allianz in unserem HERRN und Heiland Jesus Christus haben, der uns getrost und unverzagt sein lässt und sagen, wo wir wirklich ein festes Bündnis mit dem Glück haben. Ich habe die Predigt überschrieben: **Eine Allianz fürs Leben - Wie man getrost und unverzagt lebt und stirbt.** Ich möchte über vier Dinge sprechen:

1. Die Erlösung des HERRN
2. Der Schutz des HERRN
3. Die Weite des HERRN
4. Die Geborgenheit des HERRN

Das Erste: Die Erlösung des HERRN. In Psalm 31 Vers 6 heißt es: ***Du hast mich erlöst, HERR, du treuer Gott!*** Das kann David sagen in all seinem Elend, in all seiner Not, in all seinen Schwierigkeiten, in all den Todeserfahrungen, die er macht. Er hat die Erlösung in Gott erlebt: ***Du hast mich erlöst.***

Kannst **du** diesen Satz sagen? Kannst du sagen: ***Du hast mich erlöst, HERR, du treuer Gott?*** Ich stelle diese Frage bewusst an den Beginn dieser Predigt. Denn wenn du diese Frage nicht mit „Ja!" beantworten kannst, dann gelten die weiteren Punkte nicht für dich. Dann darf ich dich aufrufen, dein Leben Jesus zu übergeben und in die Allianz mit ihm einzutreten. Aber wenn du sagen kannst: „Ja, das kann und muss ich sagen. Ich weiß, dass Jesus lebt und ich habe mein Leben IHM übergeben und ER hat mich erlöst", dann wartet jetzt frohe Botschaft, frohe Kunde auf dich. Dann darfst du wissen: Dir kann nichts mehr passieren. Ja, du wirst in schwere Zeiten in diesem Leben vermutlich noch rein müssen. Aber das Happy End wartet auf dich. Dir kann nichts mehr passieren, wenn du weißt, dass du erlöst bist durch das Blut des Heilandes Jesus Christus. Wenn du in einer Allianz mit IHM stehst, dann kann dir selbst die finale Lebenszerstörung nichts mehr anhaben, weil dieser

Gott und HERR für dich in den Tod gegangen ist. Und das wird in Seinen Versicherungsbedingungen gesagt, hier in der Bibel. In Johannes 11,25 lesen wir es. Da sagt Jesus Christus:

> ***Ich bin die Auferstehung und das Leben. Wer an mich glaubt, der wird leben, auch wenn er stirbt. Und wer da lebt und glaubt an mich, der wird nimmermehr sterben.***

Glaubst du das?, setzt dann Jesus nach. Glaubst **du** das? Und das ist das Entscheidende, dass wir das glauben, dass ER die Auferstehung und das Leben ist, dass ER uns erlöst hat.

Dann kommen all die anderen Dinge (deshalb habe ich das als ersten Punkt gewählt) in einem Automatismus hinterher. Aber das ist so wichtig, dass wir das genau wissen, dass Jesus uns erlöst hat! Wenn wir das nicht wissen, wenn wir das nicht glauben, wenn wir in keiner Allianz mit IHM stehen, dann sind die Gnadengaben von Golgatha, die Gnadengaben der Auferstehung für uns nicht gültig. Das ist wie bei der Allianz-Versicherung. Die haben auch einiges zu bieten, wie jede andere Versicherung auch (ich will jetzt nicht für die Allianz Werbung oder irgendetwas abspenstig machen). Wenn ihr bei der Allianz versichert seid, eine Hausratversicherung habt, und dann bricht bei euch jemand ein und klaut euch alles, dann bezahlen die. Allerdings sind zwei Dinge Voraussetzung: Erstens, ihr habt irgendwann eine Versicherungspolice unterschrieben und zweitens, ihr habt auch regelmäßig eure Versicherungsbeiträge bezahlt. Das ist übrigens das Erste, was die Versicherungen alle prüfen, wenn ihr einen Schadensfall habt. Erstens: „Ist der Vertrag gültig?" Zweitens: „Sind die Versicherungsbeiträge bezahlt worden?" Wenn nicht, dann gibt's Probleme.
Bei Jesus ist das ganz genauso. Da müssen wir auch eine Unterschrift geleistet haben unter eine Police. Nur die machen nicht wir, die macht ER. ER trägt uns ins Buch des Lebens ein, wenn wir an IHN glauben, wenn wir Seiner ***harren***. Da trägt ER uns ein und dann kann uns nichts mehr passieren. Und wir müssen keine Beiträge bezahlen. Wir müssen keinen Zehnten

geben. Wir müssen nicht irgendwelche guten Werke machen. Das Einzige, was wir tun müssen, ist an IHN glauben, Seiner harren. Das sind die Beiträge, die wir bezahlen. Da müssen wir natürlich dabeibleiben. Das ist ganz wichtig: Wenn wir an ihn glauben, wenn wir Seiner ***harren***, wissen, dass ER uns erlöst hat, dann ist alles in Ordnung. Da steht unser Name im Buch des Lebens und das ist das Allergrößte!

Ich weiß nicht, worüber ihr euch freut in eurem Leben. Die Jünger kommen einmal zu Jesus und sind total erfreut, weil sie ein paar Dinge machen konnten in der Heilung von Menschen, wo sie Kranke gesund gemacht und bei Besessenen Dämonen ausgetrieben haben. Die sind ganz beglückt über all das, was sie erlebt haben. Da sagt Jesus zu ihnen: „Freut euch nicht darüber, das ist gar nichts. Freut euch darüber, dass eure Namen im Buch des Lebens geschrieben sind". Freut euch darüber, dass eure Namen im Himmel aufgeschrieben sind, denn dann kann dir nichts mehr passieren. Und wenn du das weißt, dass du erlöst bist, dass dein Name mit dem Blut des Heilandes ins Buch des Lebens eingetragen ist, dann ist alles in Ordnung. Dann kann dir nichts mehr passieren!

Diesen Eintrag ins Buch des Lebens, den möchte Jesus für jeden vornehmen; auch für die unter uns, die noch nicht wissen, dass sie erlöst sind. Und denen möchte ich es noch einmal evangelistisch heute Morgen zurufen: Wenn du noch nicht weißt, was passiert, wenn du stirbst, wenn du nicht weißt, dass Jesus auferstanden ist, dann mach dich auf die Suche nach diesem Gott, dann tritt in diese Allianz ein! Da möchte ich werben wie so ein Versicherungsvertreter. Um Gottes Willen! Und ich sage das bewusst: Um Gottes Willen, lass dich erretten durch die Erlösung von Jesus Christus und geh diese Allianz mit IHM ein! Vertraue IHM! Glaube an IHN! Suche IHN, auf dass ER dich einträgt ins Buch des Lebens und du gerettet wirst für Zeit und Ewigkeit und dann getrost und unverzagt leben kannst! Wenn diese Gewissheit der Erlösung, wenn diese Gewissheit über die Rettung durch Jesus Christus in dir groß ist, dann werden sich drei Dinge in deinem Leben schon hier entfalten: nämlich das Wissen um den Schutz, das Wissen um die Weite und das Wissen um die Geborgenheit, die der HERR dir schenkt. Und das sind die nächsten drei Punkte, über die ich nun predigen möchte. Aber das Erste ist eben ganz wichtig: Wir müssen wissen, dass der HERR uns eingetragen hat ins Buch des Lebens, dass ER uns erlöst hat. ***Du hast mich erlöst, HERR, du treuer Gott.*** Wir, die wir das mitsagen können, die wir auf IHN ***harren***, an IHN glauben, wir stehen in einer Allianz mit IHM und können deshalb ***getrost und unverzagt*** sein. Deshalb gelten uns auch der Schutz des HERRN, die Weite des HERRN und die Geborgenheit des HERRN.

Damit kommen wir jetzt zum **zweiten Punkt** der Predigt: **Der Schutz des HERRN.** Und ihr alle, die ihr eben auf meine erste Frage „Ja!" gesagt habt, wo ich gefragt habe: „Weißt du, dass du erlöst bist durch Jesus Christus?", ihr dürft sagen: ***Du, HERR, bist mein Fels und meine Burg.*** So steht es im Vers 4 im 31. Psalm. Einen Vers zuvor, im Vers 3, wünscht sich David das: Sei du mein Fels und meine Burg. Sei du - das ist ein Wunsch! David ist in einer Situation, wo er angefochten, traurig ist, wo er nicht mehr weiter weiß. Und dann wünscht er sich, dass er diesen Fels und diese Burg eben in Gott hätte. Und er darf es sich dann im Glauben zusagen: ***Du bist mein Fels und meine Burg.*** Das ist das Wunderbare, dass wir das wissen dürfen, wenn wir um die Erlösung Jesu Christi wissen, die für uns geschehen ist, dass wir sie angenommen haben. Wenn wir in dieser Welt suchen nach festem Grund, nach Fels und Burg (das sind so tolle Begriffe, obwohl sie 3000 Jahre alt sind, die verstehen wir auch alle), dürfen wir wissen: Die haben wir in Jesus Christus! ER ist unser Fels, ER ist unsere Burg! Wenn wir geistliche Anfechtungen zu erleiden haben, menschliche Nachstellung, wenn wir durch eigenes Versagen heruntergezogen sind (davon spricht ja der Wochenpsalm in mehreren Versen), dann dürfen wir wissen bei all unserem Versagen, bei all dem Elend dieser Welt: Wir haben einen Fels, auf dem wir stehen können, dieser Fels ist Jesus Christus!

In der Bibelstunde neulich haben wir darüber gesprochen, dass es in der Bibel immer ganz wichtig ist, die Dinge richtig zu erkennen, die gerade im Alten Testament typologisch vorgebildet sind. In 1. Korinther 10,4 heißt es, dass der Fels, von dem im Alten Testament die Rede ist, Jesus ist: ***Der Fels aber war Christus.*** Auch hier ist der Fels niemand anderes als Jesus Christus, auch wenn David noch nicht direkt von Jesus wusste. Hier ist von Jesus die Rede. Jesus, du bist mein Fels und meine Burg!

Egal was dich momentan anficht, was dein Problem ist, sei es etwas Geistliches, wo du zu kämpfen hast; sei es, dass Menschen dir nach irgendetwas trachten und du mit Mobbing, furchtbaren Arbeitskollegen oder sonst etwas zu tun hast; oder wo du tatsächlich durch eigene Sündhaftigkeit gefallen bist und nicht mehr weißt, wie komm ich denn jetzt zurecht, worauf soll ich überhaupt stehen? Jesus ist dein Fels! ER ist deine Burg, in die du fliehen kannst. ER ist derjenige, der dir sicheren Stand gibt. Du hast ein Fundament in deinem Leben, du hast Sicherheit, die dir Halt und Schutz geben - Jesus Christus! Ich weiß, dass viele von euch das schon länger wissen als ich überhaupt auf der Welt bin - die älteren Brüder und Schwestern. Und trotzdem habe ich heute die Gnade und das Vorrecht, euch das noch einmal zurufen zu dürfen. Weil das ja in dieser Welt immer wieder passiert, und egal wie lange wir schon im Glauben unterwegs sind, fragen wir manchmal: „Wie wird´s denn morgen sein? Was ist denn mein Fels und meine Burg?“ So wie David auch hier, da darf ich euch nochmal zusprechen: Jesus ist dein Fels und deine Burg! Und deshalb darfst du ***getrost und unverzagt*** sein. Erinnere dich daran: Du stehst in einer Allianz mit dem Lebendigen und nicht mit irgendeinem Menschen, nicht mit irgendeinem Militärbündnis dieser Welt, nicht mit irgendeinem Staatspräsidenten, die ein bisschen was machen können. Nein, mit dem Allmächtigen! Du hast einen Schutz und eine Burg und einen Fels.

Einer, der das in wunderbarer Weise erlebt hat - genau wie David - ist Martin Luther, der große Reformator unseres Vaterlandes. Er hat immer wieder erlebt, dass er geistlich angefochten wurde, dass Menschen ihm nach dem Leben getrachtet haben und dass er selber auch sündhaft war und versagt hat. Und wann immer das passiert ist, dann durfte er erleben, dass Jesus ihm zugesprochen hat, dass er sein Fels und seine Burg ist. Das war für Luther so tief, dass er ein wunderbares Lied geschrieben hat - das Lied unserer reformierten Bewegung, unserer Reformation: „Ein feste Burg ist unser Gott, ein gute Wehr und Waffen." Und es ist ganz interessant, wenn man das behandelt in der Kirchengeschichte in den Vorlesungen, da stellen die Professoren häufig Spekulationen an, weil sie gucken wollen, in welche Situation hinein dieses Lied geschrieben ist. Das Lied ist 1529 veröffentlicht worden. Dann gibt es Leute, die sagen: „Ja, dieses Lied ‚Ein feste Burg ist unser Gott, ein gute Wehr und Waffen' sei 1527 geschrieben. Da war eine große Pestepidemie und Luther hätte auch so viel Angst gehabt um den Gesundheitszustand und um das Leben der Gläubigen, dass er dann eben dieses Lied geschrieben hätte." Andere sagen: „Nein, das hat nichts damit zu tun, dass diese Pest gekommen ist. Da hat er sich nicht davor gefürchtet. Es ging vielmehr um die muslimischen osmanischen Invasoren, die kurz vor Wien standen, gerade auch zu diesem Zeitpunkt 1529." Da sei das Lied entstanden „Ein feste Burg ist unser Gott". Luther habe geglaubt, das ganze Abendland ginge jetzt unter, die Endzeit sei angebrochen. Und aufgrund dieser militärischen Invasion, dieser Kriege, hätte er dieses Lied geschrieben. Andere wiederum sagen: „Nein. Das ist unmittelbar auf dem Reichstag zu Speyer entstanden. Da, wo die altgläubigen katholischen Stände die Protestanten so angegriffen haben. Und aufgrund dieser angefochtenen geistlichen Situation sei dieses Lied entstanden ‚Ein feste Burg ist unser Gott'". Also es gibt ganz unterschiedliche Thesen, warum dieses Lied entstanden sein könnte. Für mich ist es so: Luther hat ja nun alles wahrgenommen, und ich weiß nicht genau, was der Hintergrund ist. Aber für alle drei schweren Situationen passt das: „Ein feste Burg ist unser Gott." Und das passt nicht nur für diese drei Situationen, die Luther erlebt hat: wo da eine Krankheit gewesen ist, wo die militärische Invasion gedroht hat und wo man Probleme mit irgendwelchen anderen Christen gehabt hat. Nein, sein Lied passt für alle Situationen! Vielleicht hat er noch ganz andere Dinge durchlebt, Probleme in der Ehe oder sonst irgendetwas. Keine Ahnung! Vielleicht hat er selber irgendeine Krankheit gehabt. Ich weiß es auch nicht! Aber Ich weiß eins: Wenn Luther hier stünde, der würde sagen: Das Lied „Ein feste Burg ist unser Gott, ein gute Wehr und Waffen" gilt nicht nur für eines der drei Dinge, sondern für alles, für alle schwierigen Situationen. Das dürfen wir wissen, wir haben einen Fels und eine Burg, das ist Jesus Christus. Das wird uns im Wochenspruch zugesagt. Und das möchte ich dir zusagen angesichts deiner Probleme, in denen du stehst, deiner geistlichen Anfechtung, worin immer sie auch besteht, in deinen menschlichen Nachstellungen oder deiner eigenen Sündhaftigkeit: Du hast Schutz, auch wenn du momentan meinst, mir geht der Boden unter den Füßen verloren, ich weiß nicht mehr, wie es weitergehen soll. ER, Jesus Christus, der Fels ist da. Und ER will und ER wird dir Fels und Burg sein. Das ist das Zweite: Der Schutz des HERRN. Und weil wir IHN haben, weil wir in einer Allianz mit IHM stehen, dürfen wir dann auch ***getrost und unverzagt*** nach vorne gehen.

Und aus diesem Schutz resultiert **ein Drittes: Die Weite des HERRN**, nämlich dass wir, die wir häufig nur die Enge sehen, dann von Gott in eine Weite gestellt werden. Es heißt hier in Vers 9 unseres Psalms so wunderbar: ***Du stellst meine Füße auf weiten Raum.*** Das können wir anthropologisch natürlich auch wissen, dass Menschen die Weite lieben. Wir alle mögen das, wenn wir im Urlaub sind, ob das nun an der See ist, wenn wir dann über die Weite gucken. Man ist erstaunt über diese Schöpfung. Oder wenn man in die Berge gefahren ist und hat so eine Wanderung gemacht. Man steht am Gipfel und nimmt auf einmal die Weite wahr. Das tut der Seele richtig gut! Und ganz viele Bilder auf Postkartenmotiven haben diese Weite. Was Menschen nicht gut tut, das ist die Enge, wo man eingedrückt ist irgendwo im dunklen Zimmer und nichts mehr sieht oder gar im Gefängnis, wenn alles nur eng ist. Der Mensch sehnt sich nach Weite. Und das Tolle ist, dass wir einen Gott und HERRN haben, der uns Weite schenkt. ***Du stellst meine Füße auf weiten Raum***, wenn, ja wenn wir mit IHM im Bündnis, in der Allianz stehen, wenn wir ***auf IHN harren***.

David hat so Situationen in seinem Leben erfahren und erlebt, wo es menschlich ganz eng aussah, wo er nur auf das Irdische geguckt hat, eigentlich die Lichter alle aus waren, nichts Fröhliches und Schönes mehr war, sondern die große Katastrophe. Die Geschichte, die zuerst mit David verbunden wird, obwohl es so viele andere Geschichten in der Bibel gibt, das ist die Geschichte von David und Goliath. Der kleine Hirtenjunge, der nicht einmal die Rüstung tragen kann, die ihm dann gegeben wird, tritt gegen den Super-Krieger Goliath an, der ihm militärtechnisch und in all seiner Kampferfahrung, aber vor allen Dingen auch körperlich bei weitem überlegen ist. Wenn wir mit so einer Goliath-Situation konfrontiert sind, dann schauen wir häufig eben nur auf die Größe des Kriegers, auf seine eiserne Speerspitze, auf das, was er kann und auf das, was ich nicht kann. Und sehr schnell ist uns angst und bange, und unser Leben wird eng. Wir sehen keinen Weg mehr. Die Probleme sind zu groß. Wir werden mit den Goliath-Situationen nicht fertig. Aber Gott sei Dank müssen wir, die wir ***des HERRN harren***, auch nicht mit den Goliath-Situationen fertig werden, denn wir sind ja in einer Allianz mit dem lebendigen Gott. Und der kann! Momentan läuft ja ein NATO-Manöver. Da geht es darum, dass die baltischen Staaten und Polen geschützt werden sollen, falls irgendwann Russland mal angreifen würde. Estland, Lettland, Litauen, die hätten gegen die russische Armee keine Chance, gar keine Frage. Wenn die sich allein mit ihren paar Tausend Soldaten gegen sie stellen, dann würden die innerhalb eines Tages überrannt werden. Lettland, Estland, Litauen alleine nicht. Aber die sind ja auch in einer Allianz. Da sind noch über 20 andere Staaten. Da sind Atommächte dabei, die jetzt dokumentieren: „Hey, ihr Russen, wenn ihr kommt, dann habt ihr es auch mit uns zu tun." Die Balten alleine würden es nicht schaffen. Aber die Allianz, die ihnen militärische

Stärke gibt, schenkt ihnen einen ganz anderen Stand, eine ganz andere Weite. Deshalb müssen sie nicht mehr eng denken, auch wenn die russische Nation sie so ein bisschen einkreist. Ich glaube nicht, dass sie die angreifen. Aber wie gesagt, das ist das Szenario, das momentan dieses große Manöver in Osteuropa veranlasst hat. Und für uns ist es ganz genauso. Wir sind ganz klein und mickrig, und wir werden tatsächlich nicht mit den Goliath-Situationen unseres Lebens fertig. Die führen uns in eine Enge. Aber wir haben einen Gott, der uns in die Weite führt, der uns immer wieder deutlich machen will: Ich bin doch da! Du stehst ja in einer Allianz mit mir. Deshalb kann dir nichts passieren! Du musst mir nur trauen und dann darfst du Weite wahrnehmen!

Wir sind ja gerade in der Bibelstunde bei Abraham. Vor einigen Wochen habe ich über 1. Mose 15 gepredigt, also darüber, wo Abraham die Verheißung des Sohnes geschenkt bekommt. Und als er die Verheißung geschenkt bekommt, da muss Gott Abraham aus dem Zelt herausführen. Der sitzt im Zelt mit Sara, die sagt: „Ich bin schon viel zu alt. Es wird eh nichts mehr werden." Alles eine große Katastrophe. Schlimm, schlimm, schlimm! Und dann nimmt Gott Abraham, führt ihn aus dem Zelt heraus in die dunkle, sternenklare Nacht und zeigt ihm die Weite des Universums. Ich habe damals schon gesagt: „Diesen Moment hätte ich gerne erlebt, wenn Gott Seine Schöpfung dem Abraham präsentiert. Da war sicherlich keine Wolke am Himmel und die Sterne haben besonders geglänzt." Sozusagen stellt ER ihn in die Weite seiner Möglichkeiten hinein. Und genau das ist das, was David hier erfahren hat im Glauben. Ich kann nichts! Als er vor Goliath steht, da sagt er das auch diesem Riesen (1.Samuel 17,45): ***Ich aber komme zu dir im Namen des HERRN Zebaoth.*** Einige Verse vorher steht: ***Der HERR, der mich von dem Löwen und Bären errettet hat, der wird mich auch erretten von diesem Philister.*** Der sagt ganz genau: Ich ja nicht! Aber die Allianz, in der ich drinstehe, die gibt mir eine ganz andere Weite. Das lässt den David kackfrech vor diesem Goliath auftreten. Und so können wir auch den Problemen unseres Lebens entgegentreten. Wenn wir ***des HERRN harren***, dann können wir ***getrost und unverzagt*** nach vorne gehen, weil ER eben da ist. Wenn wir uns allerdings von den irdischen Engführungen bestimmt sein lassen, wenn wir das alles durchrechnen, was uns dann der Teufel vor Augen stellt, ja, dann haben wir schnell Angst, Depressionen und Enge in unserem Leben. Aber das möchte Gott nicht, ER ist ja ein liebender Vater! Und so wie ein liebender Vater für sein Kind nicht möchte, dass es Angst hat, sondern befreit lebt, so Gott auch. Und so möchte Gott auch für dich die Weite. Du darfst diesen Satz mitsprechen. Übrigens ein Satz, den ich sehr häufig in der Seelsorge sage. Wenn mir Menschen dann erklären wie klein, krank, alt, ungebildet, hässlich, wertlos sie sind. Das ist eine Katastrophe, wie Menschen sich dann klein machen und wirklich die Karten auf den Tisch legen. Und ich sage: „Das mag ja alles stimmen, dass du schon über 80 bist und vielleicht auch keinen Schönheitswettbewerb mehr gewinnen wirst." Und: „Es ist tatsächlich so, dass du vielleicht kein Abitur mehr machen wirst!" Aber es gibt doch EINEN an deiner Seite, den lebendigen Gott! Und ER schenkt dir ganz neu Weite. Du musst dich nicht bestimmt sein lassen von den Wahrheiten deines Lebens, sondern du darfst auf die Realität des lebendigen Gottes schauen und damit darfst du rechnen. ***Du stellst meine Füße auf weiten Raum.*** Und egal wie alt, wie krank, wie hässlich oder wie arm, wie sonst was ist, was wir sehen; wie schwierig, wie zerrüttet die Situation ist: Gott stellt deine ***Füße auf weiten Raum***. ER hat ganz andere Möglichkeiten! Dieser Gott, der mit einem Wort das Universum geschaffen hat, der kann Dinge in deinem Leben schaffen und tun, die kannst du dir überhaupt gar nicht vorstellen. Das ist gigantisch! Das Problem ist nur, dass wir dem häufig nicht trauen. Wir sind allzu oft gerne bereit, dem zu vertrauen, auf das zu schauen, was irdisch ist, aber die geistliche Wahrheit nicht anzunehmen. Aber die geistliche Wahrheit der Bibel sagt: Unser Gott kann! God is able! Gott kann in jeder Situation, immer! Wir haben am Mittwoch gesprochen über Abraham, der am Ende seines Lebens zu der Überzeugung kam: „Ich kann meinen Sohn opfern, denn Gott kann von den Toten auferwecken. Ich kann dieses Unmögliche tun. Ich kann diesen Weg gehen, den Gott mir abverlangt, denn ER kann von den Toten auferwecken." Das ist ihm Trost, dass er wirklich in diesem Gehorsamsschritt dann alles bekommt.

Und ich möchte euch zu diesem Glauben aufrufen, egal, was bei euch irdisch dran ist, ***harret des HERRN***! Glaubt an Jesus und dann dürft ihr ***getrost und unverzagt*** sein, weil ER ganz andere Möglichkeiten hat. Weite! Ich sage damit nicht, morgen wird alles besser werden oder in der nächsten Woche ist jede Träne abgewischt. Aber ich sage euch, spätestens im himmlischen Jerusalem wird jede Träne abgewischt sein. Spätestens dort werden wir genau das erleben, was Gott für Möglichkeiten hat; dass alles, was uns hier Kummer ist, was wir gar nicht loslassen können und wollen, getilgt wird von dem lebendigen Gott. ***Du stellst meine Füße auf weiten Raum.***

Ich bin ja häufig nicht in der Lage, die wunderbaren Wahrheiten der Bibel liebevoll und zärtlich darzustellen. Das wird mir immer wieder reflektiert und dann auch gespiegelt; nicht nur in der Gemeinde, auch aus dem Internet. Das ist so, das ist Stärke und Schwäche gleichzeitig bei mir. Aber wir haben ja eben ein wunderbares Lied gesungen, ein ganz tolles Lied von Peter Strauch, der das darin auch ausdrückt. Da will ich gleich nochmal darauf zurückkommen, wie von ihm diese Weite dargestellt wird. Und ein anderer Theologe, der das kann, ist Peter Hahne. Der hat einmal gesagt: „Gottes ewige Weite schenkt Geborgenheit im zeitlichen Heute". Ich weiß, dass ich manchmal sage: „Leute, Gott schenkt euch ja Weite, also müsst ihr unverzagt sein." Aber wisst ihr, nicht weil ich euch das anbefehle oder euch dazu auffordere ist es so, sondern wenn ihr die Weite erlebt habt, dann wird etwas in euch entstehen, etwas in euch wachsen, das euch ganz ruhig sein lässt, nämlich eben diese Geborgenheit. Wir haben das eben gesungen in diesem Lied von Peter Strauch: „Meine Zeit steht in deinen Händen." Da haben wir gesungen in der einen Strophe:

„Sorgen quälen und werden mir zu groß. Mutlos frag ich: Was wird morgen sein? Doch du liebst mich, du lässt mich nicht los, Vater, du wirst bei mir sein." Und dann kam es in dem Refrain: „Meine Zeit steht in deinen Händen. Nun kann ich ruhig sein, ruhig sein in dir. Du gibst Geborgenheit, du kannst alles wenden. Gib mir ein festes Herz, mach es fest in dir."

Damit kommen wir zum **vierten Punkt** dieser Predigt: **Die Geborgenheit des HERRN.** Wenn ich erlebt habe, dass der HERR mich erlöst hat, wenn ich erlebt und erfahren habe, dass der HERR mich schützt, wenn ich erlebt habe, dass ER mir Weite schenkt, dann wächst in mir ein Gefühl, nämlich das Gefühl der Geborgenheit. Und für David drückt sich das aus, in Psalm 31,16 in dem Satz: ***Meine Zeit steht in deinen Händen.*** Hier steht zwar nicht das Wort Geborgenheit, aber ich denke, dass das genau das Gefühl ist, zu sagen: „Hey, mir kann ja nichts passieren. ER schenkt mir Weite, ER schenkt mir Schutz und deshalb bin ich froh und dankbar, dass meine Zeit bei IHM aufgehoben ist. ER kümmert sich ja eh um alles. Das ist das Wunderbare: Wir sind Eigentum. ***Meine Zeit steht in deinen Händen.***

Ich hab mal bei einer Beerdigung über dieses Wort gepredigt, auch etwas forscher. Und da kommt nachher jemand zu mir, der zwar nicht ein direkt betroffener Angehöriger war, aber der nicht gläubig war und dagegen protestiert hat: „Ich will Ihnen das nur direkt sagen: Meine Zeit steht in **meinen** Händen." Da habe ich gesagt: „Viel Spaß! Da werden Sie eines Tages viel Freudigkeit vor unserem HERRN und Heiland haben, wenn Sie IHM begegnen. Aber Sie werden auch sehen, was Ihre Zeit mit Ihnen macht." Das, was dieser Mann ausdrückt, ist tatsächlich das Credo der Weltmenschen: „Meine Zeit in meinen Händen". Man glaubt wirklich, seine Zeit komplett einfach steuern zu können; nicht nur seine Urlaube, sondern auch mittlerweile, wie ich das Ende meines Lebens verbringe. Das Euthanasiegeschrei, dieses gottlose Gerede zu sagen: Ich muss selber die Möglichkeit haben zu entscheiden, wann ich sterbe. Dieses atheistische, satanische, gottlose Gequatsche. Das ist genau diese Haltung des Weltmenschen: „Meine Zeit steht in meinen Händen. Ich bin der Gott meines Lebens!" Er hat nichts dazugetan, in diese Welt zu kommen, und er wird auch nichts dazu- tun, wenn der HERR ihn abberuft. Aber man meint, das entsprechend tun zu können! Und dann wehrt man sich natürlich gegen so einen Satz: ***Meine Zeit steht in deinen Händen.*** Das wird dann für den Weltmenschen zu einer brutalen Wahrheit, zu der er so hinvergewaltigt wird. Für mich ist das keine brutale Wahrheit. Für mich ist das die tröstliche Realität. Meine Zeit steht in SEINEN Händen. Wenn ich weiß, dass dieser Gott mich erlöst hat auf Golgatha, dass ER für mich gestorben ist, dass ER mir Schutz gibt, dass ER mich liebt, dann ist das das Wunderbarste, was mir passieren kann, dass meine Zeit in seinen Händen steht. Ich will niemals anderswo sein mit meiner Zeit, mit meinem Leben als in den Händen des lebendigen Gottes - nicht in meinen eigenen sündigen Händen und schon gar nicht in den Händen anderer Menschen, nicht eines Versicherungsagenten, nicht eines Arztes. Ich will nur sein in den Händen des lebendigen Gottes. Das gibt mir Trost. Das gibt mir Geborgenheit. Ich weiß, mir kann nichts passieren! Ich bin in Seinen Händen geborgen.

Wenn mir die Schrift sagt: ***Bei euch aber sind sogar die Haare auf dem Haupt alle gezählt*** (Matthäus 10,30). ***Und kein Haar von eurem Haupt soll verloren gehen*** (Lukas 21,18). So eine Banalität! Und ich erkläre das ja immer wieder. Pro Tag fallen von meinem Haupt 200 Haare runter. Und das weiß Jesus und da kümmert er sich drum. Da weiß er auch um all die anderen Dinge, um die wirklich schwierigen Dinge. Wenn ich in Not komme, wenn ich in Schwierigkeiten komme. Meine Zeit ist in seinen Händen geborgen. Meine Zeit steht in seinen Händen. Gott sei es gedankt! Halleluja, dass es so ist! Und ich will nirgends woanders stehen. Denn das lässt mich ***getrost und unverzagt*** sein. Meine Zeit ist in seinen Händen. Mir kann nichts passieren. Mein Schöpfer ist da und ich muss mir keine Sorgen machen! In Psalm 127,2 heißt es:

Es ist umsonst, dass ihr früh aufsteht und hernach lange sitzet und esset euer Brot mit Sorgen; denn seinen Freunden gibt er es im Schlaf.

Das heißt, mit denen er in einem Bündnis, in einem besonderen Verhältnis steht, in einer Allianz, denen gibt er es im Schlaf. Ihr müsst euch keine Sorgen machen! Das ist Geborgenheit. Gott schützt mich. Gott schenkt mir Weite. Gott hat mich erlöst. Gott sei es gedankt! Das ist ein Gefühl der Geborgenheit, das der lebendige Glauben hervorbringt. Das ist etwas Wunderbares!

Ich bin mal gefragt worden in einem Interview, was ich denken würde, was passiert, wenn man im lebendigen Glauben steht. Da habe ich gesagt: „Im Verhältnis zu Gott sind es drei Gefühle, die mich als gläubigen Menschen betreffen: Das eine Gefühl ist Ehrfurcht, das zweite ist Dankbarkeit, das dritte ist Demut. Das sind die beherrschenden Gefühle in meinem Verhältnis zum lebendigen Gott. Wenn ich an IHN denke, dann sind das Ehrfurcht, Dankbarkeit und Demut vor allen anderen Dingen. Aber wenn ich sehe, was ER in mir schafft durch den Heiligen Geist, dann ist es Liebe, dann ist es Freude und dann ist es Geborgenheit. Ich kann jetzt nur für mich sprechen, zu sagen, das ist das, was ich erlebe: Geborgenheit. Ich weiß, als Christ Olaf Latzel, bei meinem Versagen und bei all dem Schlimmen, was in dieser Welt passiert: Ich bin geborgen in Seinen gnädigen Händen. Meine Zeit steht in Seinen wunderbaren Händen, die mich erlöst haben. Das schenkt mir Geborgenheit. Und das lässt mich Christ sein."

Das lässt mich auch einladen zu diesem Glauben an Jesus Christus. Die, die noch nicht von Jesus Christus erlöst sind, die möchte ich nochmal einladen: Geht in eine lebendige Beziehung mit IHM! Kommt in eine Allianz mit Jesus Christus! Er schenkt euch Liebe, Freude und Geborgenheit. Aber ich möchte euch auch, die ihr in dieser Allianz, in diesem Bündnis, in diesem Verhältnis steht, noch einmal daran erinnern:

Wir haben einen wunderbaren Gott. Schau nicht auf das Irdische, sondern lass dich füllen mit Seiner Geborgenheit. Und die bekommst du, wenn du Seiner ***harrst***. Ich sage nicht, wenn du an IHN glaubst, dann ist morgen oder übermorgen schon alles gut. Aber wenn du Seiner ***harrst***, darfst du ***getrost und unverzagt*** sein und du wirst erleben, wie der lebendige Gott Geborgenheit in dich hineingibt. Wenn du diesem Gott vertraust, wenn du Seiner ***harrst***, wenn du weißt, dass du erlöst bist, dass ER deine Füße auf weiten Raum stellt und ER deine Zeit in den Händen hält, dann darfst und kannst du nur ***getrost und unverzagt*** sein. Und das ist das, was uns dieses Wort aus dem Wochenpsalm zuruft: ***Seid getrost und unverzagt alle, die ihr des HERRN harret.***

Und dann hat man tatsächlich eine Allianz fürs Leben. Dann hat man das Bündnis mit dem Glück, und dann ist man voll und ganz gesichert. Das wünsche ich euch allen, dass ihr dieses Bündnis mit dem Glück und diese vollständige Sicherung in Jesus Christus habt. Und deshalb darf ich euch noch einmal dieses Wort zurufen, im Namen unseres lebendigen Gottes, für deine und für eure Situation: ***Seid getrost und unverzagt alle, die ihr des HERRN harret.*** Amen.

Und der Friede unseres allmächtigen Gottes, der sehr viel höher ist als all unsere menschliche Vernunft, bewahre unsere Herzen und Sinne in Christus Jesus, unserem auferstandenen und lebendigen HERRN. Amen.

Wie ist Gott?

Olaf Latzel

Wie ist Gott? - Eine Frage, die immer aktuell war und bleibt. Eine Frage, die mit ihrer Beantwortung über das Wohl und das Wehe einer jeden Gesellschaft entscheidet. Eine Frage, die für die persönliche Lebensführung zentral ist. Eine Frage, deren Antwort Klarheit über das ewige Leben schafft. Eine Frage, die letztlich nichts anderes ist als das Herz der Theologie. Eine Frage, der viele Menschen heute nichts mehr entgegnen können, und in diesem Buch anhand der Bibel beantwortet wird.

96 Seiten, Hardcover
548431 **€ 9,95**